C-Programmierung auf dem Mac

SMART
BOOKS

C-Programmierung auf dem Mac

Bibliografische Information der Deutschen Bibliothek

Die Deutsche Bibliothek verzeichnet diese Publikation in der Deutschen Nationalbibliografie; detaillierte bibliografische Daten sind im Internet über http://dnb.ddb.de abrufbar.

Copyright © 2011 Smart Books Publishing AG

ISBN: 978-3-908498-03-2

1. Auflage 2011

Lektorat:	Horst-Dieter Radke
Korrektorat:	Dr. Anja Stiller-Reimpell
Layout und Satz:	Susanne Streicher
Covergestaltung:	Johanna Voss, Florstadt
Coverfoto:	iStock_10303619 / istockphoto.com
Illustrationen:	istockphoto
Druck und Bindung:	Himmer AG, Augsburg

Umwelthinweis:

Dieses Buch wurde auf chlorfrei gebleichtem Papier gedruckt. Die Einschrumpffolie – zum Schutz vor Verschmutzung – ist aus umweltverträglichem und recyclingfähigem PE-Material.

Trotz sorgfältigem Lektorat schleichen sich manchmal Fehler ein. Autoren und Verlag sind Ihnen dankbar für Anregungen und Hinweise!

Smart Books Publishing AG	Sonnenhof 3, CH-8808 Pfäffikon SZ
http://www.smartbooks.ch	E-Mail: info@smartbooks.ch
Aus der Schweiz:	Tel. 055 420 11 29, Fax 055 420 11 31
Aus Deutschland und Österreich:	Tel. 0041 55 420 11 29, Fax 0041 55 420 11 31

Besuchen Sie uns im Internet!

www.smartbooks.ch

www.smartbooks.de

Übersicht

Vorwort 15

Kapitel 1 Vorbereitung 17

Kapitel 2 Die Unix-Werkzeuge 39

Kapitel 3 Die Lightweight IDE 51

Kapitel 4 Grundlagen 61

Kapitel 5 Variablen 75

Kapitel 6 Elementare Datentypen 87

Kapitel 7 printf und scanf 123

Kapitel 8 Kontrollstrukturen 143

Kapitel 9 Operatoren 173

Kapitel 10 Vektoren (*Arrays*) 203

Kapitel 11 Zeiger (*Pointer*) 235

Kapitel 12 Funktionen 279

Kapitel 13 Eigene Datentypen 335

Kapitel 14 Erste Schritte in Xcode 389

Anhänge 407

Für Sonja

Inhaltsverzeichnis

	Vorwort	**15**
	Vorwort...*16*	
Kapitel 1	**Vorbereitung**	**17**
	Über dieses Buch und für wen es gedacht ist *18*	
	Was ist C? *19*	
	Die Vorteile von C..*21*	
	Die Nachteile von C *22*	
	Was man braucht..*23*	
	Was Sie erwartet *24*	
	Editoren *25*	
	Xcode *26*	
	Sich als Entwickler bei Apple anmelden.................................*26*	
	Xcode herunterladen...*27*	
	Xcode auf der Installations-DVD...*28*	
	Die Installation...*29*	
	Wo ist Xcode installiert worden?...*29*	
	Die Lightweight IDE *30*	
	Die Dokumentation *31*	
	Das Terminal...*32*	
	Bwana..*34*	
	Das Web...*36*	
Kapitel 2	**Die Unix-Werkzeuge**	**39**
	C ist einfach nur Text..*40*	
	GCC im Terminal...*41*	
	Der Zielpfad...*43*	
	Der Zielprozessortyp *44*	
	Automatisierung *45*	
	Der Präprozessor, Compiler und Linker...*46*	
	Der Präprozessor...*46*	
	Der Compiler...*48*	
	Der Linker *49*	
Kapitel 3	**Die Lightweight IDE**	**51**
	Start *52*	
	Einstellungen *54*	
	Testlauf...*56*	
	Fehleranzeige..*57*	

Kapitel 4   Grundlagen   61

Überblick über die Bestandteile eines C-Programms..*62*
    Präprozessoranweisungen..*62*
    Kommentare...*62*
    Funktionen *63*
    Blöcke...*64*
    Anweisungen *64*
    Zeichenketten *64*
Der Zeichensatz...*64*
    Der Quellzeichensatz *65*
    Der Ausführungszeichensatz *66*
    Schreibweisen *67*
Kommentare..*68*
    Klassische Kommentare *68*
    C99 Kommentare *69*
    Verschachtelte Kommentare *69*
Zeichenketten und Escape-Sequenzen *70*
    Escape-Sequenzen..*71*
    Mehrzeilige Zeichenketten *73*

Kapitel 5   Variablen   75

Was sind Variablen?...*76*
    Deklaration...*76*
    Bezeichner *77*
    Reservierte Wörter *78*
    Konventionen bei der Benennung *78*
    Deklarationsort *79*
    Initialisierung und Zuweisungsoperator *81*
    Deklaration und Initialisierung auf einer Zeile *84*
    Selbstzuweisung...*84*

Kapitel 6   Elementare Datentypen   87

Ganzzahlige Typen..*88*
    Der sizeof-Operator...*89*
    Grenzen der ganzzahligen Typen *90*
    Signed und Unsigned *92*
Wo ist die Standard C Library? *93*
Bits, Bytes und Zahlensysteme...*99*
    Das binäre Zahlensystem...*99*
    Der Taschenrechner des Programmierers.......................................*100*
    Das oktale und hexadezimale Zahlensystem...................................*101*
Ganzzahlige Literale oder Konstanten *104*
    Der Typ von ganzzahligen Konstanten *105*
    Das char und die Zeichenkonstanten...*107*

Escape-Sequenzen in Zeichenkonstanten 109

Fließkommatypen 112

Fließkommakonstanten 114

Typumwandlung 115

Implizite Typumwandlungen... 116

Explizite Typumwandlung.. 119

Kapitel 7   printf und scanf   123

Ausgabe mit printf.. 124

Spezifizierer und Längenmodifizierer 125

Rückgabewert 128

Genauigkeit 128

Feldbreite 130

Feldbreite bei Kommazahlen.. 130

Feldbreite bei Ganzzahlen 131

Linksbündige Feldbreite 132

Variable Feldbreite 133

Variable Genauigkeit 134

Auffüllen mit Null.. 135

Vorzeichen 136

Reihenfolge 136

Lokalisierte Dezimaltrennzeichen... 137

Eingabe mit scanf.. 137

Einlesen mehrerer Werte.. 139

Das Dezimaltrenzeichen beim Einlesen................................. 140

Feldbreiten und Längenmodifizierer....................................... 140

Kapitel 8   Kontrollstrukturen   143

Verzweigungen 144

if... 144

if mit Block 146

if mit else.. 147

Schachtelung... 149

switch... 151

Schleifen... 156

do-while 156

while... 159

for... 163

Intermezzo: schrittweises Ausführen im Debugger........................... 166

break 169

continue 170

return 172

goto 172

Kapitel 9   Operatoren   173

Arithmetische Operatoren 174
Zuweisungsoperatoren 176
Inkrement- und Dekrement-Operatoren..178
Vergleichsoperatoren 181
Logische Operatoren 183
Bit-Operatoren 185
   Verschiebeoperatoren 186
   Logische Bit-Operatoren 191
      Das bitweise UND...192
      Das bitweise ODER...195
      Die dezimale Entsprechung 196
      Das bitweise exklusive ODER..198
      Das bitweise NICHT...199
Sonstige Operatoren 201
   Die bedingte Bewertung...201

Kapitel 10   Vektoren (*Arrays*)   203

Definition..204
   Initialisierung bei der Definition 205
Initialisierung 206
   Einlesen in einer Schleife..208
   Die Präprozessor-Anweisung define...209
   Initialisieren mit Zufallswerten 210
   Einlesen über scanf...213
Beispiele zum Umgang mit Arrays 213
   Suchen 214
   Maximum, Minimum und Durchschnitt...214
   Länge 216
   Sortieren 216
Zeichenketten (Strings)..218
   Zeichenketten kürzen...221
      Zeichenkette mit gets und fgets erzeugen.....................................223
      Beispielfunktionen aus der Standard C Library 225
         Länge ermitteln mit strlen 225
         Suchen mit strcspn 226
         Kopieren mit strcpy 227
         Verbinden mit strcat 228
Mehrdimensionale Arrays...229

Kapitel 11   Zeiger (*Pointer*)   235

Speicheradressen...236
   Adressoperator und Zeigerkonstanten 236
   Die Größe einer Speicheradresse...237

Deklaration eines Zeigers..239

Initialisierung eines Zeigers 240

Zeiger sind flexibel 242

Von der Adresse zum Wert 244

Der Verweisoperator...244

Zeiger auf Zeiger 248

Zeiger statt Variablen..249

Zeigertypen..251

Typumwandlung...251

Der void-Zeiger..255

Der NULL-Zeiger..257

Höhere Zeigermagie..258

Mit Zeigern rechnen und vergleichen...258

Array-Namen sind Zeiger...260

Zeiger auf Arrays...265

Zeiger auf zweidimensionale Arrays 268

Arrays mit Zeigern..270

Platzsparende zweidimensionale char-Arrays 276

Kapitel 12   Funktionen   279

Erstellung von Funktionen...280

Deklaration oder Prototyperstellung 280

Funktionsdefinition..283

Umgang mit Funktionen..285

Aufruf einer Funktion...285

Werterückgabe...286

Auffangen der Rückgabe...288

Falscher Umgang mit Zeigern bei der Rückgabe 291

Zeiger als Rückgabewert mit malloc und free....................................293

Lokale Variablen 296

Globale Variablen 298

Parameter 301

Mehrere Parameter 304

Unterschiedliche Parametertypen..306

Namensparameter (Call by Value)..308

Referenzparameter (Call by Reference)...309

Arrays als Parameter...311

Rekursive Funktionen 313

Spezifizierer 316

Die Speicherklassenspezifizierer 316

extern..316

static..317

register 317

auto...317

Der Funktionsspezifizierer inline...318

Die Typ-Qualifizierer const, volatile und restrict 318
    const 318
    volatile 318
    restrict 319
Erstellen einer Header-Datei 319
Die Funktion main und ihre Parameter 323
    Untersuchung der Argumente 325
    PATH-Variable anpassen 327
    Beispiel für Argumente auf der Kommandozeile 330

Kapitel 13 Eigene Datentypen 335

Strukturen (struct) 336
    Deklaration und Initialisierung von Struct-Typen 336
        Deklaration 336
        Mehrere Struct-Deklarationen 338
        Strukturen als Elemente von Strukturen deklarieren 339
        Initialisierung bei der Deklaration 340
        Speicherbelegung und Größe eines Structs 341
        Spätere Initialisierung 343
    Vom Umgang mit einem Struct 344
        Der Punkt-Operator 344
        Die Initialisierungsliste 346
        Direkte Zuweisung 347
        Arbeiten mit verschachtelten Strukturen 348
Datum und Uhrzeit in C 351
    Die Funktionen time und localtime 351
    Die Funktion strftime 354
Der Pfeil-Operator 356
typedef 357
Verkettete Listen und etwas Farbe 359
Unions 366
Bitfelder 368
Aufzählungen (enum) 371
Schreiben und Lesen von Dateien 373
    Datei erzeugen 374
        Pfadangaben 377
    Schreiben 379
        Mit den Funktionen fprintf, fputs und fputc 381
    Lesen 383
        Mit der Funtkion fgetc 384
        Mit der Funktion fgets 385
        Mit fgets Daten in ein Struct einlesen 386

Kapitel 14   Erste Schritte in Xcode   **389**

Anlegen eines C-Projekts..390
Die Arbeitsumgebung..392
   Das Projektfenster...392
      Die Gruppen- und Dateiliste...393
      Die Detailansicht...394
      Der Editor..396
         Auto-Vervollständigung (Code Sense) 396
         Schnellhilfe (Quick Help) 397
         Gutter und Focus ribbon 398
         Navigationsleiste (Navigation bar)..399
   Die Konsole (Console)..401
   Konfigurationen und Build-Einstellungen 402
   Das Debugger-Fenster..405

Kapitel 15   Anhänge   **407**

A – Tabellen..408
Basis-Ausführungszeichensatz 408
Escape-Sequenzen 409
Tastenkürzel für Sonderzeichen...410
Digraph- und Trigraph-Folgen 410
Reservierte Schlüsselwörter..411
Größe der elementaren Datentypen*...411
Schreibweise von Konstanten...412
Flusskontrolle..413
Deklarationen..416
Arithmetische Operatoren 418
Bit-Operatoren..420
Zuweisungsoperatoren 421
Vergleichsoperatoren...421
Logische Operatoren 422
Speicher-Operatoren 422
Sonstige Operatoren..423
Operatorrangfolge...424
Wichtige Formatbeschreiber der Familie der printf-Funktionen 425
      Spezifizierer 425
      Längenmodifizierer 426
      Feldbreite und Genauigkeit..426
      Flags..426
Datum und Zeit im Struct tm 426
Sonstige nützliche Tabellen 428
   Mac OS Roman Kodierung..428
   Bedeutung der Abkürzungen in der MAC OS Roman-Tabelle:...430
ANSI Escape-Sequenzen..431

B – Quellen *433*

    Weiterführende Bücher *433*

       Objective-C und Cocoa *433*

       C *433*

    Werkzeuge *434*

       Lighweight IDE *434*

       Xcode *434*

       Bwana *434*

       GCC *434*

       GDB *434*

       Übersicht über weitere Werkzeuge für Entwickler *434*

    Informationen im Internet *435*

       Apple *435*

       C *435*

       Deutsche Foren *435*

       Text User Interfaces (TUI) *436*

          ncurses (TUI) *436*

       Grafische User Interfaces (GUI) für C *436*

          XForms *436*

          GTK+ *436*

          Allegro *436*

       Ausflüge in komplexe Spielwelten mit einfacher Grafik *436*

          Rogue *436*

          Dwarf Fortress *437*

          Nethack *437*

          Trade Wars 2002 .... *437*

C - Index *438*

Vorwort

Vorwort

Dieses Buch ist aus einer Notwendigkeit heraus entstanden. Der Notwendigkeit für einen einfachen Einstieg in die Programmierung mit C auf dem Mac. Auf dem Markt tummeln sich dank der Beliebtheit von iPhone und iPad zwar inzwischen die Bücher zu Objective-C und Cocoa, der Programmiersprache und dem Framework zur Programmierung auf Mac OS und iOS, für jemanden, der noch nie auf dem Mac programmiert hat, ist die Messlatte dort aber meist zu hoch angelegt. Demjenigen, der neu in der Programmierung ist, fehlte bisher ein Einstieg, der mit einem *Zurück zu den Wurzeln* aufzeigt, wie einfach Programmieren eigentlich ist. Mit den dazugehörigen Grundkonzepten vertraut, fällt dann das weitergehende Studium von Objective-C und Cocoa gleich um einiges leichter.

Aber auch wenn Sie bei reinem C bleiben, ist der Weg deswegen nicht zu Ende. Die Sprache C öffnet Ihnen nämlich auch den Weg zur Programmierung des Unix-Herzens des Macs. So lernen Sie in diesem Buch zum Beispiel, wie Sie eigenständige Unix-Programme schreiben, die sich professionell in die Shell integrieren, wie einfach Systemaufrufe sind und wie Sie Dateien schreiben und wieder auslesen.

Da C und die Standard C Library zudem auf so gut wie allen Betriebssystemen zur Verfügung stehen, ist auch der Weg zur plattformübergreifenden Programmierung von Mac, Linux und Windows offen.

Ich hoffe, dass Sie etwas von der Faszination und der Begeisterung miterleben können, die mich beim Schreiben dieses Buches geleitet haben, und wünsche Ihnen viel Spaß beim Lesen.

Detlef Schulz

Vorbereitung

Dieses Kapitel erklärt, was C ist, woher es kommt, was man damit machen kann und was man benötigt, um auf dem Macintosh in C zu programmieren.

Über dieses Buch und für wen es gedacht ist

Dieses Buch ist eine Einführung in die Programmierung mit der Sprache C unter besonderer Berücksichtigung des Mac OS-Betriebssystems. Es ist daher für alle gedacht, die bisher keine oder nur wenig Erfahrung in der Programmierung haben und die über einen Macintosh verfügen.

Windows- und Linux-Anwender können zwar auch von den Kapiteln profitieren, die nur die Sprache C selbst behandeln, sie finden jedoch keine weitere Hilfestellung, was benötigte Programme und Editoren betrifft. Wenn Sie aber darauf verzichten können, da bereits eine Programmierumgebung auf Ihrem Linux- oder Windows-Rechner läuft, mit der Sie sich auskennen, sind Sie herzlich eingeladen, dieses Buch in die Hand zu nehmen. Vielleicht interessiert es Sie aber auch, einmal zu sehen, wie man am Mac in C programmiert? Dann ist dieses Buch ebenfalls etwas für Sie.

Des Weiteren dient dieses Buch auch als Vorbereitung auf die Programmierung am Mac mit Objective-C und Cocoa – wobei Sie für Objective-C nicht alle Möglichkeiten von C benötigen, die in diesem Buch dargestellt werden. Wenn Sie noch nie programmiert haben, könnte die Objektorientiertheit von Objective-C nämlich eine schwere Nuss darstellen. Da ist es dann schon gut, wenn man die Grundlagen der Programmierung in C bereits beherrscht und nicht alles auf einmal lernen muss.

Dieses Buch behandelt den Sprachumfang nicht komplett – manche Bestandteile der Sprache sind heute eher skurriler Natur, wie zum Beispiel die Dreizeichenfolgen (Trigraphe), mit denen Sonderzeichen auf Systemen dargestellt werden konnten, die nicht über diese Zeichen verfügten. Solche Betriebssysteme zu finden, dürfte heute eher schwer sein. Andere Aspekte der Sprache aus dem neueren C99-Standard sind eher fortgeschrittener Natur und werden ebenfalls nur selten benötigt. Statt den Anfänger mit einer Enzyklopädie zu erschlagen, möchte ich dieses Buch lieber schlank und geradlinig halten. Wenn Sie dieses Buch durchgearbeitet haben, sind Sie auf jeden Fall problemlos in der Lage, auf eigenen Füßen zu stehen, und Sie besitzen das Wissen und die Fertigkeit, sich in fortgeschrittener Literatur weiterzubilden. Manches, was im Text nicht behandelt wird, können Sie aber in Kurzform im tabellarischen Anhang nachschlagen und natürlich auch im Internet recherchieren. Einige gute Webseiten und Literaturempfehlungen finden Sie ebenfalls im Anhang. Ganz besonders möchte ich auf meine Webseite http://www.skripteditor.de hinweisen, auf welcher Sie den tabellarischen Anhang auch im Din-A4-Format als PDF herunterladen können. Wenn Sie diesen auf Karton drucken, haben Sie immer eine prima Referenzkarte zum schnellen Nachsehen zur Hand. Außerdem finden Sie dort auch den Beispielcode aus diesem Buch zum Herunterladen – obwohl ich

Ihnen, zumindest bei den kleineren Beispielen, dringend empfehle, alles von Hand zu schreiben. Denn man lernt auch sehr viel aus den Fehlermeldungen, die ein simpler Schreibfehler verursacht!

Was ist C?

C ist eine Programmiersprache, die 1972 von Dennis Ritchie für das Betriebssystem Unix entwickelt wurde. Die Sprache wurde C genannt, da sie den Nachfolger einer bis dahin verwendeten Programmiersprache mit dem Namen B bildete.

1978 veröffentlichten Brian Kernighan und Dennis Ritchie das Buch *The C Programming Language*. Dieses Buch stellte in seiner ersten Auflage lange Zeit die Hauptreferenz in allen Fragen zur Sprache C dar. Diesen frühen Entwicklungsstand der Sprache C bezeichnet man auch kurz als *K&R C*, in Anlehnung an die Nachnamen der Autoren.

1989 wurde die Sprache vom *American National Standards Institute* (ANSI) als *ANSI X3.159-1989 Programming Language C* genormt. Dieser Standard wird heute von allen Compilern auf allen Betriebssystemen unterstützt. Man bezeichnet diesen Standard abgekürzt auch als C89. Der alte K&R Standard spielt heute kaum noch eine Rolle.

1990 wurde der ANSI-Standard C89 auch von der *International Organization for Standardization* (ISO) mit nur kleinen Änderungen als *ISO/IEC 9899:1990* genormt. Abgekürzt spricht man hier auch vom Standard *C90*.

1995 fügte die ISO noch eine Ergänzung hinzu (C95).

1999 folgte von der ISO der Standard *ISO/IEC 9899:1999*, auch bekannt als C99.

Dem Standard C99 folgten noch drei Ergänzungen in den Jahren 2001, 2004 und 2007.

Der Standard C99 wird also immer noch weiterentwickelt. Aus diesem Grund werden nicht alle Möglichkeiten von allen Compilern gleichermaßen vollständig unterstützt. Dieser Standard ist unter folgender Adresse zugänglich: http://www.open-std.org/jtc1/sc22/wg14/www/standards.html#9899.

Der aktuelle Stand der Unterstützung von C99 durch den GNU-C-Compiler GCC ist unter folgendem Link einsehbar: http://gcc.gnu.org/c99status.html.

Bei der Weiterentwicklung von C achtet man vor allem darauf, den *Geist* dieser Sprache zu bewahren. Einige der Eigenschaften von C, die ihren *Geist* ausmachen, werden in der Einleitung des *C99-Rational*, einem Dokument mit zusätzlichen Hintergrundinformationen und ebenfalls unter obigem Link einsehbar, mit folgenden Leitsätzen erklärt:

- Vertraue dem Programmierer.

- Hindere den Programmierer nicht daran, zu tun, was zu tun ist.

- Halte die Sprache klein und einfach.

- Biete nur einen Weg für eine bestimmte Operation an.

- Mach es schnell, selbst wenn dadurch die Portabilität nicht gewährleistet werden kann.

Aus den ersten beiden Leitsätzen kann man erkennen, dass der Programmierer immer die volle Kontrolle haben soll. Die Sprache soll dem Programmierer ein Maximum an Freiheit erlauben, ein Maximum an Vertrauen entgegenbringen. Das heißt aber auch, mehr Freiheit, etwas falsch zu machen oder sogar Schaden anzurichten.

Im dritten Leitsatz erkennt man das Bekenntnis zur Einfachheit und einer übersichtlichen Sprache.

Im vierten Leitsatz wird klargestellt, dass in C nur **ein** Weg zum Ziel führen sollte. Bietet eine Sprache für die Lösung eines Problems viele unterschiedliche Wege an, so führt das letztlich nur zu einem aufgeblähten Sprachumfang, was wiederum dem dritten Leitsatz widersprechen würde.

Der letzte Leitsatz spiegelt das Bekenntnis zur Schnelligkeit des Codes wieder. Diese Schnelligkeit ist dabei sogar wichtiger als die Möglichkeit, ihn auf allen Betriebssystemen zu verwenden. Auf die gängigen Betriebssysteme wie Linux, Unix, Windows und Mac OS wirkt sich das aber glücklicherweise selten aus.

C verbreitete sich in den Achtzigern sehr schnell und erwies sich zudem als so universell einsetzbar und zuverlässig, dass quasi alles damit programmiert wurde. Der Kern der meisten heutigen Betriebssysteme von Unix, Mac und Linux bis hin zu Windows wird bis heute immer noch in C programmiert. Der Grund dafür liegt in der Maschinennähe, der Zuverlässigkeit und der Schnelligkeit des Codes.

C inspirierte fast alle nach ihm entwickelten Programmiersprachen und führte letztlich zu den Programmiersprachen Objective-C und C++. Objective-C wird dabei auf dem Mac zur Programmierung für fast alle Programme mit grafischem Benutzerinterface verwendet. Für den Unix-Unterbau des Mac OS, auch bekannt unter dem Namen *Darwin*, bleibt weiterhin C die erste Wahl.

Wenn man also Programme mit Fenstern, Menüs, Schaltflächen und all den modernen Elementen eines Programms entwickeln möchte, sollte man sich mit Objective-C beschäftigen. Doch das erweist sich für so manchen Anfänger als ein schwieriger Brocken. Der Abstraktionsgrad ist größer, und die Objektorientierung zwingt zu einem Denken, welches Anfängern oft nicht leicht fällt. So ist der Einstieg über C für alle Anwender, die noch keine Programmiererfahrung besitzen, sehr zu empfehlen. Wenn Sie erst einmal C beherrschen, kennen Sie damit auch die Basis von Objective-C und können sich dann beim Lernen ganz auf seine objektorientierten Bestandteile konzentrieren.

Da die Entwicklung vieler Sprachen von C beeinflusst worden ist, ist C zudem auch so etwas wie das Latein der Programmierer. Allerdings mit dem bedeutsamen Unterschied, dass C noch rege in Verwendung ist. Fast jeder Programmierer versteht Code, der in C geschrieben ist.

Die Vorteile von C

Die Vorteile von C lassen sich folgendermaßen zusammenfassen:

- C hat einen kleinen und übersichtlichen Sprachumfang.

- C ist universal einsetzbar und läuft auf jedem Betriebssystem – Mac, Unix, Windows, Linux und vielen weiteren.

- C ist zeitlos – selbst uralter Code wird ohne große Anpassungen auch heute noch auf jedem Rechner laufen.

- C ist gereift und verlässlich – in den 38 Jahren seiner Existenz wurde es bis zur Perfektion verbessert.

- C erzeugt sehr kleinen, hardwarenahen und schnellen Code und wird deswegen auch oft in andere Programmiersprachen eingebettet, und zwar überall dort, wo es auf Geschwindigkeit ankommt. Noch schneller geht es nur noch mit der sehr aufwendigen Programmierung in einer Assemblersprache.

- C ist durch tausende von freien Bibliotheken und Codebeispielen erweiterbar.

- C ist das Latein der Computerprogrammierer und wird von fast jedem Programmierer verstanden.

- C erleichtert den Einstieg in andere Sprachen, wie die direkten Nachfahren Objective-C, C++ und Java, aber auch in Skriptsprachen wie PHP, Python und viele andere.

- C ist das Sprungbrett zu Objective-C und damit das Tor, um auf dem Mac mit den Cocoa-Bibliotheken typische Mac-Programme mit Fenstern, Dialogen und all den anderen grafischen Elementen zu entwickeln.

- C ist eine prozedurale, imperative Programmiersprache – das heißt, die Programmierung geschieht über Befehle, die von oben nach unten, der Reihe nach abgearbeitet werden. Öfter verwendete Codebausteine werden in Prozeduren (Funktionen) gekapselt und können so leichter wieder verwendet werden. Diese Art der Programmierung entspricht der Art und Weise, wie wir in unserer Muttersprache Befehle und Anleitungen geben, zum Beispiel in Kochrezepten.

Die Nachteile von C

Doch C hat nicht nur Vorteile, C hat auch, abhängig davon, was man möchte, einige Nachteile:

- C ist nicht objektorientiert. Wenn es objektorientierte Programmierung sein muss, ist C eindeutig die falsche Programmiersprache.

- C ist nicht zu empfehlen, wenn es darum geht, mit den eingebauten Cocoa-Bibliotheken des Macs Fenster und Grafiken zu zaubern. Dafür verwendet man auf dem Mac Objective-C, welches aber einen höheren Abstraktionsgrad besitzt und sich Anfängern daher nicht so leicht erschließt. Wenn Sie trotzdem direkt damit beginnen wollen, empfehle ich Ihnen das Buch *Objective-C und Cocoa – Band 1: Grundlagen* von Amin Negm-Awad, ebenfalls erschienen bei SmartBooks. Falls Sie dort aber nach den ersten Kapiteln nur noch Bahnhof verstehen, kommen Sie besser noch einmal auf das vorliegende Buch und damit auf die Grundlagen der Programmierung in C zurück.

- C verwendet direkte Speicherzugriffe. Das ist eine Folge der hardwarenahen Programmierung und gilt damit, falsch eingesetzt, auch als Sicherheitsrisiko. Beim Umgang mit den sogenannten Zeigern ist daher Disziplin und Ruhe angesagt. Moderne Betriebssysteme wie Mac OS X verhindern aber durch ihren Speicherschutz weitestgehend, dass dadurch das System in Mitleidenschaft gerät und abstürzt.

- C verwendet die statische Bindung (*Early Binding*). Das heißt, alle verwendeten Objekte, auf die mittels sogenannter Zeiger im Code verwiesen wird, werden schon vor der Übersetzung in Maschinencode beim sogenannten *Linken* ermittelt. Eine Programmierung mit dynamischer Bindung (*Late Binding*) wie in Objective-C ist nicht möglich. Auf der einen Seite erschwert das die Generalisierung von C-Code, auf der anderen Seite ist das aber auch ein Grund dafür, warum die Sprache relativ einfach zu handhaben ist. Alle Werte stehen von Anfang an – sozusagen in Stein gemeißelt – fest. Damit wird es wenig Überraschungen während der Laufzeit des Programms geben.

■ C ist stark typisiert. Eine automatische Umwandlung eines Variablentyps in einen anderen findet nicht statt. Das kann unbequem sein und erfordert daher Disziplin beim Programmieren.

■ C gilt meist nicht als modern, *Hip* oder *Cool,* obwohl zurzeit auch wieder eine Retro-Bewegung hin zu den Grundlagen zu beobachten ist. Die C-Programmierer lassen solche Modeerscheinungen jedoch ziemlich kalt – sie wissen, was sie an C haben. Wenn Sie unbedingt bei dem neuesten *Hype* dabei sein wollen, empfiehlt es sich vielleicht eher, eine der neueren Sprachen mit fantasievollem Namen zu erlernen. Aber selbst dafür ist ein Grundwissen in C äußerst hilfreich. Mit dem Erlernen einer einzigen Programmiersprache kommt heutzutage sowieso kein Programmierer mehr aus.

Was man braucht

Um C mit diesem Buch zu erlernen, brauchen Sie nur einen Macintosh-Rechner und einige kostenlos verfügbare Werkzeuge. Es kommen also keinerlei Ausgaben auf Sie zu. Ihr Mac muss dabei nicht einmal der modernste sein, es reicht, wenn sich darauf mindestens Mac OS X 10.4 »Tiger« befindet. Auch wenn sich dieses Buch an dem aktuellen Betriebssystem »Snow Leopard« orientiert (10.6), so macht das für die Sprache C kaum einen Unterschied aus. Abweichungen zu Leopard (10.5) oder Tiger (10.4) finden Sie daher hauptsächlich dort, wo Sie ältere Werkzeuge einsetzen als die, die im Buch beschrieben sind. Doch auch hier hat sich, zumindest im Umgang mit C selbst, nicht allzu viel verändert, so dass dieses Buch auch für Leopard und Tiger empfehlenswert ist.

Neben Ihrem Mac benötigen Sie natürlich auch noch etwas Zeit, Spaß am Programmieren und eine Prise Entdeckerdrang – denn mit dem Schreiben von Programmen tun sich an jeder Ecke neue Möglichkeiten für Sie auf.

Die wichtigste Regel für alle Entdecker und Programmierer ist dabei, die eigenen Kräfte richtig einzuschätzen. Also immer die Ruhe bewahren und sich nicht gleich am Anfang an die schwierigsten Expeditionen wagen. Wenn man dann nämlich scheitert, erholt man sich von diesem Misserfolg nicht so schnell, als wenn man langsam mit den Aufgaben wächst und sich dabei den Spaß am Programmieren erhält. So meistert man letztlich spielend auch die »größeren« Entdeckungen. Vergleichen Sie das Programmieren dabei durchaus mit dem Erlernen eines Musikinstruments. Die Regeln zum Spielen eines Musikinstruments sind vergleichsweise einfach, eine überschaubare Anzahl an Griffen und Anschlag- oder Anblastechniken. Aber die Möglichkeiten, die sich daraus ergeben, sind riesig, und das Beherrschen des Instruments/der Programmiersprache ist daher doch nicht so einfach, wie man es vermuten könnte. Geduld und Beharrlichkeit führen letztlich zum Ziel.

Und zu guter Letzt ist auch eine Prise Englischkenntnis hilfreich. Wie so oft in der Welt der Programmierung liegt die Originaldokumentation nur in englischer Sprache vor. Wenn Sie nach dem Studium dieses Buches selbstständig in der Dokumentation Funktionen nachschlagen wollen, sind grundlegende Englischkenntnisse und ein gutes Wörterbuch (zum Beispiel http://dict.leo.org) unverzichtbar. Für den Anfang aber gibt es dieses Buch. Und damit Sie später beim Studium der englischen Dokumentation die englischen Programmierbegriffe gleich erkennen, weise ich öfter bei Verwendung eines Begriffs in Klammern auch auf die englische Bezeichnung hin.

Was Sie erwartet

Die Kunst des Programmierens besteht darin, schon den sehr einfachen Grundlagen genügend Aufmerksamkeit zu widmen und die Möglichkeiten, die sich mit diesen Anfängen ergeben, auch entsprechend zu würdigen. Allzu oft haben wir in unserer heutigen Zeit bereits vollkommen verlernt, uns über das Grundlegende und Einfache zu freuen. Alles muss immer sofort und auch laut daher kommen, und das natürlich innerhalb eines Werbeblocks. Länger reicht die Konzentration angeblich nicht mehr.

Nichts ist schlichter, einfacher und damit auch unauffälliger als ein gut gelungenes kleines Stück C-Code.

Und für diese Einfachheit ist manchmal durchaus einiges an Konzentration und wohlüberlegtes Durchdenken notwendig. Und aus vielen solcher kleiner, gut durchdachter und perfektionierter Bausteine, die wie Zahnräder ineinander greifen und deren Code sich über Jahrzehnte hinweg bewährt hat, werden große, mächtige Maschinen hergestellt – bis zum Unix-Betriebssystem.

C ist in der heutigen Zeit mit ihren vielen, tonnenschweren Frameworks und dem komplexen, bandwurmartigen Code, der durch deren Verwendung resultiert, geradezu erfrischend einfach und wohltuend klar. C ist ein Zurück-zu-den-Wurzeln – manchmal auch eher ein »Vorwärts«, je nach vorherrschender Mode. Dadurch, dass das Mac OS auf Unix basiert, schrauben Sie in C quasi im Kern des Betriebssystems herum und nicht an der schicken Oberfläche des Macintoshs. So gesehen könnte man sagen, dass das Programmieren in C der Arbeit im Maschinenraum entspricht. Hier riecht es noch nach Getriebeöl und Diesel und direktem Speicherzugriff. Tatsächlich greifen selbst Entwickler, die in Cocoa und Objective-C programmieren, auf C zurück, wenn es in Objective-C nicht schnell genug funktioniert. Teile des Programms werden dann gerne im maschinennahen C ausgelagert.

Editoren

Um in C zu programmieren, brauchen Sie nur zwei Programme: einen Editor, in welchem Sie den C-Code schreiben, und einen C-Compiler. Ein Compiler ist ein Programm, welches den Code in Maschinensprache übersetzt, so dass er vom Computer ausgeführt werden kann.

Als Editor eignet sich bereits jede beliebige Textverarbeitung, die unformatierten, reinen Text abspeichern kann, wie zum Beispiel TextEdit. Hartgesottene Unix-Profis benutzen natürlich überhaupt keine Programme mit einem grafischen Benutzerinterface, geschweige denn eine Maus, sie schreiben ihren Code gleich im Terminal mit einem Editor wie zum Beispiel *Vim* oder *Emacs*. Davon will ich aber hier absehen. Dieses Buch richtet sich schließlich an Mac- und nicht an Unix-Anwender. Worauf ich jedoch eingehen werde, ist, wie man mit TextEdit und dem Terminal ein C-Programm erzeugt. Dadurch wird schnell klar, wie aus Code ein Programm entsteht. Dieser Prozess wird in modernen Entwicklungsumgebungen wie Xcode so gut gekapselt, dass man ihn dort kaum noch aufzeigen und erklären kann.

Da die Programmierung mit einer Textverarbeitung und dem Terminal aber auf Dauer nicht jedermanns Sache ist und immer noch sehr unixmäßig daherkommt, zeige ich Ihnen danach einen Editor, der speziell für Programmiersprachen wie C und Pascal geschaffen wurde. Es handelt sich um die Lightweight IDE des schwedischen Entwicklers Ingemar Ragnemalm. Dieser Editor ist klein, leicht und übersichtlich. Mit der Lighweight IDE lässt sich in C programmieren ohne all den Ballast, den Ihnen die professionelle Entwicklungsumgebung Xcode von Apple mitliefert und die Anfänger geradezu erschlägt mit all ihren Möglichkeiten (und von der Sie 90 Prozent niemals brauchen werden). Weniger ist hier mehr.

Trotzdem lernen Sie im späteren Verlauf des Buches auch Xcode kennen, mit der Absicht, mögliche Berührungsängste schon früh auszuräumen. Falls Sie vorhaben, mit Objective-C und Cocoa fortzufahren, ist Xcode auf jeden Fall zu empfehlen.

Als Zweites brauchen Sie einen C-Compiler. Sie erhalten diesen kostenlos mit dem Entwicklerpaket von Apple. Neben dem Compiler finden Sie darin aber auch alles andere, was vielleicht irgendwann einmal von Bedeutung sein könnte, unter anderem die professionelle Xcode-Entwicklungsumgebung sowie viele weitere spezialisierte Werkzeuge und tonnenweise Dokumentation und Beispiele.

Da man ohne einen Compiler, also den kleinen Übersetzer, der den Code in Maschinensprache übersetzt, überhaupt nicht programmieren kann, müssen Sie mit der Installation von Xcode anfangen.

Xcode

Xcode ist der Name einer ganzen Sammlung von Werkzeugen zur Programmierung des Macs und der Name eines einzelnen Programms darin. Dieses Programm mit dem Namen Xcode dient als Editor zum Programmieren in den verschiedensten Programmiersprachen.

Xcode kann auf der Developer-Webseite von Apple heruntergeladen werden, sobald man sich bei Apple als angehender Programmierer angemeldet hat. Dafür gibt es extra die kostenlose Online-Mitgliedschaft.

Alternativ können Sie auch die Xcode-Version auf der Installations-DVD Ihres Macs verwenden. Allerdings ist diese Version wahrscheinlich schon etwas älter. Wenn Sie über eine schnelle Internetverbindung verfügen, empfehle ich daher, die aktuelle Version zu laden. Wenn Sie das nicht möchten oder können – schließlich handelt es sich bei Xcode um ein Schwergewicht von fast einem Gigabyte Größe – fahren Sie bitte mit dem Kapitel *Xcode auf der Installations-DVD* fort.

Sich als Entwickler bei Apple anmelden

Um die aktuelle Version von Xcode zu erhalten, müssen Sie sich zuerst bei Apple registrieren. Gehen Sie dafür bitte auf folgende Webseite:

http://developer.apple.com/programs/register/

Sie sehen auf dieser Seite, dass es auch kostenpflichtige Mitgliedschaften gibt. Wenn Sie einmal mit dem Programmieren Geld verdienen sollten, lohnt sich das. Aber für den Anfang ist die kostenlose Mitgliedschaft völlig ausreichend und genau richtig. Klicken Sie dort auf den Link *Register now* und auf der nächsten Seite dann auf die Schaltfläche *Get Started Free*.

Wählen Sie dann *Create an Apple ID* oder *Use an Existing Apple ID*, je nachdem ob Sie bei Apple schon ein Konto haben, zum Beispiel über iTunes, oder noch nicht. Dann auf *Continue* klicken und das Formular ausfüllen. Merken sie sich zum Schluss gut Ihre Apple ID und Ihr Passwort.

Wenn Sie damit fertig sind, erhalten Sie eine E-Mail von Apple mit einem Link, den Sie zur Bestätigung anklicken müssen. Ab sofort sind sie bei Apple als Programmierer gemeldet.

Danach dann nur noch ein Lesezeichen auf die Mac-Developer-Seite legen und dort durch Klick auf *Log in* anmelden:

http://developer.apple.com/mac/

Xcode herunterladen

Wenn Sie sich als *Apple Developer* angemeldet haben und auf der Developer-Seite von Apple angemeldet sind, finden Sie Xcode üblicherweise unübersehbar auf der ersten Seite. Klicken Sie dort einfach auf den Download-Link und warten Sie, bis alles heruntergeladen wurde.

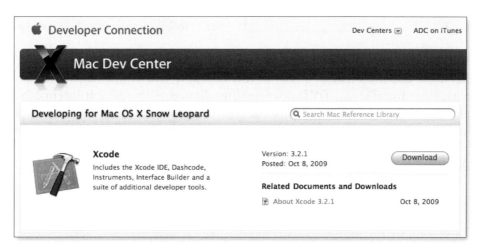

Die aktuelle Version von Xcode kann auf den Developer-Seiten von Apple geladen werden.

Je nach Geschwindigkeit kann der Download etwas dauern. Das Paket von Xcode 3.2.1 ist zum Beispiel 750 Megabyte groß. Wenn Sie nur eine langsame Internetverbindung haben, empfiehlt es sich, einen Freund oder Bekannten mit einer schnelleren Verbindung zu fragen, ob er Xcode für Sie auf DVD brennen kann. Mit einer einfachen DSL-Leitung sollte der Download aber in maximal einer Stunde erledigt sein.

Nach dem Download findet sich in Ihrem Download-Ordner eine Datei, deren Name mit *Xcode* beginnt, zum Beispiel *xcode321_10m2003_developerdvd.dmg*.

> **HILFE**
>
> Falls Sie keine Dateiendungen sehen, schalten Sie diese in den Einstellungen des Finders ein. Sie finden diese im Menü *Finder | Einstellungen* und dort im Reiter *Erweitert*. Setzen Sie dort einen Haken bei *Alle Dateinamensuffixe einblenden*.

Doppelklicken Sie diese Datei. Daraufhin öffnet sich ein Fenster, in welchem Sie das Installationsprogramm mit dem Namen *Xcode.mpkg* finden. Doppelklicken Sie *Xcode.mpkg*, um die Installation zu starten.

Das Installationsprogramm Xcode.mpkg

Xcode auf der Installations-DVD

Wenn Sie die aktuelle Version von Xcode nicht herunterladen möchten, suchen Sie bitte nach der Installations-DVD oder den Installations-CDs, die mit Ihrem Mac geliefert wurden. Legen Sie diese dann ein. Auf der ersten DVD oder einer der CDs finden Sie einen Ordner mit dem Namen *Optionale Installationspakete*.

Xcode findet sich auch auf der Installations-DVD Ihres Macs.

Darin befindet sich das Paket *Xcode.mpkg.* Doppelklicken Sie es, um die Installation zu starten.

Die Installation

Wenn Sie die Installation gestartet haben, lassen Sie einfach alle Einstellungen wie vorgegeben und klicken Sie bei der Installation immer nur auf die Schaltflächen *Fortfahren, Akzeptieren oder Installieren.*

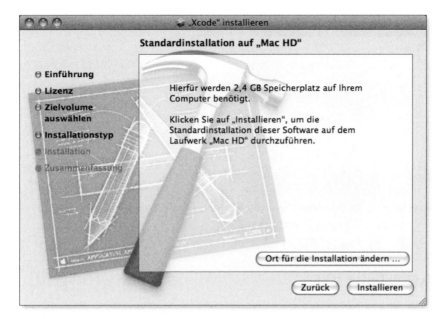

Xcode nimmt über 2,4 Gigabyte an Platz auf Ihrer Festplatte ein.

Je nach Schnelligkeit Ihres Macs und der verwendeten Xcode-Version kann die Installation etwas dauern. Bei älteren Xcode-Versionen tritt am Ende eine längere Verzögerung auf. Das ist die Stelle, an der die Dokumentation installiert und indiziert wird. Dort dürfen Sie auf keinen Fall abbrechen. Haben Sie etwas Geduld, die Installation ist noch im Gange.

Wo ist Xcode installiert worden?

Die Installation ist fertig? Dann schauen Sie einmal auf der obersten Ebene Ihres Macs nach. Dafür im Finder einfach im Menü *Gehe zu* den Eintrag *Computer* auswählen oder ⌘-⇧-C drücken und dann die Festplatte doppelklicken. Dort finden Sie einen neuen Ordner mit dem Namen *Developer*. Hier ist alles versammelt, was zum Programmieren benötigt wird. Öffnen Sie darin den Ordner *Applications* und ziehen Sie das Programm Xcode in das Dock. Sie werden es später benötigen.

Der Ordner Developer auf der obersten Ebene der Festplatte enthält alles, was man zum Programmieren irgendwann einmal benötigen könnte.

Die Lightweight IDE

Bevor wir uns aber Xcode zuwenden, fangen wir mit der Programmierung in einem kleineren, wesentlich übersichtlicheren und vor allem einfacher zu handhabenden Editor an – der Lightweight IDE des schwedischen Entwicklers Ingemar Ragnemalm.

Sie finden die aktuelle Version auf der Webseite:

http://ragnemalm.se/lightweight/

Klicken Sie dort auf *Downloads* und laden Sie die aktuelle Version herunter. Das Programm ist mit 13 Megabyte erstaunlich klein, so schlank wie C-Code selbst sozusagen.

Lightweight-IDE.app

Die Lightweight IDE ist kostenlos und schnell.

Zum Zeitpunkt, zu dem ich gerade diese Zeilen schreibe, ist die Version 0.8.4 aktuell. Wenn Sie das Buch in der Hand halten, ist das Programm sicher schon einige Ziffern weiter.

Der Download ist ein ZIP-Archiv. Nach dem Doppelklicken entsteht ein Ordner, den Sie bitte als Ganzes einfach in Ihren Programmordner ablegen können. Ziehen Sie danach das Programm selbst in das Dock, so dass Sie die Lightweight IDE schnell starten können, ohne jedes Mal erneut in den Programmordner zu wechseln.

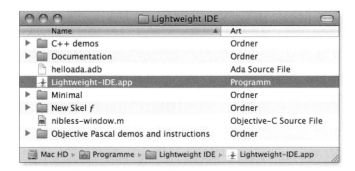

Die Lightweight IDE von Ingemar Ragnemalm zeigt, wie wenig man zum Programmieren eigentlich benötigt.

Die Dokumentation

Es gibt noch zwei weitere Programme, die im Laufe dieses Buches benötigt werden und die hauptsächlich für die Dokumentation der Standard C Library von Interesse sind.

Das Betriebssystem Mac OS X und Xcode bieten keine Hilfe zur Sprache C an, sondern nur zu Teilen der Standard C Library. Die Standard C Library ist eine Bibliothek, die ein wichtiges Bindeglied zum Betriebssystem darstellt. Damit können Sie zum Beispiel auf das Dateisystem Ihres Macs zugreifen.

Das Terminal

Das Terminal finden Sie im Ordner */Programme/Dienstprogramme/*. Sie benötigen das Terminal gleich zu Anfang für die manuelle Übersetzung von Code in ein Programm. Außerdem können Sie dort auch überprüfen, welche Compiler-Version Xcode installiert hat.

Das Terminal ist das Fenster zum Unix-Kern des Mac OS X.

Starten Sie dafür das Terminal und geben Sie folgendes Kommando ein:

```
gcc --version
```

Beachten Sie die Leerstelle nach `gcc` und den doppelten Bindestrich.

Schließen Sie den Befehl mit Return oder der Eingabetaste ab.

Als Ergebnis erhalten Sie die Version des installierten Compilers, der sich *GCC* nennt. Mit Xcode 3.2.1 wird zum Beispiel der GCC-Compiler in der Version 4.2.1 installiert.

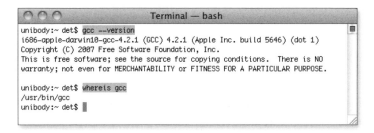

Ermitteln der Version des gcc-Compilers und seines Ablageortes im Terminal

GRUNDLAGEN

Und wenn Sie noch wissen wollen, wo sich dieser Compiler eigentlich im Betriebssystem verbirgt, schreiben Sie einfach `whereis gcc` ins Terminal, und Sie erhalten die Antwort */usr/bin/gcc*. Dort versteckt sich also der Compiler. Aus gutem Grund ist dieser Ort mit normalen Mitteln aber im Finder unsichtbar. Sie können dort nur über das Terminal oder mit dem Befehl *Gehe zum Ordner* im Menü *Gehe zu* des Finders gelangen. Lassen Sie dort aber um Himmels willen alles unberührt. Jede Manipulation in diesem Ordner kann schlimme Folgen für das Betriebssystem haben. Sie finden dort nämlich auch viele weitere Befehle, die für den Unix-Kern von Mac OS X gebraucht werden. Also nur ansehen bitte. Ich teile Ihnen diese Information auch nur mit, damit Sie sehen können, dass es sich bei dem Compiler GCC wirklich um ein reelles Programm auf der Festplatte handelt und nicht um etwas Geheimes oder Magisches. Das hilft doch sehr, das Thema greifbarer zu machen – und vor allem macht es ja auch Spaß an verbotenen Orten herumzuschnüffeln. Die Datei selbst ist dabei ein Alias welches auf die aktuelle Version von GCC im gleichen Ordner hinweist, zum Beispiel *gcc-4.2*.

Der GCC-Compiler ist freie GNU-Software. Die Abkürzung steht für *GNU Compiler Collection*. GCC unterstützt nämlich nicht nur C, sondern jede Menge weiterer Programmiersprachen unter anderem auch C++ und Objective-C.

Für die Anfänge ist die Versionsnummer des Compilers aber nicht so wichtig. Wert bekommt diese erst, wenn Sie Möglichkeiten des neueren C-Standards C99 verwenden wollen. Der wird nämlich nicht von allen Compilern gleichermaßen vollständig unterstützt.

Die Dokumentation zu den Standardbibliotheken von C und zum Compiler GCC finden Sie als man-Seite im Terminal wieder. Das *man* kommt von *Manual*, also von *Handbuch* und stellt die Unix-spezifische Art dar, Befehle und Bibliotheken zu dokumentieren.

Ein Wort dabei vorab: Die Dokumentation liegt dort nur in englischer Sprache vor. Englisch ist die universelle Sprache der Programmierer, und so ist es üblich, die Dokumentation zu Bibliotheken nicht zu übersetzen. Ein wenig Kenntnisse der englischen Sprache sind also sehr hilfreich. Zum weiteren Studium weise ich im Anhang aber auch noch auf Links zu deutschsprachigen Webseiten zum Thema hin.

Um zum Beispiel die Dokumentation von GCC im Terminal aufzurufen, müssen Sie man `gcc` schreiben und mit Return bestätigen. Dann erscheint der Anfang der

Dokumentation des GCC-Compilers. Mit der Leertaste können Sie im Terminal in der Dokumentation weiterblättern. Die Anzeige geschieht über das Unix-Programm `less`. Drücken Sie die Taste h zur Anzeige der Hilfe, während eine man-Seite geöffnet ist. Mit der Taste q kommen Sie aus der Hilfe und jeder man-Seite wieder heraus.

Bwana

Da die Navigation in man-Seiten im Terminal etwas gewöhnungsbedürftig ist, gerade für einen Mac-Anwender, empfehle ich die Verwendung von Bwana. Laden Sie dieses kleine kostenlose Hilfsprogramm von der Webseite des Entwicklers herunter:

http://www.bruji.com/bwana/

Das Programm Bwana arbeitet im Hintergrund und zeigt man-Seiten in Safari an.

Wenn Sie das Programm ausgepackt haben, ziehen Sie es einfach in den Programmeordner oder besser noch in den Ordner *Dienstprogramme* im Ordner *Programme*. Sie werden die kleine Anwendung nämlich nie direkt starten. Öffnen Sie stattdessen einfach Safari oder jeden anderen Webbrowser, geben Sie in die Adresszeile `man:gcc` ein und bestätigen Sie die Adresse mit Return. Bwana bereitet die man-Seite dann für die Anzeige im Hintergrund auf. Ab sofort können Sie die gesamte Unix-Hilfe bequem im Browser betrachten und durchsuchen, und das mit Querverweisen zu anderen man-Seiten.

Ein weiterer Vorzug von Bwana ist der Index. Wenn Sie in Safari bei angezeigter man-Seite rechts oben auf *Index* klicken, erzeugt Bwana einen Index sämtlicher auf Ihrem Mac installierten Unix-Hilfeseiten. Das wird bei der ersten Erzeugung einige Minuten dauern, also nicht die Geduld verlieren. Danach aber heißt es staunen. Bwana zeigt Ihnen nämlich auf einer einzigen Seite alle Befehle und Bibliotheken an, die sich auf der Unix-Ebene Ihres Macs verbergen. Darunter alle Shell-Befehle, direkte Systemaufrufe, BSD-Libraries, Perl-, Tcl- und Tk-Bibliotheken, die Dokumentation der Standard C Library und vieles mehr.

Die Dokumentation zur Standard C Library finden Sie, leider vermischt mit anderen Bibliotheken, in der dritten Sektion von oben unter der Überschrift *Library Calls*. Am besten rufen Sie einfach einen Bibliotheksnamen selbst auf. Mit man:stdio erhalten Sie zum Beispiel eine Beschreibung der Bibliothek *stdio.h*, die häufig in diesem Buch verwendet wird. Am Ende der Beschreibung finden Sie eine Liste aller Funktionen, die diese Bibliothek enthält und die Sie dann gezielt nachschlagen können.

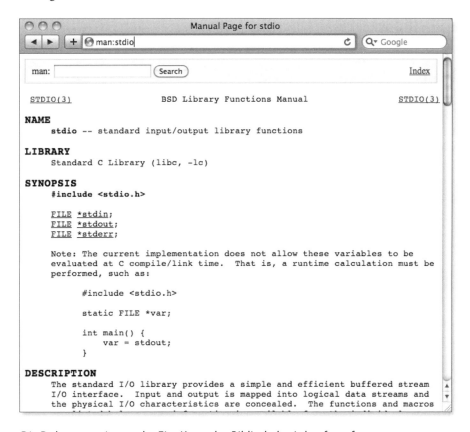

Die Dokumentation zu der Ein-/Ausgabe-Bibliothek wird aufgerufen.

Manchmal müssen Sie explizit angeben, in welcher Sektion sich die gesuchte Dokumentation befindet, und zwar immer dann, wenn es mehrere man-Seiten mit dem gleichen Namen gibt. Das geschieht in Bwana einfach mit einem angehängten Punkt und der Sektionsnummer. So ruft man zum Beispiel mit man:printf.3 die C-Funktion printf auf, welche sich in der dritten Sektion befindet. Auf der angezeigten man-Seite finden Sie die Sektionsnummer am Ende des Befehls in Klammern. So kommt printf(3) zum Beispiel aus der dritten Sektion der man-Seiten.

Wenn Sie die 3 weglassen und nur `man:printf` in Safari eingeben, erhalten Sie nämlich den gleichnamigen Shell-Befehl `printf` aus der ersten Sektion angezeigt. Diesen Namen gibt es also mehrfach. Das `printf` aus der ersten Sektion ist nicht die Funktion, die Sie für die Programmierung in C brauchen. Sie müssen in diesem Fall also explizit `man:printf.3` eintippen. Erst dann erreichen Sie die richtige Seite – ein feiner, aber wichtiger Unterschied!

Die Angabe der Sektion ist also immer dann nötig, wenn es mehrere Befehle oder Funktionen mit dem gleichen Namen gibt.

Das Web

Die man-Seiten von Mac OS X lassen sich übrigens auch auf Apples Webseite betrachten. Beachten Sie aber, dass nicht alles auf dieser Seite bei Ihnen installiert sein muss. Manche Befehle werden erst mit bestimmter Software installiert. Außerdem kann es auch Unterschiede zu der bei Ihnen installierten Version geben.

http://developer.apple.com/mac/library/documentation/Darwin/Reference/ManPages/

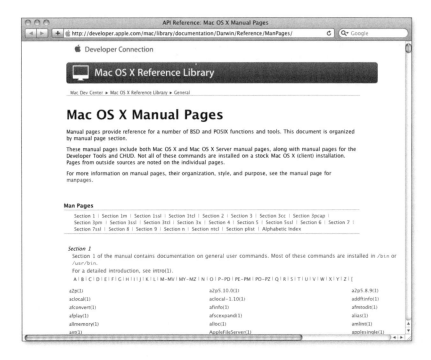

Die Unix-Dokumentation lässt sich auch im Internet bei Apple nachschlagen.

Die Anzeige dieser Seite kann dabei ebenfalls etwas dauern, da auch hier ein Index sämtlicher Befehle auf einer einzigen Seite angezeigt wird.

Daneben gibt es einige weitere Webseiten, die Sie sich als Lesezeichen in Safari anlegen sollten.

Die Dokumentation zur aktuellen GCC-Version bei Apple:

http://developer.apple.com/mac/library/documentation/DeveloperTools/gcc-4.2.1/gccint/index.html

Der Startpunkt der gesamten Entwicklerdokumentation von Apple ist hier zu finden:

http://developer.apple.com/mac/library/navigation/index.html

Erwarten Sie dort aber keine Hilfe für die Programmierung in C, das gehört zum vorausgesetzten Grundwissen.

Eine gute, vor allem aber äußerst übersichtliche Dokumentation der Standard C Library, finden Sie übrigens bei der Wikipedia, und zwar der englischsprachigen, da diese ausführlicher und vollständiger ist als die deutsche:

http://en.wikipedia.org/wiki/Standard_C_library

Dort finden Sie die Liste der Bibliotheken am rechten Rand. Klicken Sie dort zum Beispiel auf *stdio.h*, so erhalten Sie eine Kurzbeschreibung aller Ein- und Ausgabefunktionen, die in dieser Bibliothek versammelt sind. Die einzelnen Funktionen sind dabei oft ebenfalls Links und werden auf einer eigenen Seite noch eingehender erklärt.

Alternativ kann man sich auch bei Linux umschauen. Hier sollten Sie sich die offizielle Webseite der GNU C Library merken. Beachten Sie aber, dass es hier Unterschiede zur Implementation unter Darwin, dem Unix-Kern von Apple, geben kann.

http://www.gnu.org/s/libc/manual/

Lassen Sie sich jetzt, zu Anfang, aber nicht von all diesen Seiten einschüchtern. Der Berg völlig unverständlicher Informationen schrumpft schnell zu einem beherrschbaren Hügel, sobald man die ersten Werkzeuge in der Hand hält.

Weitere Links finden Sie auch im Anhang.

Die Unix-Werkzeuge

oder »Wie aus Code ein Programm entsteht«
In diesem Kapitel dreht sich alles um die Kommandozeile im Terminal.
Lassen Sie sich nicht davon abschrecken, es ist leichter, als es scheint,
und wichtig für ein grundlegendes Verständnis.

C ist einfach nur Text

Wenn man ein Programm in C schreibt, dann ist das gar nichts Besonderes. Sie brauchen dafür kein High-Tech-Super-Programm mit allen Schikanen, ja, nicht einmal das neueste Betriebssystem und auch keinen ultramodernen Rechner mit der modernsten Grafikkarte. Denn: Der Code jeder Programmiersprache besteht nur aus reinem Text.

Das heißt, dass Sie jede Textverarbeitung zum Programmieren verwenden können. Und genau das werden wir jetzt machen. Die Textverarbeitung muss nur in der Lage sein, Text ohne jede Formatierung als reinen Text abzuspeichern. Das geht zum Beispiel mit dem auf jedem Mac vorhandenen Programm TextEdit.

1. Starten Sie das Programm TextEdit. Sie finden es im Programme-Ordner Ihrer Festplatte.

2. Wählen sie in TextEdit das Menü *TextEdit | Einstellungen* und entfernen Sie in der Tafel *Neues Dokument* den Haken bei *Intelligente Anführungszeichen*.

3. Wählen Sie das Menü *Ablage | Neu*, um ein neues Dokument zu öffnen.

4. Schalten Sie das Dokument in den reinen Textmodus um, indem Sie den Menüpunkt *Format | In reinen Text umwandeln* auswählen.

5. Schreiben Sie folgenden C-Code in das offene Dokument. Machen Sie sich über dessen Bedeutung jetzt noch keine Gedanken. Der Code wird später noch genau erklärt.

GRUNDLAGEN

Die geschweiften Klammern {} erhalten Sie über die Tastenkombination ⌥ - 8 und ⌥ - 9 und den umgekehrten Schrägstrich \ mit ⌥ + ⇧ + 7). Die Einrückung können Sie mit der Tabulatortaste (➡|) vornehmen. Beachten Sie unbedingt die Groß- und Kleinschreibung und verwenden Sie nur einfache hochgestellte Anführungszeichen, keine geschwungenen typografischen.

```
#include <stdio.h>

/* Ein kleines Beispiel in C */

int main()
{
```

```
    printf("Hallo Welt!\n");
    return 0;
}
```

6. Wechseln Sie zum Finder und erzeugen Sie einen neuen Ordner auf dem Schreibtisch mit dem Namen *Hallo*.

7. Zurück in TextEdit speichern Sie das Dokument mit dem Namen *test.c* in den Ordner *Hallo* auf dem Schreibtisch ab. Achten Sie darauf, dass TextEdit keine txt-Dateiendung anhängt. Wenn das doch passiert ist, benennen Sie die Datei entsprechend im Finder wieder um. Beenden Sie dann TextEdit.

Damit haben Sie nun ein Stück C-Code erzeugt.

AUFGEPASST

Achten Sie bitte darauf, dass für Dateien mit C-Code immer die Endung *c* verwendet wird und dass der Name der Datei keine Sonderzeichen oder Leerstellen enthält. All das würde zu Problemen führen. Falls Sie keine Dateikürzel sehen, schalten Sie diese in den Einstellungen des Finders ein. Dazu einfach in den Finder wechseln und dann im Menü *Finder | Einstellungen* im Bereich *Erweitert* den Eintrag *Alle Dateinamensuffixe einblenden* auswählen.

GCC im Terminal

Nachdem Sie den C-Code in einer einfachen Textverarbeitung geschrieben haben, muss dieser Text im nächsten Schritt in Maschinensprache übersetzt werden. Erst dadurch wird Ihr Code zu einem Programm. Das geschieht mit dem Compiler GCC. Gesteuert wird dieser Compiler ganz Unix-gemäß über die Kommandozeile. Zugriff auf die Kommandozeile erhalten Sie auf dem Mac mit einem Programm namens Terminal.

GRUNDLAGEN

Die Abkürzung GCC stand ursprünglich für *GNU C Compiler*. Das Programm verstand zu Anfang also nur die Sprache C. Mit der Zeit wurde GCC aber mehr und mehr erweitert, und so kann man damit inzwischen eine ganze Reihe an Programmiersprachen in Programme umwandeln. Daher gibt man der Abkürzung inzwischen die Bedeutung von *GNU Compiler Collection*. Die Homepage von GCC finden Sie unter http://gcc.gnu. org/. Die Dokumentation liegt als man-Seite vor. Dafür einfach im Terminal man gcc eingeben.

8. Starten Sie das Programm Terminal. Sie finden es im Ordner */Programme/ Dienstprogramme* auf Ihrem Mac.

9. Schreiben Sie dann folgenden Befehl in das Terminal und fügen Sie am Ende bitte eine Leerstelle an:

```
gcc
```

10. Ziehen Sie dann die Datei *test.c* in das Terminal hinein. Danach wird im Terminal in etwa Folgendes stehen:

```
gcc /Users/det/Desktop/Hallo/test.c
```

Nur der Benutzername vor dem Desktop (det) weicht bei Ihnen natürlich von diesem Beispiel ab und trägt Ihren Benutzernamen.

TIPP

Wenn Sie den Pfad von Hand eingeben, können Sie das Heimverzeichnis auch mit der Tilde abkürzen, das spart Schreibarbeit. Außerdem können Sie die Tabulatortaste betätigen, nachdem Sie die ersten Buchstaben eines Ordners eingegeben haben, zum Beispiel das *De* von *Desktop*. Ist der Name eindeutig, wird er durch die Tabulatortaste automatisch vervollständigt. Die folgende Befehlszeile erfüllt somit ebenfalls ihren Zweck und ist obendrein kürzer:

```
gcc ~/Desktop/test.c
```

Sie erhalten die Tilde mit der Tastenkombination ⌥ - N und anschließender Betätigung der Leertaste. Beachten Sie, dass im Terminal der englische Name der Ordner in Ihrem Heimverzeichnis verwendet wird und nicht der deutsche. So heißt es also *Desktop* und nicht *Schreibtisch*.

Die einfachste Form, ein Programm mit GCC zu erzeugen

11. Nun bestätigen Sie mit *Return*. Wenn Sie sich nicht vertippt haben, erscheint gleich die nächste Zeile im Terminal und es passiert – scheinbar nichts.

Der Grund liegt darin, dass im Terminal kein Zielort angegeben wurde. Wenn das der Fall ist, wird das erzeugte Programm von GCC einfach in das aktuelle Arbeitsverzeichnis des Terminals gespeichert. Da Sie sich bei einem frisch gestarteten Terminal stets im Heimverzeichnis befinden, müssen Sie also dort nach der Datei suchen.

12. Wechseln Sie also in den Finder und betätigen Sie ⌘ - ⇧ - H, um Ihr Heimverzeichnis zu öffnen. Dort finden Sie eine Datei mit dem Namen *a.out*. Das ist das Programm, welches GCC aus Ihrem Code erzeugt hat.

13. Ziehen Sie diese Datei *a.out* dann in das Terminal und bestätigen Sie mit *Return*.

Das Programm *a.out* wird ausgeführt, und als Ergebnis erhalten Sie *Hallo Welt!* im Terminal. Das ist alles, was das Programm macht. Wenn *Hallo Welt!* im Terminal erscheint, hat also alles funktioniert.

Aufrufen des Programms und sein Ergebnis

Der Zielpfad

Wenn Sie das Programm mit einem anderen Namen an einem anderen Ort ausgeben wollen, brauchen Sie noch die Option -o. Probieren Sie das gleiche Beispiel noch einmal mit folgender Befehlszeile im Terminal aus:

```
gcc -o ~/Desktop/Hallo/test ~/Desktop/Hallo/test.c
```

Die Syntax ist also:

```
gcc -o PfadZumProgramm PfadZumCode
```

In diesem Beispiel wird die Ausgabedatei ganz ohne Dateikürzel geschrieben, was auf dem Mac üblich ist für Unix-Programme. Sie finden das Programm mit dem Namen *test* jetzt im gleichen Ordner wie den Code. Diese Datei können Sie jetzt einfach doppelklicken. Dann öffnet sich automatisch das Terminal und zeigt das Ergebnis des Programms an.

Wenn das nicht klappen sollte, verwenden Sie die Endung *command*, also zum Beispiel:

```
gcc -o ~/Desktop/Hallo/test.command ~/Desktop/Hallo/test.c
```

Mit diesem Dateikürzel ist sichergestellt, dass das Terminal für die Ein- und Ausgabe des Programms zuständig ist.

Ein mit GCC erzeugtes Programm

Der Zielprozessortyp

Standardmäßig wird auf einem Intel-Mac Maschinencode erzeugt, der nur auf einem Mac mit Intel-Prozessor läuft. Wenn Sie ein Programm für einen alten Mac mit PowerPC-Prozessor erzeugen wollen, müssen Sie die Option -arch verwenden. Damit bestimmen Sie gezielt, für welchen Prozessortyp der Code übersetzt wird.

Hier ein Beispiel für PowerPC:

```
gcc -arch ppc -o ~/Desktop/Hallo/test ~/Desktop/Hallo/test.c
```

Hier dasselbe für Intel-Prozessoren – für den Fall, dass Sie auf einem Mac mit PowerPC arbeiten und ein Programm für einen Intel-Mac erstellen wollen:

```
gcc -arch i386 -o ~/Desktop/Hallo/test ~/Desktop/Hallo/test.c
```

Für PowerPC müssen Sie also ppc angeben und für Intel Prozessoren i386.

Beachten Sie, dass Sie das Programm dann natürlich nur auf einem entsprechenden Rechner testen können. Um ein Programm zu erzeugen, welches auf beiden Mac-Typen läuft, brauchen Sie ein sogenanntes *Universal Binary*. Das ist ein Programmtyp, welcher sowohl auf alten Macs mit PowerPC-Prozessor als auch auf neuen Macs mit Intel-Prozessor läuft. Dafür brauchen Sie -arch einfach nur für jeden gewünschten Prozessortyp einmal anzugeben:

```
gcc -arch ppc -arch i386 -o ~/Desktop/Hallo/test ~/Desktop/Hallo/
test.c
```

Automatisierung

Da die Arbeit mit der Kommandozeile auf die Dauer doch mühsam ist, begann man schon früh damit, sich die Arbeit zu vereinfachen und sogenannte Entwicklungsumgebungen zu erschaffen. Das ist im einfachsten Fall nichts weiter als eine Textverarbeitung, die den Programmcode automatisch mit den richtigen Befehlen an den Compiler übergeben kann. Beispiele sind TextMate oder BBedit. Im fortgeschrittenen Fall handelt es sich um kleine und schlanke Programme wie das alte, inzwischen ausgestorbene *Think C* von Symantec oder seinen aktuellen Nachfolger-im-Geiste, die Lightweight IDE. Ganz am Ende des Spektrums finden sich die komplexen und schwer zu beherrschenden Alleskönner wieder wie die Xcode-Entwicklungsumgebung, die gleich aus Dutzenden von Programmen besteht.

Die Arbeit mit der Lighweight IDE wird als Nächstes erklärt. Gegen Ende des Buches, also erst nach gründlicher Einarbeitung in die Sprache C, komme ich auf Xcode zu sprechen. Die Arbeit mit normalen Texteditoren können wir hier jetzt aber getrost verlassen.

Bevor wir aber die Lightweight IDE starten, zuvor noch eine kurze und etwas tiefer gehende theoretische Abhandlung dazu, was der Compiler GCC so ganz im Verborgenen eigentlich macht. Ich halte die folgenden Erklärungen dabei kurz und bündig, denn manches Wissen zum genaueren Verständnis fehlt an dieser Stelle noch. Trotzdem ist es jetzt schon hilfreich, eine Vorstellung davon zu haben, welche Schritte im Hintergrund passieren, bis man ein Programm vor sich hat. Wenn Sie nämlich Fehlermeldungen erhalten, so können diese an verschiedenen Stellen im Compiler auftreten. Zu wissen, welcher Bestandteil von GCC was macht, hilft Ihnen also später bei der Fehlersuche.

Der Präprozessor, Compiler und Linker

Die Erzeugung eines kleinen Unix-Programms mit GCC im Terminal scheint ziemlich geradlinig vor sich zu gehen – in einem Rutsch wird das gewünschte Programm erzeugt. Was Sie jedoch nicht sehen, ist, dass hinter den Kulissen mehrere Schritte passieren, die im Folgenden kurz skizziert werden.

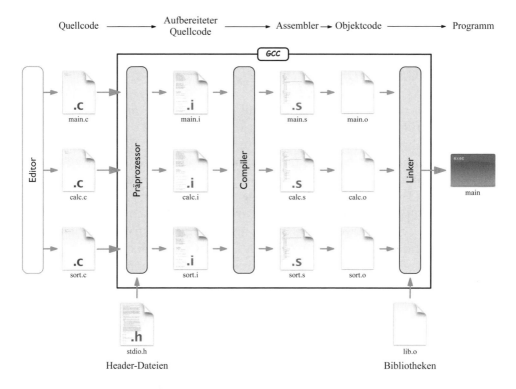

Funktionsschema des Compilers GCC

Der Präprozessor

Wenn Sie C-Code mit GCC in Maschinensprache übersetzen, dann tritt als Erstes der sogenannte Präprozessor in Aktion. Dieser nimmt den Code, den Sie in einem Editor geschrieben haben, und entfernt zuerst alle Kommentare aus dem Quellcode. Das sind alle Stellen, die mit /* beginnen und mit */ enden. Kommentare sind nur für den Programmierer gedacht, werden also für das Programm nicht mehr gebraucht.

Dann werden die sogenannten Präprozessor-Anweisungen gesucht und ersetzt. Die erste Zeile im »Hallo Welt«-Beispiel etwa ist eine solche Anweisung:

```
#include <stdio.h>
```

Alle Zeilen, die mit dem Nummernkreuz # beginnen, sind Anweisungen an den Präprozessor. Der Präprozessor sucht nach Text, der mit # beginnt, führt die Anweisung nach dem # aus und entfernt dann die ganze Zeile.

Hier heißt die Anweisung include. Wie der englische Name schon andeutet, soll hier etwas einbezogen werden, und zwar der Code aus der Datei *stdio.h*. Dateien, die mit *h* enden, nennt man »Header-Dateien«. Es handelt sich dabei um Bibliotheken mit wiederverwendbarem Code, üblicherweise aus der Standard C Library.

Hier wird die Zeile mit dem #include dabei gegen den Code aus der Datei *stdio.h* ausgetauscht.

Das lässt sich auch leicht über das Terminal zeigen. Und zwar kann man mit dem Parameter -E beim Kompilieren die Arbeit nach dem Präprozessor abbrechen.

Wenn Sie die Datei *test.c* noch im Ordner *Hallo* auf dem Schreibtisch liegen haben, öffnen Sie einmal das Terminal und schreiben Sie folgenden Befehl hinein. Bestätigen Sie dann mit *Enter*.

```
gcc -E -o ~/Desktop/Hallo/test2.i ~/Desktop/Hallo/test.c
```

Dem Compiler gcc wird hier durch die Option -E befohlen, seine Tätigkeit nach der Ausführung des Präprozessors zu beenden und das Ergebnis in die Datei test2.i zu schreiben. Das i ist die übliche Dateiendung für Quellcode, der bereits vom Präprozessor verarbeitet wurde. Schauen Sie einmal im Ordner *Hallo* nach dieser Datei und öffnen Sie diese mit TextEdit. Sie werden sehen, dass eine ganze Menge Code an den Anfang der Datei eingefügt wurde, und erst ganz am Schluss finden Sie auf den letzten fünf Zeilen den Code von *test.c* wieder. Die Kommentarzeile ist darin verschwunden, ebenso wie die ursprüngliche Präprozessor-Anweisung. Die Größe der Datei ist von 100 Byte auf über 8000 Byte angewachsen – aber nur, um dann im nächsten Schritt wieder dramatisch auf 700 Byte zu schrumpfen.

Ist der Code für Ihr Programm auf mehrere Dateien aufgeteilt, wird für jede einzelne Datei eine eigene i-Datei mit aufbereitetem Code erstellt.

Der Compiler

In diesem Schritt tritt der eigentliche Compiler in Aktion und übersetzt den Code zuerst in die Assemblersprache des Rechners und danach erst in den sogenannten Objektcode. »Assembler« ist ein Sammelbegriff für Programmiersprachen der zweiten Generation, also Sprachen, die eine Generation vor C liegen. Die Programmierung darin ist allerdings sehr schwierig, und es existieren für jeden Prozessortyp eigene Varianten. Der Vorteil von Assemblersprachen liegt daher hauptsächlich in der nicht zu überbietenden Geschwindigkeit. Wo selbst C nicht mehr ausreicht – was glücklicherweise selten vorkommt –, bleibt in der Regel nur noch eine Assemblersprache übrig. Trotz der Schwierigkeit, damit zu programmieren, ist es sehr interessant, sich einmal einen Eindruck davon zu verschaffen, wie man lange vor dem Entstehen von C programmiert hat. Übersetzen Sie dafür einmal *test.c* mit der Option -S in Assemblersprache und schauen Sie sich die entstandene Datei in Text-Edit an. Die Dateiendung für Quellcodedateien mit Assemblersprache ist das *s*.

```
gcc -S -o ~/Desktop/Hallo/test2.s ~/Desktop/Hallo/test.c
```

Im nächsten Schritt erzeugt der Compiler den sogenannten Objektcode. Dabei handelt es sich bereits um Maschinencode, der allerdings noch Anweisungen für den Linker im nächsten Schritt enthält. Die erzeugten Dateien haben standardmäßig die Dateiendung *o*. Auch hier können Sie GCC anweisen, seine Arbeit nach der Erzeugung der Objektcodedatei einzustellen. Das geht mit der Option -c:

```
gcc -c -o ~/Desktop/Hallo/test2.o ~/Desktop/Hallo/test.c
```

Wenn man solch eine Datei in TextEdit öffnet, bekommt man außer gelegentlichen Bruchstücken, wie zum Beispiel dem Text *Hallo Welt*, nichts wirklich Sinnvolles mehr zu sehen, nur ein Kauderwelsch von Zeichen. Mit dieser Datei kann nur noch der Linker im nächsten Schritt etwas anfangen.

Trotzdem wird diese Übersetzung in Objektcode gerne für Code-Bibliotheken verwendet. Wenn Sie zum Beispiel größere Bibliotheken erzeugt haben, an denen nichts mehr geändert wird, dann lohnt es sich, diese Bibliotheken nicht jedes Mal mit neu zu übersetzen, wenn Sie am Code des übrigens Projekts gearbeitet haben. Wenn Sie die Bibliothek dann schon als Objektdatei kompiliert haben, erspart das GCC etwas Zeit, da es diese Dateien nicht ständig mit übersetzen muss, obwohl sich doch nichts an ihnen geändert hat. Bei größeren Projekten kann das sogar sehr viel Zeit sparen. Bei kleineren Projekten ist es unnötig.

Besteht Ihr Projekt aus mehreren C-Dateien, dann wird für jede Datei eine eigene Objektcode-Datei erzeugt.

Der Linker

Der Linker ist das letzte Glied am Fließband der GCC-Fabrik. Er fügt den Code, der bisher auf mehrere Dateien aufgeteilt war, in einer einzigen Datei, dem Programm, zusammen. Der Linker fügt alle Objektcodedateien zu einem lauffähigen Programm zusammen, gemäß den Anweisungen für den Linker, die sich noch im Objektcode befinden. Egal, aus wie vielen Dateien Ihr Projekt bestehen mag, jetzt liegt nur noch eine einzelne Datei vor – das Programm.

Wenn Sie GCC ohne eine der bisher besprochenen Stopp-Optionen verwenden, wird nirgends haltgemacht, und am Ende tritt der Linker auf den Plan und erzeugt das Programm. Standardmäßig haben Unix-Programme auf dem Mac dabei keine Dateiendung.

```
gcc -o ~/Desktop/Hallo/test ~/Desktop/Hallo/test.c
```

> **POWER**
>
> Wenn Sie alle Zwischenschritte des Compilers gcc in einem Rutsch erzeugen wollen, also den vom Präprozessor aufbereiteten Quellcode, den Assemblercode, den Objectcode und das Programm, bietet sich die Option -save-temps an. Die Zwischenschritte werden dann im aktuellen Arbeitsverzeichnis abgespeichert. Von daher empfiehlt es sich, vor der Ausführung mit dem Befehl cd in den Ordner mit der Quelldatei, zum Beispiel den Ordner *Hallo* auf dem Schreibtisch, zu wechseln:
>
> ```
> cd ~/Desktop/Hallo/
> ```
>
> Danach geben Sie folgenden Befehl ein:
>
> ```
> gcc -save-temps -o ~/Desktop/Hallo/test ~/Desktop/Hallo/
> test.c
> ```
>
> In einem Rutsch werden das Programm und alle Dateien der Zwischenschritte erzeugt.

Die Light-
weight IDE

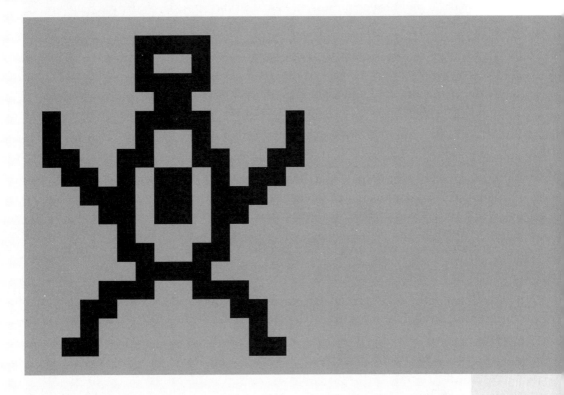

Um in C zu programmieren, bedarf es keiner großen Entwicklungsumgebungen wie zum Beispiel Xcode. Diese kann zwar alles, aber gerade
dadurch gerät der Umgang damit auch schnell zu einem Spießrutenlauf
mit der eigenen Neugier. Ständig muss man aufpassen, nicht an irgend-
welchen verführerischen Schaltern oder Hebeln herumzuspielen, die
man einerseits nicht versteht und die andererseits für das Programmieren in C nicht einmal benötigt werden. Hinzu kommt, dass man nicht im
Projektordner hantieren darf, ohne Xcode aus dem Tritt zu bringen. Viele
C-Programmierer halten daher mehr von schlichten Lösungen wie den
Unix-Programmen Vim oder Emacs oder der Lightweight IDE. Hier ist der
Projektordner, der Ordner, in dem Sie den Code abspeichern, noch ganz
unter Ihrer eigenen Kontrolle.

Start

Die Lightweight IDE ist ursprünglich entwickelt worden, um eine elegante und schlichte Alternative zur Programmierung in der Sprache Pascal zu schaffen, ohne Xcode dafür aufbohren zu müssen. Pascal ist die Sprache, in der die Software der ersten Macs geschrieben wurde. Erst später stieg Apple auf C um, und Pascal geriet auf dem Mac etwas in Vergessenheit, erlebt zurzeit aber durch *Free Pascal* (www. freepascal.org) wieder ein gesteigertes Interesse.

Inzwischen kann die Lighweight IDE mit mehreren Sprachen umgehen, und zwar mit Pascal, Object Pascal, Objective Pascal, C, C++, Objective-C, Java, Ada und mit Shell-Scripts.

Da die Lighweight IDE kostenlos ist, sollten Sie sich allerdings mit Beschwerden zurückhalten. Wenn Sie jedoch Fehler finden, ist der Entwickler natürlich über jede Meldung dankbar – vor allem aber über jedes Lob, etwas, das leider viel zu wenig verteilt wird. Fehlermeldungen dabei bitte in englischer Sprache an ihn richten. Wenn Sie des schriftlichen Englischs nicht so sicher sind, schreiben Sie die Meldung bitte in das Forum zu diesem Buch auf meiner Webseite www.skripteditor.de. Ich leite sie dann an den Entwickler weiter.

Nachdem Sie die IDE gemäß den Anweisungen in Kapitel 1 installiert haben, starten Sie das Programm doch einfach mal. Sie finden es im Dock oder im Programmordner.

Das Icon der Lightweight IDE

Wenn Sie die Lightweight IDE starten, sehen Sie zwei Fenster am linken Rand: Das obere ist das Nachrichtenfenster (*Message Window*). Dieses Fenster dient als Terminal. Wenn Sie Daten auf dem sogenannten Standardeingang und -ausgang lesen oder schreiben, so wird dieses Fenster statt des Terminals dafür verwendet. Das darunter befindliche Fenster ist die Fehleranzeige (*Errors Window*). Darin werden detaillierte Fehlermeldungen ausgegeben. Beide Fenster können, falls sie einmal nicht zu sehen sein sollten, über das Menü *Window* geöffnet werden.

Legen Sie sich aber zuerst einmal einen neuen Ordner mit dem Namen *LW* auf dem Schreibtisch an und kopieren Sie die Datei *test.c* vom Ordner *Hallo* aus den vorigen Kapiteln in diesen neuen Ordner.

Ziehen Sie dann die Datei *test.c* einfach auf das Icon der Lighweight IDE im Dock oder gehen Sie in der Lightweight IDE über das Menü *File | Open*.

GRUNDLAGEN

Falls Sie eine Datei mit dem Dateikürzel *c* doppelklicken, wird sich wahrscheinlich Xcode der Datei annehmen. Ich empfehle daher, die Lightweight IDE als das Standardprogramm für Dateien mit der Endung *c* einzurichten. Wählen Sie dafür im Finder einfach die Datei *test.c* aus und drücken Sie dann ⌘ - i, um die Information zu öffnen. Dort bei *Öffnen mit* dann die Lightweight IDE auswählen und dann auf *Alle ändern* klicken. Ab sofort können Sie alle Dateien mit der Endung c doppelklicken, und sie werden immer in der Lightweight IDE geöffnet.

Falls die Datei *test.c* nicht mehr vorhanden ist, erstellen Sie in der Lightweight IDE einfach eine neue Datei über das Menü *File | New* und schreiben Sie den Code aus der folgenden Abbildung hinein. Sichern Sie die Datei dann im Ordner *LW*.

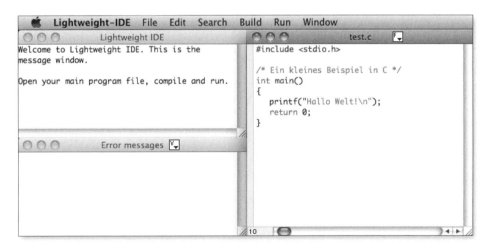

Die drei wichtigsten Fenster der Lighweight IDE: Nachrichtenfenster, Fehleranzeige und Editor

Einstellungen

Bevor Sie anfangen, in der Lightweight IDE zu arbeiten, müssen Sie jedoch zuerst noch eine Voreinstellung abändern. Standardmäßig ist die IDE nämlich so eingestellt, dass Programm-Bundles erzeugt werden, was hier jedoch hinderlich ist.

Öffnen Sie dafür bitte die Voreinstellungen über das Menü *Lighweight-IDE | Preferences*. Klicken Sie dort auf den Reiter *Target* und kreuzen Sie dann die Option *Comand-line tool mode* an. Damit ist alles für die Arbeit mit reinem C vorbereitet.

Sicher fällt Ihnen in dieser Tafel der Voreinstellungen noch auf, dass hier auch die Zielplattform ausgewählt werden kann, also ob das Programm für PPC oder Intel-Prozessoren übersetzt werden soll. Standardmäßig steht hier die Einstellung auf *Universal*, es wird also ein Programm erzeugt, das auf beiden Plattformen läuft. Diese Optionen bestimmen nichts anderes als die Entscheidung, welche −arch-Option als Befehl an den Compiler übergeben wird. Mit der Kommandozeile, wie im vorigen Kapitel beschrieben, kommen Sie also nicht mehr direkt in Berührung.

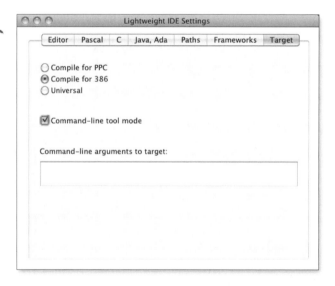

Für die Arbeit mit reinem C sollte der Kommandozeilenmodus aktiviert werden.

Eine weitere wichtige Einstellung finden Sie in der ersten Tafel mit dem Namen *Editor*. Hier können Sie verschiedenen Einstellungen für den Editor ändern, zum Beispiel die Schriftgröße, falls Ihnen diese zu klein oder zu groß ist. Die anderen Einstellungen hier dürfen Sie ebenfalls gefahrlos ändern, mit Ausnahme von *Text file save format*. Lassen Sie diese unbedingt auf *Unix (LF)* eingestellt.

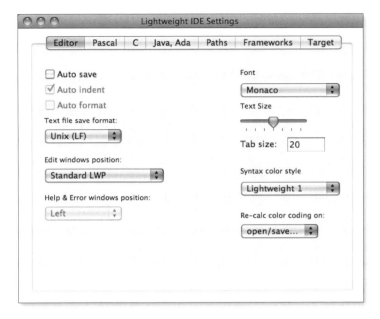

Hier lässt sich der Editor anpassen, zum Beispiel der verwendete Font und dessen Größe.

In den anderen Tafeln, insbesondere in der Tafel *C*, sollten Sie auf keinen Fall etwas ändern. Hier können Sie nämlich Argumente für den Compiler und Debugger verändern und verschiedene sogenannte Kompilierungstrategien auswählen, etwas für fortgeschrittene Programmierer. Im Feld *Command-line options* sollte dort für dieses Buch »`-fpascal-strings -Wall`« ohne Anführungszeichen stehen.

TIPP

Wenn Sie einmal der Versuchung nicht widerstehen können, in der Tafel *C* etwas zu verändern, und wenn danach nichts mehr funktioniert und wenn Sie auch nicht mehr wissen, wie die Einstellungen vorher aussahen, dann machen Sie bitte Folgendes, um die Lightweight IDE auf die Standardeinstellungen zurückzusetzen:

1. Beenden Sie die Lightweight IDE.

2. Löschen Sie die Voreinstellungsdatei. Das ist eine Datei, die mit dem Namen *Lightweight IDE* beginnt und im Ordner *~/Library/Preferences/* liegt, also im *Library*-Ordner Ihres Heimverzeichnisses.

3. Starten Sie die IDE neu und aktivieren Sie wieder die Option *Comand-line tool mode* in der Tafel *Target*, und alles läuft wieder.

Testlauf

Jetzt heißt es erst einmal, einen Testlauf zu machen und damit zu überprüfen, ob auch alles funktioniert.

Wenn Sie das *Hallo Welt*-Beispiel aus dem vorigen Kapitel geöffnet haben, dann wählen Sie bitte einfach *Run* im Menü *Run* oder verwenden Sie die Tastenkombination ⌘ - R. Falls Sie im Code etwas geändert und noch nicht gesichert haben, erscheint noch der Hinweis, dass Sie die Datei erst sichern müssen, bevor Sie den Code ausführen können. Sichern Sie dann mit ⌘ - R und fahren Sie fort.

Im Nachrichtenfenster erscheint daraufhin eine Menge Text, der nach oben wegrollt. Am Ende der Nachrichten erscheint dann das Ergebnis des Codes, eingeklammert zwischen den Nachrichten *test starts* und *test finished* – das Ergebnis *Hallo Welt*. Das Fehlerfenster hat sich dabei ausgeblendet, da keine Fehler aufgetreten sind.

Wenn Sie sich das Nachrichtenfenster genauer ansehen, werden Sie sehen, dass Sie dort auch die genauen Argumente verfolgen können, die an den Compiler GCC übergeben wurden. Einige wie `-arch` kennen Sie inzwischen, andere sind bisher unbekannt und interessieren hier nicht weiter, können aber bei Neugier im Terminal mit `man gcc` nachgeforscht werden.

AUFGEPASST

Vermeiden Sie Leerstellen und Sonderzeichen im Dateinamen von Quelldateien und vergeben Sie immer die Dateiendung c! Das Nichtbeachten kann zu Problemen führen. Sollten Sie im Nachrichtenfenster einmal die Meldung bekommen »No such file or directory«, dann hat das wahrscheinlich damit zu tun, dass Sie eine Leerstelle im Dateinamen verwenden.

Erfolg! Das Testprogramm funktioniert.

Und wo ist das Programm, das GCC erzeugt hat?

Sie finden es im selben Ordner wie den Quellcode. Die Zeile, die im Nachrichtenfenster mit *Command* beginnt, zeigt den Pfad zum Programm genau an, schließlich muss dieser auch von der IDE genau angegeben werden, um das Programm
zu starten.

Wenn Sie im Ordner LW auf dem Schreibtisch nachsehen, werden Sie dort das Programm mit dem Namen *test* vorfinden. Wenn Sie es doppelklicken, wird das Programm ausgeführt, und das Terminal zeigt das Ergebnis an. Daneben liegt aber
auch noch ein Ordner mit dem Namen *intermediate-files*. Dort finden Sie einen
Zwischenschritt des Compilers, nämlich den Objectcode. Normalerweise werden
Sie den nicht brauchen. Bei größeren Projekten kann es jedoch hilfreich sein, Code,
der sich nicht mehr ändert, als Bibliothek einzubinden. Dieser muss dann nicht
jedes Mal wieder neu kompiliert werden.

AUFGEPASST

Der Ordner mit dem Quellcode ist in der Lighweight IDE auch gleichzeitig die Projektverwaltung. Im Unterschied zu Xocde, wo Sie im Projektordner nicht selbst Hand anlegen dürfen, ist dies in der Lightweight IDE er-
wünscht. Gerade für kleinere und mittlere Projekte ist dies ein Vorteil. Sie
haben die volle Kontrolle über das Projekt und müssen sich nicht auf ir-
gendwelche Automatiken verlassen. Achten Sie daher darauf, für jedes Projekt immer einen eigenen Ordner anzulegen und dort nur die Quellcodedateien abzulegen, die auch zu diesem Projekt gehören.

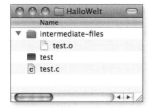

*Die Lightweight IDE hebt den Objectcode des fertigen
Programms in einem Unterordner des Projektsordners auf*

Fehleranzeige

Probieren Sie einmal aus, was passiert, wenn Sie absichtlich einen Fehler im Code
einbauen. Entfernen Sie dafür einfach mal das Semikolon nach dem `return 0;` im
Code. Sichern Sie und tippen Sie dann erneut ⌘ - R, um das Programm zu starten.

Jetzt öffnet sich das Fehlerfenster und zeigt den Fehler mit dem Bildnis eines Käfers (*Bug*) an. Die erste Zeile der Fehlermeldung gibt die Datei und die Zeilennummer an, in welcher der Fehler aufgetreten ist. Der Fehler trat also in der Datei *test.c* in Zeile 8 auf, und die Fehlermeldung selbst lautet:

```
expected ';' before '}' token
```

Das heißt, dass ein Semikolon vor der geschweiften Klammer erwartet wurde. Damit ist der Fehler in diesem Fall ziemlich genau beschrieben.

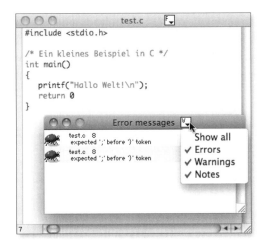

Im Einblendmenü des Fehlerfensters können Sie bestimmen, welche Art von Warnungen Sie sehen wollen.

TIPP

Wenn Sie die Fehlermeldung doppelt erhalten, liegt das daran, dass der Code zweimal übersetzt wurde, ein Mal für PPC und ein Mal für Intel-Prozessoren. Wenn Sie das stört, schalten Sie während der Entwicklung einfach die Zielplattform in den Voreinstellungen der Lightweight IDE in der Tafel *Target* um, also von *Universal* auf Ihren Mac-Typ. Bei einem Intel-Mac also auf *Compile for 386* und bei einem PowerPC-Mac auf *Compile for PPC*. Später, wenn das Programm fertig ist, und noch bevor Sie es verwenden oder weitergeben, können Sie dann wieder auf *Universal* umschalten und das Programm dann mit dieser Einstellung kompilieren und verteilen. Damit ist dann sichergestellt, dass Ihr Werk später auf möglichst allen Macs läuft.

Die Zeilenangabe in der Fehlermeldung ist ja recht hilfreich. Doch was ist, wenn sich der Fehler auf Zeile 125 einer ziemlich langen Quelldatei befindet? Wie finden Sie ohne Nachzählen heraus, wo die Zeile 125 ist?

Ganz einfach, doppelklicken Sie die Fehlermeldung, und der Editor springt automatisch zu dieser Zeile im Code. Außerdem finden Sie unten links in der Ecke des Editorfensters auch die Zeilennummer der Zeile eingeblendet, in der gerade die Einfügemarke blinkt.

Die Zeilenangabe in der Fehlermeldung ist dabei nicht immer exakt. Meist fällt der Fehler erst eine oder mehrere Zeilen später auf. Die Zeile ist also nur als Hinweis zu verstehen.

In der Titelzeile des Fehlerfensters finden Sie ein kleines Einblendmenü, in welchem Sie die Meldungen filtern können. Zur Auswahl stehen Fehler (*Errors*), Warnungen (*Warnings*) und Bemerkungen (*Notes*). Wenn Sie alles sehen wollen, wählen Sie einfach *Show all*.

Das ist alles, was man für den Anfang über die Lightweight IDE wissen muss. Damit kann es nun mit der Sprache C an sich losgehen.

GRUNDLAGEN

Die Lightweight IDE wird von Ingemar Ragnemalm entwickelt und ist unter folgender Adresse erhältlich:

http://www.ragnemalm.se/lightweight

Grundlagen

Über die Grundbestandteile eines C-Programms, den Quell- und Ausführungszeichensatz, Kommentare und Zeichenketten erfahren Sie in diesem Kapitel das Wichtigste.

Überblick über die Bestandteile eines C-Programms

Ein C-Programm besteht im Wesentlichen aus drei Bestandteilen: Präprozessoranweisungen, Kommentaren und Code. Der Code steht dabei, von wenigen Ausnahmen abgesehen, immer innerhalb von Funktionen.

Präprozessoranweisungen

Präprozessoranweisungen dienen dazu, Textersetzungen im Code vorzunehmen, bevor der Code übersetzt wird. Im Prinzip handelt es sich um nichts anderes als Makroanweisungen oder ein fortgeschrittenes Suchen und Ersetzen. Im *Hallo Welt*-Beispiel wird mit include die Anweisung gegeben, den Inhalt der Header-Datei *stdio.h* an dieser Zeile im Code einzufügen, bevor die Datei an den Compiler übergeben wird. Das ist immer dann nötig, wenn Sie auf Code aus der Standard C Library oder anderen Bibliotheken zugreifen wollen.

Zeilen mit Präprozessoranweisungen beginnen immer mit dem Rautenzeichen #.

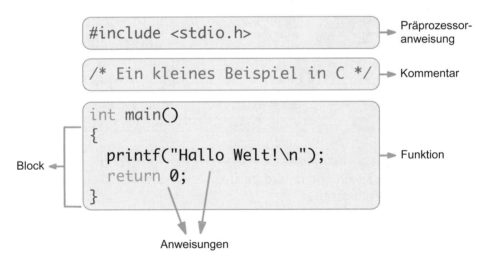

Die Grundelemente eines C-Programms

Kommentare

Kommentare dienen dazu, den Code zu kommentieren. Sie können sich damit also Notizen im Programmcode machen. Das erleichtert es, den Code auch nach längerer Zeit noch auf Anhieb zu verstehen. Kommentare werden vor der Übersetzung in Maschinencode, also vor der Erzeugung des Programms, entfernt. Sie können also ausgiebig von Kommentaren Gebrauch machen, ohne befürchten zu müssen, dass das fertige Programm dadurch mehr Platz auf der Festplatte einnehmen würde.

Sie erkennen Kommentare daran, dass diese mit der Zeichenfolge /* beginnen und mit */ enden. Kommentare, die mit zwei Schrägstrichen // beginnen, gelten bis zum Ende der Zeile.

Funktionen

Eine Funktion dient dazu, Anweisungen an den Rechner zu bündeln, also quasi in kleine, leicht wiederverwertbare Happen zu unterteilen. Der gesamte C-Code besteht dabei aus Funktionen. Jeglicher Code, der ausgeführt wird, von wenigen Ausnahmen abgesehen, muss sich in so einer Funktion befinden. Meistens besteht ein Programmcode dabei aus sehr vielen solcher Funktionen. Nur die einfachsten Programme kommen mit nur einer einzigen Funktion aus, der Funktion main, die jedes Programm enthalten muss.

Eine Funktion besteht aus dem Funktionskopf, das ist die erste Zeile int main(), und dem Funktionsrumpf, der aus einem Block geschweifter Klammern gebildet wird. Alle Zeilen zwischen diesen geschweiften Klammern gehören zur Funktion. Die Funktion endet erst mit der letzten sich schließenden geschweiften Klammer.

Der Funktionskopf besteht aus der Angabe des Typs und des Namens der Funktion. Obige Funktion hat zum Beispiel den Typ int und den Namen main. Der Typ int, das werden Sie später noch sehen, steht dabei für Ganzzahlen (*Integer*). Doch warum wird solch ein Typ für eine Funktion benötigt? Der Grund ist relativ einfach. Jede Funktion führt nicht nur Anweisungen aus, sondern wird im Normalfall auch ein Ergebnis zurückliefern, und wenn es nur die Bestätigung ist, dass die Funktion erfolgreich ausgeführt werden konnte. Welchen Typ nun dieses zurückgelieferte Ergebnis hat, muss vor dem Namen der Funktion stehen. Das Ergebnis obiger Funktion ist übrigens die Zahl Null, die in der letzten Zeile mit der Anweisung return 0; zurückgegeben wird. Null ist eine Ganzzahl, passt also zum Typ der Funktion (int). Dabei gilt es unter Unix als Konvention, dass eine zurückgegebene Null in der Hauptfunktion mit dem Namen main bedeutet, dass das Programm erfolgreich ausgeführt wurde, also keine Fehler aufgetreten sind.

Die Funktion mit dem Namen main hat eine Besonderheit: Jedes Programm besitzt genau eine Funktion dieses Namens. Sie dient als Startpunkt für das Programm. In dieser Funktion fängt die Abarbeitung des Codes an.

Sie erkennen Funktionen immer an der Folge: Typ, Name, Klammernpaar und Block. Die runden Klammern hinter dem Funktionsnamen sind dabei üblicherweise nicht leer, wie in diesem einfachen Beispiel. Dazu mehr im Kapitel *Funktionen*.

Blöcke

Ein Block ist alles, was sich zwischen zwei geschweiften Klammern befindet. Blöcke dienen dazu, Anfang und Ende des Codes, der zur Funktion gehört, zu markieren. Das heißt, der Funktionsrumpf beginnt mit der sich öffnenden geschweiften Klammer und endet mit der geschlossenen geschweiften Klammer. Alles dazwischen ist auszuführender Code.

Blöcke werden nicht nur von Funktionen verwendet, sondern auch von anderen Codebestandteilen, wie zum Beispiel Verzweigungen und Schleifen.

Anweisungen

Anweisungen stellen die eigentlichen Befehle an den Rechner dar. Zeilen mit Anweisungen enden immer mit einem Semikolon. Im obigen Beispiel wird die Anweisung `printf("Hallo Welt!\n");` gegeben. Dabei handelt es sich um den Befehl, den Text *Hallo Welt* am Bildschirm auszugeben. Das Besondere hier ist, dass es sich um den Aufruf einer Funktion handelt. Hier wird nämlich einer Funktion mit dem Namen `printf` befohlen, diese Arbeit zu erledigen. In der Klammer wird dabei der gewünschte Text an diese Funktion übergeben. Sie erkennen solche Funktionsaufrufe daran, dass nach einem Namen runde Klammern folgen, die nicht immer etwas enthalten müssen.

Die Anweisung `return` besagt, dass die Funktion fertig ist und beendet werden kann. Dabei wird der Wert 0 als Ergebnis angegeben.

Im Laufe des Buches werden Sie viele weitere Anweisungen kennenlernen.

Zeichenketten

Innerhalb der Klammer von `printf` steht der Ausgabetext "Hallo Welt!\n" in einfachen hochgestellten Anführungszeichen. Das ist die übliche Art und Weise, wie Text im C-Code geschrieben wird. Die Anführungszeichen besagen: »Alles zwischen diesen Anführungszeichen nicht als Code interpretieren, sondern nur als einfachen Text behandeln.« Am Ende des Textes sehen Sie dann einen rückwärts gewandten Schrägstrich mit einem n (\n). Solche Kombinationen eines Rückwärts-Schrägstrichs mit bestimmten Buchstaben bezeichnet man als »Escape-Sequenzen«. Die Escape-Sequenz \n fügt einen Zeilenumbruch im Text ein.

Der Zeichensatz

Die Sprache C beschränkt sich auf die Verwendung bestimmter Zeichen. So wie wir uns in der deutschen Sprache auf ein Alphabet von 26 Zeichen in Groß- und

Kleinschreibung und einige Satzeichen beschränken, so beschränkt sich auch C auf einen Zeichensatz, den sogenannten *Quellzeichensatz*. Dieser Zeichensatz wird für das Schreiben des Codes verwendet. Daneben gibt es noch den *Ausführungs-zeichensatz*. Er gibt an, welche Zeichen im Code als Literal oder Kommentar ver-arbeitet werden können. Dieser ist abhängig von der C-Implementierung auf dem Betriebssystem und ist nicht in C genormt.

Beide Zeichensätze können sich entweder überhaupt nicht oder mehr oder weni-ger stark unterscheiden.

Der Quellzeichensatz steht also für die Zeichen, die zum Schreiben des Codes ver-wendet werden, und der Ausführungszeichensatz für die Zeichen, die vom Code direkt verarbeitet werden können.

Der Quellzeichensatz

Der Quellzeichensatz besteht aus den 26 Zeichen des Alphabets in Groß- und in Kleinschreibung:

ABCDEFGHIJKLMONOPQRSTUVWXYZ abcdefghijklmnopqrstufwxzyz

aus den 10 Ziffern:

0123456789

und aus 29 Interpunktionszeichen:

! " # % & ' ( ) * + , - . / : ; < = > ? [\ ] ^ _ { | } ~

Dazu kommen noch die nicht druckbaren Zeichen *Leerzeichen, Horizontaler Tabu-lator, Vertikaler Tabulator, Zeilenvorschub* und *Seitenvorschub* sowie das *Null-Zei-chen*, der *Warnton, Rückschritt* und *Wagenrücklauf*.

Dies sind die Zeichen, die Sie auf dem Mac zum Schreiben von C-Code verwenden können. Je nach C-Implementierung auf dem Betriebssystem können auch noch weitere Zeichen unterstützt werden. Sie können sich aber nicht darauf verlassen, dass dies auf allen Betriebssystemen gleichermaßen der Fall ist.

Der Ausführungszeichensatz

Der Ausführungszeichensatz enthält auf dem Mac den Quellzeichensatz und alle übrigen Zeichen der für das jeweilige Betriebssystem typischen Zeichensatzcodierung. Auf einem deutschsprachigen Mac sind das alle Zeichen über einem Wert von 127 der *Mac OS Roman*-Codierung. Diese Zeichensatzcodierung des Macintosh wird auch für viele andere europäische Sprachen verwendet. Eine übersichtliche Tabelle aller Zeichen der Mac OS Roman-Codierung finden Sie im Anhang. Hier nur als einfache Liste:

Ä Å Ç É Ñ Ö Ü á à â ä ã å ç é è ê ë í ì î ï ñ ó ò ô ö õ ú ù û ü † ° ¢ £ § • ¶ ß ® ™ ´ ¨ ≠
Æ Ø ∞ ± ≤ ≥ ¥ µ ∂ ∑ ∏ π ∫ ª º Ω æ ø ¿ ¡ ¬ √ ƒ ≈ ∆ « » … À Ã Õ Œ œ – — " " ' ' ÷ ◊
ÿ Ÿ ⁄ € ‹ › ﬁ ﬂ ‡ · ‚ „ ‰ Â Ê Á Ë È Í Î Ï Ì Ó Ô Ò Ú Û Ù ı ˆ ˜ ¯ ˘ ˙ ˚ ¸ ˝ ˛ ˇ

Ein Zeichen, nämlich das vor dem À (Mac OS Roman #202), ist unsichtbar. Es handelt sich um das nicht umbrechende Leerzeichen des Macs.

Im folgenden Bild können Sie sehen, wie diese Zeichen im C-Code problemlos in Kommentaren stehen können und sich mit `printf` am Bildschirm ausgeben lassen.

Auch wenn der Code selbst keine Sonderzeichen verwenden darf, so ist deren Verarbeitung in Kommentaren oder Zeichenketten kein Problem.

Wenn Sie bei der standardmäßigen Syntaxfärbung der Lightweight IDE geblieben sind, in den Einstellungen als *Lightweight 1* bezeichnet, können Sie sich auch einfach an der Textfarbe orientieren. Alles, was rot oder grau ist, darf Sonderzeichen enthalten.

> ### TIPP
>
> In der obigen Abbildung sehen Sie auch noch im `printf` einen Trick, wie Sie längeren Text, der in Anführungszeichen steht, im Code auf mehrere Zeilen umbrechen können: Teilen Sie den Text einfach auf mehrere Zeilen auf und packen Sie jeden Textblock in eigene Anführungszeichen. Der Compiler fügt diese dann automatisch zusammen. Sie müssen nur darauf achten, keinen anderen Code dazwischen zu setzen und die schließende Klammer mit dem Semikolon erst am Ende der letzten Zeile zu schreiben.

Schreibweisen

Der C-Compiler kümmert sich meist nicht um Leerstellen, Tabulatoren und Zeilenumbrüche im Code. So könnten Sie den Code des *Hallo Welt*-Beispiels auch so schreiben:

```
#include <stdio.h>
/* Ein kleines Beispiel in C */
int main(){printf("Hallo Welt!\n");return O;}
```

Der Compiler meckert darüber nicht. Übersichtlich und leicht lesbar ist der Code dann aber natürlich nicht mehr.

Präprozessoranweisungen betrifft das jedoch nicht. Diese müssen immer auf einer eigenen Zeile stehen und mit dem Doppelkreuz # beginnen. Davor dürfen höchstens Leerzeichen oder Tabulatoren stehen.

Halten Sie sich bitte an die in diesem Buch verwendete Schreibweise, die sich an den gängigen Konventionen orientiert. Sie werden im Web zwar auch alternative Schreibweisen vorfinden (zum Beispiel bei der Positionierung der geschweiften Klammern), aber im Großen und Ganzen halten sich alle an die hier beschriebenen Grundlagen. Behalten Sie folgende 4 Regeln im Hinterkopf:

- Code innerhalb geschweifter Klammern mit dem Tabulator eine Ebene einrücken.

- Geschweifte Klammern immer auf eine eigene Zeile stellen, und zwar geöffnete und geschlossene genau auf gleicher Breite. So können Sie sofort erkennen, welches Klammernpaar zusammengehört.

- Jede Anweisung, also Code, der mit einem Semikolon endet, auf eine eigene Zeile stellen.

- Vor und nach Funktionen immer eine oder mehrere Leerzeilen stehen lassen.

Kommentare

Kommentare dienen dazu, dem Programmierer das Verständnis des Codes zu erleichtern. Erklären Sie damit, was gemacht wird und nicht das Wie. So finden Sie sich auch Jahre später in Ihrem Code schnell wieder zurecht.

Klassische Kommentare

Kommentare fangen in C mit der Zeichenfolge /* an und enden mit */. Alles, was sich zwischen diesen Zeichenfolgen befindet, wird vor der Kompilierung gelöscht, dient also nur Ihren persönlichen Notizen.

```
/* Ein klassischer C-Kommentar */
```

Ein Kommentar kann auch auf derselben Zeile wie der Code stehen, sollte dann jedoch dem Code folgen.

```
printf("Hallo Welt!\n"); /* Ausgabeanweisung*/
```

AUFGEPASST

Theoretisch können Sie Kommentare auch vor den Code oder mitten zwischen Codebausteine setzen. Da Kommentare vor der Kompilierung entfernt werden, stört das den Compiler nicht. Sie tun sich damit aber keinen Gefallen, da der Code dann schwer zu lesen und noch schwerer zu warten ist. Setzen Sie Kommentare daher immer auf eine eigene Zeile oder hinter den Code.

Ein Kommentar kann auch über mehrere Zeilen reichen.

```
/* Ein klassischer C-Kommentar
über mehrere Zeilen */
```

Da man beim Programmieren keine Textformatierungen verwenden kann, findet man vor allem am Anfang einer Quellcodedatei einen oft recht kunstvollen Umgang mit Kommentaren. Er dient letztlich nur dazu, in jeder Datei am Anfang dieselben Informationen anzugeben, nämlich wer den Code wann erstellt hat, um welche Version es sich handelt, wo das Copyright liegt und so weiter. Hier ein einfaches Beispiel. Es handelt sich um einen einzigen mehrzeiligen Kommentar, beginnend mit /* und endend mit */.

```
/******************************************
 *    File Name:     test.c              *
 *    Version:       1.0                 *
 *    Modification:  21.02.2010          *
 *    Author & ©:    Detlef Schulz       *
 ******************************************/
```

C99 Kommentare

Der neuste C-Standard erlaubt auch den aus C++ bekannten Zeilenkommentar //.
Er steht immer vor dem Kommentar und wird am Ende nicht wiederholt. Alles,
was nach dem doppelten Schrägstrich folgt, gilt bis zum Ende der Zeile als Kommentar.

```
// Dieser Kommentar reicht bis zum Ende der Zeile
```

Anbei eine Abbildung des *Hallo Welt*-Beispiels mit den Kommentarmöglichkeiten
auf einen Blick. In der Lightweight IDE werden Kommentare standardmäßig rot
eingefärbt, sobald Sie die Änderungen sichern.

Kommentarstile auf einen Blick

Verschachtelte Kommentare

Verschachtelte Kommentare sind nicht möglich. Folgender Kommentar wird daher
zu Fehlermeldungen führen:

```
/* Beispiel für /* einen geschachtelten */ Kommentar */
```

Eine Ausnahme gibt es allerdings bei der Kombination mit den C99-Zeilenkommentaren. So können Sie //-Kommentare mit /* und */ klammern und damit zum Beispiel Codebestandteile deaktivieren, die Sie noch nicht löschen wollen. Der Code wird dann als Kommentar behandelt und nicht mehr ausgeführt, man spricht unter Programmierern von *Auskommentieren*.

```
/*
printf("Hallo Welt!\n"); // Diese Codezeile wurde »auskommentiert«
*/
```

Daraus ergibt sich, dass es recht praktisch ist, Kommentare generell mit // zu schreiben und /* und */ dann hauptsächlich zum Auskommentieren (Deaktivieren) von Code zu verwenden.

Zeichenketten und Escape-Sequenzen

Wenn Sie in C einen Text benötigen, dann schreiben Sie diesen entweder direkt in den Code oder Sie lesen ihn über die Standardeingabe, Dateien oder andere Eingabequellen aus dem Betriebssystem ein. Text, den man direkt im Code verwendet, bezeichnet man als *Literal*, das heißt, dieser Text ist wörtlich zu nehmen und nicht als Code zu interpretieren. Man spricht unter Programmierern auch von *String* (englisch für *Schnur*), weil die Buchstaben wie an einer Schnur aufgereiht sind. Damit der Compiler weiß, dass dieser Text von Ihnen keinen Code darstellt, Sie ihn also wörtlich meinen und nicht als Befehl, müssen Sie ihn in doppelte, hochgestellte Anführungszeichen packen. Verwenden Sie dafür bitte nicht die typografischen Anführungszeichen einer professionellen Textverarbeitung, sondern nur die geraden Anführungseichen, die auch als Zeichen für die Längeneinheit Zoll verwendet werden.

Im bisherigen *Hallo Welt*-Beispiel finden Sie solch ein Textliteral im `printf`.

```
"Hallo Welt!\n"
```

In solch einer Zeichenkette dürfen Sie alle Zeichen des Ausführungszeichensatzes verwenden, außer dem hochgestellten doppelten Anführungszeichen ("), dem rückwärtsgewandten Schrägstrich (\), *Backslash* im Englischen genannt, und dem Steuerzeichen für eine neue Zeile (*Newline*). Das Anführungszeichen können Sie nicht verwenden, weil es ja bereits als Klammer für eine Zeichenkette dient. Den Backslash können Sie nicht verwenden, weil er als Escape-Zeichen reserviert ist, wie gleich erklärt wird. Und einen Zeilenumbruch (*Newline*) können Sie innerhalb einer Zeichenkette nicht verwenden, weil Zeichenketten immer auf einer Zeile stehen müssen. Wenn Sie eines dieser Zeichen in einer Zeichenkette verwenden, führt das daher unweigerlich zu Fehlern bei der Kompilierung.

Escape-Sequenzen

Um das Anführungszeichen, den Backslash und den Zeilenumbruch trotzdem im Text verwenden zu können, gibt es die sogenannten Escape-Sequenzen.

Eine Escape-Sequenz besteht aus einem Backslash und einem unmittelbar folgenden Zeichen. In der H*allo Welt*-Zeichenkette sehen Sie solch eine Escape-Sequenz am Ende, das \n.

Das \n stellt einen Zeilenumbruch dar, einen Unix-Zeilenumbruch wohlgemerkt (*Newline*). Der Zeilenumbruch wird von mir nur aus Schönheitsgründen verwendet. Es sieht einfach besser aus, wenn die Statusmeldung im Nachrichtenfenster auf einer eigenen Zeile steht.

Ein rückwärtsgewandter Schrägstrich (*Backslash*) in einem Text signalisiert also immer, dass vor der Verwendung etwas anderes eingefügt werden soll, zum Beispiel ein Zeilenumbruch. Neben dem Zeilenumbruch gibt es aber natürlich noch weitere nicht druckbare Zeichen, die man gebrauchen könnte, wie zum Beispiel einen Tabulator. Alle diese Zeichen haben eine jener Escape-Sequenzen, die ich in der folgenden Tabelle aufliste.

Escape-Sequenz	Zeichen
\'	'
\"	"
\?	?
\\	\
\a	Warnton
\b	Rückschritt (*Backspace*)
\f	Seitenvorschub
\n	Zeilenvorschub (*Newline*)
\r	Wagenrücklauf (*Return*)
\t	Horizontaler Tabulator
\v	Vertikaler Tabulator

In dieser Tabelle sind vor allem die vier druckbaren Zeichen am Anfang der Tabelle, der horizontale Tabulator \t und der Zeilenvorschub \n sehr wichtig. Dazu vielleicht noch \a zur Ausgabe eines Warntons. Andere Escape-Sequenzen spielen in der Praxis weniger eine Rolle.

AUFGEPASST

Beachten Sie bitte, dass Sie auf dem Mac \n für eine neue Zeile verwenden und nicht \r, das Return-Zeichen. Das Return-Steuerzeichen ist nur dann richtig, wenn Sie zum Beispiel Text in eine Datei schreiben wollen, die später von einer Textverarbeitung geöffnet wird, die noch das Return des klassischen Mac OS als Zeilenumbruchzeichen verwendet. Innerhalb von Unix und Mac OS X ist \n richtig!

Wenn Sie in einer Zeichenkette ein Anführungszeichen oder einen Backslash benötigen, dann müssen Sie diesen Zeichen ebenfalls einen Backslash voranstellen, damit sie dargestellt werden können:

```
printf("Der Ordner \"\\Programme\\Dienstprogramme\"");
```

Das Ergebnis ist dann:

```
Der Ordner "\Programme\Dienstprogramme"
```

Hier ein Beispiel für die Verwendung von Zeilenumbruch, Tabulator und Warnton:

```
#include <stdio.h>

/* Escape-Sequenzen */
int main()
{
    printf("\nAusgaben 1."        " Quartal\n");
    printf("--------------------"        "\n");
    printf("Januar\tFebruar\t"        "März\t\n");
    printf("356\t\t218\t\t835\t\t"        "\n\n\a");
    return 0;
}
```

Die Ausgabe sieht dann so aus:

```
Ausgaben 1. Quartal
--------------------
Januar   Februar März
356      218     835
```

Mehrzeilige Zeichenketten

In obigem Beispiel fällt Ihnen vielleicht noch etwas auf: In der Klammer des `printf` stehen jeweils zwei Zeichenketten mit einem größeren Leerraum dazwischen. Bei der Ausgabe wird dieser aber überhaupt nicht beachtet.

Das liegt daran, dass ein `printf` alle Zeichenketten, die nur durch Leerraum, Tabulatoren oder Zeilenumbrüche getrennt sind, vor der Ausführung zu einer einzigen Zeichenkette zusammenfügt.

Das hat einen angenehmen Nebeneffekt, können Sie das doch zum Beispiel ausnutzen, um einen längeren Text auf mehrere Zeilen aufzuteilen. Sonst müssten Sie im Editor ständig nach rechts scrollen, um die ganze Zeile lesen zu können.

Hier ein `printf` mit mehreren Zeilen:

```
printf("Um die Geduld zu erlernen, wie es "
    "die Bene Gesserit tun, müssen sie "
    "anfangen, die Instabilität unseres Universums "
    "als etwas Grundsätzliches anzuerkennen."
    " – Frank Herbert, Die Kinder des Wüstenplaneten"
    "\n");
```

Eine andere Alternative besteht darin, am Ende der Zeile, unmittelbar vor dem Zeilenumbruch, einen Backslash zu setzen. Achten Sie dabei darauf, dass nicht aus Versehen ein Leerzeichen hinter dem Backslash steht.

```
printf("Die Erdgravitation habe ich nie vermisst. \
Es war so natürlich so herumzuschweben. \
 - Astronautin\n");
```

Hier ist allerdings zu beachten, dass Sie keine Einrückungen mit dem Tabulator vornehmen können, denn alle Steuerzeichen gehören zur Zeichenkette dazu. Aus diesem Grund ist die erste Variante vorzuziehen, denn sie zerreißt nicht die Ausrichtung des Codes.

Variablen

Dieses Kapitel ermöglicht den Einstieg in die Erzeugung von Variablen und deren Gebrauch.

Was sind Variablen?

Bevor man in der Programmierung etwas Sinnvolles machen kann, braucht man erst einmal Behälter, in welchen man seine Daten aufbewahren kann. Diese Behälter nennt man Variablen.

Das Besondere an ihnen ist, dass es für jeden Datentyp einen eigenen Behältertyp gibt. So gibt es zum Beispiel unterschiedliche Behälter für Ganzzahlen und Kommazahlen. Davon abgesehen kann man sich aber auch eigene Datentypen basteln.

Wenn man eine Variable erzeugt, muss man daher auch immer angeben, welche Art von Daten man darin abspeichern will. Nur diese Art von Daten passt dann auch in diese Variable hinein. Diese strenge Trennung bezeichnet man auch als *Starke Typisierung*. Es gibt andere Programmiersprachen, die es nicht so genau damit nehmen. Das ist zwar einerseits bequemer beim Schreiben von Code, andererseits muss der Programmierer mehr aufpassen und sich bei jeder Operation mit diesen Daten überlegen, ob sich auch wirklich noch der erwartete Datentyp in der Variablen befindet.

Neben diesem Datentyp muss solch ein Behälter noch ordentlich mit einem Etikett versehen werden, auf dem ein Name steht. Mit diesem Namen können Sie die Variable jederzeit erneut herbeirufen, indem Sie sie einfach beim Namen nennen.

Deklaration

Variablen, also Behälter für Daten, werden auf die folgende Weise erzeugt, man sagt *deklariert*:

```
int ersteVariable;
```

Zuerst folgt die Angabe des Typs. Der Typ int steht dabei für Ganzzahlen. Dann folgt die Angabe des Namens (ersteVariable), und am Ende folgt das Semikolon.

Die Syntax lauter also:

Datentyp Variablenname;

Wenn Sie eine ganze Reihe von Variablen des gleichen Typs benötigen, zum Beispiel Ganzzahlen (int), können Sie diese auch alle auf einer Zeile deklarieren, und zwar so:

```
int breite, hoehe, tiefe;
```

Hier werden gleich drei Variablen mit den Namen `breite`, `hoehe` und `tiefe` erzeugt. Alle haben den Datentyp `int`. Die Namen werden also hintereinander geschrieben und mit Kommata getrennt. Erst wenn alle Namen genannt wurden, folgt das Semikolon, welches dem Compiler Bescheid gibt, dass diese Anweisung zu Ende ist.

Bezeichner

Den Namen einer Variablen und anderer benannter Strukturen in C nennt man auch *Bezeichner*. Das Besondere an ihnen ist, als Prorammierer dürfen Sie sich die Namen selbst ausdenken und dafür alle 26 Buchstaben des Alphabets und alle Ziffern sowie den Unterstrich verwenden. Sonderzeichen sind nicht erlaubt, auch keine Leerstellen. Außerdem darf ein Name nie mit einer Zahl beginnen.

So sind die folgenden Deklarationen von Variablen zum Beispiel ungültig:

```
int 4fach;
int höhe_des_Bogens;
int anzahl kartons;
```

Der erste Name fängt mit einer Zahl an, der zweite enthält ein ö, ein unzulässiges Sonderzeichen, und der letzte enthält ein Leerzeichen.

Um keinen Zweifel aufkommen zu lassen, hier die Liste der erlaubten Zeichen:

abcdefghijklmnopqrstuvwxyzABCDEFGHIJKLMNOPQRSTUVWXYZ_0123456789

Bei der Länge des Namens ist eine Beschränkung auf 31 Zeichen zu empfehlen. GCC 4.2 unterstützt zwar auch längere Namen, aber mit maximal 31 Zeichen sind Sie immer auf der sicheren Seite. Zu lange Namen machen den Code auch nur schwerer lesbar. Außerdem wird Ihr Programm dann auch auf anderen Betriebssystemen mit älteren oder anderen Compilern funktionieren.

Außerdem sollten Sie keine Variablen mit einem Unterstrich beginnen. Solche Variablennamen sind üblicherweise für den Compiler reserviert.

Reservierte Wörter

Eine weitere Regel für die Benennung von Variablen lautet:

Eine Variable darf nicht mit einem Wort benannt werden, welches in C bereits für die Syntax der Sprache verwendet wird. Die folgende Tabelle listet alle diese reservierten Wörter auf. Verwenden Sie diese niemals als Namen einer Variablen oder Sie erhalten unnötige Fehlermeldungen.

Reservierte Wörter			
auto	enum	restrict	unsigned
break	extern	return	void
case	float	short	volatile
char	for	signed	while
const	goto	sizeof	_Bool
continue	if	static	_Complex
default	inline	struct	_Imaginary
do	int	switch	
double	long	typedef	
else	register	union	

Außerdem sind auch die Namen von eingebundenen Funktionen der Standard C Library zu vermeiden, wie zum Beispiel das printf zur Ausgabe von Ergebnissen.

Konventionen bei der Benennung

Geben Sie Variablen immer sprechende Namen, also Namen, die direkt aussagen, um was es sich bei dem Inhalt handelt. Variablennamen wie x oder y oder zahl1, zahl2 und so weiter sind zwar gut geeignet, um auf die Schnelle etwas auszuprobieren, machen es Ihnen später aber unnötig schwer, Ihren eigenen Code wieder zu verstehen. Schon nach einem Tag werden Sie vergessen haben, welcher Name wofür stand. Warum also nicht gleich die Variable nach ihrem Inhalt benennen. Sie haben eine Variable für die Mehrwertsteuer angelegt? Dann benennen Sie diese ruhig so:

```
int mehrwertsteuer;
```

Oder wie wäre es mit folgenden Beispielen, der Name ist dort bereits Erklärung genug. Sie müssen nur darauf achten, unsere Umlaute zu vermeiden:

```
int breiteDerTuer;
int aussentemperatur;
int radius_der_reichweite;
```

Beachten Sie dabei bitte, Variablen immer mit einem Kleinbuchstaben zu beginnen. Das ist zwar keine Regel von C, Sie werden also keine Fehlermeldung erhalten, wenn Sie eine Variable mit einem Großbuchstaben beginnen, es hat sich jedoch unter den Programmierern eingebürgert, Variablen immer mit kleinem Buchstaben zu beginnen.

Da man in einem Bezeichner keine Leerstellen verwenden kann, haben sich bei Variablen, die aus mehreren Worten bestehen, zwei Schreibweisen eingebürgert. Entweder man trennt die Wörter mit einem Unterstrich wie die Variable `radius_der_reichweite` oder man beginnt jedes neue Wort mit einem Großbuchstaben wie bei `breiteDerTuer`.

In diesem Buch verwende ich die zweite Schreibweise. Erstens spart sie Platz auf den engen Seiten des Buches, so dass mehr Code auf die Zeile passt, zweitens bin ich es so gewohnt. Es steht Ihnen aber auch frei, Unterstriche zu verwenden. Wie auch immer Sie sich entscheiden, bleiben Sie dann dabei.

Auch dies ist keine Regel von C, sondern eine Konvention, die sich bei Programmierern durchgesetzt hat. Spätestens wenn Sie Ihren Code einem anderen Programmierer zeigen, wird dieser sehr dankbar dafür sein, einen konsistenten Stil vorzufinden, erleichtert dieser doch erheblich das Lesen.

Deklarationsort

Und wo schreibt man solch eine Deklaration in den Code hinein?

Da in C sämtlicher Code in Funktionen steht (von ein paar Ausnahmen abgesehen), muss die Deklaration einer Variablen ebenfalls in einer Funktion stehen, also zum Beispiel in der Funktion mit dem Namen `main`.

Deklarationen schreibt man dabei üblicherweise an den Anfang einer Funktion, nach der sich öffnenden, geschweiften Klammer. Man bezeichnet diese Stelle als *Deklarationsteil* der Funktion. Dort haben Sie immer alle Variablen im Überblick, ohne danach suchen zu müssen.

Hier ein Beispiel mit ein paar Deklarationen, einfachen und mehrfachen:

```c
#include <stdio.h>

/* Deklarationen in C */

int main()
{
    int breite, hoehe, tiefe;
    int summe;
    int radius;

    printf("Hallo Welt!\n");
    return 0;
}
```

Der Code stammt aus dem »*Hallo Welt*«-Beispiel, und die Deklarationen bewirken, dass Speicher für die Daten im Rechner reserviert wird. Mehr wird nicht mit den Variablen gemacht.

Und das ist auch der Grund, warum Ihnen bei diesem Beispiel mehrere Warnungen in der Fehleranzeige begegnen, wie zum Beispiel *unused variable 'radius'*. Damit werden Sie daran erinnert, dass diese Variablen bisher nicht im Code verwendet werden, also eigentlich unnütz sind. Außerdem ist diese Warnung hilfreich, um zu erkennen, welche Variablen noch *leer* sind, also im späteren Verlauf des Codes noch mit einem Wert gefüllt werden müssen.

Sie erkennen Warnungen in der Fehleranzeige der Lightweight IDE daran, dass sie nicht einen Käfer als Symbol tragen, sondern rot/gelbe Warnschilder. Natürlich muss dafür die Anzeige der Warnungen im Einblendmenü der Titelleiste des Fensters *Error messages* ausgewählt sein, vor *Warnings* muss also ein Haken stehen.

HILFE

Falls Sie trotzdem keine Warnungen sehen, fehlt die Option -Wall in der Tafel *C* der Einstellungen der Lightweight IDE. Beachten Sie dann Kapitel 3. Dort steht, wie Sie die Einstellung vornehmen können.

Ein Programm kann trotz solcher Warnungen kompiliert werden und oft läuft es damit auch. Betrachten Sie Warnungen daher als freundlichen Hinweis. Sie müssen nicht gleich aktiv werden, sollten diese aber im Auge behalten und auf jeden Fall noch nachbessern.

Fehler dagegen müssen immer erst behoben werden, bevor der Code überhaupt übersetzt werden kann.

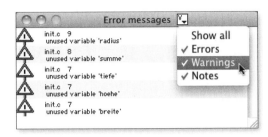

Warnungen in der Lightweight IDE

Initialisierung und Zuweisungsoperator

Jetzt wissen Sie zwar, wie Sie eine Variable deklarieren, also erzeugen, der Behälter ist jedoch noch leer. Wie bekommen Sie nun etwas in diese Variable hinein?

Um Daten in eine Variable zu packen, müssen Sie diese nur beim Namen nennen und ein Gleichheitszeichen dahinter schreiben. Danach schreiben Sie den Wert, den Sie zuweisen wollen, und das abschließende Semikolon als Zeichen dafür, dass die Anweisung zu Ende ist.

```
breite = 5;
```

Das Gleichheitszeichen ist der erste Operator, den Sie kennenlernen. Es handelt sich um den sogenannten Zuweisungsoperator. Er bewirkt, dass der Wert auf der linken Seite den Wert auf der rechten Seite erhält.

> **AUFGEPASST**
>
> Das Gleichheitszeichen bedeutet nicht, dass die Variable `breite` und die 5 gleich sind im Sinne von *gleichem Wert*. Es handelt sich also nicht um einen Vergleich der beiden Seiten, der als Ergebnis *wahr* oder *falsch* ergeben würde, je nachdem, ob beide Seiten den gleichen Wert haben oder nicht. Das Gleichheitszeichen wird also anders verwendet, als in der Mathematik üblich. Sprechen Sie diese Zuweisung daher als »*breite ist 5*« oder »*breite erhält 5*« aus, nicht als »*breite gleich 5*«, um dieses Missverständnis zu vermeiden.

Man sagt, die Variable ist damit *initialisiert*, das heißt mit ihrem ersten Wert gefüllt. Vorher ist ihr Inhalt in einem undefinierten Zustand. *Undefinierter Zustand* heißt, Sie können von keiner Annahme ausgehen und sich zum Beispiel nicht darauf verlassen, dass die Variable eine Null enthalten würde oder überhaupt irgendetwas Verwertbares. Verschiedene Compiler werden sich hier unterschiedlich verhalten, da dieses Verhalten nicht genormt ist. Sie erhalten nicht einmal eine Fehlermeldung, wenn Sie versuchen, mit einer nicht initialisierten Variable zu arbeiten. Sie merken das daher eventuell erst an einem unsinnigen Ergebnis. Hier zeigt sich, dass die Warnungen des vorigen Kapitels über *unused variables* durchaus wichtig sind.

Denken Sie daher daran, Variablen immer mit einem Anfangswert zu füllen, also zu initialisieren, bevor Sie sie im weiteren Code verwenden, um damit zum Beispiel zu rechnen.

Achten Sie auch darauf, den richtigen Datentyp zu verwenden. Wenn die Variable vom Typ int ist, sollten Sie auch nur Ganzzahlen in die Variable packen.

Hier ein Codebeispiel, in welchem drei Integer-Variablen mit den Namen breite, laenge und flaeche deklariert und initialisiert werden:

```
#include <stdio.h>

int main()
{
    int breite, laenge, flaeche;

    breite = 5, laenge = 3;
    flaeche = laenge * breite;

    printf("Fläche: %d\n", flaeche);
    return 0;
}
```

In der ersten Zeile des Blocks der Funktion main werden zuerst drei Integer-Variablen deklariert:

```
int breite, laenge, flaeche;
```

Danach wird den Variablen breite und laenge eine Ganzzahl zugewiesen. Die 5 kommt in die Variable breite und die 3 in die Variable laenge.

```
breite = 5, laenge = 3;
```

Auffällig ist hier, dass beide Zuweisungen durch ein Komma getrennt auf einer Zeile stehen. Diese Schreibweise ist sehr praktisch, wenn man viele kurze Zuweisungen vornimmt. Es spart Zeilen und strafft den Code.

Danach geschieht dann zum ersten Mal eine sinnvolle Operation mit den Variablen. Die Variable `breite` wird mit `laenge` malgenommen. Das erkennen Sie an dem `*`-Operator, welcher für die Multiplikation steht. Das ist ganz wie in der Schule oder auf dem Taschenrechner. Das Ergebnis dieser Operation wird dann in die Variable `flaeche` gesteckt.

```
flaeche = laenge * breite;
```

Die Variable `flaeche` enthält dann das Ergebnis von 3 mal 5, also 15.

Um das Ergebnis anzuzeigen, wird in der Zeile mit `printf` der Inhalt der Variable `flaeche` ausgegeben.

Das `%d` ist einer der vielen möglichen sogenannten *Formatbeschreiber*, mit denen man in `printf` Werte von Variablen in den Ausgabetext einbinden und formatieren kann. Das `%d` dient dabei der Einbindung von einfachen Ganzzahlen in den Ausgabetext. An dieser Stelle wird der Wert der Variablen eingefügt, die nach der Zeichenkette in der `printf`-Klammer steht. Im weiteren Verlauf des Buches werden Sie noch mehr zu den Formatbeschreibern erfahren.

Lassen Sie das Programm einfach mal laufen.

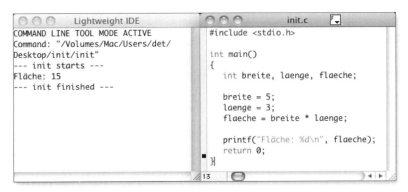

Deklaration und Initialisierung von Variablen und eine erste Berechnung

Deklaration und Initialisierung auf einer Zeile

Deklaration und Initialisierung einer Variablen kann man auch in einem Rutsch erledigen. Das hat den Vorteil, dass man die Initialisierung nicht vergessen kann. Das sieht zum Beispiel so aus:

```
int hoehe = 7;
```

Hier wird eine Variable vom Typ int und mit dem Namen hoehe erzeugt und mit einer 7 gefüllt.

Das Codebeispiel mit der Flächenberechnung, diesmal mit Deklaration und Initialisierung in einem, sieht dann so aus:

```
#include <stdio.h>

int main()
{
    int breite = 5;
    int laenge = 3;
    int flaeche = breite * laenge;

    printf("Fläche: %d\n", flaeche);
    return 0;
}
```

Selbstzuweisung

Was passiert eigentlich, wenn Sie einer Variablen einen Wert zuweisen, diese aber schon einen Wert enthält?
Probieren Sie es einmal aus:

```
#include <stdio.h>

int main()
{
    int zaehler = 5;
    zaehler = 4;
    printf("Ergebnis: %d\n", zaehler);
    return 0;
}
```

Zuerst wird die Variable `zaehler` erzeugt und mit einer 5 initialisiert.

Danach wird `zaehler` eine 4 zugewiesen.

Wenn Sie obigen Code ausführen, erhalten Sie eine 4 als Ergebnis. Die Variable `zaehler` enthält also nur das Ergebnis der letzten Zuweisung, die 4, und nicht etwa 9. Bei der Zuweisung eines Wertes in eine Variable wird deren Wert komplett überschrieben und nicht mit dem neuen Wert addiert!

Wenn Sie eine Addition vornehmen wollen, so müssen Sie das so schreiben:

```
#include <stdio.h>

int main()
{
    int zaehler = 5;
    zaehler = zaehler + 4;

    printf("Ergebnis: %d\n", zaehler );
    return 0;
}
```

In der Zeile mit dem Operator + findet die Addition statt. Der Ausdruck auf der rechten Seite wird zuerst ausgewertet, `zaehler` wird also mit 4 addiert:

```
zaehler + 4
```

Die Variable `zaehler` enthält zu diesem Zeitpunkt die 5 aus der Initialisierung eine Zeile zuvor. 5 plus 4 ergibt dann 9. Diese 9 wird dann in `zaehler` gespeichert und überschreibt dort die vorhandene 5.

Fortan enthält `zaehler` die 9, also die gewünschte Summe beider Zahlen.

Beachten Sie daher immer, dass dort, wo der Zuweisungsoperator, also das Gleichheitszeichen, vorkommt, immer zuerst der Ausdruck auf der rechten Seite ausgewertet wird, bevor dieses Ergebnis dann der linken Seite zugewiesen wird.

Wenn Sie Lust haben, spielen Sie ruhig ein wenig mit den drei Grundrechenarten, nämlich den Operatoren für die Addition (+), Subtraktion (-), Multiplikation (*) und Division (/) herum, um ein wenig Sicherheit im Umgang mit Deklarationen und Initialisierungen zu erlangen. Operatoren werden später aber auch noch ausführlicher behandelt.

POWER

Für die Selbstzuweisung gibt es auch eine kürzere Schreibweise, und zwar unter Verwendung einer zusammengesetzten Zuweisung. Zur Addition schreibt man dafür:

```
zaehler += 4;
```

Das ist schneller zu schreiben als `zaehler = zaehler + 4` und funktioniert nicht nur mit der Addition, sondern auch mit den anderen Grundrechenarten. Schreiben Sie dann einfach `-=`, `*=` oder `/=`.

Elementare Datentypen

Neben dem einfachen Datentyp int für Ganzzahlen, welchen Sie schon im vorigen Kapitel kennengelernt haben, gibt es in C natürlich noch einige Datentypen mehr. Diese Datentypen lassen sich dabei grob in einfache (elementare) und zusammengesetzte Typen unterteilen. Die elementaren Datentypen lassen sich wiederum in zwei Gruppen gliedern: ganzzahlige Typen und Fließkommatypen.

Ganzzahlige Typen

Die ganzzahligen Typen heißen char, short, int, long und long long.

Warum sind so viele unterschiedliche Typen nötig?

Jeder Typ ist unterschiedlich groß. Der kleinste, char, kann nur Zahlen mit einem Wert von -128 bis +127 aufnehmen. Die darauf folgenden Werte sind schrittweise größer. Wenn es darauf ankommt, speicherschonend und schnell zu programmieren, ist es wichtig, immer nur den Typ zu verwenden, welcher der Aufgabe angemessen ist. Denn: Je kleiner der Datentyp, den Sie verwenden, je kleiner ist der Speicherbedarf, den Ihr Programm benötigt. Wenn Sie wissen, dass eine Variable niemals einen bestimmten Wert überschreiten kann, dann nehmen Sie einfach immer den Typ, in welchen der höchstmögliche und kleinstmögliche Wert gerade noch hineinpasst. Das spart Speicher und beschleunigt damit das Programm.

In der folgenden Tabelle finden Sie eine Übersicht über diese Typen und deren Mindestgröße in Byte.

Typ	Alternative Schreibweise	Min. Byte
char		1
short	short int	2
int		-
long	long int	4
long long	long long int	8

Das char ist der kleinste Datentyp. Er hat immer eine Größe von einem Byte und kann damit maximal 256 unterschiedliche Zustände annehmen. Falls Ihnen der Begriff »Byte« nichts sagt, lesen Sie bitte trotzdem weiter. Diese Größe wird gleich näher erklärt.

Verwenden Sie den Namen dieser Typen oder die alternative Schreibweise genauso wie bisher das int, also zum Beispiel so:

```
short a = 3;
long b = 48;
long long c = 8453;
```

Außer char, welches immer ein Byte groß ist, ist die Größe der Typen nicht genormt. Genormt sind nur deren Mindestgrößen und ihr Bezug zueinander. So ist ein short mindestens 2 Byte groß, ein long mindestens 4 und ein long long mindestens 8 Byte. Das int hat keine Mindestgröße. Seine Größe richtet sich nach der für den entsprechenden Rechner am besten geeigneten Größe. Auf den aktuellen Macs sind das 4 Byte.

AUFGEPASST

Das long long stammt übrigens aus dem C99-Standard und steht in älteren Compilern oder Betriebssystemen eventuell nicht zur Verfügung.

Das Größenverhältnis der ganzzahligen Typen untereinander sieht kurzgefasst so aus:

short <= int <= long <= long long

Das bedeutet, dass das short immer kleiner oder gleich groß ist wie das int. Das int ist immer kleiner oder gleich groß wie das long. Das long ist immer kleiner oder gleich groß wie das long long.

Die tatsächliche Größe ist abhängig vom verwendeten Rechner, dem Betriebssystem und der C-Implementierung für das Betriebssystem.

Der sizeof-Operator

Da die Größe der ganzzahligen Typen nicht genormt ist, sollten Sie diese auf Ihrem persönlichen Mac ruhig einmal überprüfen. Dafür gibt es in C einen besonderen Operator, den sizeof-Operator.

Im Folgenden habe ich Ihnen einfach mal den Code aufgelistet, mit welchem Sie die Größen herausfinden können.

```
#include <stdio.h>

/* Bytegröße der ganzzahligen Typen*/
int main()
{
    printf("\nchar: %ld Byte", sizeof(char));
    printf("\nshort: %ld Byte", sizeof(short));
    printf("\nint: %ld Byte", sizeof(int));
```

```
    printf("\nlong: %ld Byte", sizeof(long));
    printf("\nlong long: %ld Byte\n\n", sizeof(long long));
    return 0;
}
```

Als Ergebnis erhalten Sie Folgendes:

```
char: 1 Byte
short: 2 Byte
int: 4 Byte
long: 4 Byte
long long: 8 Byte
```

Sie sehen, dass int und long gleich groß sind.

> **TIPP**
>
> Der Formatbeschreiber %ld von printf bindet wie %d ebenfalls Ganzzahlen in den Ausgabetext ein. Das l steht dabei für long. Das bedeutet, dass an dieser Stelle ganze Zahlen mit der Größe eines long im Ausgabetext eingebunden werden. Der Grund für die Verwendung von %ld liegt darin begründet, dass sizeof als Ergebnis eine Zahl im Datentyp long zurückliefert. Wenn Sie das l einmal weglassen, werden Sie durch eine Warnung höflich auf diesen Sachverhalt aufmerksam gemacht.

Der sizeof-Operator macht nichts anderes, als die Größe des Ausdrucks in der Klammer zu ermitteln. Hier sind es die Datentypen selbst, die in die Klammer eingetragen werden (char, int, …). Sie können dort aber genauso gut einen Variablennamen eintippen, um zum Beispiel zu ermitteln, wie viel Speicherplatz diese Variable einnimmt.

```
long c = 123456789;
printf("Die Variable c ist %ld Byte groß\n", sizeof(c));
// Ergebnis: Die Variable c ist 4 Byte groß
```

Grenzen der ganzzahligen Typen

Wie groß oder klein die Zahlen sein können, die in die entsprechende Bytegröße passen, lässt sich ebenfalls in C selbst ermitteln. Dafür sind in der Header-Datei *limits.h* sogenannte Makros definiert worden. Das sind nichts anderes als definierte Namen mit einer festen Bedeutung. Der Präprozessor tauscht diese Bezeichner noch vor dem Kompilieren mit den für Ihr Betriebssystem gültigen Werten aus (siehe auch http://en.wikipedia.org/wiki/Limits.h). Sie erkennen diese Makros im folgenden Code-Beispiel daran, dass sie durchgängig groß geschrieben werden, wie zum Beispiel CHAR_MIN. Damit Sie diese Makros verwenden können, müssen Sie die Header-Datei, in welcher sie definiert wurden, mit include einbinden, genauso wie bisher auch die Ein- und Ausgabebibliothek *stdio.h*.

> **TIPP**
>
> Denken Sie daran, dass Sie die größeren Codebeispiele auch von der Webseite des Buches www.skripteditor.de herunterladen können. Das erspart Ihnen das mühselige Abtippen.

```c
#include <stdio.h>
#include <limits.h>

/* Minimum und Maximum der ganzzahligen Typen */
int main()
{
    printf("\nchar      min: %d",        CHAR_MIN );
    printf("\nchar      max: %d",        CHAR_MAX );
    printf("\nshort     min: %d",        SHRT_MIN );
    printf("\nshort     max: %d",        SHRT_MAX );
    printf("\nint       min: %d",        INT_MIN  );
    printf("\nint       max: %d",        INT_MAX  );
    printf("\nlong      min: %ld",       LONG_MIN );
    printf("\nlong      max: %ld",       LONG_MAX );
    printf("\nlong long min: %lld",      LLONG_MIN);
    printf("\nlong long max: %lld\n\n", LLONG_MAX);
    return 0;
}
```

Als Ergebnis erhalten Sie die kleinste und größte Zahl, die im entsprechenden Typ gespeichert werden kann:

```
char      min: -128
char      max: 127
short     min: -32768
short     max: 32767
int       min: -2147483648
int       max: 2147483647
long      min: -2147483648
```

```
long       max: 2147483647
long long  min: -9223372036854775808
long long  max: 9223372036854775807
```

Diese Datentypen umfassen einen positiven wie negativen Zahlenbereich, sind also quasi um Null als Mittelpunkt zentriert. Man nennt diesen Typ daher auch *signed*, das heißt *vorzeichenbehaftet*.

Signed und Unsigned

Wenn Sie ein Programm schreiben, das auf mehreren Betriebssystemen laufen soll, empfiehlt es sich, immer explizit mit anzugeben, ob ein Datentyp vorzeichenbehaftet sein soll. Stellen Sie dafür dem Typ einfach das Wort signed voran, wie in folgenden Deklarationen und Initialisierungen:

```
signed char b = 5;
signed short mehl, zucker, milch;
signed int rangfolge;
signed long startWert = -1000000;
signed long long anzahlMenschen;
```

Wenn Sie signed weglassen, macht das zwar auf einem Mac keinen Unterschied, aber unter Umständen auf anderen Betriebssystemen. Vor allem beim Datentyp char gibt es dort Unterschiede.

Wenn Sie keine Minuswerte benötigen, können Sie das im Gegenzug mit unsigned angeben. Damit erzeugen Sie einen vorzeichenlosen Datentyp. Die Minimumgröße steigt dann auf null, und die Maximumgröße verdoppelt sich entsprechend. Alles, was für die Erzeugung eines vorzeichenlosen Typs nötig ist, ist dem Datentyp das Wörtchen unsigned voranzustellen, wie bei folgenden Deklarationen und Initialisierungen:

```
unsigned char zinsen = 1;
unsigned short gerste, hopfen, malz;
unsigned int einkommen;
unsigned long startWert = 1000000000;
unsigned long long schulden;
```

Das Maximum ist genau das Doppelte des Maximums des vorzeichenbehafteten Typs plus eins. Aber natürlich gibt es auch dafür Makros in der Header-Datei *limits.h*:

```c
#include <stdio.h>
#include <limits.h>

/* Maximum der vorzeichenlosen ganzzahligen Typen */
int main()
{
    printf("\nchar       max: %u",        UCHAR_MAX );
    printf("\nshort      max: %u",        USHRT_MAX );
    printf("\nint        max: %u",        UINT_MAX  );
    printf("\nlong       max: %lu",       ULONG_MAX );
    printf("\nlong long  max: %llu\n\n", ULLONG_MAX);
    return 0;
}
```

Das Ergebnis ist wie erwartet das Doppelte des vorzeichenbehafteten Maximums plus eins:

```
char       max: 255
short      max: 65535
int        max: 4294967295
long       max: 4294967295
long long  max: 18446744073709551615
```

Wenn Sie von einer Variablen wissen, dass diese niemals negativ werden kann, so verwenden Sie daher am besten unsigned.

Wenn Sie unsigned weglassen oder explizit signed bei der Deklaration schreiben, können Sie in der Variablen dagegen auch immer Minuswerte speichern.

TIPP

Mit %u können Sie in einem printf vorzeichenlose Ganzzahlen in einen Ausgabetext einbinden. Für ein long und ein long long müssen Sie dann nur noch entsprechend ein oder zwei kleine l davor schreiben.

Wo ist die Standard C Library?

Dies ist ein Kapitelabschnitt für fortgeschrittene oder sehr neugierige Leser.

Vielleicht ist bei Ihnen schon die Frage aufgetaucht, wo sich Header-Dateien wie zum Beispiel *stdio.h* oder *limits.h* im Betriebssystem eigentlich verbergen und ob man sich diese anschauen darf. Man darf. Der Aufenthaltsort der Standard C Library ist kein Geheimnis. Das Problem ist nur, dass Sie erst einmal herausfinden müssen, welche Datei mit dem Namen *stdio.h* die richtige ist. Im Betriebssystem gibt es nämlich üblicherweise mehrere Header-Dateien dieses Namens, und zwar an den unterschiedlichsten Stellen.

Der Compiler GCC wird Ihnen hier Auskunft geben.

Schalten Sie dafür GCC mit dem Argument -v in den *verbose*-Modus um, das ist sozusagen der »*geschwätzige*« Modus. Das heißt, GCC wird dann über jeden Schritt genau Protokoll führen. Unter anderem wird er auch die Pfade angeben, in welchen er nach Bibliotheken und Header-Dateien sucht. Und wenn Sie zusätzlich noch die Option -H angeben, zeigt GCC auch noch exakt die Namen und Pfade der eingebundenen Header-Dateien an.

Das lässt sich direkt in der Lightweight IDE machen:

1. Gehen Sie in die *Preferences* der Lightweight IDE im Menü *Lightweight-IDE*.

2. Gehen Sie auf die Tafel *C*.

3. Klicken Sie in das Feld *Command-line options* hinter dem bereits bestehenden Text.

4. Fügen Sie eine Leerstelle an und schreiben Sie *-v -H*. Im Feld *Command-line options* muss dann stehen:

   ```
   -fpascal-strings -Wall -v -H
   ```

   Löschen Sie nicht das -fpascal-strings. Das wird von der Lightweight IDE zur korrekten Funktion benötigt. Auch das -Wall sollten Sie stehen lassen. Es sorgt dafür, dass alle Warnungen beim Kompilieren angezeigt werden (**W**arnings **all**).

5. Schließen Sie die Einstellungen und kompilieren Sie das letzte Code-Beispiel noch einmal. Eventuell müssen Sie vorher noch einmal ein kleine Änderung am Code vornehmen, eine Leerstelle irgendwo reicht. Andernfalls wird die alte, bereits kompilierte Version aus dem Cache verwendet und nicht wirklich neu übersetzt.

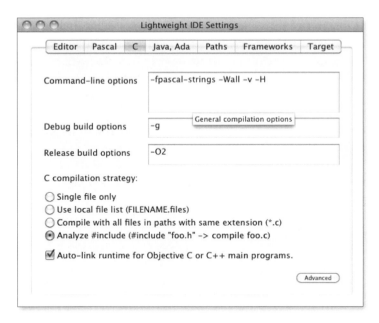

Mit der Option -v -H können Sie sich detaillierte Meldungen beim Kompilieren ausgeben lassen.

Sie werden nun eine Menge Meldungen im Nachrichtenfenster der Lightweight IDE erhalten. Suchen Sie darin bitte nach der Zeile *End of search list.* Darüber stehen die Suchpfade. Das sieht zum Beispiel so aus:

#include "..." search starts here:

#include <...> search starts here:

/usr/lib/gcc/i686-apple-darwin10/4.2.1/include

/usr/include

/System/Library/Frameworks (framework directory)

/Library/Frameworks (framework directory)

End of search list.

Es wird also genau angegeben, wo nach den Dateien, die mit `include` eingebunden werden, gesucht wird.

Die ganze Standard C Library (inklusive jeder Menge weiterer Bibliotheken u. a. von C++) finden Sie üblicherweise im Verzeichnis */usr/include/*. Dieser Pfad ist nicht direkt sichtbar. Sie können dorthin aber mit dem Finder über den Menüpunkt *Gehe zu | Gehe zum Ordner* gelangen. Tippen Sie dort den Pfad */usr/include/* ein und bestätigen Sie mit *Öffnen*.

Grundlegende Bibliotheken wie die *limits.h* finden Sie auch noch einmal in */System/Library/Frameworks* oder */Library/Frameworks*.

Außerdem bewahrt der Compiler GCC noch Bibliotheken für seinen eigenen Gebrauch unter */usr/lib/gcc/* auf.

Wenn Sie nach einer speziellen Header-Datei suchen, kommen also all diese Pfade in Frage.

Durch die Option -H wird im Nachrichtenfenster noch ausgegeben, welche Dateien in Ihren Code eingebunden wurden. Diese Zeilen beginnen mit einem Punkt und sehen so aus:

. */usr/include/stdio.h*

.. */usr/include/_types.h*

... */usr/include/sys/_types.h*

.... */usr/include/sys/cdefs.h*

.... */usr/include/machine/_types.h*

..... */usr/include/i386/_types.h*

.. */usr/include/secure/_stdio.h*

... */usr/include/secure/_common.h*

. */usr/lib/gcc/i686-apple-darwin10/4.2.1/include/limits.h*

.. */usr/lib/gcc/i686-apple-darwin10/4.2.1/include/syslimits.h*

.. */usr/include/limits.h*

... */usr/include/machine/limits.h*

.... */usr/include/i386/limits.h*

..... */usr/include/i386/_limits.h*

... */usr/include/sys/syslimits.h*

Sie sehen, dass es mehr Dateien sind, als man erwarten würde. Das liegt daran, dass eine einzelne Header-Datei wie *stdio.h* wiederum andere Header-Dateien einbindet, nämlich alle Dateien, die in den Folgezeilen mit weiteren Punkten eingerückt dargestellt werden. Die Punkte sind also nicht willkürlich, sondern zeigen die Beziehungstiefe an.

Wenn Sie in diesen Header-Dateien die Definition eines bestimmten Makros nachschlagen wollen, wie zum Beispiel CHAR_MIN, müssen Sie also in allen Dateien nachsehen, die von der obersten `limits.h` eingebunden werden. Fangen Sie dabei am besten auf der obersten Ebene an, also bei dem Pfad, der nur einen Punkt am Anfang hat. Das ist auf einem Intel-Mac der Pfad:

/usr/lib/gcc/i686-apple-darwin10/4.2.1/include/limits.h

> ### AUFGEPASST
>
> Öffnen Sie niemals Original-Header-Dateien! Sie operieren damit am offenen Herzen. Kopieren Sie diese Dateien immer zuerst auf den Schreibtisch und öffnen Sie dann die Kopie mit der Lightweight IDE, TextEdit oder einem anderen Texteditor. Öffnen Sie auf keinen Fall das Original! Wenn Sie darin etwas absichtlich oder unabsichtlich verändern, zerstören Sie sich damit die C-Programmierumgebung und Teile des Betriebssystems! Wenn Sie die Originaldatei schon geöffnet haben, schließen Sie diese bitte sofort, ohne dabei zu sichern.

Wenn Sie in dieser *limits.h* nachschauen, werden Sie dort aber leider keine direkten Zahlenwerte für diese Makros finden. Die Werte müssen also aus einer anderen *limits.h* stammen.

Schauen Sie dann in der zweiten eingebundenen Header-Datei nach. Es handelt sich um die *syslimits.h* und sie liegt im selben Verzeichnis. Diese Datei ist fast völlig leer. Am Anfang steht nur ein Kommentar, dass diese Datei als Platzhalter für die *limits.h* des Systems dient:

syslimits.h stands for the system's own limits.h file.

Doch wo befindet sich die *limits.h* des Systems?

Diese Datei ist nicht bei den eingebundenen Header-Dateien aufgelistet, da sie nicht von GCC zur Verfügung gestellt wird. Der Pfad wird aber bei den Suchpfaden von GCC angezeigt:

/System/Library/Frameworks

Navigieren Sie bitte in dieses Verzeichnis und öffnen Sie dort den Ordner *Kernel.framework.*

Der genaue Pfad bei einem Intel-Mac ist:

/System/Library/Frameworks/Kernel.framework/Versions/A/Headers/i386/limits.h

Wenn Sie einen PPC-Mac verwenden, tauschen Sie bitte im Pfad das *i386* gegen ein *ppc* aus.

Kopieren Sie diese Datei auf den Schreibtisch und schauen Sie darin nach. In dieser *limits.h* stehen alle Werte der Makrodefinitionen der elementaren Datentypen, wenn auch teilweise in hexadezimaler Schreibweise, die ich gleich noch erklären werde.

Solche Makrodefinitionen werden dabei mit der Präprozessoranweisung `#define` vorgenommen.

```
/*
 * According to ANSI (section 2.2.4.2), the values below must be usable by
 * #if preprocessing directives.  Additionally, the expression must have the
 * same type as would an expression that is an object of the corresponding
 * type converted according to the integral promotions.  The subtraction for
 * INT_MIN and LONG_MIN is so the value is not unsigned; 2147483648 is an
 * unsigned int for 32-bit two's complement ANSI compilers (section 3.1.3.2).
 * These numbers work for pcc as well.  The UINT_MAX and ULONG_MAX values
 * are written as hex so that GCC will be quiet about large integer constants.
 */
#define SCHAR_MAX      127          /* min value for a signed char */
#define SCHAR_MIN      (-128)       /* max value for a signed char */

#define UCHAR_MAX      255          /* max value for an unsigned char */
#define CHAR_MAX       127          /* max value for a char */
#define CHAR_MIN       (-128)       /* min value for a char */

#define USHRT_MAX      65535        /* max value for an unsigned short */
#define SHRT_MAX       32767        /* max value for a short */
#define SHRT_MIN       (-32768)     /* min value for a short */

#define UINT_MAX       0xffffffff   /* max value for an unsigned int */
#define INT_MAX        2147483647   /* max value for an int */
#define INT_MIN        (-2147483647-1) /* min value for an int */

#ifdef __LP64__
#define ULONG_MAX      0xffffffffffffffffUL  /* max unsigned long */
#define LONG_MAX       0x7fffffffffffffffL   /* max signed long */
#define LONG_MIN       (-0x7fffffffffffffffL-1) /* min signed long */
#else /* !__LP64__ */
#define ULONG_MAX      0xffffffffUL  /* max unsigned long */
#define LONG_MAX       2147483647L   /* max signed long */
#define LONG_MIN       (-2147483647L-1) /* min signed long */
#endif /* __LP64__ */

#define ULLONG_MAX     0xffffffffffffffffULL  /* max unsigned long long */
#define LLONG_MAX      0x7fffffffffffffffLL   /* max signed long long */
#define LLONG_MIN      (-0x7fffffffffffffffLL-1) /* min signed long long */
```

Dateien der Standard C Library liegen unter /usr/include/, /usr/lib/gcc/ und im Kernel-framework.

Denken Sie zum Schluss daran, das -v -H im Feld *Command-line options* der Tafel C in den Einstellungen der Lightweight IDE wieder zu entfernen, falls Sie die vielen Meldungen stören sollten.

Bits, Bytes und Zahlensysteme

Nach so viel Gerede über Größen und Bytes stellt sich vielleicht dem einen oder anderen Leser die Frage, was Bytes eigentlich sind. Warum kann ein `unsigned char` mit einer Größe von einem Byte nur Zahlen im Bereich von 0 bis 255 aufnehmen? Wie kommt es zu diesen krummen Werten?

Deshalb machen wir jetzt erst einmal einen kleinen Ausflug in die Grundlagen der Informatik, die für das weitere Verständnis von C sehr wichtig sind.

Das binäre Zahlensystem

Die kleinste Einheit in der Informationsverarbeitung, also quasi das unteilbare Atom jeder Information, nennt man ein *Bit*.

Ein Bit können Sie sich wie einen Schalter im Speicher des Rechners vorstellen, Der Schalter ist entweder ein- oder ausgeschaltet. Ein Bit kann damit immer genau zwei Zustände einnehmen: An oder Aus, Ja oder Nein, Schwarz oder Weiß, Null oder Eins. Wie man diese beiden Zustände interpretiert, bleibt letztlich dem Programmierer überlassen. Meist verwendet man jedoch die Ziffern 0 und 1 zur Darstellung dieser beiden Zustände. Und damit kommen wir zum *binären Zahlensystem,* welches nur mit diesen beiden Ziffern auskommt.

Da ein Bit nur zwei Werte einnehmen kann, verwendet man zur Darstellung größerer Zahlen mehrere Bits. Das ist im Prinzip genauso wie mit unseren zehn Ziffern 0 bis 9. Um größere Zahlen als 9 darstellen zu können, reihen wir mehrere Stellen aneinander. Jede Stelle hat dabei eine andere Wertigkeit – die Zehner, die Hunderter, die Tausender und so weiter.

Wenn ein Bit zwei Zustände hat, dann ergeben sich bei zwei Bits bereits vier mögliche Zustände, nämlich zwei Mal zwei. Bei vier Bit haben Sie bereits 2 mal 2 mal 2 mal 2 mögliche Zustände, also 16. Damit können Sie dann bereits Zahlen bis 15 abbilden, was zusammen mit der Null 16 mögliche Werte ausmacht.

Wenn Sie genau acht solcher Bits bündeln, erhalten Sie ein *Byte*. Wie bei unserem normalen dezimalen Zahlensystem schreibt man die kleinste Stelle ganz rechts und dann die größeren Stellen stufenweise nach links fort. Wenn alle Bits in einem Byte auf Null stehen, haben Sie auch die Zahl Null.

In der folgenden Abbildung sehen Sie ein Byte mit seinen acht Bits. Einige davon stehen auf 1, andere auf 0.

Bit 7	Bit 6	Bit 5	Bit 4	Bit 3	Bit 2	Bit 1	Bit 0
0	0	1	0	1	1	1	0
mal 128	mal 64	mal 32	mal 16	mal 8	mal 4	mal 2	mal 1

Ein Byte besteht aus acht Bit. Jedes Bit verwendet nur die Ziffern 0 und 1.

Um den Wert zu ermitteln, der in obigem Byte dargestellt wird, brauchen Sie nur den Wert jedes einzelnen Bits mit der Zahl im kleinen Kästchen unter dem Bit mal-zunehmen und dann alle so ermittelten Werte zu addieren. Bits, die Null enthalten, können Sie dabei überspringen, da das Ergebnis einer Multiplikation mit einer Null ja immer null ist. In obiger Abbildung erhalten Sie das Ergebnis also durch Addition von 1 mal 32, 1 mal 8, 1 mal 4 und 1 mal 2. Das macht zusammen dann 46. Obige Abbildung stellt damit die Zahl 46 im Binärsystem dar.

Wenn Sie alle Bits in einem Byte auf 1 stellen, erhalten Sie letztlich 255. Das ergibt dann zusammen mit der Null exakt 256 mögliche Zustände, die ein einzelnes Byte einnehmen kann, genau der Bereich eines `char`. Um noch größere Zahlen darstel-len zu können, braucht man dann mehrere solcher Bytes.

Der Taschenrechner des Programmierers

Das Programm *Rechner* von Apple kann bei Binärwerten übrigens sehr hilfreich sein. Sie sollten sich dieses kleine Juwel unbedingt ins Dock ziehen. Der Rechner hat nämlich eine spezielle Darstellungsweise für Programmierer.

Öffnen Sie das Programm mit dem Namen *Rechner* im Ordner *Programme*. Schal-ten Sie dann den Rechner über das Menü *Darstellung* auf *Programmierer* um.

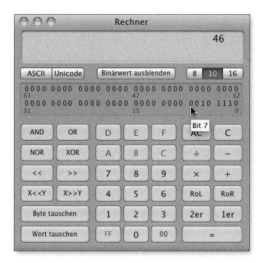

Der Taschenrechner des Macs OS kennt auch einen Programmierermodus.

Achten Sie dann darauf, dass rechts oben die Schaltfläche mit der Zahl *10* eingedrückt ist. Die *10* steht für unser dezimales Zahlensystem. Darunter sehen Sie zwei Reihen mit Nullen. Das ist die Anzeige der Binärwerte, also der Nullen und Einsen des binären Zahlensystems. Falls Sie diese nicht sehen, klicken Sie bitte auf die Schaltfläche *Binärwert einblenden*.

Wenn Sie nun die Zahl 46 eingeben, können Sie auf der zweiten Zeile der Binäranzeige die Zahl 46 als Binärwert ablesen, nämlich 0010 1110. Der Rechner kann dabei bis zu acht Byte binär darstellen, also bis zur Größe eines `long  long`.

Neben dem dezimalen und binären Zahlensystem kann der Taschenrechner aber auch wunderbar mit dem oktalen und hexadezimalen Zahlensystem arbeiten. Dafür stehen die Tasten 8 und 16.

Das oktale und hexadezimale Zahlensystem

Vom Binärsystem zum oktalen und hexadezimalen Zahlensystem ist es nun nur noch ein kleiner Sprung. Unser Dezimalsystem verwendet bekanntlich zehn Ziffern für eine Stelle, nämlich die Ziffern 0 bis 9. Nach der 9 wird die nächste Stelle um eins höher gesetzt, und die aktuelle Stelle fängt wieder bei 0 an.

Das Binärsystem verwendet zwei Ziffern für eine Stelle, nämlich 0 und 1. Die Ziffern 2 bis 9 werden nicht verwendet. Hier folgt der Übertrag schon nach der 1.

Das Oktalsystem verwendet 8 Ziffern für eine Stelle und verwendet dafür nur die Ziffern 0 bis 7. Eine Zahl mit einer 8 oder 9 kann also keine oktale Zahl sein. Nach der 7 folgt bei oktalen Ziffern der Übertrag auf die nächste Stelle. Nach der 7 kommt also die 10, was der 8 im dezimalen System entspricht. Wenn man so weiterzählt, folgt dann entsprechend die 11 (die dezimale 9) und anschließend die 12, was unserer 10 entspricht.

Daraus ergibt sich eventuell einiges an Verwirrung, wenn man mit oktalen Zahlen rechnet, ohne es zu wissen. So ist im oktalen Zahlensystem die folgende Behauptung durchaus wahr: $7 + 3 = 12$

Das hexadezimale System verwendet 16 Ziffern für eine Stelle und verwendet dafür die Zeichen 0 bis 9 und die Buchstaben A bis F. Das A steht für die 10, das B für die 11, das C für die 12 und so weiter bis zum F, welches für die 15 steht. Erst nach der 15 (also dem F) folgt der Übertrag auf die nächsthöhere Stelle, und der Zähler fängt bei der aktuellen Stelle wieder bei 0 an.

In der folgenden Tabelle sind die vier Zahlensysteme im Überblick aufgelistet. Dargestellt wird dabei die dezimale Zahl 213.

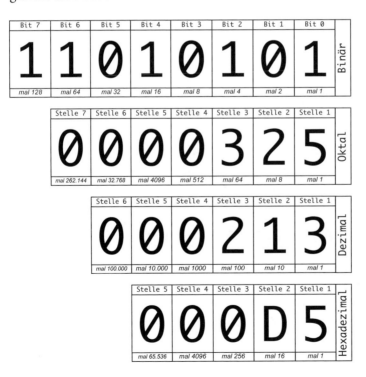

Die Zahl 213, dargestellt in verschiedenen Zahlensystemen

Auch für das Oktal- und Hexadezimalsystem ist der Rechner eine wertvolle Hilfe:

1. Klicken Sie rechts oben auf die *10*, um in die dezimale Anzeige zu schalten.

2. Geben Sie eine Dezimalzahl ein.

3. Klicken Sie auf die *8* für das Oktalsystem oder die *16* für das Hexadezimalsystem.

Schon wird Ihnen die Zahl in diesem System angezeigt. Das funktioniert in jeder Richtung.

AUFGEPASST

Um hexadezimale Zahlen leichter von dezimalen unterscheiden zu können, hat es sich dabei eingebürgert, ein *0x* davor zu setzen. Sie geben das *0x* aber nicht mit ein, wenn Sie hexadezimale Werte im Rechner eintippen.

Hexadezimale Werte werden Ihnen beim Programmieren öfters begegnen, und zwar aus dem einfachen Grund, weil sie so wunderbar zum Binärsystem passen. So müssen Sie den größten Wert, der zum Beispiel in ein `int` mit der Größe von 4 Byte passt, im dezimalen Zahlensystem so schreiben:

4294967295

Im Hexadezimalsystem ist es jedoch einfacher. Für jedes der vier Byte des `int` müssen Sie nur zweimal ein F schreiben:

FFFFFFFF

Und das sind die hexadezimalen Werte, die Sie einige Seiten zuvor bei den Makrodefinitionen in der *limits.h* gesehen haben.

Sie sehen, hexadezimale Zahlen können in manchen Fällen einfacher zu handhaben sein als dezimale.

Die maximale Größe eines int von 4 Byte Größe in dezimaler, hexadezimaler und binärer Darstellung im Taschenrechner des Macs

Ganzzahlige Literale oder Konstanten

Sie fragen sich vielleicht, warum ich im vorigen Kapitel so genau auf die Zahlensysteme eingegangen bin. Nun, der Grund liegt in diesem Kapitel, bei den »Literalen«. Literale sind Werte, die man direkt in den Code schreibt und die nicht mehr interpretiert, sondern wörtlich genommen werden. Da sich diese Werte im Laufe der Ausführung des Programms nicht mehr ändern, spricht man in C auch von »Konstanten«.

Ohne es zu bemerken, haben Sie solche Konstanten sogar schon verwendet. Und zwar immer dann, wenn Sie Zahlen direkt in den Code geschrieben haben, zum Beispiel bei der Initialisierung einer Variablen:

```
int x = 58;
```

Die 58 ist eine Konstante, und zwar in der von uns als so selbstverständlich hingenommenen Dezimalschreibweise.

GRUNDLAGEN

Dezimale Konstanten definieren sich dadurch, dass sie immer mit einer der Ziffern 1 bis 9 beginnen, niemals jedoch mit der Null.

Sie können solche ganze Zahlen aber auch im Oktal- oder Hexadezimalsystem schreiben. Und das wird auch gemacht, vor allem der Hexadezimalschreibweise begegnet man recht häufig.

- Zahlen aus dem Oktalsystem beginnen in C immer mit einer Null.

- Hexadezimalzahlen beginnen mit einer Null, gefolgt vom Buchstaben x.

Das sieht dann zum Beispiel so aus:

```c
int x = 58;    // Dezimal
int x = 072;   // Oktal
int x = 0x3A;  // Hexadezimal
```

Wenn Sie also einmal in einem Stück Code einer Zahl begegnen, die mit einer Null beginnt, dann handelt es sich dabei um eine Zahl in oktaler Schreibweise.

Bei den Hexadezimalen Zahlen dürfen Sie den Buchstaben x und auch die Buchstaben für die Werte 10 bis 15 (A bis F) groß- oder kleinschreiben. Hier wird die Groß- und Kleinschreibung ausnahmsweise nicht beachtet. Folgende Varianten sind also alle gültig: 0x3A, 0X3A, 0x3a.

Der Typ von ganzzahligen Konstanten

Immer wenn Sie eine Zahl direkt in den Code schreiben, muss dafür Speicherplatz reserviert werden. Erst wenn die Zahl im Speicher ist, kann später damit gerechnet werden. Üblicherweise wird dabei eine Größe verwendet, in welche der Wert gerade noch hineinpasst. Begonnen wird aber beim int und nicht etwa schon beim char.

Wenn Sie also eine Zahl in ein Programm schreiben, so wird dafür mindestens die Größe eines int, also 4 Byte, im Speicher des Rechners reserviert.

Dass eine einfache einstellige Zahl tatsächlich als int gespeichert wird, lässt sich leicht mit dem bereits bekannten sizeof nachprüfen:

```c
#include <stdio.h>

/* Bytegröße von ganzzahligen Konstanten 1*/
int main()
{
    printf("'1' nimmt %ld Byte Speicher ein\n", sizeof(1));
```

```
    return 0;
}
```

Das Ergebnis ist:

```
'1' nimmt 4 Byte Speicher ein
```

Wenn Sie möchten, dass die angegebene Zahl eine andere Speichergröße erhält, so können Sie das mit den folgenden Suffixen bestimmen, die immer der Zahl folgen müssen.

Suffix	Typ
U	unsigned int
L	long
UL	unsigned long
LL	long long
ULL	unsigned long long

Das sieht dann zum Beispiel so aus:

```
58u
12L
2UL
12345LL
853ull
```

Auch hier dürfen Sie Kleinbuchstaben verwenden, also zum Beispiel ull schreiben anstatt ULL. Und natürlich können Sie auch Oktal- und Hexadezimalzahlen damit versehen:

```
012u
0x3AFul
```

Da int und long auf aktuellen Macs gleichermaßen 4 Byte groß sind, macht sich ein Unterschied im Speicherbedarf erst beim long long bemerkbar, wie folgender Code aufzeigt:

```
#include <stdio.h>

/* Bytegröße von ganzzahligen Konstanten 2*/
```

```
int main()
{
    printf("'1'    braucht %ld Byte\n", sizeof(1));
    printf("'1U'   braucht %ld Byte\n", sizeof(1U));
    printf("'1L'   braucht %ld Byte\n", sizeof(1L));
    printf("'1UL'  braucht %ld Byte\n", sizeof(1UL));
    printf("'1LL'  braucht %ld Byte\n", sizeof(1LL));
    printf("'1ULL' braucht %ld Byte\n", sizeof(1ULL));
    return 0;
}
```

Als Ergebnis erhalten Sie:

```
'1'    braucht 4 Byte
'1U'   braucht 4 Byte
'1L'   braucht 4 Byte
'1UL'  braucht 4 Byte
'1LL'  braucht 8 Byte
'1ULL' braucht 8 Byte
```

Der sizeof-Operator ist wirklich flexibel. Sie können damit nicht nur die Größe von Variablen und Datentypen ermitteln, sondern auch die von Konstanten.

Das char und die Zeichenkonstanten

Der kleinste ganzzahlige Datentyp namens char nimmt eine Sonderstellung ein.

Zum einen können Sie sich nicht darauf verlassen, dass das char auf allen Betriebssystemen immer signed, also vorzeichenbehaftet, ist. Zum anderen wird ein char für die Speicherung von einzelnen Zeichen verwendet, zum Beispiel so:

```
unsigned char x = 'Ö';
```

Das Zeichen muss dabei in einfache hochgestellte Anführungszeichen gesetzt werden. Solch ein Zeichen nennt man eine *Zeichenkonstante*.

Im Gegensatz zu anderen Programmiersprachen, die einen eigenen Datentyp für Text besitzen, wird in C der Datentyp char zur Speicherung von Text verwendet. Wie man dabei mehr als nur ein einzelnes Zeichen, also ganze Zeichenketten, darin abspeichert, wird später im Kapitel über die Arrays erklärt.

Natürlich wird ein einzelner Buchstabe wie zum Beispiel das A in dem char nicht als A abgespeichert, sondern als Zahl.

Dafür gibt es auf jedem Betriebssystem eine bestimmte Art der Codierung der Zeichen des Alphabets und weiterer nützlicher Zeichen. Das heißt, jedes Zeichen erhält einen bestimmten Zahlenwert. Auf dem deutschen Mac ist dafür die *Mac OS Roman-Kodierung* maßgeblich. Sie finden diese Codierung in der entsprechenden Tabelle im Anhang. Dort können Sie sehen, wie jedem Buchstaben ein Dezimalwert (oder Hexadezimalwert) zugeordnet werden kann. Das ist der Wert, der in einem unsigned char für dieses Zeichen gespeichert wird.

Beispiel:

```
#include <stdio.h>

int main()
{
    unsigned char x = 'Ö';
    unsigned char y = 133;
    printf("Ö ist %d als Zahl\n", x);
    printf("133 ist %c als Zeichen\n", y);
    return 0;
}
```

Hier werden zwei unsigned char definiert, x und y. Die Variable x erhält die Zeichenkonstante 'Ö' und die Variable y die Zahl 133. Sie können bei einem char also frei entscheiden, ob Sie einen Buchstaben oder eine Ziffer zuweisen.

Danach wird der Wert der Variablen x und y in einem printf ausgegeben. Die Variable x mit dem Ö wird im printf mit dem Formatbeschreiber %d als Dezimalzahl ausgegeben und die Variable y mit der Zahl 133 mit dem Formatbeschreiber %c als Zeichen.

Das Ergebnis ist:

```
Ö ist 133 als Zahl
133 ist Ö als Zeichen
```

Das Ö ergibt also einen Dezimalwert von 133, und die 133 ergibt als Zeichen das Ö. Wenn Sie in der Tabelle der Mac OS Roman-Codierung im Anhang nachschauen, werden Sie sehen, dass das Ö tatsächlich den dezimalen Wert 133 hat. Ob der Wert in einem char also als Zahl oder Zeichen interpretiert wird, hängt ganz davon ab, wie Sie danach fragen.

> **AUFGEPASST**
>
> Verwenden Sie auf dem Mac immer ein unsigned char zur Speicherung von Zeichenkonstanten. Nur dieses kann positive Werte bis 255 aufnehmen, was zusammen mit der Null 256 mögliche Werte ergibt – genau so viele Zeichen, wie die Mac OS Roman-Codierung enthält.

Zeichenkonstanten im Code müssen immer in einfache hochgestellte Anführungszeichen gesetzt werden. Daran erkennt der Compiler diese und stellt entsprechend Speicher bereit.

Wie viel Speicher nimmt solch eine Zeichenkonstante ein?

Prüfen Sie es einfach wieder mit sizeof nach:

```c
#include <stdio.h>
int main()
{
    printf("'A' braucht %ld Byte\n", sizeof('A'));
    return 0;
}
```

Das Ergebnis:

```
'A' braucht 4 Byte
```

Sie sehen, dass eine Zeichenkonstante genauso viel Speicher wie ein int einnimmt. Das int ist in der Tat die Basis der Sprache C.

Escape-Sequenzen in Zeichenkonstanten

Auch in Zeichenkonstanten können Sie Escape-Sequenzen verwenden (siehe auch Kapitel 4), um zum Beispiel Steuerzeichen anzugeben. In der folgenden Zeile wird das Steuerzeichen für eine neue Zeile und den Tabulator in ein char gesteckt:

```c
unsigned char x = '\n';
unsigned char x = '\t';
```

Wenn Sie das einfache Anführungszeichen benötigen, müssen Sie diesem nur den umgekehrten Schrägstrich (Backslash) voranstellen:

```
unsigned char x = '\'';
```

Genauso auch beim Backslash:

```
unsigned char x = '\\';
```

Sie können Zeichenkonstanten auch durch deren oktalen oder hexadezimalen Wert bestimmen. Dafür gibt es besondere Escape-Sequenzen, die bisher noch nicht behandelt wurden. Für oktale Werte schreiben Sie dafür nach dem Backslash die entsprechende oktale Zahl, jedoch ohne die führende Null, wie bei oktalen Ganzzahlkonstanten üblich:

```
unsigned char x = '\306';
```

Für hexadezimale Werte verwenden Sie entsprechend ein x vor der Ziffer. Auch hier fällt die sonst übliche Null weg:

```
unsigned char x = '\xC6';
```

Beides entspricht der folgenden dezimalen Zuweisung, welche keine Anführungszeichen und keine Escape-Sequenz benötigt:

```
unsigned char x = 198;
```

Welche dezimalen Werte sich hinter oktalen und hexadezimalen Werten verbergen, ermitteln Sie am einfachsten wieder mit dem Programm Rechner.

Hier ein kleines Programm, welches ein Zeichen über oktale und hexadezimale Zeichenkonstanten ausgibt:

```c
#include <stdio.h>
int main()
{
    unsigned char okt = '\306';
    unsigned char dez = 198;
    unsigned char hex = '\xC6';
    printf("okt ist %c \n", okt);
    printf("dez ist %c \n", dez);
    printf("hex ist %c \n", hex);
```

```
        return 0;
}
```

Als Ergebnis erhalten Sie:

```
okt ist Δ
dez ist Δ
hex ist Δ
```

Alle drei Werte stehen für das griechische Delta, zumindest auf einem Mac. Auf anderen Betriebssystemen herrschen andere Zeichensatzcodierungen.

Aber natürlich funktioniert dieser Code auch ohne Verwendung von Zeichenkonstanten, direkt über Zuweisung oktaler und hexadzimaler Zahlen, die dann im printf mit %c als Zeichen interpretiert werden. Dabei ist natürlich die Schreibweise mit führender Null zu beachten:

```
unsigned char okt = 0306;
unsigned char dez = 198;
unsigned char hex = 0xC6;
```

Sie können oktale und hexadezimale Zeichenkonstanten auch in Zeichenketten einbetten, zum Beispiel in einem printf:

```
#include <stdio.h>
int main()
{
    printf("okt ist \251 \n");
    printf("hex ist \xA9 \n");
    return 0;
}
```

Ergebnis:

```
okt ist ©
hex ist ©
```

Fließkommatypen

Für Kommazahlen stellt C ebenfalls verschieden abgestufte Größen zur Verfügung, nämlich die Typen float, double und long double.

Typ	Größe	Genauigkeit
float	4 Byte	6 Stellen
double	8 Byte	15 Stellen
long double	16 Byte	19 Stellen

Auch hier ist nur das Notwendigste standardisiert. Sie können aber auf dem Mac von den Werten in obiger Tabelle ausgehen. Besser ist es aber, selbst nachzufragen, wie groß die Typen sind. Dafür brauchen Sie wieder den sizeof-Operator:

```
#include <stdio.h>

/* Größe der Fließkommatypen*/
int main()
{
    printf("\nfloat:      %lu Byte",      sizeof(float));
    printf("\ndouble:     %lu Byte",      sizeof(double));
    printf("\nlong double: %lu Byte\n\n", sizeof(long double));
    return 0;
}
```

Als Ergebnis erhalten Sie Folgendes:

```
float:       4 Byte
double:      8 Byte
long double: 16 Byte
```

Beachten Sie auch, dass Fließkommatypen nur eine bestimmte Genauigkeit haben. Das ist wichtig für die Umwandlungen in Ganzzahlen und zurück. Darüber hinausgehende Stellen können nämlich bei der Umwandlung verloren gehen.

Auch für die Genauigkeit der Kommazahlen gibt es wieder Makros, diesmal aus der Header-Datei float.h. Diese muss daher zuerst mit include eingebunden werden.

```
#include <stdio.h>
#include <float.h>
```

```
/* Genauigkeit der Fließkommatypen*/
int main()
{
    printf("\nfloat:       %d Stellen",     FLT_DIG);
    printf("\ndouble:       %d Stellen",     DBL_DIG);
    printf("\nlong double: %d Stellen\n\n", LDBL_DIG);
    return 0;
}
```

Das Ergebnis bei mir:

```
float:        6 Stellen
double:       15 Stellen
long double: 18 Stellen
```

Und zuletzt die Ermittlung der Minimum- und Maximumgrößen mit den entsprechenden Makros:

```
#include <stdio.h>
#include <float.h>

/* Minimum und Maximum der Fließkommatypen */
int main()
{
    printf("\nfloat        min: %e", FLT_MIN );
    printf("\nfloat        max: %e", FLT_MAX );
    printf("\ndouble       min: %e", DBL_MIN );
    printf("\ndouble       max: %e", DBL_MAX );
    printf("\nlong double  min: %Le", LDBL_MIN);
    printf("\nlong double  max: %Le\n\n", LDBL_MAX);
    return 0;
}
```

Als Ergebnis erhalten Sie die folgenden Bereiche, und zwar in wissenschaftlicher Schreibweise, da es wenig sinnvoll ist, bis zu 4932 Stellen auszuschreiben:

```
float       min: 1.175494e-38
float       max: 3.402823e+38
double      min: 2.225074e-308
double      max: 1.797693e+308
long double min: 3.362103e-4932
long double max: 1.189731e+4932
```

In diesem Codebeispiel lernen Sie auch einen neuen Formatbeschreiber von printf kennen, das %e. Es dient dazu, Fließkommatypen in exponentieller Notation in den Ausgabetext einzubauen. Bei einem long double muss noch zusätzlich ein großes L davor gesetzt werden.

Kommazahlen sind immer vorzeichenbehaftet. Es gibt also kein unsigned oder signed bei diesen Typen.

POWER

Der neuere Standard C99 definiert noch einige weitere Datentypen wie _Bool, intmax_t, _Complex und andere, die nicht Gegenstand dieses Buches sind. Diese Datentypen sind in den Header-Dateien *stdbool.h*, *stdint.h* und *complex.h* definiert. Sie sind für spezielle Anwendungsfälle gedacht und damit für den Anfänger weniger geeignet. Wenn Sie sich dafür interessieren, schauen Sie sich am besten die Beschreibung dazu in der Wikipedia an: http://en.wikipedia.org/wiki/C_standard_library.

Fließkommakonstanten

Beim Schreiben von Kommazahlen als Konstanten müssen Sie statt des bei uns üblichen Kommas einen Punkt als Dezimaltrennzeichen im Code verwenden. Generell wird in C, wie auch in fast allen anderen Programmiersprachen, kein Komma dafür genommen:

```
float zahlPi = 3.14;
```

Der Dezimalpunkt darf auch alleine am Anfang oder Ende stehen. Er kennzeichnet, dass man sich vor oder nach dem Punkt eine Null denken muss.

```
float diagonale = .753;   // entspricht 0.753
double lichtjahre = 33256.; // entspricht 33256.0
```

Wenn Sie besonders große oder kleine Dezimalzahlen einbauen wollen, verwenden Sie die wissenschaftliche Schreibweise, und zwar so:

```
double durchmesserDerSonneInKM = 1.3914e+6;
float wellenlaengeRotesLichtInM = 0.75e-6;
```

Bei positiven Werten können Sie das Pluszeichen auch weglassen, bei negativen Werten dürfen Sie aber niemals das Minuszeichen vergessen. Das kleine e darf auch groß geschrieben werden.

```
double durchmesserDerSonneInKM = 1.3914E6
```

Der Typ von Fließkommakonstanten ist immer das double. Brauchen Sie ein float oder long double, so verwenden Sie dafür die Suffixe F oder L, welche auch kleingeschrieben werden dürfen.

```c
#include <stdio.h>

/* Größe von Fließkommakonstanten */
int main()
{
    printf("'1.0F' hat %ld Byte\n", sizeof(1.0F));
    printf("'1.0' hat %ld Byte\n",  sizeof(1.0) );
    printf("'1.0L' hat %ld Byte\n", sizeof(1.0L));
    return 0;
}
```

Ergebnis:

```
'1.0F' hat 4 Byte
'1.0' hat 8 Byte
'1.0L' hat 16 Byte
```

Typumwandlung

In eine Variable eines bestimmten Typs können Sie nicht einfach andere Typen hineinstecken, ohne Fehler im Programm zu verursachen. Eine Ausnahme bilden jedoch die arithmetischen Datentypen wie die Ganzzahlen und die Fließkommatypen. So können Sie zum Beispiel durchaus ein int in ein float umwandeln und umgekehrt. Man unterscheidet dabei zwei Vorgehensweisen. Die eine wird automatisch vom Compiler vorgenommen und erfordert keine Mitwirkung von Ihnen. Man nennt dies die *implizite Typumwandlung* (*implicit type cast*). Daneben gibt es aber auch die manuelle Umwandlung, die man als *explizite Typumwandlung* (*explicit type cast*) bezeichnet.

Implizite Typumwandlungen

Bei der Zuweisung von Konstanten ist es Ihnen vielleicht schon aufgefallen: Eine Zuweisung wie die folgende

```
short c = 123;
```

erzeugt keine Fehlermeldung. Wie Sie aber in den vorangegangenen Kapiteln erfahren haben, ist ein short lediglich 2 Byte groß, die Integerkonstante 123 aber 4 Byte, wie der folgende Code noch einmal beweist.

```
#include <stdio.h>

int main()
{
    short c = 123;
    printf("short c hat %ld Byte\n", sizeof(c));
    printf("'123' hat %ld Byte\n", sizeof(123));
    return 0;
}
```

Ergebnis:

```
short c hat 2 Byte
'123' hat 4 Byte
```

Hier wird offensichtlich eine automatische Umwandlung vorgenommen, damit die 4 Byte in die 2 Byte umgewandelt werden. In diesem Fall geschieht das ohne Verluste, da die oberen Byte bisher nicht verwendet werden. Wenn Sie jedoch größere Zahlen nehmen, erhalten Sie eine Fehlermeldung der Art »*overflow in implicit constant conversion*« wie bei dieser Zuweisung:

```
short c = 66000;
```

Aber nicht nur bei Zuweisungen, auch bei Berechnungen müssen immer alle Variablen und Konstanten denselben Typen besitzen. Wie in folgendem Codefragment, welches Sie noch in die Funktion main einfügen müssen, damit es funktioniert:

```
unsigned short a = 5; int b = 8000;
a = a + b;
printf("Ergebnis: %d \n", a);
return 0;
```

Das Ergebnis ist wie erwartet 8005.

Das kleinere short wird hier mit dem größeren int addiert. Bei einer Berechnung müssen aber immer alle Daten im gleichen Typ vorliegen. Was man hier daher nicht sehen kann, worüber man aber Bescheid wissen sollte, ist, dass der Compiler alle Teile ganzzahliger arithmetischer Operationen vor der Berechnung in den Typ int umwandelt. Wenn der Typ int nicht ausreicht, um eine Zahl zu fassen, wird entsprechend der nächst größere Typ unsigned int genommen. Wenn auch das nicht ausreicht, wiederum der nächst höhere Typ und so weiter. Ist an der Operation auch ein Fließkommatyp beteiligt, geht es in der Reihenfolge float, double und long double weiter.

Wenn alle Operanden im gleichen Typ vorliegen, wird gerechnet.

In obigem Beispiel wird also das short a zuerst in ein int umgewandelt und dann erst mit dem int b addiert.

Das Ergebnis ist dann ein int, welches dem short a zugewiesen wird. Bei dieser Zuweisung findet dann wieder eine Typumwandlung statt, und zwar von einem großen int zu einem kleinen short. Und genau dabei, bei Umwandlungen von einem größeren Typ in einen kleineren, ist äußerste Vorsicht geboten:

Solange die kleinere Variable das Ergebnis des größeren Typs fassen kann, gibt es keine Probleme. Wird das Ergebnis aber größer als der Typ der Variablen, erhalten Sie unsinnige Ergebnisse.

Folgende Variante verdeutlicht dies. Hier werden die beiden Variablen nicht addiert, sondern multipliziert. Das Ergebnis dieser Berechnung sprengt damit den Rahmen des unsigned short, welches nur Werte bis +65535 aufnehmen kann:

```
unsigned short a = 5; int b = 15000;
a = a * b;
printf("Ergebnis: %d \n", a);
return 0;
```

Das Ergebnis ist bei mir 9464 anstatt 75000. Und: Es gab keine Fehlermeldung! Man nennt das einen *Speicherüberlauf*. Solche Fehler sind sehr kritisch, da angrenzende Speicherbereiche überschrieben werden und man damit auch andere Bereiche des Programms oder des Rechners in Mitleidenschaft zieht.

Es gibt noch eine weitere Typumwandlung, bei der Vorsicht angeraten ist. Bei ihr kommt es zu Verlusten der Genauigkeit. Und zwar immer dann, wenn Sie

Fließkommatypen einem ganzzahligen Datentyp zuweisen. Das führt dazu, dass Nachkommastellen einfach abgeschnitten werden. Hier wird also nicht gerundet! Die Nachkommastellen werden verworfen. Das führt eventuell zu nicht beabsichtigter Ungenauigkeit:

```
int a = 5; float b = 3.14;
a = a * b;
printf("Ergebnis: %d \n", a);
return 0;
```

Das Ergebnis ist 15 und nicht 15,7. Die Nachkommastelle fällt der Typumwandlung zum int a zum Opfer.

Umgekehrt gibt es kein Problem:

```
int a = 5; float b = 3.14;
b = a * b;
printf("Ergebnis: %.8f \n", b);
return 0;
```

Das Ergebnis ist bei mir 15.70000076.

An der 76 – an der siebten und achten Stelle rechts vom Komma – sehen Sie übrigens auch, dass die Genauigkeit des Fließkommatyps float nur 6 Stellen groß ist. Nach der sechsten Stelle beginnt bei einem float das Meer der Ungewissheit.

Außerdem können Sie hier im printf sehen, wie mit .8 die Anzahl der auszugebenden Stellen auf acht festgelegt wird. Diese Formatbeschreiber werden gleich näher erklärt.

Kurz zusammengefasst:

GRUNDLAGEN

Bei den elementaren arithmetischen Datentypen finden bei Bedarf *implizite Typumwandlungen* statt. Kleine Typen werden bei Bedarf in größere Datentypen umgewandelt.

Bei der Umwandlung von größeren Datentypen in kleinere ist äußerste Vorsicht geboten, da es hier schnell zu einem Speicherüberlauf kommen kann.

Umwandlungen von einem Fließkommatyp in einen ganzzahligen Typ führen zum Verlust der Nachkommastellen.

Explizite Typumwandlung

Wenn Sie mit verschiedenen Datentypen rechnen, ist es zu empfehlen, sich anzugewöhnen, immer mit der *expliziten Typumwandlung* (*explicit type cast*) zu arbeiten.

Das sieht zum Beispiel so aus:

```
int a = 5; float b = 3.14;
a = a * (int)b;
printf("Ergebnis: %d \n", a);
return 0;
```

Die Änderung sehen Sie in der zweiten Zeile.

```
a = a * (int)b;
```

Hier wird b mit dem sogenannten *Cast-Operator* (das ist die Klammer vor dem Variablennamen) vor der Berechnung in den Typ int umgewandelt. Der Cast-Operator hat eine sehr hohe Priorität, er wird also immer vor anderen Berechnungen ausgeführt.

```
(int)b
```

In der Klammer des Cast-Operators steht der Datentyp, in welchen die Variable zur rechten umgewandelt werden soll. Bei der Umwandlung einer Kommazahl in eine Ganzzahl geht das natürlich nicht verlustfrei vonstatten. Aber durch Angabe des Cast-Operators sehen Sie auch später sofort, dass Sie sich beim Schreiben des Codes darüber im Klaren waren!

Hier der umgekehrte Vorgang, int a wird in ein float umgewandelt:

```
int a = 5; float b = 3.14;
b = b * (float)a;
printf("Ergebnis: %f \n", b);
return 0;
```

Die int-Variable a wird vor der Berechnung mit b zuerst in eine Fließkommazahl umgewandelt. Aus 5 wird dann also 5.0, was verlustfrei ist. Jetzt haben alle Variablen auf dieser Zeile denselben Datentyp, nämlich float, und eine Operation damit macht keine Probleme.

Der Vorteil dieser expliziten Typumwandlung liegt darin, dass Sie auch später sofort auf den ersten Blick sehen, dass hier eine Umwandlung stattfindet. Sie treffen damit also eine bewusste Entscheidung und sind sich damit über die eventuellen Auswirkungen im Klaren. Bei einer impliziten Typumwandlung vergisst man nur allzu leicht, was im Hintergrund eigentlich geschieht. Auch wenn sich einmal ein anderer Entwickler Ihren Code anschaut, wird er dankbar für solche expliziten Typumwandlungen sein. Sie erleichtern das Verständnis für das, was tatsächlich geschieht.

Um es kurz und einfach zu machen:

- Wenn Sie mit Variablen rechnen, achten Sie darauf, Variablen des gleichen Typs zu verwenden, und vermeiden Sie Berechnungen über unterschiedliche Typen hinweg.

- Falls Sie eine Typumwandlung nicht vermeiden können, machen Sie diese explizit. Damit sticht sie hervor und erinnert Sie ständig daran, auf diese Stelle achtzugeben.

- Beachten Sie, dass bei der Umwandlung von Fließkommatypen in ganzzahlige Typen die Nachkommastellen abgeschnitten werden.

- Bei der Umwandlung großer ganzzahliger Typen in kleine Fließkommatypen kann es aufgrund der niedrigen Genauigkeit der kleinen Fließkommatypen zu Rundungsfehlern in den letzten Stellen kommen.

- Bei der Umwandlung eines großen Datentyps in einen kleinen kann es zu einem gefährlichen Speicherüberlauf mit unberechenbaren Folgen kommen.

Bei Konstanten können Sie, wie bereits erwähnt, mit den Suffixen für die richtige Größe sorgen. Auch hier ist es besser, sich die Größe einer Konstante bewusst zu machen, indem man sie explizit mit einem Suffix versieht.

```
unsigned long long c = 3ULL;
double d = 3.14L;
```

Dieses Beispiel verdeutlicht, wie es optimalerweise sein sollte: Linke und rechte Seite haben denselben Typ.

POWER

Sie können eine Kommazahl auch runden, bevor Sie deren Nachkomma-
teil abschneiden. Dafür gibt es extra die Funktion round() aus der Header-
Datei *math.h*.

```
#include <stdio.h>
#include <math.h>

int main()
{
int a = 5; float b = 3.16;
a = (int)round(a * b);
printf("Ergebnis: %d \n", a);
return 0;
}
```

Hier wird das Ergebnis von a * b (was 15.8 ergibt) gerundet (mit round).
Das Ergebnis (16.0) wird mit dem Cast-Operator (int) explizit in eine
Ganzzahl umgewandelt und dem int a zugewiesen. Das Ergebnis ist dann
16 und nicht mehr 15.

In der *math.h* finden Sie noch viele weitere nützliche Funktionen. Werfen
Sie mal einen Blick auf die zugehörige man-Seite (mit man math im Terminal oder man:math in Safari bei installiertem Bwana).

printf und scanf

Dieses Kapitel befasst sich mit der Ein- und Ausgabe in einem C-Programm am Beispiel der Funktionen printf und scanf. Diese Ein- und Ausgabefunktionen von C sind in der Header-Datei stdio.h definiert. Sie gehören also zur Standard C Library und sind damit nicht Bestandteil der Sprache selber.

Die stdio.h enthält dabei eine ganze Reihe unterschiedlicher Funktionen zur Eingabe oder Ausgabe von Daten. Die vielseitigsten und für den Anfang nützlichsten sind printf und scanf, die sich vor allem auf Grund ihrer umfangreichen Formatierungsmöglichkeiten hervorheben. Sie werden aber in diesem Buch auch noch andere Ein- und Ausgabefunktionen kennenlernen. Eine Auflistung aller Funktionen finden Sie bei installiertem Bwana in Ihrem Browser unter man:stdio. Die man-Seite zu printf und scanf finden Sie unter man:printf.3 und man:scanf.3.

Ausgabe mit printf

Wie Sie an den bisherigen verstreuten Beispielen schon gesehen haben, dient ein printf dazu, einen beliebigen Text auszugeben. Das ist aber noch nicht alles: Der Text wird von printf vor der Ausgabe noch nach Escape-Sequenzen untersucht. Findet es Escape-Sequenzen, so werden diese gegen das entsprechende Zeichen ersetzt.

Außerdem wird der Text nach Prozentzeichen durchsucht. Findet printf dieses Zeichen, so wird an dessen Stelle die nach der Zeichenkette folgende Konstante oder Variable oder das Ergebnis eines zusammengesetzten Ausdrucks (wie in den Beispielen mit dem sizeof-Operator) eingefügt.

Im einfachsten Fall besteht ein printf aber nur aus einer einfachen Zeichenkette:

```
#include <stdio.h>
int main()
{
    printf("Hallo Welt!");
    return 0;
}
```

Da die Funktion printf aus der Header-Datei *stdio.h* stammt, darf hier am Anfang natürlich nicht vergessen werden, diese mit der Präprozessoranweisung include einzubinden.

Hier ein einfacher Text mit Zeilenumbruch-Escape-Sequenzen (\n):

```
printf("\n-------\n|.....|\n|..@..+\n|.....|\n-------\n\n");
```

GRUNDLAGEN

Senkrechte Striche erhalten Sie mit der Tastenkombination ⌥-7

Daraus wird, mit etwas Fantasie, ein rechteckiger Raum. In der Raummitte befindet sich der Held (@) eines Rollenspiels. Das Pluszeichen stellt eine Tür dar:

```
-------
|.....|
|..@..+
|.....|
-------
```

> **TIPP**
>
> Mit solch einfachen Mitteln wurden schon in den 80er Jahren komplexe Rollen- und Abenteuerspiele wie Rogue, Hack, Moria und andere entwickelt, die es auch heute noch in Bezug auf Spieltiefe, Komplexität und Weltengröße mühelos mit modernen Rollenspielwelten aufnehmen können. Darüber hinaus werden viele dieser Spiele bis heute noch gepflegt und weiterentwickelt. Eine willkommene Abwechslung, wenn man einmal genug von der Hektik und dem Farbenrausch moderner Spiele haben sollte. Einen schönen Überblick dazu finden Sie in der deutschen Wikipedia unter http://de.wikipedia.org/wiki/Roguelike. Oft steht der Quellcode, in C geschrieben, sogar zum freien Download unter einer Open Source-Lizenz zur Verfügung.

Spezifizierer und Längenmodifizierer

Das Prozentzeichen und die nach ihm folgenden Zeichen bis zum abschließenden Buchstaben, welcher den Datentyp bestimmt, bezeichnet man in einem `printf` als *Formatbeschreiber* (engl. *format string*). Ein Formatbeschreiber gibt an, auf welche Art und Weise der an dieser Stelle einzufügende Wert formatiert wird. Den Buchstaben, der bisher immer direkt nach dem Prozentzeichen folgte, bezeichnet man als *Spezifizierer* (engl. *conversion specifier*). Er ist immer das letzte Zeichen in einem Formatbeschreiber und bestimmt, welcher Datentyp an dieser Stelle eingefügt wird. Für die unterschiedlichen Datentypen gibt es nämlich unterschiedliche Spezifizierer. Datentyp und Spezifizierer müssen zusammenpassen. Die folgende Tabelle listet die wichtigsten Spezifizierer mit Kurzbeispiel auf:

Spez.	Datentyp und Darstellung	Beispiel	Ausgabe
s	Zeichenketten	`printf("Hallo %s", "Welt");`	`"Hallo Welt"`
c	int (als Zeichen)	`printf("Ergibt: %c", 38);`	`"Ergibt: &"`
d, i	int (als Zahl)	`printf("Ergibt: %d", -23);`	`"Ergibt: -23"`
u	unsigned int (dezimal)	`printf("Ergibt: %u", 59);`	`"Ergibt: 59"`
o	unsigned int (octal)	`printf("Ergibt: %o", 59);`	`"Ergibt: 73"`

Spez.	Datentyp und Darstellung	Beispiel	Ausgabe
x	unsigned int (hexadezimal mit kleinen Buchstaben)	printf("Ergibt: %x", 59)	"Ergibt: 3b"
X	unsigned int (hexadezimal mit großen Buchstaben)	printf("Ergibt: %X", 59);	"Ergibt: 3B"
f	float, double (dezimal)	printf("Ergibt: %f", 3.459);	"Ergibt: 3.459000"
e	float, double (exponential mit e)	printf("Ergibt: %e", 3.459);	"Ergibt: 3.459000e+00"
E	float, double (exponential mit E)	printf("Ergibt: %E", 3.459);	"Ergibt: 3.459000E+00"
g	float, double (Komma- oder Exponentialdarstellung mit e, was kürzer ist)	printf("Ergibt: %g", 3.459);	"Ergibt: 3.459"
G	float, double (Komma- oder Exponentialdarstellung mit E, was kürzer ist)	printf("Ergibt: %G", 3459289.);	"Ergibt: 3.45929E+06"

Wenn Sie im Text das Prozentzeichen selber benötigen, müssen Sie es doppelt schreiben:

```
printf("100 %%");
```

Das Ergebnis ist: 100 %

Wenn Sie einen der Spezifizierer d, i, u, o oder x als long benötigen, dann brauchen Sie nur den Längenmodifizierer (*length modifier*) l dem Spezifizierer voranzustellen. (Es handelt sich hier um ein kleines L und nicht etwa um die Zahl eins!)

```
long a = 123456789L;
printf("Ergibt: %ld", a);
```

Für den Typ long long muss es zweimal ein kleines L sein:

```
long long a = 123456789123LL;
printf("Ergibt: %lld", a);
```

Für die Typen short und char wird entsprechend h und hh verwendet:

```
char a = 47;
short b = 500;
printf("Ergibt: %hhd, %hd", a, b);
```

Für ein long double verwendet man ein großes L vor den Spezifizierern f, e, E, g
oder G:

```
long double a = 8.356489L;
printf("Ergibt: %Lf", a);
```

Und natürlich können in einem printf auch mehrere Formatbeschreiber vorkommen. Wichtig ist dabei, dass die Anzahl der Formatbeschreiber mit der Anzahl der
Argumente nach der Zeichenkette übereinstimmt.

Im folgenden Beispiel finden Sie drei Formatbeschreiber in der Zeichenkette. Danach folgen drei Konstanten, die Zahlen 13 und 5 und der Buchstabe K. Diese Konstanten werden der Reihe nach in die Zeichenkette eingebaut.

```
printf("Reihe: %d; Spalte: %d; Wert: %c", 13, 5, 'K');
```

Das ergibt dann:

```
Reihe: 13, Spalte: 5, Wert: K
```

Natürlich können Sie aber auch Variablen oder sogar Funktionen und komplexe
Ausdrücke statt Konstanten verwenden – was sogar die übliche Verwendung ist.
Hier dasselbe Beispiel mit Variablen und mit vollständigem Code:

```
#include <stdio.h>
int main()
{
    int reihe = 13;
    int spalte = 5;
    char wert = 'K';
    printf("Reihe: %d; Spalte: %d; Wert: %c\n", reihe, spalte,
            wert);
    return 0;
}
```

Rückgabewert

Ein printf liefert einen Rückgabewert (*return value*) vom Typ int, den Sie in einer Variablen dieses Typs auffangen können. Der zurück gelieferte Wert stellt die Anzahl der ausgegebenen Zeichen dar. Hier ein Beispiel, in welchem in einem zweiten printf die Anzahl der Zeichen angezeigt wird, die das erste printf ausgegeben hat:

```
#include <stdio.h>
int main()
{
    int anzahl = 0;
    int a = 9;
    anzahl = printf("int a ist %d\n", a);
    printf("Das erste printf hat %d Zeichen ausgegeben.\n",
            anzahl);
    return 0;
}
```

Die Ausgabe besteht aus folgenden zwei Zeilen:

```
int a ist 9
Das erste printf hat 12 Zeichen ausgegeben.
```

Hier ist zu beachten, dass auch unsichtbare Zeichen wie Leerzeichen und Zeilenumbrüche mitgezählt werden. Aus diesem Grunde ist das Ergebnis hier 12 und nicht etwa 8 oder 11!

Das erste printf funktioniert ganz normal und gibt den Text »*int a ist 9*« aus. Das Ergebnis dieser Ausgabe ist die Anzahl der Zeichen in diesem Text. Diese Zahl wird dann in die Variable anzahl abgespeichert (anzahl = printf…). Im zweiten printf wird dann nachgeschaut, was sich in anzahl verbirgt.

Genauigkeit

In einigen Beispielen ist Ihnen vielleicht schon aufgefallen, dass eine Kommazahl im printf bei der Verwendung von %f oder %Lf standardmäßig mit 6 Nachkommastellen ausgegeben wird. Wenn Sie eine andere Anzahl an Stellen wünschen, müssen Sie die Genauigkeit (*precision*) der Ausgabe auf folgende Weise festlegen:

```
printf("Wert: %.2f \n", 3.159);
```

Als Ergebnis erhalten Sie 3.16. Die Ausgabe wird also automatisch auf zwei Nach-kommastellen gerundet.

Die Anzahl der Kommastellen wird dabei mit einem Punkt und einer Ganzzahl vor dem Spezifizierer und einem eventuell vorhandenen Längenmodifizierer angege-ben. Die Zahl gibt die Anzahl der Nachkommastellen an. So bedeutet .2, dass die Fließkommazahl mit zwei Nachkommastellen ausgegeben wird.

Wenn Sie eine Genauigkeit von Null wählen, werden übrigens die Nachkommastel-len nicht angezeigt und das Ergebnis gerundet als Ganzzahl angezeigt.

```
printf("Wert: %.0f \n", 3.559);
```

ergibt:

```
Wert: 4
```

Wenn Sie die Genauigkeit auf ganze Zahlen anwenden, wie zum Beispiel auf int-Werte, wird die Ganzzahl ganz normal komplett ausgegeben. Hat die Zahl jedoch weniger Stellen, als die Genauigkeit angibt, werden die fehlenden Stellen links mit Nullen aufgefüllt:

```
printf("Wert: %.5d \n", 359);
```

ergibt:

```
Wert: 00359
```

Umgekehrt, wenn die Genauigkeit kleiner ist als die Ganzzahl, hat dies keine Aus-wirkung auf die Darstellung. Die Ganzzahl wird immer komplett ausgegeben und nicht etwa abgeschnitten.

Wenn Sie die Genauigkeit auf Text anwenden, werden nur so viele Zeichen ausge-geben, wie durch die Genauigkeit bestimmt wurde.

```
printf("Ansage: %.4s \n", "Achtung!");
```

ergibt:

```
Ansage: Acht
```

Feldbreite

Neben der Genauigkeit, welche die Anzahl der Nachkommastellen bestimmt, können Sie auch noch die Breite kontrollieren, die für den Wert zur Darstellung zur Verfügung steht. Die Feldbreite (*field width*) bestimmt, wie viele Stellen für die Ausgabe eines Wertes insgesamt verwendet werden. Die Feldbreite eignet sich damit besonders gut für die Ausgabe tabellarischer Daten in Spalten.

Feldbreite bei Kommazahlen

Betrachten Sie einmal folgendes Beispiel mit einer Preisliste. Hier wird die Genauigkeit der Nachkommastellen mit 1 angegeben, aber noch keine Feldbreite verwendet.

```
#include <stdio.h>
int main()
{
    printf("Schwert\t %.1f Gold\n", 3.3);
    printf("Dolch  \t %.1f Gold\n", 133.8);
    printf("Handaxt\t %.1f Gold\n", 28.0);
    return 0;
}
```

Wenn Sie dieses Beispiel ausführen, erhalten Sie folgendes Ergebnis:

```
Schwert 3.3 Gold
Dolch   133.8 Gold
Handaxt 28.0 Gold
```

Die Zahlen sind linksbündig ausgerichtet, was dazu führt, dass der Dezimalpunkt nicht untereinander steht. Hierzu wäre es schön, wenn man die Zahlen rechtsbündig ausrichten könnte.

Durch Angabe einer Feldbreite können Sie bestimmen, wie viele Stellen für den Wert reserviert werden. Da die Nachkommstellen fest mit 1 definiert wurden, ergibt sich bei Verwendung einer einheitlichen Spaltenbreite für alle Werte, egal, wie viele Stellen diese haben, automatisch eine rechtsbündige Ausrichtung.

Die Feldbreite wird durch Angabe einer Ganzzahl nach dem Prozentzeichen, aber vor einer eventuell vorhandenen Genauigkeit definiert, also zum Beispiel %5.2f bei einem float. Das bedeutet, dass für das float insgesamt 5 Stellen bereitgehalten werden. Davon werden zwei Stellen für die Nachkommstellen verwendet (.2). Eine weitere Stelle wird für den Dezimalpunkt benötigt. Es bleiben also nur noch 2 Stellen für den Bereich vor dem Komma übrig. Auch eventuell vorhandene

Minuszeichen vor dem Wert gehören zur Feldbreite! Achten Sie daher darauf, die Feldbreite groß genug anzusetzen.

Hier das letzte Beispiel mit Angabe einer Feldbreite:

```
#include <stdio.h>
int main()
{
    printf("Schwert\t %5.1f Gold\n", 3.3);
    printf("Dolch  \t %5.1f Gold\n", 133.8);
    printf("Handaxt\t %5.1f Gold\n", 28.0);
    return 0;
}
```

Das Ergebnis sieht gleich ordentlicher aus:

```
Schwert    3.3 Gold
Dolch    133.8 Gold
Handaxt   28.0 Gold
```

Werte, die nicht die ganze Feldbreite ausnutzen, wie zum Beispiel die 3.3, erhalten einfach eine entsprechende Anzahl an Leerstellen vor dem Wert, bis die Feldbreite aufgefüllt ist.

Feldbreite bei Ganzzahlen

Für Ganzzahlen funktioniert die Feldbreite genauso, nur dass Sie dann die Genauigkeit weglassen können:

```
#include <stdio.h>
int main()
{
    printf("Juckpulver\t %5d Gold\n", 3);
    printf("Heiltrank \t %5d Gold\n", 133);
    printf("Amulett   \t %5d Gold\n", 28300);
    return 0;
}
```

Das Ergebnis:

```
Juckpulver       3 Gold
Heiltrank      133 Gold
Amulett      28300 Gold
```

Linksbündige Feldbreite

Vielleicht fällt Ihnen an den vorigen Beispielen noch etwas auf. Ich habe darin nämlich etwas getrickst und die erste Spalte immer mit Leerstellen bis zum Tabulator aufgefüllt. Das bewirkt, dass alle Werte denselben Startpunkt haben. Ohne gemeinsamen Startpunkt wären die Werte in der Tabelle gar nicht bündig, da die erste Spalte keine Feldbreite besitzt. Eine unschöne Lösung, denn wenn Sie die Werte in der ersten Spalte über Variablen einfügen, wissen Sie eventuell gar nicht, wie lang der Text ist. Hier bietet sich die linksbündige Feldbreite als Lösung an.

So wie Sie in der zweiten Spalte durch die Feldbreite Leerstellen vor den Zahlen einfügen, so dass diese rechtsbündig ausgerichtet werden, so können Sie auch Leerstellen hinter einen Text einfügen und dafür sorgen, dass Text trotz linksbündiger Ausrichtung einen festen rechten Rand erhält. Alles, was Sie dafür machen müssen, ist, der Feldbreite ein Minuszeichen voranzustellen. Das Minuszeichen bezeichnet man als *Flag*.

In dem folgenden Beispiel werden die Werte der ersten Spalte nicht mehr fest in die Zeichenkette geschrieben, sondern über einen Formatbeschreiber eingefügt. Die Spalte bekommt mit einem -20 eine Feldbreite von 20. Die zweite Spalte behält die Feldbreite von 5. Der bisher in der Zeichenkette verwendete Tabulator kann nun getrost weggelassen werden.

```
#include <stdio.h>
int main()
{
    printf("%-20s %5d Gold\n", "Seil", 68);
    printf("%-20s %5d Gold\n", "Grober Schleifstein", 133);
    printf("%-20s %5d Gold\n", "Wandeltrank", 28300);
    return 0;
}
```

Die Ausgabe sieht so aus:

```
Seil                    68 Gold
Grober Schleifstein    133 Gold
Wandeltrank          28300 Gold
```

Mit dieser Technik können Sie problemlos Tabellen mit unterschiedlichen Spaltengrößen und Wertearten zusammenbasteln.

GRUNDLAGEN

Merken Sie sich also: Feldbreite ohne Minus-Flag ist immer rechtsbündig, Feldbreite mit einem Minus-Flag ist immer linksbündig.

AUFGEPASST

Falls die Feldbreite kleiner ist als der auszugebende Wert, wenn Sie also zum Beispiel die Feldbreite auf 5 festlegen, aber dann einen Wert mit 6 Stellen ausgeben, hat der Wert Vorrang. Der Wert wird in ganzer Länge angezeigt und nicht etwa abgeschnitten. Achten Sie daher darauf, die Feldbreite groß genug zu bestimmen, oder die Tabellenstruktur enthält ein paar unschöne Ausreißer.

Variable Feldbreite

Die Feldbreite kann auch variabel gestaltet werden. Statt einer Ganzzahl wird dann im Formatbeschreiber ein Stern gesetzt, zum Beispiel %*d und %-*d für int-Werte in rechtsbündiger oder linksbündiger Ausrichtung.

Wenn Sie eine variable Feldbreite verwenden, brauchen Sie für den Stern entsprechend ein Argument mehr im printf. Dieses Argument muss den Typ int haben und dem Argument für den Formatbeschreiber vorangehen wie in folgendem Beispiel:

```
#include <stdio.h>
int main()
{
    int breiteItem = 20;
    int breiteWert = 5;
    printf("%-*s %*d G\n",breiteItem,"Seil",breiteWert,68);
    printf("%-*s %*d G\n",breiteItem,"Schleifstein",
            breiteWert,133);
    printf("%-*s %*d G\n",breiteItem,"Wandeltrank",
            breiteWert,28300);
    return 0;
}
```

Die Ausgabe sieht so aus wie zuvor, nur können Sie jetzt die Feldbreite bei Bedarf zentral über die beiden breite-Variablen verändern. In einem richtigen Programm wären natürlich auch die Konstanten für den Text ("Seil") und deren Wert (68) in Variablen gespeichert.

Bei der Verwendung variabler Feldbreiten ist es wichtig, darauf zu achten, die richtige Reihenfolge der Argumente im printf einzuhalten. Zuerst wird der Stern in %-*s durch die Zahl in breiteItem ersetzt. Das heißt, es wird %-20s daraus. Dann erst wird der Formatbeschreiber entsprechend seinen Regeln gegen das zweite Argument ("Seil") ausgetauscht. Dann folgen der zweite Stern und seine Breite (breiteWert) und die Zahl 68.

Feldbreite und Wert gehören also immer in dieser Reihenfolge zusammen, entsprechend der Reihenfolge, in welcher die Formatbeschreiber in der Zeichenkette vorkommen. So bezieht sich breiteItem in obigem Code auf den danach folgenden Text, zum Beispiel "Seil", und breiteWert auf den Wert 68.

Variable Genauigkeit

Der Trick mit dem Stern funktioniert übrigens auch für die Genauigkeit und sogar in Kombination mit variabler Feldbreite. Setzen Sie einfach einen Stern an der Stelle, wo Sie sonst eine Ganzzahl für die Genauigkeit schreiben würden:

```
#include <stdio.h>
int main()
{
    int feldbreite = 12;
    int genauigkeit = 1;
    printf("Juni %*.*f \n", feldbreite, genauigkeit, 15.76);
    printf("Juli %*.*f \n", feldbreite, genauigkeit, 18.23);
    return 0;
}
```

Das Ergebnis ist wie erwartet:

```
Juni         15.8
Juli         18.2
```

Wenn Sie wie hier Feldbreite und Genauigkeit variabel mit Stern gestalten, brauchen Sie natürlich auch drei Argumente für jeden Formatbeschreiber im printf. Das erste Argument (feldbreite) ist für die variable Feldbreite (*.), das zweite Argument (genauigkeit) für die variable Genauigkeit (.*). Erst das dritte Argument ist dann der darzustellende Wert (15.75).

Auffüllen mit Null

Neben dem Minuszeichen gibt es noch weitere Flags, welche in dem einen oder anderen Fall nützlich sind. Eines davon ist die 0.

Wenn Sie eine 0 direkt vor die Feldbreite schreiben, werden rechtsbündige Werte (gilt also nicht für linksbündige!) mit Nullen aufgefüllt anstatt mit Leerzeichen.

Das sieht dann zum Beispiel so aus wie in folgendem Codebeispiel:

```c
#include <stdio.h>
int main()
{
    printf("%-20s %-5s \n", "Stadt", "ID");
    printf("-------------------------\n");
    printf("%-20s %05d \n", "Langestadt", 68);
    printf("%-20s %05d \n", "Kreuzweg", 133);
    printf("%-20s %05d \n", "Durinfeste",28300);
    return 0;
}
```

Das Ergebnis:

```
Stadt                ID
-------------------------
Langestadt           00068
Kreuzweg             00133
Durinfeste           28300
```

> **TIPP**
>
> Natürlich werden Tabellen mit `printf` üblicherweise nicht wie in diesen einfachen Beispielen von Hand geschrieben, sondern in einer Schleife erzeugt. Dann reicht nämlich ein einziges `printf` aus, um alle Zeilen einer Tabelle auszudrucken, egal, wie viele es sein mögen. Mehr dazu im Kapitel »Schleifen«.

Vorzeichen

Wenn Zahlen im Minusbereich vorliegen, kann es sinnvoll sein, das Vorzeichen bei der Ausgabe generell immer mit auszugeben. Das geschieht mit dem Pluszeichen; einem weiteren nützlichen Flag.

So führt dann folgender Code:

```
#include <stdio.h>
int main()
{
    printf("%-18s \t %+8.2f \n", "Dieter Wütebrandt", 113.896);
    printf("%-18s \t %+8.2f \n", "Helmut Sorglos", -28.323);
    return 0;
}
```

zu diesem Ergebnis:

```
Dieter Wütebrandt         +113.90
Helmut Sorglos             -28.32
```

Positive wie negative Zahlen werden dann mit Vorzeichen ausgegeben, sonst erhalten nur negative Zahlen ein Vorzeichen. Beachten Sie, dass das Vorzeichen zur Feldbreite gehört. Setzen Sie die Feldbreite daher immer um eins größer als die Anzahl Stellen, die inklusive Komma vorkommen können.

Reihenfolge

Zusammengefasst lässt sich sagen, dass die einzelnen Elemente eines Formatbeschreibers in folgender Reihenfolge vorliegen müssen:

% [Flags] [Feldbreite] [.Genauigkeit] [Längenmodifizierer] Spezifizierer

Elemente in eckigen Klammern sind optional, können also weggelassen werden. Zwingend vorgeschrieben sind nur das Prozentzeichen am Anfang und der Buchstabe für den Spezifizierer am Ende. Von den Flags können auch mehrere aufeinanderfolgen. Zu den Flags gehören die Null (0), das Plus- und das Minuszeichen (+) (-) sowie die weniger gebräuchliche Leerstelle, das Nummernzeichen (#) und das Hochkomma ('). Die genauen Eigenschaften dieser Flags können Sie auf der man-Seite von printf nachschlagen.

Lokalisierte Dezimaltrennzeichen

Das Einzige, was jetzt noch bei der Ausgabe stört, ist die Verwendung des Dezimalpunkts bei der Ausgabe von Kommazahlen. In Deutschland wird dafür ja ein Komma verwendet und kein Punkt.

Kein Problem für C, schließlich kennt die Standard C Library auch Funktionen für lokale Besonderheiten wie zum Beispiel Zahlenformate. Was Sie brauchen, ist die Funktion setlocale aus der Header-Datei *locale.h*. In der Klammer dieser Funktion muss LC_NUMERIC entsprechend gesetzt werden:

```
#include <stdio.h>
#include <locale.h>
int main()
{
    setlocale(LC_NUMERIC, "de_DE");
    printf("%-18s \t %+8.2f \n", "Dieter Wütebrandt", 113.896);
    printf("%-18s \t %+8.2f \n", "Helmut Sorglos", -28.323);
    return 0;
}
```

Ab sofort verwendet printf das Komma bei der Ausgabe:

```
Dieter Wütebrandt        +113,90
Helmut Sorglos            -28,32
```

Die ersten beiden Zeichen von "de_DE" geben in kleinen Buchstaben die Sprache an. Das de steht also für »Deutsch«. Nach einem Unterstrich folgt dann die Länderkennung in Großbuchstaben. Bei Deutschland ist das DE. Für Österreich und die Schweiz entsprechend AT oder CH. Die man-Seite der Funktion setlocale ist in der Adresszeile von Safari mit der Eingabe *man:setlocale.3* erreichbar.

Eingabe mit scanf

Bisher wurden nur die Ergebnisse ausgegeben, das heißt, dass alle Daten, die man für die Berechnung brauchte, direkt in den Code geschrieben werden mussten. Das erzeugt natürlich sehr starre Programme, die sich nur für eine einzige Berechnung eignen. Viel besser wäre es doch, wenn das Programm in einem Dialog nach den gewünschten Ausgangsdaten fragt, sie dann verarbeitet und das Ergebnis ausspuckt. Damit kann ein Programm dann unbegrenzt viele gleichartige Berechnungen vornehmen.

Die Ausgabe wurde ausführlich am Beispiel von printf aus der Header-Datei *stdio.h* behandelt. Und auch für die Eingabe stellt *stdio.h* mehrere Funktionen zur Verfügung. Die prominenteste ist scanf. Sie verfügt über ähnliche Formatierungsoptionen wie printf.

Die Funktion scanf liest eine Eingabe in der Kommandozeile der Entwicklungsumgebung oder dem Terminal ein. Die Eingabe gilt dabei dann als abgeschlossen, wenn Sie die Return-Taste betätigen.

Hier ein simples Beispiel:

```c
#include <stdio.h>
int main()
{
    int zahl = 0;
    printf("Bitte geben sie eine Zahl ein: ");
    scanf("%d", &zahl);
    printf("Die eingegebene Zahl lautet %d \n", zahl);
    return 0;
}
```

Dieses Beispiel fragt Sie mit einem printf nach einer Ganzzahl. Danach beginnt das scanf mit der Arbeit, und eine blinkende Einfügemarke erscheint im Nachrichtenfenster. Geben Sie dort an der Einfügemarke im Nachrichtenfenster der Lightweight IDE eine beliebige Ganzzahl ein und bestätigen Sie mit Return (←). Danach wird die von Ihnen eingegebene Zahl zur Kontrolle in einem zweiten printf ausgegeben.

In der Klammer des scanf sehen Sie zwei Bestandteile; zuerst einmal eine Zeichenkette "%d".

In dieser Zeichenkette steht ein bereits vom printf bekannter Formatbeschreiber. Dieser Formatbeschreiber muss zum Datentyp passen, den Sie eingeben. Wenn Sie eine Ganzzahl bei der Eingabe erwarten, muss hier ein %d stehen, bei einer Kommazahl ein %f und so weiter.

Danach folgt die Variable mit einem &-Zeichen davor. Das & dient unter anderem als sogenannter Adressoperator. Er wird vor eine Variable geschrieben und stellt dann nichts anderes dar als die Adresse dieser Variablen im Computerspeicher.

Das scanf erwartet also die Adresse, an welcher die Variable gespeichert ist, und nicht nur deren Namen. Mehr dazu im Kapitel »Zeiger«. Das Ergebnis der Eingabe landet damit in der Variablen zahl. Diese Variable zahl wird dann im zweiten printf zur Bestätigung ausgegeben.

```
COMMAND LINE TOOL MODE ACTIVE              #include <stdio.h>
Command: "/Volumes/Mac/Users/det/
Desktop/LW/test"                           int main()
--- test starts ---                        {
Bitte geben sie eine Zahl ein: 28              int zahl = 0;
                                               printf("Bitte geben sie eine Zahl ein: ");
                                               scanf("%d", &zahl);
                                               printf("Die eingegebene Zahl lautet %d \n", zahl);
                                               return 0;
                                           }
```

Geben Sie die Werte für ein scanf links im Nachrichtenfenster der Lightweight IDE ein und bestätigen Sie die Eingabe mit der Return-Taste!

Einlesen mehrerer Werte

Sie können mit einem scanf auch gleich mehrere Werte eingeben.

In folgendem Beispiel müssen Sie die Werte bei der Eingabe mit einem Leerzeichen voneinander trennen:

```
#include <stdio.h>
int main()
{
    int zahl1 = 0; int zahl2 = 0;
    printf("Bitte geben Sie zwei Ganzzahlen ein: ");
    scanf("%d %d", &zahl1, &zahl2);
    printf("Die Summe ist %d \n", zahl1 + zahl2);
    return 0;
}
```

Wenn Sie hier zum Beispiel 28 12 eingeben, erhalten Sie als Ergebnis die Summe dieser beiden Zahlen, nämlich 40. Für jeden einzelnen Wert, den Sie einlesen, brauchen Sie einen entsprechenden Formatbeschreiber und eine Variable mit Adressoperator, in welcher der Wert abgespeichert wird.

Statt einem Leerzeichen können Sie auch andere Trennzeichen für die einzelnen Werte verwenden. Setzen Sie dafür einfach ein anderes Zeichen zwischen die Formatbeschreiber. Wie wäre es zum Beispiel mit einem Semikolon:

```
scanf("%d;%d", &zahl1, &zahl2);
```

Bei der Eingabe müssen Sie die Werte dann natürlich auch mit Semikolon voneinander trennen, also zum Beispiel 28;12.

Und natürlich können Sie auf dieselbe Weise auch Kommazahlen oder andere Datentypen einlesen. Verwenden Sie einfach den korrekten Formatbeschreiber dafür, wie in folgender Codezeile, in der eine Ganzzahl und eine Kommazahl erwartet werden:

```
scanf("%d %f", &int1, &float1);
```

Das Dezimaltrenzeichen beim Einlesen

Auch beim scanf gibt es das Problem, dass man bei der Eingabe Kommazahlen mit einem Punkt schreiben muss. Möchten Sie bei der Eingabe ein Komma schreiben, so müssen Sie wieder mit setlocale das Zahlenformat auf Deutsch abändern. Danach können Sie 3,145 statt 3.145 schreiben, und die Kommazahl wird korrekt erkannt und eingelesen.

```
#include <stdio.h>
#include <locale.h>
int main()
{
    setlocale(LC_NUMERIC, "de_De");
    int int1 = 0; float float1 = 0.0;
    printf("Eingabeformat: Ganzzahl(Leerstelle)Kommazahl:\n");
    scanf("%d %f", &int1, &float1);
    printf("Das Produkt ist %f\n", int1 * float1);
    return 0;
}
```

Feldbreiten und Längenmodifizierer

Auch beim scanf gibt es Feldbreiten, eine Genauigkeit fehlt jedoch.

Folgender Code liest drei ganzzahlige Werte aus der Eingabezeile ein, und zwar in Spalten von je drei Zeichen:

```
#include <stdio.h>
int main()
{
    int int1 = 0; int int2 = 0; int int3 = 0;
    printf("Drei Dreierblöcke ohne Leerstelle:\n");
    scanf("%3d%3d%3d", &int1, &int2, &int3);
    printf("Ergebnis: %d %d %d", int1, int2, int3 );
    return 0;
}
```

Eine Eingabe von 012008567 ergibt dann zum Beispiel die drei Zahlen 12, 8 und 567.

Man kann die Formatbeschreiber "%3d%3d%3d" auch wieder mit Leerstelle schreiben, welche dann bei der Eingabe natürlich ebenfalls geschrieben werden muss. Der Vorteil dabei ist, dass Sie die führenden Nullen bei der Eingabe weglassen können. Die Eingabe kann dann so aussehen: 12 8 567. Wann welche Zahl beginnt und endet, ist von scanf hier durch die Leerstelle problemlos erkennbar.

Auch Längenmodifizierer gibt es natürlich, falls Sie einmal besonders große oder kleine Zahlen eingeben müssen. Hier das Beispiel eines long:

```
scanf("%3ld", &long1);
```

Weitere Beispiele zu scanf folgen im weiteren Verlauf des Buches.

AUFGEPASST

Auch wenn sich die Formatbeschreiber eines scanf ähnlich wie die eines printf handhaben lassen, so gibt es doch auch einige Unterschiede. Beachten Sie daher bei unerwartetem Verhalten die Dokumentation zu scanf unter man:scanf.3.

Kontrollstrukturen

Als »Kontrollstrukturen« werden die Bestandteile einer Programmier-sprache bezeichnet, die bestimmen, welcher Teil des Codes als Nächstes ausgeführt wird. Die einfachste Form der Flusskontrolle haben Sie bereits ständig verwendet. Nämlich die, dass Code immer von oben nach unten, Zeile für Zeile, abgearbeitet wird. Es gibt jedoch auch andere Formen des Programmflusses, die in diesem Kapitel vorgestellt werden.

Verzweigungen

Mit einer Verzweigung können Sie erreichen, dass ein Codeblock nur unter bestimmten Bedingungen ausgeführt wird. Treten diese Bedingungen nicht ein, wird der Code ignoriert und übersprungen. Der Programmfluss verzweigt somit an dieser Stelle, und es gibt zwei Möglichkeiten, wie das Programm fortfährt:

Der Code wird ausgeführt oder er wird es nicht.

if

Verzweigungen erfolgen in C und in vielen anderen Programmiersprachen mit einem if.

Die einfachste Form eines if sieht in C so aus:

```
#include <stdio.h>

int main()
{
    int x = 1;
    if (x == 1) printf("x ist 1\n");
    return 0;
}
```

Das if besteht nur aus der fett geschriebenen Zeile. Die Syntax lautet dabei:

if (*Bedingung*) *Anweisung*;

Nach dem if folgt also eine Klammer, in welcher eine Bedingung gestellt wird. Danach folgt die Anweisung, die ausgeführt werden soll (im Beispiel ein printf), wenn die Bedingung in der Klammer wahr ist.

GRUNDLAGEN

Hier lernen Sie einen weiteren Operator kennen: das doppelte Gleichheitszeichen ==. Sie kennen das Gleichheitszeichen bereits als Zuweisungsoperator (siehe Kapitel 5). Als Zuweisungsoperator wird es verwendet, um einer Variablen einen Wert zuzuweisen:

```
int x = 1;
```

Was sich dann liest wie *x ist 1* oder *x erhält 1*. Wenn Sie das Gleichheitszeichen aber doppelt schreiben, erhalten Sie den Gleichheitsoperator:

```
x == 1;
```

Das liest sich *x gleich 1*. Der Unterschied ist fein, aber wichtig. Bei einem doppelten Gleichheitszeichen wird nichts in die Variable gepackt, sondern es wird nur geprüft, ob die Variable x eine 1 enthält, also *gleich 1* ist.

Nur wenn die Bedingung zutrifft, also wahr ist, wird die nach der Klammer folgende Anweisung ausgeführt. In diesem Fall wird das printf ausgeführt.

In obigem Codebeispiel wird daher der Text *x ist 1* ausgegeben. Der Befehl printf wird ausgeführt, da x gleich 1 ist. Wenn Sie in diesem Codebeispiel jedoch x bei seiner Initialisierung auf einen anderen Wert abändern, zum Beispiel auf 0, und das Beispiel erneut ausführen, tritt printf nicht in Aktion.

```
int x = 0;
if (x == 1) printf("x ist 1\n");
```

Bei dieser einfachen Form des if haben Sie also die Wahl, eine einzelne Anweisung auszuführen, oder eben nicht – sie also zu überspringen.

Lesen Sie solch eine if-Anweisung dabei mit einem *Wenn ... dann*:

```
if (x == 1) printf("x ist 1\n");
```

»Wenn x gleich 1 ist, dann printf ausführen.«

if mit Block

Wenn Sie mehrere Anweisungen ausführen wollen, müssen Sie die folgende Schreibweise verwenden:

```c
#include <stdio.h>

int main()
{
    int x = 1;
    if (x == 1)
    {
        printf("Das Ergebnis:\n");
        printf("x ist %d\n", x);
    }
    return 0;
}
```

Sie packen also alle Anweisungen eingerückt zwischen geschweifte Klammern, das nennt man einen »Block«. Dabei ist es ganz egal, wie viele Zeilen Code in diesem Block stehen. Alle Codezeilen darin werden ausgeführt oder nicht ausgeführt. Das if endet erst mit der sich schließenden geschweiften Klammer.

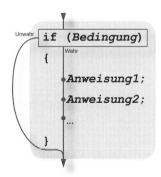

Programmfluss in einem einfachen if

Beachten Sie, dass die Zeile mit dem if kein Semikolon am Ende erhält! Diese Zeile ist keine vollständige Anweisung, sondern bildet den sogenannten if-*Kopf*, welcher den if-*Körper* mit den Anweisungen einleitet.

Beachten Sie, dass in jedem Fall mit dem Code nach dem if-Block fortgefahren wird. Das Programm wird also nicht etwa beendet, wenn das if fertig ist. Sondern es wird erst beendet, wenn das return der Funktion main erreicht wird.

if mit else

Bisher hatten Sie mit einem if nur die zwei Alternativen, den Code auszuführen oder den Code nicht auszuführen. Wenn Sie jedoch nicht »Nichts« machen wollen, sondern die Wahl zwischen zwei verschiedenen Codebausteinen brauchen, dann sollten Sie ein if mit einem else verwenden:

```
if (x == 1) printf("x ist 1\n");
else printf("x ist nicht 1\n");
```

Das if mit else hat damit die Syntax:

if *(Bedingung) Anweisung1*; [else *Anweisung2*;]

Es liest sich mit einem *Wenn … dann … sonst*:

»*Wenn (Bedingung) wahr ist, dann Anweisung1 ausführen, sonst Anweisung2 ausführen.*«

Hier ein Beispiel mit Ein- und Ausgabe:

```
#include <stdio.h>

int main()
{
    int auswahl = 0;
    printf("Geben Sie die Nummer der gewünschten Ware ein: \n");
    printf("%-2d %-20s %5d Gold\n", 1, "Seil", 68);
    printf("%-2d %-20s %5d Gold\n", 2, "Heiltrank", 133);
    scanf("%d", &auswahl);
    if (auswahl == 1)  printf("Sie haben Artikel 1 gekauft.\n");
    else   printf("Sie haben Artikel 2 gekauft.\n");
    return 0;
}
```

Als Ergebnis erhalten Sie folgende Aufforderung:

```
Geben Sie die Nummer der gewünschten Ware ein:
1  Seil                    68 Gold
2  Heiltrank              133 Gold
```

Je nachdem, welche Ware Sie beim Händler auswählen (durch Eingabe der Artikelnummer und Bestätigung mit ←), wird genau diese Artikelnummer am Schluss zur Bestätigung mit `printf` ausgegeben. Natürlich ist das noch stark verbesserungswürdig. Was ist zum Beispiel, wenn Sie mehr als zwei Artikel in der Liste haben? Oder geben Sie einmal eine 3 ein. Die Artikelnummer existiert nicht, und es wird doch angenommen, dass Sie Artikel 2 gewählt haben. Wie man dies löst, wird im weiteren Verlauf des Kapitels aufgezeigt.

Wenn Sie in einem `if` mit `else` mehrere Anweisungen benötigen, schreibt man das wieder mit Block. Diesmal aber mit zwei Blöcken, einem für die Anweisungen, die ausgeführt werden, wenn die Bedingung wahr ist, und einem für die Anweisungen, wenn die Bedingung nicht wahr ist.

```c
#include <stdio.h>

int main()
{
    int x = 0;
    printf("Geben Sie eine 1 oder 0 ein: ");
    scanf("%d", &x);
    if (x == 1)
    {
        printf("Ergebnis:\n");
        printf("x ist 1\n");
    }
    else
    {
        printf("Ergebnis:\n");
        printf("x ist nicht 1\n");
    }
    return 0;
}
```

Programmfluss in einem if mit else

Schachtelung

Ein if lässt sich auch in einem anderen if verschachteln.

Beim Schachteln ist zu bedenken, dass ein eventuell vorkommendes else immer zum letzten davor stehenden if gehört. Bei Unklarheiten sollten Sie darauf achten, immer mit geschweiften Klammern Blöcke zu bilden.

Hier ein Beispiel mit einer kleinen Menüsteuerung. Im ersten if wird erst einmal die Gültigkeit der Eingabe überprüft. Das heißt, wenn die Eingabe nicht korrekt ist, werden die beiden anderen if gar nicht mehr ausgeführt:

```c
#include <stdio.h>

int main()
{
    int auswahlGruppe = 0;
    int auswahlWare = 0;
    printf("Geben Sie die Nummer der Warengruppe ein: \n");
    printf("%-2d %-20s \n", 1, "Tränke");
    printf("%-2d %-20s \n", 2, "Waffen");
    scanf("%d", &auswahlGruppe);
    if ((auswahlGruppe > 0) && (auswahlGruppe < 3))
    {
        if (auswahlGruppe == 1)
        {
            printf("Wählen Sie einen Trank aus:\n");
            printf("%-2d %-20s %5d \n", 1, "Einfacher Heiltrank",
                    150);
            printf("%-2d %-20s %5d \n", 2, "Helgars Machttrank",
                    2500);
            scanf("%d", &auswahlWare);
            printf("Sie haben Zaubertrank %d gewählt\n",
                    auswahlWare);
        }
        if (auswahlGruppe == 2)
        {
            printf("Wählen Sie eine Waffe aus:\n");
            printf("%-2d %-20s %5d \n", 1, "Schartiges Schwert",
                    55);
            printf("%-2d %-20s %5d \n", 2, "Stumpfe Hellebarde",
                    80);
```

```
            scanf("%d", &auswahlWare);
            printf("Sie haben die Waffe %d gewählt\n", auswahlWare);
        }
    }
    else printf("Ungültige Auswahl!\n");
    return 0;
}
```

Das else gehört zum ersten if, was nur durch dessen Klammerung bis vor die Zeile des else sichtbar wird. Wenn Sie die Klammern des ersten if weglassen, funktioniert die Auswahl der Ware in diesem Beispiel nicht mehr richtig. Vergessen Sie daher bei Schachtelungen nicht, den Anweisungsteil eines if in einen Block mit geschweiften Klammern zu packen. Erst dadurch wird eindeutig klar, zu welchem if ein else gehört.

Dieses Beispiel bringt auch noch weitere Neuigkeiten.

Das if hat zwei Bedingungen, die mit einem doppelten &-Zeichen kombiniert wurden:

```
if ((auswahlGruppe > 0) && (auswahlGruppe < 3))
```

Die beiden Winkel sind die Operatoren für *größer als* (>) und *kleiner als* (<). Hier wird also nicht auf Gleichheit (==) geprüft, sondern ob der Wert kleiner oder größer als die als Konstante angegebene Zahl ist.

Die erste Bedingung bestimmt, dass der eingegebene Wert für die Warengruppe größer als Null sein muss. Die zweite Bedingung bestimmt, dass der Wert kleiner als drei sein muss. Beides ist sinnvoll, da in diesem Beispiel ja nur zwei Warengruppen zur Auswahl stehen.

Diese beiden Bedingungen werden mit einem && (doppelten &) kombiniert. Dieses Zeichen bedeutet *und*. Das heißt, dass beide Bedingungen zutreffen müssen, bevor das if ausgeführt wird. Geben Sie zum Beispiel eine 3 oder 0 ein, wenn das Programm läuft. Sie werden sehen, dass das if dann nicht ausgeführt wird, stattdessen wird der Anwender im else über die ungültige Auswahl informiert. Das Programm ist damit zwar noch immer nicht völlig gegen Fehleingaben gesichert, aber ein Anfang ist gemacht.

AUFGEPASST

Es gehört zu den Grundregeln des Programmierens, dass wirklich alle
Daten, die von außen kommen, auf ihre Gültigkeit überprüft werden müssen. Verlassen Sie sich niemals darauf, dass die Daten schon in Ordnung
sein werden. Das betrifft nicht nur Eingaben vom Anwender, sondern auch
Daten, die aus Dateien eingelesen werden oder die als Datenstrom, zum
Beispiel über das Internet, aufgenommen werden. Rechnen Sie immer mit
Fehlern. Lassen Sie jede Eingabe prüfen und fahren Sie erst fort mit der Bearbeitung, wenn die Daten gültige Werte enthalten. Programme, die dies
nicht tun, stellen ein Sicherheitsrisiko dar, vor allem wenn sie ständig laufen und über das Internet erreichbar sind. Ein böswilliger Anwender kann
über diese Nachlässigkeit eventuell Kontrolle über Ihr Programm und
damit auch über Ihren Rechner erlangen.

switch

Mit einem `if` können Sie immer nur zwischen zwei Zweigen wählen. Wenn Sie
mehr Alternativen brauchen, ist ein `switch` die richtige Wahl.

Ein `switch` verwendet dabei keine Bedingung wie ein `if`, um zu entscheiden, welcher Code ausgeführt wird, sondern einen ganzzahligen Wert oder Ausdruck.

Das sieht so aus:

```c
#include <stdio.h>

int main()
{
    int auswahl = 0;
    printf("Wählen Sie eine Zahl zwischen 1 und 5:\n");
    scanf("%d", &auswahl);
    switch (auswahl)
    {
        case 1: printf("Dauerregen\n"); break;
        case 2: printf("Nebel\n"); break;
        case 3: printf("Schauer\n"); break;
        case 4: printf("Sonne\n"); break;
        case 5: printf("Sturm\n"); break;
    }
    return 0;
}
```

Nach dem `switch` wird in der Klammer ein Ausdruck erwartet, welcher eine Ganz-zahl zurückliefert. Hier wird die Variable `auswahl` dafür verwendet:

```
switch (auswahl)
```

Danach folgt ein Block, in welchem für jeden möglichen Wert von `auswahl` eine sogenannte `case`-Marke steht, zum Beispiel:

```
case 1: printf("Dauerregen\n"); break;
```

Das `case` 1 bedeutet, dass der Code nach dem Doppelpunkt ausgeführt wird, wenn `auswahl` den Wert 1 enthält. Mit dem `break` am Schluss wird das `switch` dann verlassen.

Nach dem `case` muss also eine ganzzahlige Konstante stehen, ein Ausdruck, der eine ganze Zahl darstellt oder eine Zeichenkonstante, die ja auch als Ganzzahl interpretierbar ist.

Wenn Sie das Programm laufen lassen und eine Zahl eingeben, für die kein `case` vorhanden ist, wird keine der Anweisungen im `switch` ausgeführt. Das heißt, das `switch` wird komplett übersprungen, und kein Code darin wird ausgeführt.

Wenn Sie alle `break` weglassen, funktioniert das `switch` erst einmal genauso. Wenn Sie eine 2 eingeben, springt die Ausführung zum `case` 2, und die dortige Anweisung wird ausgeführt. Da dann aber kein `break` folgt, welches das `switch` beendet, werden nun auch alle anderen `case`-Marken ausgeführt. Sie sollten das `break` also nicht vergessen, wenn die Anweisungen der folgenden Marken nicht ausgeführt werden sollen.

So wie ein `else` für alle Fälle zuständig ist, die nicht im `if` behandelt wurden, so kann man auch bei einem `switch` eine Marke hinzufügen, welche sich um alle Fälle kümmert, die nicht schon zuvor in einer `case`-Marke abgefangen wurden. Dafür verwendet man die `default`-Marke. Diese Marke darf im Gegensatz zum `case` nur ein Mal vorkommen. Der Code dahinter wird nur ausgeführt, wenn keine der vori-gen `case`-Marken angesprungen wurden oder wenn kein `break` verwendet wurde.

Hier das Beispiel noch einmal mit `default`, welches in diesem Beispiel dafür sorgt, den Anwender über Fehleingaben zu informieren.

```
#include <stdio.h>

int main()
```

```
{
    int auswahl = 0;
    printf("Wählen Sie eine Zahl zwischen 1 und 5:\n");
    scanf("%d", &auswahl);
    switch (auswahl)
    {
        case 1: printf("Dauerregen\n"); break;
        case 2: printf("Nebel\n"); break;
        case 3: printf("Schauer\n"); break;
        case 4: printf("Sonne\n"); break;
        case 5: printf("Sturm\n"); break;
        default: printf("Falsche Eingabe\n");
    }
    return 0;
}
```

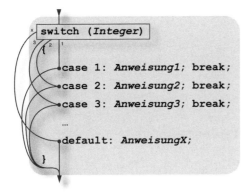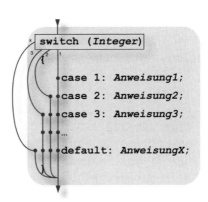

Programmfluss in einem switch mit und ohne break

Auch bei einem switch können Sie natürlich wieder Blöcke bilden, wenn Sie mehrere Anweisungen in einer Marke brauchen. Im folgenden Beispiel sehen Sie ein switch mit Blöcken:

```
switch (auswahl)
{
    case 1:
    {
        printf("Der Tag bringt:\n");
        printf("Dauerregen\n");
        break;
    }
```

```
    case 2:
    {
        printf("Der Tag bringt:\n");
        printf("Nebel\n");
        break;
    }
    case 3:
    {
        printf("Der Tag bringt:\n");
        printf("Schauer\n");
        break;
    }
    default: printf("Falsche Eingabe\n");
}
```

Sie können auch ein char für das switch verwenden und damit auch Zeichenkonstanten für die Auswahl heranziehen. Das eignet sich gut für Menüs.

```
#include <stdio.h>

int main()
{
    char auswahl = 0;
    printf("(G)asthaus\t(S)chmied\t(L)ehrer\n");
    scanf("%c", &auswahl);
    switch (auswahl)
    {
        case 'G': case 'g':
        {
            printf("Du betrittst das Gasthaus.\n");
            break;
        }
        case 'S': case 's':
        {
            printf("Du gehst zum Schmied.\n");
            break;
        }
        case 'L': case 'l':
        {
            printf("Du begibst dich zu deinem Lehrer.\n");
            break;
        }
```

```
        default: printf("Falsche Eingabe\n");
    }
    return 0;
}
```

Dieses Beispiel reagiert auf die Buchstaben G, S und L und zwar in Groß- und Kleinschreibung. Das wird dadurch erreicht, dass einfach mehrere case-Marken zusammengefasst werden:

```
case 'G': case 'g':
```

Nutzen Sie diese Technik, wenn unterschiedliche Eingaben denselben Code auslösen sollen. Sie sparen sich damit die Arbeit, den Code mehrfach schreiben zu müssen.

POWER

Alternativ können Sie auch die Eingabe des Anwenders mit der Funktion toupper in Großbuchstaben oder mit der Funktion tolower in Kleinbuchstaben umwandeln. Diese Funktionen stammt aus der Bibliothek ctype.h (siehe man:ctype.3 und man:toupper.3/tolower.3). Beide Funktionen erwarten ein int als Argument.

Hier das Beispiel mit toupper:

```
#include <stdio.h>
#include <ctype.h>

int main()
{
char auswahl = 0;
printf("(G)asthaus\t(S)chmied\t(L)ehrer\n");
scanf("%c", &auswahl);
auswahl = toupper((int)auswahl);
switch (auswahl)
{
    case 'G': printf("Du betrittst das Gasthaus.\n"); break;
    case 'S': printf("Du gehst zum Schmied.\n"); break;
    case 'L': printf("Du begibst dich zu deinem Lehrer.\n");
    break;
    default: printf("Falsche Eingabe\n");
}
return 0;
}
```

Schleifen

Mit if und switch stehen Ihnen schon zwei sehr mächtige Kontrollstrukturen zur Verfügung. Mit beiden können Sie bestimmen, welcher Code ausgeführt werden soll und welcher nicht. Was jedoch fehlt, sind Schleifen. Das wird bereits daran erkennbar, dass alle bisher geschriebenen Beispiele sich nach Verwendung sofort beenden. Das Programm endet, sobald es einmal benutzt wird. Für jede Verwendung muss man also das Programm neu starten. Da wäre es doch praktischer, wenn das Programm gleich geöffnet bliebe und auf weitere Eingaben wartete, und zwar so lange, bis man dem Programm den Befehl gibt, sich zu beenden.

Für diesen Zweck, und für viele weitere, gibt es das Konzept der Schleifen in den Programmiersprachen.

Eine Schleife erlaubt es, beliebigen Code beliebig oft zu wiederholen. Wie oft, wird wieder von einer Bedingung abhängig gemacht, der sogenannten *Laufbedingung*.

C kennt drei unterschiedliche Schleifentypen, die do-while-Schleife, die while-Schleife und die for-Schleife.

HILFE

Sollten Sie bei einer Schleife aus Versehen eine Laufbedingung verwendet haben, die niemals unwahr werden kann, wird Ihr Programm in einer Endlosschleife festhängen. Sie erkennen das meist daran, dass der Text im Nachrichtenfenster der Lightweight IDE nach oben wegrattert, und damit auch nicht aufhört, und dass sich kontinuierlich ein Zahnrad in dessen Titelleiste dreht. Die Lighweight IDE reagiert dann unter Umständen nicht mehr auf weitere Befehle.

Die Lösung: Drücken Sie die Tastenkombination Befehlstaste und Punkt (⌘-.). Damit können Sie den Prozess abbrechen und zur IDE zurückkehren und weiterarbeiten. Ändern Sie vor einem erneuten Versuch aber erst die Laufbedingung, um nicht erneut in einer Endlosschleife zu landen.

---

do-while

Eine do-while-Schleife sieht so aus:

```
#include <stdio.h>
#include <ctype.h>
```

```
int main()
{
    char auswahl = 0;
    do
    {
        printf("(B)eenden\t(G)asthaus\t(S)chmied\t(L)ehrer\n");
        scanf(" %c", &auswahl);
        auswahl = toupper((int)auswahl);
    }
    while (auswahl != 'B');
    return 0;
}
```

AUFGEPASST

Beachten Sie bitte das Leerzeichen vor %c. Ohne dieses erhalten Sie die Menüausgabe doppelt, da ein printf in einer Schleife den Eingabestrom dort weiterliest, wo es zuletzt aufgehört hat. Damit wird dann auch die Eingabetaste (↵) ausgewertet. Sie können das leicht feststellen, wenn Sie die Leerstelle im Code weglassen und nur ↵ bei der Menüwahl drücken. Das Menü erscheint dadurch ebenfalls erneut.

Ein Leerzeichen in einem scanf dient als Platzhalter für eine beliebige Anzahl nicht druckbarer Zeichen, inklusive dem Fehlen eines solchen (siehe man:scanf.3).

Die Struktur eines do-while ist:

do *Anweisungen* while *(Bedingung)*;

Was geschieht hier?

Der Code im Block nach dem do wird so oft ausgeführt, bis die Bedingung hinter dem while wahr geworden ist. Der Code in diesem Block wird dabei ganz normal von oben nach unten abgearbeitet. Wenn die letzte Codezeile im do-Block erreicht wurde, wird die Laufbedingung nach dem while geprüft. Ist diese erfüllt, geht es wieder mit der ersten Codezeile im do-Block weiter. Es wird also im Code zurückgesprungen. Das geht dann so weiter, bis die Bedingung nach dem while wahr geworden ist. Das Programm dreht sich hier also im Kreis.

Kleinbuchstaben werden in diesem Beispiel wieder mit toupper in Großbuchstaben umgewandelt.

Als Bedingung wird ein neuer Operator verwendet. Der Operator != ist das Gegenteil des Gleichheitsoperators == und bedeutet *Ungleich*. Das Programm läuft damit so lange weiter, wie nicht der Buchstabe B eingeben wird. Anders ausgedrückt: Das Programm lässt sich nur mit Eingabe von b oder B beenden und bleibt damit so lange geöffnet, wie Sie wollen.

Programmfluss in einer do-while-Schleife

Das Besondere an der do-while-Schleife ist, dass die Bedingung für die Fortführung der Schleife am Ende der Schleife vorgenommen wird. Das nennt man eine *fußgesteuerte Schleife* oder auch *durchlaufende Schleife,* weil die Schleife ohne Prüfung betreten wird, also das erste Mal durchläuft. Diese Art von Schleifen hat damit die Eigenschaft, mindestens ein Mal ausgeführt zu werden. Erst nachdem der Code im Schleifenblock ein Mal ausgeführt wurde, kommt es am Ende der Schleife zur Überprüfung der Laufbedingung. Ist die Bedingung wahr, wird die Schleife fortgeführt, das heißt, es wird wieder die erste Zeile Code im Schleifenblock ausgeführt. In diesem Beispiel wird dann das Menü erneut angezeigt. Erst wenn die Laufbedingung unwahr ist, wird die Schleife beendet, und das Programm fährt mit dem Code nach der Schleife fort. Eine do-while-Schleife eignet sich damit vor allem für Code, der mindestens ein Mal ausgeführt werden muss, wie zum Beispiel in einem Menü.

Hier dasselbe Beispiel noch einmal, aber etwas erweitert und mit Eingabeüberprüfung. Sie sehen an diesem Beispiel auch, wie sich unterschiedliche Kontrollstrukturen (Schleife, if, switch) miteinander kombinieren lassen.

```c
#include <stdio.h>
#include <ctype.h>

int main()
{
    char auswahl = 0;
    do
```

```
    {
        printf("Willkommen in Kreuzbach\n");
        printf("Wohin möchtest Du gehen?\n");
        printf("(B)eenden\t(G)asthaus\t(S)chmied\t(L)ehrer\n");
        scanf(" %c", &auswahl);
        auswahl = toupper((int)auswahl);
        if ((auswahl != 'B') && (auswahl != 'G') &&
                (auswahl != 'S') && (auswahl != 'L'))
            printf("Fehlerhafte Eingabe\n");
        else
        {
            switch (auswahl)
            {
                case 'G': printf("Du betrittst das Gasthaus.\n");
                break;
                case 'S': printf("Du gehst zum Schmied.\n");
                break;
                case 'L': printf("Du gehst zu deinem Lehrer.\n");
                break;
                case 'B': printf("Programm wird beendet …\n");
                break;
                default: printf("Falsche Eingabe\n"); break;
            }
        }
    }
    while (auswahl != 'B');
    return 0;
}
```

Achten Sie bei Kombinationen mit if und switch darauf, den Code sauber in Blöcke zu packen und darin entsprechend mit der Tabulatortaste (➡I) einzurücken, ansonsten verliert man schnell den Überblick darüber, wo eine Kontrollstruktur anfängt oder endet.

while

Die while-Schleife stellt das Gegenstück zur do-Schleife dar. Das heißt, bei der while-Scheife wird die Bedingung geprüft, bevor die Schleife ausgeführt wird. Die while-Schleife ist damit *kopfgesteuert*, und es kann vorkommen, dass die Schleife überhaupt nicht ausgeführt wird, nämlich dann, wenn die Bedingung schon beim Betreten der Schleife nicht zutrifft.

Eine einfache while-Schleife sieht so aus:

```
#include <stdio.h>

int main()
{
    int zaehler = 0;
    while (zaehler < 10)
    {
        printf("%d\n", zaehler);
        zaehler += 1;
    }
    return 0;
}
```

Dieser Code macht nichts weiter, als die Zahlen 1 bis 9 durchzuzählen und jeweils auf einer eigenen Zeile auszugeben.

Die Syntax einer while-Schleife lautet damit:

while (*Bedingung*) *Anweisungen;*

In diesem Beispiel wird in der Schleife die Variable zaehler mit jedem Durchgang um eins erhöht:

```
zaehler += 1;
```

Sie erinnern sich sicher daran, dies ist eine Kurzschreibweise von:

```
zaehler = zaehler + 1
```

Mit dieser Variablen wissen Sie immer genau Bescheid, wie oft die Schleife durchlaufen wurde. Man nennt solch eine Variable, die zum Zählen der Durchläufe einer Schleife verwendet wird, auch »Schleifenvariable« oder »Zählvariable«.

Die Variable zaehler ist in diesem einfachen Beispiel das Einzige, was sich bei jedem Durchlauf der Schleife ändert. Damit ist diese Variable auch das einzig mögliche Kriterium für die Laufbedingung. Hier wird gesagt, dass die Schleife fortgeführt werden soll, solange die Variable zaehler kleiner als 10 ist.

Bei jeder Schleife ist darauf zu achten, dass in ihr auch etwas passiert, was irgendwann zum Nicht-Erfüllen der Laufbedingung führt. Oft verwendet man dafür eine

Variable, die als Zähler dient, wie in diesem Beispiel. Die Zählvariable wird vor der Schleife definiert und mit 0 initialisiert. In der Schleife wird die Zählvariable dann in jeder Runde um eins erhöht.

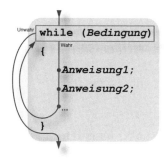

Programmfluss in einer while-Schleife

Hier noch ein weiteres Beispiel, ein Währungsrechner mit drei while-Schleifen und einem switch:

```c
#include <stdio.h>

int main()
{
    int eingabe = 0;
    float kurs = 1.83;
    char auswahl = 0;
    while (auswahl != 'b')
    {
        printf("\n        WECHSELSTUBE\n");
        printf("------------------------------\n");
        printf("Stromtaler : Venusischer Beutel\n");
        printf("%13s%.2f\n\n", "1 : ", kurs);
        printf("(s) für Wechsel ST$ -> VB$\n");
        printf("(v) für Wechsel VB$ -> ST$\n");
        printf("(b) Beenden\n\n");
        scanf(" %c", &auswahl);
        switch (auswahl)
        {
            case 's':
            {
                printf("Wieviel ST$ möchten Sie wechseln?\n");
                scanf(" %d", &eingabe);
                printf("\nSie erhalten %.0f VB$\n\n", eingabe *
                        kurs);
```

```
        printf("(w)eiter...\n");
        while (auswahl != 'w') scanf(" %c", &auswahl);
        break;
    }
    case 'v':
    {
        printf("Wieviel VB$ möchten Sie wechseln?\n");
        scanf(" %d", &eingabe);
        printf("\nSie erhalten %.0f ST$\n", eingabe /
                kurs);
        printf("(w)eiter...\n");
        while (auswahl != 'w') scanf(" %c", &auswahl);
        break;
    }
    case 'b': printf("Sie verlassen die Wechselstube
            \n\n"); break;
    default: printf("Falsche Eingabe!\n\n");
    }


}
    return 0;
}
```

Als Ergebnis erhalten Sie den Währungsrechner aus folgender Abbildung, in welchem gerade 350 Stromtaler in Venusische Beutel umgetauscht wurden. Natürlich können Sie diesen Rechner auch für reale Währungen verwenden.

Beachten Sie die zwei kleinen einzeiligen while-Schleifen. Sie bewirken, dass das Programm an dieser Stelle erst fortfährt, wenn Sie ein w für *Weiter* eingegeben haben. Damit wird die Ausgabe des Programms an dieser Stelle angehalten, damit erst einmal das Ergebnis des Geldwechsels angezeigt werden kann. Mit einem w geht es dann weiter zur erneuten Menüanzeige. Beendet wird das Programm mit b.

Ein kleiner Währungsrechner

for

Die for-Schleife verhält sich in allen Details genauso wie eine while-Schleife. Der einzige Unterschied ist, dass sich im Schleifenkopf nicht nur die Laufbedingung befindet, sondern auch noch zwei weitere nützliche Ausdrücke. Der Schleifenkopf sieht so aus:

for (*Initialisierung*; *Bedingung*; *Inkrement*)

An der ersten Stelle in der Klammer ist Platz zur Initialisierung von Variablen, zum Beispiel für eine Zählvariable. Dies wird nur genau ein Mal ausgeführt, nämlich zu Beginn der Schleife.

An die zweite Stelle gehört die Laufbedingung. Diese wird, wie bei der while-Schleife, vor jeder neuen Runde geprüft, um festzustellen, ob die Schleife beendet werden muss.

An der dritten Stelle ist Platz zur Veränderung von Variablen, zum Beispiel, um die Schleifenvariable um eins zu erhöhen. Das geschieht jeweils am Ende der Schleife, vor der erneuten Prüfung der Laufbedingung.

Alle drei Bestandteile sind optional, können also auch weggelassen werden. Nur das Semikolon bleibt dann stehen. Zumindest die Laufbedingung werden Sie jedoch benötigen, sonst erhalten Sie nämlich eine Endlosschleife.

Hier ein Kurzbeispiel:

```c
#include <stdio.h>

int main()
{
    int zaehler;
    for (zaehler = 0; zaehler < 10; zaehler += 1)
    {
        printf("%d\n", zaehler);
    }
    return 0;
}
```

Sie erkennen dieses einfache Beispiel sicher wieder. Es wurde schon bei der while-Schleife einige Seiten zuvor verwendet. Es gibt die Zahlen 0 bis 9 aus.

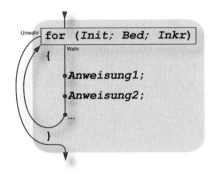

Programmfluss in einer for-Schleife

Eine for-Schleife ist letztlich nichts anderes als eine while-Schleife. Der einzige Unterschied ist der Schleifenkopf, der Ihnen eine Extrazeile im Zeilenrumpf erspart. Jetzt wird die Zählvariable nämlich im Schleifenkopf erhöht.

Zu allererst aber, bevor es mit der Schleife losgeht, wird im Schleifenkopf der *Init*-Teil ausgeführt, in diesem Beispiel wird die Variable zaehler auf 0 gesetzt. Das geschieht nur ein einziges Mal, nämlich zu Beginn der Schleife.

Danach wird die Laufbedingung geprüft. Um die Schleife zu betreten, muss in diesem Fall die Variable zaehler kleiner als 10 sein. Wenn das der Fall ist, legt die Schleife los und führt die Anweisungen im Schleifenblock aus, hier das printf.

Danach ist der erste Durchgang beendet, und die Variable zaehler wird um eins erhöht, **bevor** die Laufbedingung erneut geprüft wird.

Hier ein zweites Beispiel, welches die Zahlen 1 bis 100 in Tabellenform ausgibt.

```c
#include <stdio.h>

int main()
{
    int zaehler;
    for (zaehler = 1; zaehler < 101; zaehler += 1)
    {
        printf("%d\t", zaehler);
        if ((zaehler % 10) == 0) printf("\n");
    }
    return 0;
}
```

TIPP

In diesem Beispiel wird der %-Operator verwendet. Das ist ein weiterer arithmetischer Operator von C, er wird für die sogenannte *Division mit Rest* verwendet. Wenn 29 / 10 als Ergebnis 2.9 hat, dann ergibt 29 % 10 die Zahl 9, da das der Betrag ist, der nicht mehr durch zehn teilbar ist. Wenn das Ergebnis also null ist, lässt sich der Wert mit % exakt durch zehn teilen und es bleibt kein Rest übrig. Damit ist eine Zehnerreihe voll, und es wird ein Zeilenumbruch eingefügt.

Falls es einmal nötig sein sollte: Sie können im Schleifenkopf auch mehrere Variablen initialisieren und hochzählen. Und natürlich muss die Inkrementation nicht immer um eins erfolgen. Sie müssen die einzelnen Ausdrücke nur mit Komma voneinander trennen:

```c
#include <stdio.h>

int main()
{
    int x, y;
    for (x = 2, y = 1; x < 13; x += 2, y *= 2)
    {
        printf("%d mal %d = %d\n", x, y, x * y);
    }
    return 0;
}
```

Beachten Sie hier den Operator *= im Inkrementationsteil des Schleifenkopfs. Er macht dasselbe wie das += (nur mit Multiplikation statt mit Addition) und ist damit eine Kurzschreibweise von:

```c
y = y * 2
```

Als Ergebnis erhalten Sie folgende Multiplikationstabelle:

```
2 mal 1 = 2
4 mal 2 = 8
6 mal 4 = 24
8 mal 8 = 64
10 mal 16 = 160
12 mal 32 = 384
```

Die for-Schleife ist immer dann von Vorteil, wenn Sie einen Zähler oder Index benötigen. Ansonsten ist eine while-Schleife einfacher zu schreiben und zu handhaben.

Intermezzo: schrittweises Ausführen im Debugger

Bei Kontrollstrukturen jeder Art spielt ein bestimmtes Programm in professionellen Entwicklungsumgebungen eine wichtige Rolle. Der sogenannte *Debugger,* mit dem sich Code zur Laufzeit genauer untersuchen lässt. Mit einem Debugger können Sie den Weg, den Ihr Code im Programm nimmt, sogar Schritt für Schritt mitverfolgen und beobachten, wie sich die Variablen verändern.

Gehen Sie folgendermaßen vor, um Code im Debugger schrittweise auszuführen:

1. Öffnen Sie das vorige Codebeispiel mit der for-Schleife noch einmal, falls es nicht noch geöffnet ist.

2. Suchen Sie die Zeile mit dem for-Schleifenkopf und klicken Sie links vor der Zeile in den grauen Randbereich des Fensters. Ein kleines schwarzes Quadrat erscheint (siehe Abbildung).

Damit haben Sie einen sogenannten *Breakpoint* gesetzt. Da Entwicklungsumgebungen meist nur in englischer Sprache vorliegen, verwendet man auch im deutschsprachigen Raum bei Entwicklern fast nur den englischen Begriff *Breakpoint,* auch wenn man den deutschen Begriff *Haltepunkt* dafür verwenden könnte.

An diesem Punkt wird das Programm angehalten, wenn Sie es im Debugger laufen lassen.

GRUNDLAGEN

Bei dem Debugger handelt es sich um den freien GNU-Debugger GDB. Weitere Informationen zu ihm finden Sie unter man:gdb oder, besser noch, im ausführlichen Handbuch auf Apples Entwicklerseiten unter folgendem Link:

http://developer.apple.com/mac/library/documentation/Developer-Tools/gdb/gdb/gdb_toc.html

3. Nachdem Sie im vorigen Schritt einen Breakpunkt gesetzt haben, wählen Sie nun über das Menü *Run* den Eintrag *Show Light Bugs*.

Ein neues Fenster mit dem Namen *LightBugs* öffnet sich.

4. Klicken Sie im Fenster *LightBugs* auf den Reiter *Variables*, falls der Reiter nicht schon aktiv ist.

5. Wählen Sie nun den Menüpunkt *Run | Run in Debugger*.

Das Programm startet, nur um gleich darauf an der Stelle, an der Sie den Breakpoint gesetzt haben, zu stoppen. Die Stelle, an der sich der Debugger gerade im Code befindet, wird durch einen kleinen nach rechts weisenden Pfeil im linken Fensterrand angezeigt. Wenn der Pfeil gerade über dem Quadrat des Breakpoints steht, ist er aber nicht voll sichtbar.

6. Wählen Sie im *Run*-Menü den Eintrag *Step into*.

Der Pfeil im Fensterrand springt auf die nächste Anweisung im Code (auf die Zeile mit dem `printf`), und im Reiter *Variables* von *LightBugs* erscheinen die Variablen, die eine Zeile zuvor im Schleifenkopf initialisiert wurden, mit ihrem aktuellen Inhalt.

7. Rufen Sie nun immer weiter *Run | Step into* auf und beobachten Sie, wie sich nach jedem Schleifendurchlauf der Wert der Variablen im Fenster *LightBugs* verändert. Nach dem zehnten Durchlauf wird die Schleife, und kurz darauf auch das Programm, beendet.

> **TIPP**
>
> Merken Sie sich das Tastaturkürzel ⌘ - ⇢ für *Step into*, damit kommen Sie schneller voran. Die gültigen Tastenkürzel werden in den Menüs angezeigt.

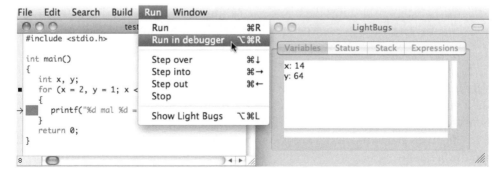

Der Debugger in der Lightweight IDE

HILFE

Wenn Sie das Programm später durchlaufen lassen wollen – stellen Sie sich vor, es werden Tausende von Schleifendurchgängen vorgenommen, die möchte man nicht wirklich alle mit *Step into* durchgehen – dann rufen Sie einfach Menü *Run | Run* auf, um das Programm ohne Unterbrechung laufen zu lassen.

Wenn Sie in Notsituationen mitten im Programm abbrechen müssen, so verwenden Sie wieder das bekannte Tastaturkürzel ⌘ - . (die Befehlstaste und den Punkt).

Die anderen Step-Befehle im *Run*-Menü haben folgende Wirkung:

- Mit *Step over* können Sie den Sprung in andere Funktionen vermeiden. Wenn sich diese Funktionen in anderen Dateien befinden, werden diese nämlich sogar geöffnet. Je nachdem, wie viele Funktionen Sie in dem zu untersuchenden Block vorfinden, kann das eventuell stören und unnötig viel Zeit kosten, zumal wenn Sie sicher sind, dass diese alle sauber arbeiten. Wählen Sie dann bitte den Befehl *Step over* in der Zeile mit dem Funktionsaufruf.

- Mit *Step out* können Sie aus einer Funktion wieder herausspringen, falls Sie sich darin verloren haben oder gefunden haben, was Sie suchen.

- Mit dem Befehl *Stop* im *Run*-Menü können Sie den Debugger GDB beenden, was aber bei mir in der Version 0.8.6 keine Wirkung zeigt. Falls es in der aktuellen Version nicht schon behoben ist, hilft Folgendes: Tippen Sie im Nachrichtenfenster (welches die Statusmeldungen von GDB anzeigt) den Befehl quit auf der Tastatur ein und bestätigen Sie mit ↵. Der Debugger wird beendet.

AUFGEPASST

Beachten Sie bitte, das LightBugs in der Lightweight IDE zum Teil noch eine Baustelle ist, zumindest zu dem Zeitpunkt, in dem ich diese Zeilen schreibe. Es sind also eventuell noch nicht alle Funktionen implementiert.

Verwenden Sie den Debugger immer dann, wenn Sie einem Fehler im Programmfluss auf die Schliche kommen wollen. Mit dem Durchlaufen des Programms in Schritten können Sie den Programmfluss Zeile für Zeile durchgehen und so sehen, was eigentlich genau passiert. Damit kommen Sie den eigenen Denkfehlern schnell auf die Schliche.

break

Das break haben Sie schon im switch kennengelernt. Seine Funktion ist der Abbruch des switch. An der Stelle, an der ein break im switch auftritt, wird das switch sofort beendet. Der Code fährt mit den Anweisungen nach dem switch fort.

Neben dem switch können Sie ein break aber auch noch in einer Schleife verwenden.

Seine Funktion ist dort genau dieselbe. Sobald in der Schleife ein break ausgeführt wird, wird die Schleife verlassen. Wenn Sie einfach so ein break in eine Schleife eintippen, wird die Schleife aber natürlich an dieser Stelle sofort abgebrochen und damit nie mehrmals ausgeführt werden.

Aus diesem Grund ist ein break in einer Schleife üblicherweise mit einem if an eine Bedingung gekoppelt. Nur wenn diese Bedingung zutrifft, wird das break ausgeführt. Hier ein Beispiel:

```c
#include <stdio.h>

int main()
{
    int zaehler;
    for (zaehler = 0; ; zaehler += 1)
    {
        printf("%d\n", zaehler);
        if (zaehler == 10) break;
    }
    return 0;
}
```

Diese for-Schleife hat keine Laufbedingung und wird damit ewig weiterlaufen, wenn da nicht das break in der Schleife wäre, welches dafür sorgt, dass die Schleife nach zehn Durchläufen abgebrochen wird.

> **TIPP**
>
> Ein einzelnes Semikolon ohne jeglichen weiteren Code kennzeichnet in C eine Leeranweisung. Diese Anweisung tut nichts. Solch eine leere Anweisung kann in dem einen oder anderen Fall auch in einem `if` oder `switch` nützlich sein. Zum Beispiel wenn Sie den Code für einen Zweig noch nicht geschrieben haben, den anderen Zweig mit vollständigem Code aber schon testen wollen. Dann können Sie einfach eine leere Anweisung, also ein einzelnes Semikolon, in den bisher leeren Zweig (`if`, `else`, oder `case`-Marke) setzen, damit es keine Probleme bei der Ausführung gibt.

Aber Sie merken sicher schon: Statt `break` kann man in diesem Beispiel auch gleich die Laufbedingung für den Abbruch verwenden. Dafür ist diese schließlich da. In obigem Beispiel muss man nur die Abbruchbedingung in dem `if` gegen eine Laufbedingung im Schleifenkopf austauschen:

```
#include <stdio.h>

int main()
{
    int zaehler;
    for (zaehler = 0; zaehler < 11; zaehler += 1)
    {
        printf("%d\n", zaehler);
    }
    return 0;
}
```

Das heißt im Klartext: Verwenden Sie ein `break` in einer Schleife wirklich nur dort, wo es unbedingt sein muss. Meist kann eine Schleife durch einen Umbau auch ohne `break` geschrieben werden.

continue

Ein `continue` kann nur in einer Schleife verwendet werden und verhält sich ähnlich wie ein `break`. Der Unterschied besteht darin, dass, sobald Sie in einer Schleife einem `continue` begegnen, nur der aktuelle Durchgang in der Schleife abgebrochen wird. Der Code nach dem `continue` wird übersprungen, und der Schleifenkopf oder -fuß wird zur erneuten Prüfung angesprungen:

```
#include <stdio.h>

int main()
{
    int zaehler;
    for (zaehler = 0; zaehler < 101; zaehler += 1)
    {
        if ((zaehler % 2) != 0) continue;
        printf("%d\n", zaehler);
    }
    return 0;
}
```

Diese Schleife gibt alle geraden Zahlen von 1 bis 100 aus. Das wird einfach dadurch erreicht, dass bei ungeraden Zahlen (hier ermittelt mit dem Modulo-Operator %) mit continue direkt wieder in den Schleifenkopf gesprungen wird. Dadurch wird bei den ungeraden Zahlen das printf nicht ausgeführt.

Doch auch hier merken Sie sicher, dass das continue nicht wirklich notwendig ist. Sie können das viel einfacher lösen, wenn Sie die Prüfung in der if-Anweisung auf den Gleichheitsoperator abändern und dann das printf vom if ausführen lassen:

```
#include <stdio.h>

int main()
{
    int zaehler;
    for (zaehler = 0; zaehler < 101; zaehler += 1)
    {
        if ((zaehler % 2) == 0) printf("%d\n", zaehler);
    }
    return 0;
}
```

Beachten Sie also, dass ein continue selten wirklich notwendig ist. Oft kann man durch Umbau der Schleife auch darauf verzichten. Ein continue macht eine Schleife schwerer verstehbar. Sie sollten es daher nur dort verwenden, wo es wirklich nicht anders geht.

return

Auch das return, welches ja eine Funktion beendet, gehört zu den Kontrollstrukturen. Tritt das return in der Funktion mit dem Namen main auf, beendet es auch das Programm, in anderen Funktionen wird die Kontrolle damit nur an die aufrufende Funktion zurückgegeben. Alternativ kann dem return auch ein Wert angefügt werden, der sogenannte *Rückgabewert*.

In der Funktion main signalisiert ein Rückgabewert von 0 auf Unix-Systemen, dass das Programm ohne Fehler beendet wird. Funktionen und ihre Rückgabewerte werden im Kapitel 12 ausführlich behandelt.

goto

Eine weitere Kontrollstruktur, das goto, behandle ich hier nicht. Es handelt sich dabei um eine Kontrollstruktur, die ihren Ursprung in Programmiersprachen vor C hatte, am bekanntesten davon sicher das alte Basic. Von der Verwendung des goto rät heute jeder dringend ab. Es verleitet zu einem schlechten Stil und zu Spagetthicode. Außerdem sind damit Modularität und Wiederverwendbarkeit des Codes nicht zu verwirklichen.

Operatoren

Operatoren stellen die grundlegenden Befehle in einer Programmiersprache dar. Man verwendet sie zum Rechnen, Vergleichen, Zuweisen,
Verschieben und für andere Aufgaben. Die Liste der Operatoren ist relativ klein und übersichtlich gehalten. Darüber hinausgehende Funktionalität ist in Funktionen der Standard C Library zu finden.
Man unterscheidet zwischen Arithmetischen Operatoren, Zuweisungsoperatoren, Inkrement- und Dekrement-Operatoren, Vergleichsoperatoren, Logischen Operatoren, Bit-Operatoren, Speicherzugriffsoperatoren
und Sonstigen Operatoren.

Arithmetische Operatoren

Die Arithmetischen Operatoren haben Sie bereits kennengelernt. Es handelt sich um die vier Grundrechenarten, das Modulo und die Vorzeichen Plus und Minus, entsprechend folgender Tabelle.

Operator	Name	Art	Beispiel	Ergebnis	Operanden	Auswertung
+	Vorzeichen +	Unär	+23	23	Beliebig	von rechts
-	Vorzeichen -	Unär	-23	-23	Beliebig	von rechts
*	Multiplikation	Binär	23 * 5	115	Beliebig	von links
/	Division	Binär	23 / 5	4	Beliebig	von links
%	Modulo	Binär	23 % 5	3	Ganzzahlen	von links
+	Addition	Binär	23 + 5	28	Beliebig	von links
-	Subtraktion	Binär	23 - 5	18	Beliebig	von links

»Binär« bedeutet dabei, dass dieser Operator zwei Operanden benötigt, nämlich links und rechts von ihm:

```
int x = 12 + 3;
```

»Unär« bedeutet, dass nur ein Operand benötigt wird. Die beiden unären Operatoren + und - werden zur Kennzeichnung von positiven und negativen Werten verwendet und stehen immer direkt vor dem einzigen Operanden. Unbedingt erforderlich ist dabei nur die Kennzeichnung von negativen Werten, zum Beispiel bei Konstanten, da Konstanten ohne Vorzeichen immer als positiv interpretiert werden:

```
int x = -134;
```

Der Modulo-Operator kann nur mit ganzzahligen Operanden angewendet werden. Alle anderen Operatoren können Kommazahlen wie Ganzzahlen verwenden.

Operator und Operanden zusammen bezeichnet man als *Ausdruck*. Jeder Ausdruck, wie zum Beispiel 12 + 3 hat ein Ergebnis, welches in einem bestimmten Typ zurückgeliefert wird. Ist bei den binären Operatoren einer der Operanden eine Kommazahl, so ist das Ergebnis ebenfalls eine Kommazahl. Sind beide Operanden Ganzzahlen, ist das Ergebnis ebenfalls eine Ganzzahl. Das gilt auch für die Division!

Ob das Ergebnis dann ein `int` oder `long`, `float` oder `double` ist, hängt von der Größe der Operanden ab. Bei Bedarf wird automatisch in größere Typen umgewandelt.

AUFGEPASST

Die Tatsache, dass eine Division mit zwei Ganzzahlen ebenfalls eine Ganzzahl ergibt, bedeutet, dass der Rest einer solchen Division verworfen wird. Wenn Sie also eine ganz normale Division mit Rest durchführen wollen, müssen Sie darauf achten, dass mindestens einer der Operanden als Kommazahl angegeben ist:

```
float x;
x = 23 / 5;     // ergibt 4.0
x = 23 / 5.0;   // ergibt 4.6
```

Wenn Sie mehrere Operatoren kombinieren, gilt folgende Rangfolge bei der Berechnung:

1. `+` und `-` als Vorzeichen

2. `*`, `/` und `%`

3. `+` und `-`

Bei gleicher Rangfolge wird dabei von links nach rechts ausgewertet mit Ausnahme der unären Operatoren, die von rechts nach links ausgewertet werden.

Beachten Sie auch die Gesamttabelle der Operatorrangfolgen im Anhang.

Um eine andere Reihenfolge zu erzwingen, setzt man Klammern. Der geklammerte Ausdruck wird immer zuerst ausgewertet. Bei mehreren ineinander verschachtelten Klammern dabei stets von innen nach außen.

Folgende Berechnung ergibt zum Beispiel 23, weil 5 mal 3 zuerst berechnet wird:

```
x = 8 + 5 * 3;
```

Möchten Sie aber zuerst addieren, müssen Sie die Addition klammern, damit sie zuerst ausgeführt wird:

```
x = (8 + 5) * 3;
```

Nun erhält x die 39.

Brauchen Sie weitergehende mathematische Funktionalität, so finden Sie diese in der Bibliothek *math.h* der Standard C Library. Siehe man:math. Vor deren Verwendung müssen Sie natürlich diese Bibliothek auch mit include einbinden, wie in folgendem Beispiel, in welchem die Funktion sqrt verwendet wird, um die Wurzel von 10 zu ermitteln.

```
#include <stdio.h>
#include <math.h>

int main()
{
    double x = sqrt(10);
    printf("%f", x);
    return 0;
}
```

Zuweisungsoperatoren

Auch Zuweisungsoperatoren haben Sie bereits kennengelernt. Der einfachste dieser Operatoren ist das Gleichheitszeichen. Zuweisungsoperatoren dienen dazu, einer Variablen einen Wert zuzuweisen.

```
int x = 0;
```

Der Operand rechts des Zuweisungsoperators wird dabei dem Operanden links des Operators zugewiesen. Dementsprechend ergibt sich, dass auf der linken Seite auch ein Operand stehen muss, der etwas aufnehmen kann, also zum Beispiel eine Variable vom gewünschten Typ.

Auf der rechten Seite kann hingegen jede Art von Ausdruck stehen, zum Beispiel eine Addition, die wiederum ihren eigenen Operator mit zwei Operanden mitbringt. Wichtig ist nur, dass der Typ des Ergebnisses dieses Ausdrucks zum Typ der Variablen auf der linken Seite passt.

```
int y;
y = 8 + 5;
```

Zuweisungsoperatoren haben eine sehr niedrige Rangfolge bei den Operatoren, so dass etwaige Ausdrücke auf der rechten Seite immer vor der Zuweisung berechnet werden.

Falls mehrere Zuweisungsoperatoren verwendet werden, so wird mit der Auswertung von rechts nach links vorgegangen.

```
x = y = 3 * 5;
```

Hier wird zuerst 3 * 5 berechnet und das Ergebnis dann y zugewiesen. Danach wird der Wert von y der Variablen x zugewiesen.

POWER

Man kann eine Variable bei der Definition auch mit dem *Typ-Qualifizierer* const als eine Konstante definieren. Solch eine Variable kann dann später nicht mehr verändert werden. Daraus folgt, dass solch einer Variablen schon bei der Definition ein Wert zugewiesen werden muss. Bei dem Versuch, später einen Wert zuzuweisen, beißt sich jeder Zuweisungsoperator die Zähne aus:

```
const int a = 3;
a = a * 3 // Fehler: assignment of read-only variable 'a'
```

Solche selbst definierten Konstanten eignen sich daher prima für Werte, die sich im Laufe des Programms nicht mehr ändern dürfen.

Neben const gibt es auch noch die Typ-Qualifizierer volatile und register, die aber nicht weiter Thema dieses Buches sind, da deren Einsatzgebiet sehr fortgeschrittener Natur ist.

Eigentlich würde man mit einem einzigen Zuweisungsoperator auskommen. Da C-Programmierer aber sehr schreibfaul sind, hat man noch einige zusammengesetzte Zuweisungsoperatoren geschaffen. Von diesen sind Sie bereits += und *= begegnet. Diese Art von Operatoren stellt eine Abkürzung der Selbstzuweisung dar.

Um zum Beispiel der Variablen x die Zahl 2 hinzuzuaddieren, muss man mit dem einfachen Zuweisungsoperator so vorgehen:

```
int x = 3;
x = x + 2;
```

Nach dieser Zuweisung hat x den Wert 5. Die 2 wurde zum Wert in x addiert.

Kürzer ist es, dies mit dem zusammengesetzten Zuweisungsoperator zu schreiben:

```
int x = 3;
x += 2;
```

Das Ergebnis ist dasselbe.

Das funktioniert genauso mit den anderen zusammengesetzten Zuweisungen wie in folgender Tabelle ersichtlich. Beachten Sie, dass die Bit-Operatoren in dieser Tabelle erst einige Seiten weiter erklärt werden.

Oper.	Name	Art	Beispiel	Entspricht
=	Einfache Zuweisung	Binär	x = 5;	x = 5;
+=	Selbstzuweisung mit Addition	Binär	x += 1;	x = x + 1;
-=	Selbstzuweisung mit Subtraktion	Binär	x -= 5;	x = x - 5;
*=	Selbstzuweisung mit Multiplikation	Binär	x *= 1.5;	x = x * 1.5;
/=	Selbstzuweisung mit Division	Binär	x /= 3;	x = x / 3;
%=	Selbstzuweisung mit Modulo	Binär	x %= 2;	x = x % 2;
<<=	Zusammengesetzte Bit-Operator-	Binär	x <<= y;	x = x << y;
>>=	Zuweisungen		x >>= y;	x = x >> y;
&=			x &= y;	x = x & y;
^=			x ^= y;	x = x ^ y;
|=			x |= y;	x = x | y;

Inkrement- und Dekrement-Operatoren

Wenn es darum geht, den Inhalt einer Variablen genau um 1 zu erhöhen oder zu verringern, gibt es noch eine kürzere Schreibweise als die Verwendung eines zusammengesetzten Zuweisungsoperators; die Inkrement- und Dekrement-Operatoren.

Bisher wurde in diesem Buch, zum Beispiel im Kopf einer for-Schleife, auf folgende Weise die Zählvariable mit jedem Durchlauf um 1 erhöht:

```
for (zaehler = 0; zaehler < 10; zaehler += 1)
{
    printf("%d\n", zaehler);
}
```

Verwenden Sie für diesen einfachen Fall besser den Inkrement-Operator ++. Hier als vollständiges Codebeispiel:

```c
#include <stdio.h>
int main()
{
    int zaehler;
    for (zaehler = 0; zaehler < 10; zaehler++)
    {
        printf("%d\n", zaehler);
    }
    return 0;
}
```

Wenn Sie von einer Variablen genau 1 abziehen statt addieren wollen, verwenden Sie einfach das doppelte Minuszeichen nach der Variablen. Das ist der sogenannte Dekrement-Operator. Natürlich müssen Sie dann mit der Schleifenvariablen oben anfangen, wenn Sie herunterzählen wollen. Und auch die Laufbedingung muss entsprechend angepasst werden:

```c
#include <stdio.h>
int main()
{
    int zaehler;
    for (zaehler = 10; zaehler > -1; zaehler--)
    {
        printf("%d\n", zaehler);
    }
    return 0;
}
```

Diese Variante fängt bei 10 an und gibt dann die Zahlen in absteigender Folge aus, wie bei einem Countdown.

Beachten Sie, dass der Inkrement- und Dekrement-Operator in diesen Beispielen unmittelbar hinter der Variablen steht (`zaehler++`). Man nennt das die *Postfix-Notation*. Dabei wird die Variable zuerst gelesen und dann erhöht.

Daneben gibt es auch die Möglichkeit, den Operator vor die Variable zu schreiben. Das nennt man die *Präfix-Notation*. Hier wird die Variable zuerst erhöht und dann gelesen.

Der Unterschied kann in Einzelfällen von großer Bedeutung sein, zum Beispiel bei Zuweisungen. Betrachten Sie folgendes Beispiel:

```
#include <stdio.h>

int main()
{
    int x = 0;
    int y = 0;
    y = x++;
    printf("x ist %d, y ist %d\n", x, y);
    return 0;
}
```

In der fett markierten Zeile wird y der Wert von x zugewiesen. x wird dabei um 1 erhöht. Man könnte vermuten, dass y jetzt den Wert von 1 erhält. Wenn Sie das Beispiel laufen lassen, erhalten Sie aber folgende Ausgabe:

```
x ist 1, y ist 0
```

Sie sehen, x ist in der Tat um eins erhöht worden, doch warum ist y dann nicht ebenfalls 1?

Der Grund liegt darin, dass das ++ **hinter** der Variablen steht (Postfix-Notation). Die Variable wird damit erst **nach** der Zuweisung um eins erhöht. Das heißt, y erhält den Wert von x, welcher zu diesem Zeitpunkt noch 0 ist, und danach erst wird x um 1 erhöht.

Wenn das nicht gewünscht ist, sollte man die umgekehrte Schreibweise verwenden, die Präfix-Notation. Ersetzen Sie die fett geschriebene Zeile in obigem Beispiel einmal gegen folgende:

```
y = ++x;
```

Damit funktioniert es und Sie erhalten das Ergebnis:

```
x ist 1, y ist 1
```

In der folgenden Tabelle wird die Wirkung der beiden Operatoren in Präfix- und Postfix-Notation bei einer Zuweisung dargestellt.

Oper.	Name	Postfix (y = 1, x = 1)	Präfix (y = 1, x = 1)
++	Inkrement	`y = x++; //y ist 1`	`y = ++x; //y ist 2`
--	Dekrement	`y = x--; //y ist 1`	`y = --x; //y ist 0`

Beachten Sie also, immer wenn Sie die Inkrement- und Dekrement-Operatoren verwenden, welche Schreibweise das gewünschte Ergebnis bringt.

Vergleichsoperatoren

Vergleichsoperatoren setzen zwei Operanden zueinander in Beziehung. Vergleichs-operatoren sind damit immer binärer Natur. Sie haben einige Vergleichsoperatoren schon im vorherigen Kapitel beim `if`, `switch` und den Schleifen kennen gelernt.

Alle Vergleichsoperatoren von C sind in der folgenden Tabelle aufgelistet.

Oper.	Name	Beispiel x = 1, y = 2	Ergebnis	Ergebnis als Zahl
>	größer als	`x > y`	unwahr	0
<	kleiner als	`x < y`	wahr	1
>=	größer als oder gleich	`x >= y`	unwahr	0
<=	kleiner als oder gleich	`x <= y`	wahr	1
==	gleich	`x == y`	unwahr	0
!=	ungleich	`x != y`	wahr	1

Ein Vergleich zwischen zwei Operanden hat auch ein Ergebnis, also einen Rückga-bewert. Bisher habe ich mich an diesem Detail vorbeigedrückt. Doch hier ist nun der Platz, genauer darauf einzugehen.

Ein Vergleich wie

```
x < y    //"x ist kleiner als y"
```

ist entweder wahr oder unwahr. Es gibt nur diese zwei Möglichkeiten.

Doch was heißt das genau, *Wahr, Unwahr*?

In C bedeutet das ganz einfach eine 1 oder eine 0.

Fangen Sie das Ergebnis eines Vergleichs doch einmal in einer Variablen auf und schauen Sie nach:

```
#include <stdio.h>
int main()
{
    int x = 5;
    int antwort;
    antwort = (x == 5);
    printf("Wahr ist: %d\n", antwort);
    antwort = (x != 5);
    printf("Unwahr ist: %d\n", antwort);
    return 0;
}
```

Das Ergebnis ist:

```
Wahr ist: 1
Unwahr ist: 0
```

Mit anderen Worten, ein Vergleich führt immer zu einer 1 oder einer 0, die Sie entsprechend in einer Variablen auffangen können.

Das bedeutet, dass Sie, falls nötig, auch Zahlen als Wahrheitswert interpretieren können. Dabei ergibt eine 0 immer Unwahr, und jede andere Zahl als 0 ergibt immer Wahr. Alle Zahlen werden also als wahr interpretiert mit Ausnahme der Null. Nur die Null gilt als unwahr.

Überprüfen Sie das einmal mit folgendem Code. Sie werden dabei aufgefordert, eine beliebige Ganzzahl einzugeben. Daraufhin wird Ihnen gesagt, ob diese Zahl als wahr oder unwahr betrachtet wird.

```
#include <stdio.h>
int main()
{
    int x = 2;
    printf("Wahrheitstester\nGeben Sie eine Ganzzahl ein: ");
    scanf("%d", &x);
    if (x) printf("%d ist wahr!\n", x);
    else printf("%d ist unwahr!\n", x);
    return 0;
}
```

Egal, welche Ganzzahlen Sie auch ausprobieren, sie sind alle wahr, mit Ausnahme der Null. Nur die Null wird als Unwahr interpretiert.

Wenn mehrere Vergleichsoperatoren in einem Ausdruck vorkommen, ist zu beachten, dass der Gleichheitsoperator == und der Ungleichheitsoperator != erst nach den anderen Vergleichsoperatoren ausgewertet werden. Sie haben also eine niedrigere Priorität. Werden zwei Vergleichsoperatoren mit gleicher Rangfolge verwendet, geschieht die Auflösung von links nach rechts.

Logische Operatoren

Mit den logischen Operatoren können Sie auch komplizierte Vergleiche vornehmen und zu einer Wahrheitsfindung darüber kommen.

Es gibt genau drei logische Operatoren in C, das UND, das ODER und das NICHT.

Operator	Art	Name	Beispiel x = 1; y = 1	Ergebnis	Auswertung
!	Unär	logisches NICHT	!((x == 1) && (y == 1))	0 (Unwahr)	von rechts
&&	Binär	logisches UND	(x == 1) && (y == 1)	1 (Wahr)	von links
||	Binär	logisches ODER	(x == 0) || (y = = 1)	1 (Wahr)	von links

Logische Operatoren haben wie die Vergleichsoperatoren einen ganzzahligen Typ und ergeben wieder 1 oder 0 als Wert, je nachdem, ob die Aussage wahr oder unwahr ist.

Der UND-Operator && vergleicht zwei Ausdrücke. Sind rechts und links von ihm beide Ausdrücke wahr, so ist das Ergebnis ebenfalls wahr. Der UND-Operator liefert also nur Wahr, wenn der linke Ausdruck wahr ist UND der rechte Ausdruck wahr ist.

Dem ODER-Operator || ist das egal, ihm reicht es, wenn einer der beiden Operanden zu seiner Seite wahr ist. Er liefert dann Wahr zurück.

Der NICHT-Operator ! ist die logische Verneinung. Er ist als einziger logischer Vergleichsoperator unär und betrifft daher immer nur den Operanden, der ihm nachfolgt. Das ! steht also vor dem Ausdruck, der verneint werden soll. Die Verneinung bewirkt dabei die Umkehrung des Ergebnisses des Ausdrucks, vor dem er steht.

Ist eine Aussage wie x == 1 zum Beispiel wahr, so bewirkt

```
!(x==1)
```

die Umkehrung ins Gegenteil. Die vorher wahre Aussage wird unwahr. Ist die Aussagen x == 1 unwahr, so wird diese durch den NICHT-Operator wahr. So leicht lässt sich die Wahrheit verdrehen.

> **TIPP**
>
> Achten Sie beim logischen NICHT auf eine Klammerung des Wertes oder Ausdrucks, der verneint werden soll, erst dadurch wird auf den ersten Blick klar, worauf er sich bezieht, vor allem, wenn noch weitere Ausdrücke folgen.

Bei Verwendung mehrerer logischer Operatoren wird der Operator ! zuerst ausgewertet. An zweiter Stelle folgt dann das &&. Die niedrigste Priorität bei der Berechnungsreihenfolge hat das ||. Achten Sie bei Verwendung der logischen Operatoren daher auf eine korrekte Klammerung. Im Zweifelsfall entweder die Tabelle der Operatorreihenfolge im Anhang heranziehen oder einfach ein paar Klammern mehr setzen, das schadet nicht und erleichtert zudem das Verständnis beim Lesen.

Die Operatoren && und || gehen recht faul zu Werke. Wenn das Ergebnis nämlich schon nach der Auswertung des linken Operanden feststeht, wird der rechte Ausdruck gar nicht mehr angefasst. Man nennt das bei den Programmierern eine *Kurzschlussauswertung.*

In folgenden Beispielen ist schon nach Auswertung des linken Operanden klar, wie das Ergebnis ausfallen wird:

```
int x = 0; int y = 1;
x && y;   //x ist bereits unwahr, also unwahr bei UND
y || x;   //y ist bereits wahr, also wahr bei ODER
```

Die folgende Tabelle listet die möglichen Ergebnisse des UND-Operators übersichtlich auf:

Ausdruck	Ergebnis
1 && 1	1 (Wahr)
1 && 0	0 (Unwahr)
0 && 1	0 (Unwahr)
0 && 0	0 (Unwahr)

Der logische UND-Operator wird also nur wahr, wenn beide Operanden wahr sind.

Der logische ODER-Operator wird nur unwahr, wenn beide Operanden unwahr sind:

Ausdruck	Ergebnis
1 || 1	1 (Wahr)
1 || 0	1 (Wahr)
0 || 1	1 (Wahr)
0 || 0	0 (Unwahr)

Und der Vollständigkeit halber hier noch der NICHT-Operator:

Ausdruck	Ergebnis
! (0)	1 (Wahr)
! (1)	0 (Unwahr)

Bit-Operatoren

Mit den Bit-Operatoren lernen Sie die präzisesten Instrumente der C-Programmierung kennen. Damit können Sie nämlich gezielt einzelne Bits manipulieren. Da ein Bit die kleinste Einheit im Speicher Ihres Rechners ist, handelt es sich quasi um die mikrochirurgischen Instrumente der C-Programmierung. Sie können damit Informationen auf kleinstem Raum unterbringen, indem Sie jedes einzelne Bit zur Speicherung einer Aussage nutzen. Hinzu kommt, dass diese Operatoren ungemein schnell sind. Der Einsatz von Bit-Operatoren lohnt sich daher vor allem dort, wo es auf besonders kleine und schnelle Programme ankommt. Beachten Sie, dass alle Bit-Operatoren nur auf ganzzahlige Datentypen angewendet werden können.

Verschiebeoperatoren

Mit den Verschiebeoperatoren (*Shift*-Operatoren) verschieben Sie die Bits in einer ganzzahligen Variablen nach links oder rechts. Dafür gibt es entsprechend der Schieberichtung die Operatoren << und >>.

Die Richtung dieser Doppelwinkel gibt dabei die Richtung an, in welcher die Bits verschoben werden.

Ein kurzer Rückblick:

Sie erinnern sich sicher noch an die Erklärung des binären Zahlensystems im Kapitel *Elementare Datentypen*.

Im binären Zahlensystem wird zum Beispiel die Zahl 46 so dargestellt wie in folgender Abbildung:

Bit 7	Bit 6	Bit 5	Bit 4	Bit 3	Bit 2	Bit 1	Bit 0
0	0	1	0	1	1	1	0
mal 128	mal 64	mal 32	mal 16	mal 8	mal 4	mal 2	mal 1

Ein Byte mit seinen 8 Bits

Diese Darstellungsweise entspricht auch der Speicherung dieses Wertes im Speicher des Computers. Acht solcher Bits ergeben üblicherweise ein Byte, das ist die Größe eines char, der kleinsten Speichereinheit der elementaren Datentypen in C. Damit lassen sich Zahlen bis zur Größe von 255 darstellen, wenn das char als unsigned vorliegt. Zur Ermittlung der Zahl, die dargstellt wird, muss nur der Stellenwert, der in obiger Tabelle unter dem Bit dargestellt ist, zusammengezählt werden. Die Bits werden in einem Byte von rechts nach links durchnummeriert, aber immer beginnend mit 0, was zu Anfang etwas ungewöhnlich sein mag.

Hier ein einfaches Beispiel für einen Verschiebeoperator:

```
#include <stdio.h>
int main()
{
    unsigned char x = 1;
    x = x << 1;
```

```
    printf("x ist %d\n", x);
    return 0;
}
```

Als Ergebnis erhalten Sie:

```
x ist 2
```

In diesem Beispiel wird die Variable x in der ersten Zeile der Funktion main mit der Zahl 1 initialisiert.

Die einzelnen Bits in x sehen dann so aus (zur besseren Lesbarkeit in Viererblöcke aufgeteilt):

```
0000 0001
```

Das heißt, ganz rechts ist das Bit 0 eingeschaltet. Das Bit 0 steht für die Zahl 1.

In der Zeile danach

```
x = x << 1;
```

werden die Bits in x um 1 Stelle nach links verschoben. Das Ergebnis wird dann wieder x zugewiesen, wo es den vorigen Wert überschreibt. Das bedeutet konkret, dass die 1, die bisher im Bit 0 stand, nun auf Bit 1 weiterrückt:

```
0000 0010
```

Damit enthält x nun die Zahl 2, da Bit 1 für die Zahl 2 steht.

Aber natürlich können Sie die Bits nicht nur um eine einzige Stelle verschieben. Es können auch gleich mehrere sein:

```
#include <stdio.h>
int main()
{
    unsigned char x = 1;
    x = x << 4;
    printf("x ist %d\n", x);
    return 0;
}
```

Das Ergebnis ist nun 16, da die 1 um vier Stellen nach rechts verschoben wurde:

`0001 0000`

Das Verschieben betrifft natürlich alle Einsen und Nullen. Falls also mehrere vorkommen, werden alle gleichmäßig um die gewünschte Anzahl Stellen verschoben. Wenn Sie zum Beispiel die Zahl 9 nehmen, so sind die Bits darin so angeordnet:

`00001001`

Wenn Sie diese um vier Stellen nach links verschieben

```
unsigned char x = 9;
x = x << 4;
```

wird daraus:

`1001 0000`

Das ist die Zahl 144.

TIPP

Bei der Arbeit mit Bit-Operatoren macht sich der Taschenrechner wieder sehr nützlich, denn dieser hat extra Tasten für alle diese Operatoren. Außerdem können Sie dort durch Klick auf die Nullen und Einsen die einzelnen Bits gezielt ein- oder ausschalten und dann, wenn die Taste 10 eingedrückt ist, den entsprechenden dezimalen Zahlenwert ablesen.

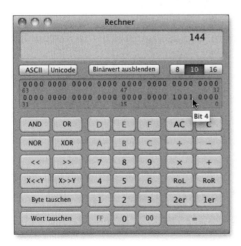

Der Rechner kennt auch alle Bit-Operatoren (<<, >>, AND, OR, NOR, XOR>).

Das Ganze funktioniert natürlich auch rückwärts, also mit dem Verschiebeoperator >> nach rechts.

```c
#include <stdio.h>
int main()
{
    unsigned char x = 144;
    x = x >> 4;
    printf("x ist %d\n", x);
    return 0;
}
```

Aus der 144 wird damit wieder eine 9.

Aus 1001 0000 wird wieder 0000 1001.

AUFGEPASST

Wenn eine 1 an einem Ende »herunterfällt«, dann verschwindet diese und
kommt nicht wieder, wenn man zurückschiebt. Was über den Rand fällt, ist
verloren! Am anderen Ende wird immer nur mit Nullen aufgefüllt.

Nun stellt sich sicher die Frage, wozu das Verschieben gut sein soll.

Das Erste, was ins Auge fällt, ist, dass eine Verschiebung nach links um eine Stelle
einer Multiplikation mit 2 entspricht. Eine Verschiebung nach rechts um eine Stelle entspricht einer Ganzzahl-Division durch 2. Der Rest verfällt. So ergibt 15 / 2
die 7 als Ergebnis und nicht etwa 7.5.

Sie können die Verschiebeoperatoren daher überall dort verwenden, wo Sie
Ganzzahlen verdoppeln, potenzieren oder halbieren wollen. Der Vorteil ist, die
Verschiebeoperatoren sind um ein Vielfaches schneller als die arithmetischen
Operatoren. Wenn es auf Geschwindigkeit ankommt, führt kein Weg an den Ver-
schiebeoperatoren vorbei.

Des Weiteren können Sie damit ein Byte zur Speicherung von mehreren Zuständen
verwenden. Sie können jedes Bit darin mit einer beliebigen Bedeutung versehen.

> **AUFGEPASST**
>
> Beide Operanden der Verschiebeoperatoren müssen immer ganzzahlig sein. Der rechte Operand darf nicht negativ sein und er muss kleiner sein, als der linke Operand an Bits breit ist. Bei einem `int` von 4 Byte Größe muss der rechte Operand zum Beispiel kleiner sein als 32 (4 mal 8 Bits).

Betrachten Sie einmal folgendes Beispiel, in welchem die ersten vier Byte eines `char` als Kompass verwendet werden, um die Orientierung in einem Spiel zu erleichtern. Bit 0 bis 3 stehen dabei für die Himmelsrichtungen Nord, West, Süd und Ost. Je nachdem, welches dieser vier Bits eingeschaltet ist, ergibt sich die Himmelsrichtung, in die Sie schauen. Die Verschiebeoperationen finden im zweiten `switch` statt. Mit den Tasten L und R drehen Sie sich links und rechts herum. Mit der Taste B beenden Sie das Programm.

```c
#include <stdio.h>
#include <ctype.h>

int main()
{
    //kompass: 1 = N, 2 = W, 4 = S, 8 = O
    char kompass = 1;
    char auswahl = 0;
    while(auswahl != 'B')
    {
        switch(kompass)
        {
            case 1: printf("Sie sehen nach Norden.\n"); break;
            case 2: printf("Sie sehen nach Westen.\n"); break;
            case 4: printf("Sie sehen nach Süden.\n"); break;
            case 8: printf("Sie sehen nach Osten.\n"); break;
        }
        printf("(L)inks drehen, (R)echts drehen, (B)eenden\n\n");
        scanf(" %c", &auswahl);
        auswahl = toupper(auswahl);
        switch(auswahl)
        {
            case 'L': // Links herum drehen
            {
                if (kompass != 8) kompass = kompass << 1;
                else kompass = kompass >> 3; break;
            }
```

```
            case 'R': // Rechts herum drehen
            {
                if (kompass != 1) kompass = kompass >> 1;
                else kompass = kompass << 3; break;
            }
            default: if (auswahl != 'B')
                printf("Falsche Eingabe!!!\n");
        }
    }
    return 0;
}
```

Ich überlasse es Ihnen, dieses Beispiel genauer zu untersuchen. Wichtig ist hier nur, dass Sie von Byte 3 (8 Ost) wieder auf das erste Byte (1 Nord) zurückspringen müssen, wenn Sie sich links herum drehen. Wenn Sie sich rechts herum drehen, müssen Sie von 1 auf 8 zurückspringen (von West nach Nord). Dazu werden im else-Teil die Bits entsprechend um 3 Stellen wieder zurückgeschoben.

Wenn Sie Lust haben, können Sie den Code auch leicht auf acht Himmelsrichtungen ausbauen, indem Sie die Zwischenrichtungen Nordost, Südost, Südwest und Nordwest hinzufügen. Damit würden dann alle 8 Bits im char genutzt.

Auch für die Verschiebe-Operatoren gibt es zusammengesetzte Zuweisungsoperatoren, die Operatoren <<= und >>=. So können Sie zum Beispiel statt

```
kompass = kompass >> 1;
```

auch

```
kompass >>= 1;
```

schreiben.

Logische Bit-Operatoren

So wie es die logischen Operatoren UND (&&), ODER (||) und NICHT (!) zum Vergleichen von Ausdrücken gibt, so gibt es diese Operatoren auch in einer speziellen Form zum Vergleichen einzelner Bits. Zusätzlich gibt es noch das sogenannte bitweise exklusive ODER (^) von dem es keine logische Variante gibt.

Mit den logischen Bit-Operatoren wird ein einzelnes Bit mit einem anderen einzelnen Bit verglichen. Der Vergleich findet also nicht auf der Ebene der Zahlen statt, welche die Bits darstellen, sondern auf der Ebene der einzelnen Einsen und Nullen selber. Was das genau bedeutet, erkläre ich gleich. Die folgende Tabelle listet erst einmal alle logischen Bit-Operatoren zur Übersicht auf.

Operator	Name	Art	Beispiel	Ergebnis
&	bitweises UND (*AND*)	Binär	x & y	Ergibt 1, wenn Bit in x UND y 1 ist.
|	bitweises ODER (*OR*)	Binär	x | y	Ergibt 1, wenn Bit in x ODER y 1 ist, ODER in beiden 1 ist.
^	bitweises Exklusiv-ODER (*XOR*)	Binär	x ^ y	Ergibt 1, wenn Bit in x ODER y 1 ist, nicht aber wenn Bit in beiden 1 ist.
~	bitweises NICHT (*NOR*)	Unär	~x	Ergibt 1, wenn Bit in x 0 ist, und 0 wenn Bit 1 ist.

Den englischen Kurznamen dieser Operatoren finden Sie in der Spalte *Name* in Klammern angegeben (*AND*, *OR*, *XOR* und *NOR*). Damit sind im Rechner die entsprechenden Tasten beschriftet. Sie können also auch für diese Bit-Operatoren hervorragend den Taschenrechner von Apple verwenden.

Auch für die logischen Bit-Operatoren gilt wieder: nur für Ganzzahlen verwendbar.

Das bitweise UND

Wenn Sie mit dem bitweisen UND (&) zwei Variablen mit Ganzzahlen vergleichen, dann wird jedes Bit in einem Operanden mit dem Bit im anderen Operanden an der gleichen Position verglichen. Stehen beide Bits auf 1, ergibt das 1, alle anderen Kombinationen ergeben beim UND eine 0. Die folgende Abbildung verdeutlicht das anhand von vier Bits, die mit & verglichen werden.

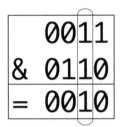

Auswirkung eines Bitvergleichs mit dem bitweisen UND-Operator

Der bitweise UND-Operator eignet sich vor allem dafür, um gezielt einzelne Bits auszuschalten. Dafür werden die Bits, die ausgeschaltet werden sollen, in einem der Operanden auf 0 gesetzt. Diesen Operanden bezeichnet man dabei auch als *Bit-Maske*, da er nur dazu dient, die Bit-Stellen zu markieren, die auf Null gesetzt werden sollen.

Im folgenden sehr einfachen Code-Beispiel wird dies genutzt, um den Zustand eines Spielgegners einzustellen. Alle möglichen Eigenschaften des Gegners, die den Ausgang seines Kampfes beeinflussen können, werden hier in einem einzelnen char gespeichert. Jedes Bit hat eine eigene Bedeutung, die am Anfang des Beispiels im Kommentar erklärt werden.

```c
#include <stdio.h>
int main()
{
    /*
    Bits in "attribute" bedeuten:
    Bit 0 = Ist ausgeruht, Bit 1 = Ist hungrig
    Bit 2 = Ist wütend, Bit 3 = Hasst Elfen
    */
    unsigned char attribute = 9; //1001, = "Ist ausgeruht",
    "Hasst Elfen"
    //Jetzt wird mit der Maske 1110 (14) Bit 0 ausgeschaltet:
    attribute = attribute & 14;
    // Nun ist der Gegner nicht mehr ausgeruht.
    // Alle andere Attribute bleiben unberührt!
    printf("x ist %d\n", attribute); // Ergebnis = 8, binär 1000
    return 0;
}
```

Die Variable attribute dient hier dazu, mehrere Eigenschaften einer Person zu kennzeichnen. Ist das entsprechende Bit auf 1 gesetzt, so hat die Person die damit assoziierte Eigenschaft. Sie sehen hier, wie man die einzelnen Bits einer ganzzahligen Variable mit Informationen belegen kann. Welche das sind, liegt ganz an Ihnen, Sie müssen sich nur festlegen. Achten Sie dann aber penibel auf die Dokumentation. In obigem Beispiel ist das gleich im Kommentar gemacht worden.

Mit dem &-Operator können Sie dann gezielt einzelne Eigenschaften auf 0 setzen. In obigem Beispiel ist die Person nach Ausführung des Codes in der zweiten fett gedruckten Zeile nicht mehr ausgeruht, da das Bit 0 das einzige in der Maske war, welches auf 0 stand, und genau das Bit wurde dann ausgeschaltet. Die Maske wird dabei einfach nur durch die dezimale Konstante 14 dargestellt. Die ersten vier Bits der Zahl 14 sind binär dargestellt 1110. Das erste Bit, also das rechte, steht auf Null, wird also ausgeschaltet.

In der ersten fett gedruckten Zeile wird `attribute` also 9 zugewiesen. Das bedeutet, dass der Gegner ausgeruht ist und Elfen hasst, da die Bits 0 und 3 eingeschaltet sind. Danach wird durch & mit der Zahl 14 maskiert und die Ausgeruhtheit wurde mit einem mikrochirurgischen Eingriff entfernt. Nun sollte der Kampf gleich leichter zu gewinnen sein.

> **TIPP**
>
> Mit dem &-Operator können Sie auch wunderbar prüfen, ob eine Zahl gerade oder ungerade ist. Dafür brauchen Sie nur das erste Bit (Bit 0) zu überprüfen. Steht dieses nämlich auf 1, haben Sie immer eine ungerade Zahl. Das folgende Beispiel fragt Sie nach einer Ganzzahl. Wenn Sie diese eingegeben haben, teilt Ihnen das Programm mit, ob die Zahl gerade oder ungerade ist.
>
> ```c
> #include <stdio.h>
> int main()
> {
>     int x = 0;
>     printf("Bitte Zahl eingeben: ");
>     scanf("%d", &x);
>     if(x & 1) printf("%d ist ungerade\n", x);
>     else printf("%d ist gerade\n", x);
>     return 0;
> }
> ```

Um es noch einmal zu wiederholen:

Die Bits, die ausgeschaltet werden sollen, müssen in der Bit-Maske (üblicherweise der zweite Operand) auf 0 stehen!

Auch für die logischen Bit-Operanden gibt es wieder eine Kurzschreibweise für die Selbstzuweisung.

Statt:

```c
attribute = attribute & 14;
```

können Sie auch schreiben:

```c
attribute &= 14;
```

Das funktioniert genauso auch mit den noch folgenden bitweisen Operatoren.

Das bitweise ODER

Auch beim bitweisen ODER (|) wird jedes Bit entsprechend seiner Position mit dem Bit im anderen Operator an derselben Position verglichen. Steht eines der beiden Bits auf 1, so ergibt das 1. Stehen beide Bits auf 1, ergibt das ebenfalls 1. Nur wenn beide Bits auf 0 stehen, ergibt das bitweise ODER eine 0.

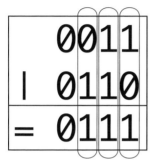

Auswirkung des Bitvergleichs mit dem bitweisen ODER-Operator

So wie das bitweise UND dazu dient, einzelne Bits auszuschalten, so dient das bitweise ODER dazu, einzelne Bits einzuschalten. Das ODER ist damit die hervorragende Ergänzung zum UND. Was mit UND ausgeschaltet wurde, kann mit dem ODER auch wieder eingeschaltet werden.

GRUNDLAGEN

Sie erreichen den senkrechten Strich | über die Tastenkombination ⌨ - 7.

Die Bits, die eingeschaltet werden sollen, müssen dabei in der Bit-Maske auf 1 stehen.

Hier das Code-Beispiel vom UND noch einmal. Diesmal wird die Eigenschaft *Ist ausgeruht* im ersten Bit wieder eingeschaltet:

```
#include <stdio.h>
int main()
{
    /*
    Bits in "attribute" bedeuten:
    Bit 0 = Ist ausgeruht, Bit 1 = Ist hungrig
    Bit 2 = Ist wütend,    Bit 3 = Hasst Elfen
    */
    unsigned char attribute = 8; // = binär 1000, bedeutet "Hasst
        Elfen"
```

```
//Jetzt wird mit der Maske 0001 (1) das Bit 0 eingeschaltet:
attribute |= 1;
// 0 weia! Nun ist der Gegner auch noch ausgeruht.
// Alle andere Attribute bleiben unverändert!
printf("x ist %d\n", attribute); // Ergebnis = 9, binär 1001
return 0;
}
```

Ich benutze in der zweiten (fett gedruckten) Zeile die zusammengesetzte Zuwei-sungsform, da sie kürzer zu schreiben ist als

```
attribute = attribute | 1;
```

Mit dem |-Operator können Sie also gezielt einzelne Eigenschaften einschalten. In obigem Beispiel ist die Person nach Ausführung des Codes wieder ausgeruht, da das Bit 0 das einzige in der Maske war, welches auf 1 stand, und genau dieses Bit wurde dann eingeschaltet. Die Maske selbst wird dabei einfach nur durch die dezi-male Konstante 1 dargestellt. Die ersten vier Bits der Zahl 1 sind binär 0001. Das Bit 0, also das rechte, steht auf 1 und wird damit eingeschaltet.

Um es noch einmal zu wiederholen:

Die Bits, die eingeschaltet werden sollen, müssen beim bitweisen ODER-Operator in der Bit-Maske (üblicherweise dem zweiten Operanden) auf 1 stehen.

Die dezimale Entsprechung

Diese Kunst der Speicherung von Daten in einzelnen Bits bedeutet auch, dass jedes Bit als entsprechender dezimaler (oder oktaler, hexadezimaler) Zahlenwert der Bit-stelle betrachtet werden kann. So ergeben sich für die vier Eigenschaften des Bei-spiels folgende dezimalen Werte:

- Bit 0, *Ist ausgeruht*:   1

- Bit 1, *Ist hungrig*:   2

- Bit 2, *Ist wütend*:   4

- Bit 3, *Hasst Elfen*:   8

Natürlich können Sie mehr als nur die ersten vier Bits benutzen, abhängig davon, wie groß der Datentyp ist, den Sie verwenden. Bei einem char mit einem Byte Größe könnten Sie also bis zu 8 Bit für Attribute verwenden, bei einem long long mit 8 Byte Breite sogar bis zu 64.

Die folgende Tabelle listet die Bit-Masken zum gezielten Ein- oder Ausschalten eines einzelnen Bits für die ersten vier Bit auf. Natürlich können Sie aber auch gleich mehrere Bits ein- oder ausschalten, wenn Sie entsprechend mehr Einsen oder Nullen einsetzen.

Bit	Dezimale Entsprechung	Eigene Entsprechung	Bitmaske zum Einschalten mit |	Bitmaske zum Ausschalten mit &
0	1	*Ist ausgeruht*	0001 (Dezimal 1)	1110 (Dezimal 14)
1	2	*Ist hungrig*	0010 (Dezimal 2)	1101 (Dezimal 13)
2	4	*Ist wütend*	0100 (Dezimal 4)	1011 (Dezimal 11)
3	8	*Hasst Elfen*	1000 (Dezimal 8)	0111 (Dezimal 7)

Wenn alle Bits gesetzt sind, ergibt sich damit ein dezimaler Wert von 15, und wenn kein Bit gesetzt ist, der Wert Null.

Die dezimalen Werte 0 bis 15 der ersten vier Bits entsprechen damit allen möglichen Kombinationen dieser Eigenschaften, wie in der folgenden Tabelle verdeutlicht:

Dezimal	Gesetzte Bits	Attribute
0	0000	Keine
1	0001, Bit 0	Ist ausgeruht
2	0010, Bit 1	Ist hungrig
3	0011, Bit 0, 1	Ist ausgeruht und hungrig
4	0100, Bit 2	Ist wütend
5	0101, Bit 2, 0	Ist wütend und ausgeruht
6	0110, Bit 2, 1	Ist wütend und hungrig
7	0111, Bit 2, 1, 0	Ist wütend, hungrig und ausgeruht
8	1000, Bit 3	Hasst Elfen
9	1001, Bit 3, 0	Hasst Elfen und ist ausgeruht
10	1010, Bit 3, 1	Hasst Elfen und ist hungrig
11	1011, Bit 3, 1, 0	Hasst Elfen, ist hungrig und ausgeruht
12	1100, Bit 3, 2	Hasst Elfen und ist wütend
13	1101, Bit 3, 2, 0	Hasst Elfen, ist wütend und ausgeruht
14	1110, Bit 3, 2, 1	Hasst Elfen, ist wütend und hungrig
15	1111, Bit 3, 2, 1, 0	Hasst Elfen, ist wütend, hungrig und ausgeruht

Sie sehen an dieser Darstellung, dass das Ein- oder Abschalten einzelner Bits praktischer ist, als in einer Tabelle nachzuschauen, welchen dezimalen Wert man der Variablen bei welcher Kombination von Eigenschaften geben muss.

Mit nur 4 Bit können Sie bereits 16 Kombinationsmöglichkeiten darstellen. Wenn Sie ein ganzes Byte verwenden, zum Beispiel ein `unsigned char`, sind das schon 256 Möglichkeiten und so weiter. Die Anzahl der Bits steht für die Anzahl der einzelnen Informationskategorien. Sie können sich das auch wie ein Formular mit einer bestimmten Anzahl Felder vorstellen.

Informationen wie »Grün« können Sie aber nicht direkt speichern, Sie müssen sich das immer als Frage denken, die sich mit Ja oder Nein, mit Wahr oder Unwahr beantworten lässt: »Ist es grün?«

Das bitweise exklusive ODER

Das bitweise exklusive ODER (^) setzt die Bits auf 1, die nur in einem der Operanden auf 1 stehen. Er setzt also überall dort eine 1, wo sich beide Operanden unterscheiden. Wo beide Operanden gleich sind, wird eine 0 gesetzt.

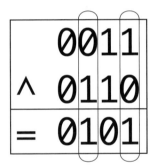

Auswirkung des Bitvergleichs mit dem bitweisen ODER-Operator

Praktische Bedeutung hat dieser Operator vor allem in der Kryptographie. Das Zeichen ^ finden Sie links oben neben der 1 auf einer deutschen Tastatur. Drücken Sie anschließend die Leertaste, um anzugeben, dass Sie dieses Zeichen nicht als Akzent über einem Buchstaben verwenden wollen, sondern als eigenständiges Zeichen.

Die Besonderheit des exklusiven ODERs liegt darin, dass ein zweimaliges Anwenden den ursprünglichen Zustand wieder herstellt, man nennt das »selbstinvers«:

```c
#include <stdio.h>
int main()
{
    unsigned char x = 3;  // = 0011, 3
    unsigned char y = 6;  // = 0110, 6
```

```
        // Erste Anwendung:
        x = x ^ y;                // = 0101, 5
        printf("x ist %d\n", x);

        // Erneute Anwendung führt zum Ausgangszustand:
        x = x ^ y;          // = 0011, 3
        printf("x ist wieder %d\n", x);

        return 0;
}
```

Als Ergebnis erhalten Sie:

```
x ist 5
x ist wieder 3
```

Beim ersten exklusiven ODER wird in x die 3 mit der Bitmaske 6 »behandelt«. Sie erhalten eine 5 als Ergebnis. Nach wiederholter Anwendung erhalten Sie wieder die ursprüngliche 3.

Das bitweise NICHT

Das bitweise NICHT (~) verwandelt jedes Bit in sein Gegenteil. Bits, die eingeschaltet sind, werden auf 0 gesetzt, und solche, die auf 0 stehen, auf 1.

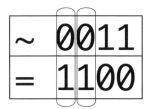

Wirkung des bitweisen NICHT-Operators

Das ~ ist ein unärer Operator und hat als solcher nur einen Operanden, vor welchem er unmittelbar stehen muss.

GRUNDLAGEN

Die Tilde erreichen Sie auf einer deutschen Tastatur mit der Tastenkombination ⌥ - N und anschließendem Drücken der Leertaste.

Beim bitweisen NICHT ist zu beachten, dass *alle* Bits in der entsprechenden Variablen umgedreht werden. Das führt dann eventuell zu ungewollten großen Zahlen, wenn Sie nur die ersten Bits benötigen, aber durch NICHT die oberen ungenutzten

Bits alle auf 1 gesetzt werden. Von daher ist die Verwendung von ~ in Verbindung mit dem &-Operator angeraten, um die nicht benötigten Bits auszublenden. Damit sind Sie dann unabhängig von der Bytelänge des verwendeten Datentyps.

Wenn Sie zum Beispiel ein char verwenden, hat dieses 8 Bit. Wenn Sie davon aber nur die ersten 4 Bit benötigen, sollen sich die oberen 4 Bit natürlich nicht verändern.

Hier das ungewollte Verhalten ohne Maskierung mit &:

```
#include <stdio.h>
int main()
{
    unsigned char x = 3;  // = 0000 0011, 3
    x = ~x;        // = 1111 1100, 252
    printf("x ist %d\n", x);
    return 0;
}
```

Als Ergebnis erhalten Sie 252 und nicht die gewünschten 12. Wenn Sie nur auf den ersten vier Bits arbeiten wollen, maskieren Sie daher die oberen Bits mit &-Maske aus. Dafür brauchen Sie hier die Maske 0000 1111, was dezimal 15 entspricht. Die Stellen, die Sie brauchen, müssen Sie also auf 1 setzen, die anderen auf 0, getreu der Regel, dass & mit 0 ein Bit ausschaltet:

```
#include <stdio.h>
int main()
{
    unsigned char x = 3;  // = 0000 0011, 3
    unsigned char y = 15; // Maske 0000 1111 = 15
    x = ~x & y;
    printf("x ist %d\n", x);
    return 0;
}
```

Nun sind nur die ersten vier Bits umgedreht worden und Sie erhalten die gewünschte 12 als Ergebnis.

Sonstige Operatoren

Weitere Operatoren, die in diesem Buch bereits behandelt wurden oder noch werden:

■ Die Klammern ( ) hinter dem Namen einer Funktion werden im Kapitel über die *Funktionen* behandelt.

■ Die sogenannten Verbund-Literale sind eine Neuerung in C99 und werden in diesem Buch nicht behandelt.

■ Der sizeof-Operator (sizeof) wurde im Kapitel *Elementare Datentypen* beschrieben. Mit ihm können Sie ermitteln, wie viele Bytes ein Objekt im Speicher Ihres Rechners belegt.

■ Den Cast-Operator ( ) , finden Sie ebenfalls im Kapitel *Elementare Datentypen*, und zwar unter *Explizite Typumwandlung*.

■ Dem Komma-Operator , sind Sie bereits kurz bei der for-Schleife begegnet. Dort wurden zwei Ausdrücke im Schleifenkopf mit dem Komma getrennt. Der Komma-Operator ist binär. Auf beiden Seiten muss also ein Operand stehen. Seine Aufgabe ist es, eine Reihenfolge der Abarbeitung zu garantieren. Zuerst wird der linke Ausdruck ausgeführt, das Ergebnis davon aber verworfen, dann wird der rechte Ausdruck ausgeführt. Die Operation hat dann das Ergebnis des rechten Operanden. In der Praxis werden Sie diesen Operator wohl hauptsächlich im Kopf einer for-Schleife verwenden, um mehrere Variablen zu initialisieren, zu erhöhen oder zu verringern.

■ Der Adressoperator & und der Verweisoperator * sind Speicherzugriffsoperatoren und werden bei den Zeigern behandelt. Beachten Sie, dass & auch schon als logischer UND-Operator verwendet wird. Als Adressoperator ist das & aber unär, hat also nur einen Operanden. Daran kann man beide Arten von & auseinanderhalten.

■ Der Subskript-Operator [ ] wird bei den Vektoren (*Arrays*) behandelt.

■ Der Punkt-Operator . und der Pfeil-Operator -> folgen im Kapitel *Eigene Datentypen*.

Die bedingte Bewertung

Zum Abschluss des Kapitels über die Operatoren folgt noch eine kleine Besonderheit: die bedingte Bewertung. Dieser Operator nimmt eine Sonderstellung ein, da es sich um den einzigen *ternären* Operator in C handelt. *Ternär* heißt, dass dieser

Operator drei Operanden benötigt. Der Operator selbst besteht aus dem Fragezeichen ? und dem Doppelpunkt :.

Bei der bedingten Bewertung handelt es sich um eine Kurzform eines if mit else.

Die Syntax lauter folgendermaßen:

Bedingung & *AnweisungWennBedingungWahr* : *AnweisungWennBedingungUnwahr*

Wie bei einem if haben Sie zuerst einmal eine Bedingung, das ist der erste Operand. Ist diese Bedingung wahr, wird der zweite Operand ausgeführt. Ist die Bedingung nicht wahr, wird der dritte Operand ausgeführt.

Wie bei einem if mit else wird also nur einer der beiden Ausdrücke ausgeführt.

Hier ein kurzes Beispiel:

```
#include <stdio.h>
int main()
{
    int x = 5; int y = 15;
    x < y ? printf("x ist kleiner y") : printf("x ist größer y");
    return 0;
}
```

Wenn x kleiner ist als y, wird das erste printf ausgeführt, ansonsten das zweite.

Beachten Sie, dass beide Operanden entweder arithmetische Datentypen haben müssen (printf ist vom Typ int, da es die Länge der ausgegebenen Zeichenkette zurückliefert) oder denselben Strukturtyp (siehe *Eigene Datentypen*), oder beide Operanden müssen Zeiger sein (siehe Kapitel *Zeiger*). Da es sich um einen Operator handelt und keine Kontrollstruktur, können Sie zudem nicht mehrere Anweisungen in einen Operanden packen. Für diesen Fall ist dann ein if mit else zu verwenden.

Vektoren (*Arrays*)

In einer normalen Variablen können Sie bekanntlich nur einen einzigen Wert abspeichern. In einem Vektor jedoch lassen sich beliebig viele gleichartige Daten ablegen. Im Englischen nennt man diese Strukturen *Arrays*.

In älteren deutschsprachigen Werken über C werden Arrays oft als *Vektoren* oder *Felder* bezeichnet, was nicht ganz unrichtig ist. Ein Vektor ist in der Physik ein Pfeil mit einer bestimmten Länge und einer Richtung, und der Begriff Feld steht in unserer Alltagssprache für eine Ansammlung gleichartiger Objekte. Beides passt.

Inzwischen hat sich jedoch der Begriff *Array* im deutschsprachigen Raum in allen Programmiersprachen so vollständig durchgesetzt, dass ich ihn hier vorrangig verwende.

Definition

Wenn Sie von einem Variablentyp gleich Dutzende oder sogar Tausende benötigen, ist es nicht sehr praktisch, für jeden einzelnen Wert eine eigene Variable zu definieren wie in folgendem Beispiel.

```
int a, b, c, d, e, f, g, h, i, j;
```

Um dann auch noch alle einzeln zu füllen:

```
a = 1; b = 2; c = 3; d = 4; …
```

Für solche Fälle gibt es Arrays. Wichtige Voraussetzung ist dabei nur, dass alle Werte vom gleichen Datentyp sein müssen, und dass das Array eine feste, vorbestimmte Länge erhält. Die Länge des Arrays wird bei seiner Definition dem frei wählbaren Namen in eckigen Klammern angefügt.

Hier ein paar Beispiele für Array-Definitionen:

```
int zahlen[10];
unsigned char asciiWerte[256];
float messErgebnisse[2000];
```

Die Syntax bei der Definition eines Arrays lautet also:

```
Datentyp name[AnzahlElemente];
```

> **HILFE**
>
> Die eckigen Klammern erreichen Sie auf einer deutschen Tastatur über ⌥ – 5 und ⌥ – 6.

Mit `int x[10]` legen Sie also ein Array mit dem Namen x an, welches 10 Plätze für ganzzahlige Werte im Bereich eines `int` besitzt. Sie erhalten also zehn `int`-Variablen mit einer einzigen Definition!

Der Name des Arrays unterliegt dabei den Benennungsregeln von Variablen. Umlaute und Sonderzeichen sind also nicht erlaubt. Auch darf der Name nicht mit einer Zahl beginnen.

Die einzelnen Variablen im Array bezeichne ich hier als *Elemente*.

Bei der Definition eines Arrays gibt die Zahl in der eckigen Klammer also an, wie viele Elemente des angegebenen Datentyps erzeugt werden sollen. Diese Zahl muss eine ganzzahlige Konstante oder ein Ausdruck sein und immer größer als Null.

Arrays können mit allen elementaren Datentypen und mit eigenen Datentypen gebildet werden. Nur Arrays, die Funktionen enthalten, sind nicht möglich.

Initialisierung bei der Definition

Sie können das Array auch schon bei der Definition mit Konstanten füllen, also initialisieren. In diesem Fall können Sie die eckigen Klammern auch leer lassen:

```
int xAchse[] = {1, 3, 5, 7, 9, 11, 13};
```

> **HILFE**
>
> Die geschweiften Klammern erreichen Sie auf einer deutschen Tastatur über ⌥ – 8 und ⌥ – 9.

Die Länge des Arrays ergibt sich dann automatisch anhand der Anzahl der zugewiesenen Werte, in diesem Fall 7 `int`-Werten. Die Liste der Werte in den geschweiften Klammern bezeichnet man als *Initialisierungsliste*. Die einzelnen Werte werden darin durch Kommata getrennt.

Es spricht aber nichts dagegen, die Länge mit anzugeben, zum Beispiel wenn das Array größer sein soll als die zugewiesenen Werte:

```
int xAchse[20] = {1, 3, 5, 7, 9, 11, 13};
```

In diesem Fall wird ein Array von 20 `int`-Werten angelegt, die ersten 7 davon werden mit den Ganzzahlen in der Initialisierungsliste belegt. Die restlichen 13 Elemente erhalten den Wert 0 (die Zahl Null), sind also nach solch einer Zuweisung nicht etwa in dem typischen *undefinierten* Zustand nicht-initialisierter Variablen.

Im umgekehrten Fall, wenn das Array kleiner ist als die Werte in der Initialisierungsliste, werden die überzähligen Werte in der Liste ignoriert.

Die Größenangabe in der eckigen Klammer ist also, wenn vorhanden, immer maßgebend.

Initialisierung

Nachdem das Array definiert ist, können Sie den Subskript-Operator verwenden, um auf einzelne Elemente des Arrays zuzugreifen und ihnen einen Wert zuzuweisen. Der Subskript-Operator [ ] besteht ebenfalls aus den beiden eckigen Klammern, die Sie schon bei der Definition verwendet haben. Nun jedoch schreiben Sie nicht mehr die Anzahl der Elemente hinein, sondern einen Index.

Die einzelnen Elemente eines Arrays werden nämlich über einen Index angesprochen, der in die eckigen Klammern geschrieben wird, einem Index, der bei 0 beginnt und nicht bei 1, wie es eigentlich natürlicher für uns wäre. Der Grund für diese seltsame Nummerierung liegt darin, dass dieser Index auch den Abstand eines Elementes zum Anfang des ersten Elements angibt. Das heißt, das erste Element in einem Array hat immer den Index 0. Das zweite Element hat dann den Index 1, da es genau ein Element hinter dem ersten Element liegt. Das dritte Element hat dann den Index 2, da es zwei Elemente hinter dem ersten liegt, und so weiter.

Die folgende Grafik zeigt, wie man sich ein Array zum einfacheren Verständnis vorstellen kann. Unter den Kästchen, welche den Platz im Speicher repräsentieren, den das Element einnimmt, steht, welchen Index man benötigt, um auf das Kästchen zuzugreifen. Dargestellt wird ein Array vom Datentyp float mit 5 Elementen.

```
float x[5];
```

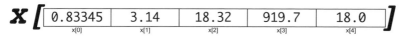

Bildhafte Darstellung eines Arrays mit Index

Um zum Beispiel der ersten Stelle dieses Arrays einen anderen Wert zuzuweisen, schreibt man das so:

```
x[0] = 8.356;
```

Hier wird der ersten Stelle des Arrays mit dem Namen x ganz normal mit dem Zuweisungsoperator = ein Wert von 8,356 zugewiesen.

Merken Sie sich gut, dass im Index bei Null angefangen wird zu zählen und nicht bei 1. Die erste Stelle hat heißt also x[0]! Sich hier um eine Stelle zu vergreifen, ist ein ziemlich häufiger Fehler, den man aber mit etwas Übung in den Griff bekommt.

Das bedeutet natürlich auch, dass der Index der letzten Stelle eines Arrays immer genau um eins kleiner ist als die Anzahl seiner Elemente:

```
int x[10];
x[9] = 3;
```

Hier wird in der ersten Zeile ein Array mit 10 Integern angelegt. In der zweiten Zeile wird dann dem zehnten und letzten Element darin der Wert von 3 zugewiesen.

AUFGEPASST

Wenn Sie einen Index verwenden, den es in dem entsprechenden Array gar nicht gibt, erhalten Sie keine Fehlermeldung, sondern Sie lesen oder beschreiben den Speicherbereich, der hinter dem Array liegt! Wenn Sie ein Array mit acht Elementen haben und das zehnte abfragen, wird einfach vom Anfang des Arrays durchgezählt, und Sie erhalten den Wert, der neun Stellen (Index 9) hinter dem ersten Element im Speicherbereich steht. Was auch immer sich dort gerade im Speicher an Nullen und Einsen aufhält, das erhalten Sie als Ergebnis! Beim Lesen eines Arrays ist das noch nicht weiter gefährlich, Sie erhalten halt nur unsinnige Ergebnisse. Wenn Sie jedoch an diese Stelle schreiben, überschreiben Sie fremde Speicherbereiche mit unvorhersehbaren Konsequenzen. Sie gefährden damit die Integrität Ihres Programms und bringen es früher oder später zu Fehlverhalten und Absturz. Aus diesem Grund sollte der Index vor dem Zugriff auf Arrays immer darauf hin überprüft werden, ob er im zulässigen Bereich liegt!

Hier ein kleines Beispiel, das zeigt, wie man den Elementen eines Arrays Werte zuweist und auch wie man diese wieder einzeln abruft. Das Abrufen geschieht hier in einem printf.

```
#include <stdio.h>
int main()
{
    int xAchse[] = {1, 3, 5};
    xAchse[0] = -100;
    xAchse[1] = 0;
    xAchse[2] = 100;
    printf("int 1 = %d\n", xAchse[0]);
    printf("int 2 = %d\n", xAchse[1]);
    printf("int 3 = %d\n", xAchse[2]);
    return 0;
}
```

Hier wird zuerst ein `int`-Array mit 3 Elementen definiert und initialisiert.

In den nächsten drei Zeilen wird dann den drei Elementen ein anderer Wert zugewiesen. Am Schluss werden die drei Elemente des Arrays jeweils in einem `printf` ausgegeben.

Einlesen in einer Schleife

Mit einem Array gleich in einem Schlag beliebig viele Variablen eines Typs anzulegen, ist schon ungemein praktisch. Doch wenn die Variablen darin einzeln gefüllt werden müssen, wird es wieder umständlich. Zum Glück gibt es aber Schleifen. Mit einer Schleife können Sie nämlich wunderbar von einem Element im Array zum nächsten springen und in jedem Schleifendurchlauf einem Element einen Wert zuweisen. Das folgende Beispiel füllt ein `int`-Array mit 100 Werten, den Zahlen von 1 bis 100, und gibt die Werte über ein `printf` auch gleich am Bildschirm aus. Außerdem wird durch die Ausführbedingung in der Schleife (`i < Anzahl`) automatisch mitgeprüft, dass der Index nicht überschritten wird. Damit ist sichergestellt, dass nicht aus Versehen außerhalb des Arrays in den Speicher geschrieben wird.

```c
#include <stdio.h>

int main()
{
    int anzahl = 100; //Anzahl Elemente für das Array
    int x[anzahl];     //Array x mit "anzahl" Elementen erstellen
    int i;       //Schleifenvariable
    for (i = 0; i < anzahl; i++)
    {
        x[i] = i+1;
        printf("x[%d] = %d\n", i, x[i]);
    }
    return 0;
}
```

Zum Schluss haben Sie ein Array mit 100 Elementen gefüllt. Das Nachrichtenfenster zeigt dabei den Inhalt aller Elemente an:

```
x[0] = 1
x[1] = 2
x[2] = 3
...
```

Sie sehen, dass Sie in die eckigen Klammern (dem Subskript-Operator) auch durchaus Variablen (und auch Ausdrücke) für den Index einsetzen können, wie hier die Schleifenvariable i.

Dies ist, in vielfältigen Variationen, die normale Art und Weise, ein Array zu füllen. Oft stammen die Werte dabei aus Berechnungen, aus anderen Arrays, aus Dateien, aus Datenströmen oder auch aus Eingaben des Anwenders.

AUFGEPASST

Die Verwendung einer Variablen bei der Definition eines Arrays:

```
int x[anzahl];
```

anstatt einer Konstanten oder eines Ausdrucks mit Konstanten:

```
int x[100]; int x[99+1];
```

ist erst mit dem Standard C99 möglich.

Die Variable für die Größe des Arrays muss dabei vor der Definition des Arrays initialisiert werden, damit der Compiler die Größe vor dem Anlegen des Arrays ermitteln kann. Man nennt dies ein *Array variabler Länge*. In älteren Compiler-Versionen funktioniert dies also eventuell nicht. Dort müssen Sie Arrays immer *statisch* definieren und dafür ganzzahlige Konstanten oder Ausdrücke verwenden. Variablen sind dann nicht erlaubt.

Echte dynamische Arrays, deren Größe erst zur Laufzeit des Programms bestimmt werden, sind in C nicht direkt möglich, sondern nur über die Funktion malloc, mit der sich während der Laufzeit entsprechend Speicher anfordern lässt.

Die Präprozessor-Anweisung define

Da die Anzahl der Elemente in einem Array zu Anfang feststehen muss, wird dieser Wert auch oft als Präprozessor-Anweisung am Anfang des Codes eingebunden.

Das geschieht mit der Präprozessor-Anweisung define:

```
#define ANZAHL 100
```

Nun können Sie überall im Code, wo Sie den Wert 100 verwenden wollen, stattdessen ANZAHL schreiben. Der Präprozessor tauscht ANZAHL vor der Kompilierung gegen den Wert 100 aus.

Um diese Platzhalter von normalen Variablen besser unterscheiden zu können, schreibt man diese meist mit Großbuchstaben. Das ist wichtig, denn Sie können ANZAHL nicht mit einer Zuweisung einen neuen Wert zuweisen wie einer Variablen! An der Großschreibung erkennen Sie also sofort, dass es sich um keine normale Variable handelt und dass Sie den Wert nicht im Code ändern können. Sie können ihn nur bei den Präprozessor-Anweisungen zu Anfang des Codes festlegen.

Was ist der Vorteil davon? Stellen Sie sich vor, Sie brauchen den Wert 100 an einem Dutzend oder mehr Stellen im Code. Wenn Sie diesen Wert ändern wollen, müssen Sie ohne define ein umfangreiches Suchen und Ersetzen vornehmen. Mit define brauchen Sie den Wert nur ein Mal am Anfang des Codes auszutauschen.

So sieht das vorige Beispiel damit so aus:

```
#include <stdio.h>
#define ANZAHL 100

int main()
{
    int i, x[ANZAHL];
    for (i = 0; i < ANZAHL; i++)
    {
        x[i] = i+1;
        printf("x[%d] = %d\n", i, x[i]);
    }
    return 0;
}
```

Mit define und include haben Sie damit die zwei wichtigsten Präprozessor-Anweisungen kennengelernt.

TIPP

Für weitere Informationen zu den Präprozessor-Anweisungen empfiehlt sich auch ein Blick in die deutsche Wikipedia unter: http://de.wikipedia. org/wiki/C-Präprozessor.

Initialisieren mit Zufallswerten

Oft ergibt sich die Notwendigkeit, ein Array mit zufälligen Zahlen zu füllen.

Um Zufallszahlen zu erhalten, benötigen Sie gleich drei neue Funktionen. Zum Ersten die Funktion srandom, welche dafür sorgt, dass die Zufallszahlen initialisiert werden. Zweitens benötigen Sie die Funktion random, welche die Zufallszahlen erzeugt. Beide Funktionen stammen aus der Header-Datei *stdlib.h* der Standard C Library. Folgerichtig muss diese Header-Datei auch am Anfang des Codes eingebunden werden.

Des Weiteren brauchen Sie einen eindeutigen, sich nicht wiederholenden Initialisierungswert für die Funktion srandom. Diesen Wert bezeichnet man als *seed*, was soviel wie *Samen*, *Keim* bedeutet. Üblicherweise nimmt man dafür die Zeit, denn diese wiederholt sich, in unserer Realität zumindest, nicht. Um in C die Zeit abzufragen, verwendet man eine Funktion mit dem treffenden Namen time. Diese liefert die Anzahl der Sekunden zurück, die seit dem 1.1.1970 vergangen sind. Die Funktion time stammt aus der Standard C Library *time.h*, in welcher sich alle möglichen nützlichen Funktionen zum Thema Zeit befinden.

Hier ein kleines Beispiel, um ein Ganzzahl-Array mit 100 Zufallswerten zu füllen:

```c
#include <stdio.h>
#include <stdlib.h>
#include <time.h>
#define ANZAHL 100

int main()
{
    int i, x[ANZAHL];
    //Zufallszahlen initialisieren:
    srandom((unsigned)time(NULL));
    for (i = 0; i < ANZAHL; i++)
    {
        //Zufallszahlen erzeugen und zuweisen:
        x[i] = random() % 10 +1;
        printf("x[%d] = %d\n", i, x[i]);
    }
    return 0;
}
```

Die Funktion srandom wird hier mit der aktuellen Zeit initialisiert. Die Funktion srandom hat den Rückgabewert void, so bezeichnet man es, wenn eine Funktion gar keinen Rückgabewert hat.

Die Syntax von srandom lautet

```
srandom(unsigned seed);
```

Für den Wert *seed* verwenden wir die Funktion time(NULL). Die Großschreibung von NULL verrät es schon, es handelt sich dabei um einen Makronamen. Tatsächlich verbirgt sich dahinter ein Zeiger auf eine nicht vorhandene Adresse im Speicher und repräsentiert damit sozusagen den Nullwert eines Zeigers, in diesem Fall repräsentiert durch die Zahl 0. Mehr zu Zeigern im entsprechenden Kapitel.

Die Funktion random schließlich erzeugt die eigentlichen Zufallswerte. Die Zufallszahlen liegen dabei im Bereich eines long, sind also oft sehr, sehr groß.

Um die Werte auf einen bestimmten Bereich zu beschränken, wird hier der Wert mit dem Modulo-Operator % durch 10 geteilt. Um keine Nullen zu erhalten, wird am Schluss eine 1 addiert. Damit sind die Zufallswerte dann auf einen Bereich von 1 bis 10 beschränkt worden.

Als Ergebnis erhalten Sie ein Array mit 100 Elementen, das mit zufälligen Ganzzahlen im Bereich von 1 bis 10 gefüllt ist.

Im Nachrichtenfenster werden dann die Werte aller 100 int-Variablen im Array angezeigt:

```
x[0] = 7
x[1] = 2
x[2] = 4
x[3] = 10
...
```

> **HILFE**
>
> Die Funktionen srandom und random sind auf der man-Seite random.3 dokumentiert. Beachten Sie, dass diese Funktionen auf anderen Betriebssystemen auch srand und rand heißen können. Die Funktion time wird unter time.3. erklärt. Zu den Header-Dateien *stdlib.h* und *time.h* gibt es leider keine man-Seite zur Übersicht. Hier empfiehlt sich daher wieder die englischsprachige Übersicht der Standard C Library unter http://en.wikipedia.org/wiki/Standard_C_library.

Einlesen über scanf

Vor allem für kleinere Arrays kann man die Werte auch vom Anwender abfragen, das geht zum Beispiel über ein `scanf`, wie in folgendem kurzem Beispiel, ganz ohne Überprüfung der Werte.

```c
#include <stdio.h>
int main()
{
    int anzahl = 3;    // Anzahl Elemente für das Array
    int x[anzahl];     // Array mit "anzahl" Elementen erstellen
    int i;           // Schleifenvariable
    int eingabe = 0;      // Eingabevariable für scanf
    for (i = 0; i < anzahl; i++)
    {
        printf("Bitte Wert %d von %d eingeben: ", i+1, anzahl);
        x[i] = scanf("%d", &eingabe);
        printf("x[%d] = %d\n", i, eingabe);
    }
    return 0;
}
```

In diesem Beispiel werden Sie in einer Schleife für jedes Element des Arrays aufgefordert, einen Wert zuzuweisen. Zur Kontrolle wird das Ergebnis dann gleich ausgegeben, bevor der nächste Wert abgefragt wird. Das Ergebnis baut sich im Nachrichtenfenster Zeile für Zeile so auf:

```
Bitte Wert 1 von 3 eingeben: 456
x[0] = 456
Bitte Wert 2 von 3 eingeben: 8
x[1] = 8
Bitte Wert 3 von 3 eingeben: 111
x[2] = 111
```

Beispiele zum Umgang mit Arrays

Im Folgenden zeige ich ein paar kurze Beispiele zum Selbststudium auf, wie Sie mit Arrays arbeiten können.

Suchen

Um eine Zahl in einem unsortierten Array zu suchen, geht man am einfachsten alle Elemente im Array in einer Schleife durch. Wurde der Wert gefunden, bricht man die Schleife mit einem break ab. Wenn die gesuchte Zahl nicht gefunden wurde, gibt man im letzten Durchlauf der Schleife eine entsprechende Meldung aus. Sollten Werte doppelt vorkommen, wird nur der erste Wert gefunden:

```
#include <stdio.h>
#define ANZAHL 10

int main()
{
    int x[ANZAHL] = {1, 3, 5, 10, 2, 4, 6, 8, 7, 9};
    int i, suchWert;
    printf("Geben Sie die gesuchte Zahl ein (1-10): ");
    scanf("%d", &suchWert);
    for (i = 0; i < ANZAHL; i++)
    {
        if (x[i] == suchWert) // Zahl gefunden
        {
            printf("Zahl gefunden in Indexposition %d\n", i);
            break;
        }
        // Zahl nicht gefunden:
        if (i == (ANZAHL-1)) printf("Zahl nicht gefunden!\n");
    }
    return 0;
}
```

POWER

Für fortgeschrittene Anwendungen empfiehlt sich die Verwendung einer darauf spezialisierten Funktion wie zum Beispiel bsearch aus der Header-Datei *stdlib.h* oder lsearch/lfind aus *search.h*.

Maximum, Minimum und Durchschnitt

Hierfür können Sie eine Abwandlung des Such-Beispiels verwenden. Hier ein ausführlicheres Beispiel mit einfacher Menüsteuerung, welches Maximum, Minimum und Durchschnitt aus dem Array preise ermittelt.

```
#include <stdio.h>
#define ANZAHL 5
```

```c
int main()
{
    float preise[ANZAHL] = {11.5, 14.1, 18.3, 11.0, 8.3};
    int i; float wert; char auswahl;
    int haendler = 0; float summe = 0;
    printf("Willkommen beim Preisfinder!\n");
    do
    {
        printf("Treffen Sie Ihre Auswahl:\n");
        printf("Maximum (+), Minimum (-), (b)eenden\n");
        scanf(" %c", &auswahl);
        switch (auswahl)
        {
            case '+': case '-':
            {
                if (auswahl == '+')
                    printf("Suche teuersten Preis.\n\n");
                if (auswahl == '-')
                    printf("Suche billigsten Preis.\n\n");
                for (i = 0; i < ANZAHL; i++)
                {
                    if (i == 0)
                    {
                        wert = preise[i];
                        haendler = 0;
                    }
                    else
                    {
                        if ((auswahl == '+')&&(wert < preise[i]))
                        {
                            wert = preise[i]; haendler = i;
                        }
                        if ((auswahl == '-')&&(wert > preise[i]))
                        {
                            wert = preise[i]; haendler = i;
                        }
                    }
                    summe += preise[i];
                }
                printf("Händler %d: %.2f €.\n", haendler+1, wert);
                printf("Ø-Preis ist %.2f.\n", summe/ANZAHL);
                printf("(w)eiter...\n");
```

```
        while (auswahl != 'w') scanf(" %c", &auswahl);
        break;
    }
    case 'b': printf("\nProgramm beenden ...\n"); break;
    default: printf("\nFALSCHE EINGABE !!!\n\n");
    }
} while(auswahl != 'b');
return 0;
}
```

Länge

Falls Sie mit mehreren Arrays hantieren, kann es eventuell notwendig werden, die Anzahl der Elemente im Array nachträglich zu ermitteln. Das lässt sich leicht mit dem sizeof-Operator erledigen. Da dieser jedoch die Größe des Arrays in Byte zurückgibt und ein Element eines int-Arrays zum Beispiel 4 Byte besitzt, muss man natürlich noch durch die Größe des Datentyps teilen:

```
#include <stdio.h>
int main()
{
    int x[5];
    printf("Array x hat %lu Elemente\n", sizeof(x) / sizeof(int));
    return 0;
}
```

Beachten Sie, dass man Arrays auch ohne eckige Klammern schreiben kann wie hier mit sizeof(x). Dann handelt es sich dabei genau genommen um einen Zeiger auf den Anfang des Arrays im Speicher.

Sortieren

Eine einfache Sortierfunktion lässt sich mit dem sogenannten Bubblesort-Algorithmus selber basteln. Dieser hat zwar den Nachteil, behäbig zu sein, doch bei kleinen Arrays macht sich das noch nicht bemerkbar.

GRUNDLAGEN

Ein Algorithmus ist nichts anderes als eine Handlungsanweisung, wie eine bestimmte Aufgabe gelöst werden kann. Oft gibt es dabei verschiedene Lösungswege, so dass für ein und dieselbe Aufgabe mehrere Algorithmen mit unterschiedlichen Vor- und Nachteilen existieren.

Der Bubblesort-Algorithmus vergleicht in einer verschachtelten Schleife jeden Wert eines Arrays mit jedem anderen. Ist der Werte größer oder kleiner als der Nachbar, tauschen diese einfach ihre Plätze, wenn das für die richtige Reihenfolge nötig ist.

Das wird so oft fortgeführt, bis alle Werte miteinander verglichen wurden. Damit steht dann alles in Reih und Glied.

```c
#include <stdio.h>
#define GROESSE 6

int main()
{
    int x[GROESSE] = {8, 5, 12, 7, 2, 9};
    int i, j, temp;

    //Unsortiertes Array anzeigen:
    printf("Das unsortierte Array:\n");
    for(i = 0; i < GROESSE; i++)
    {
        printf("%d ", x[i]);
    }

    //Sortieren:
    for(i = 0; i < GROESSE-1; i++)
    {
        for(j = i+1; j < GROESSE; j++)
        {
            if (x[i] > x[j]) //Platz tauschen:
            {
                temp = x[i];
                x[i] = x[j];
                x[j] = temp;
            }
        }
    }

    //Sortiertes Array anzeigen:
    printf("\nDas sortierte Array:\n");
    for(i = 0; i < GROESSE; i++)
```

```
    {
        printf("%d ", x[i]);
    }
    return 0;
}
```

Wenn Sie absteigend sortieren wollen, brauchen Sie nur den *Größer als*-Operator >
im if gegen sein Gegenpart < auszutauschen.

Das Ergebnis:

```
Das unsortierte Array:
8 5 12 7 2 9
Das sortierte Array:
2 5 7 8 9 12
```

TIPP

Für Sortierungen nach eigenen Sortierkriterien empfiehlt sich die Verwendung der Funktion qsort aus der Header-Datei *stdlib.h,* welche auf dem
äußerst schnellen QuickSort-Algorithmus basiert.

TIPP

Weitere geeignete Funktionen für die Arbeit mit Arrays finden Sie in der
Header-Datei *string.h.* Für die Arbeit mit Zahlen eignen sich dabei alle
Funktionen, die mit *mem* beginnen, so zum Beispiel memcpy und memcomp
zum Kopieren und Vergleichen von Speicherbereichen (**mem**ory **copy**,
memory **comp**are) eines Arrays.

Zeichenketten (Strings)

Bisher konnten Sie immer nur einzelne Zeichen in einer Variablen abspeichern,
und zwar in einem char wie in folgender Deklaration und Initialisierung:

```
char einZeichen = 'B';
```

Dabei wird eigentlich nicht der Buchstabe in dem char gespeichert, sondern dessen Entsprechung als ganze Zahl. Welcher Buchstabe welchen Zahlenwert hat, können Sie im Anhang in der Tabelle der Mac OS Roman-Codierung nachschlagen.

AUFGEPASST

Beachten Sie, dass sich die Zeichencodierungen von Betriebssystem zu Betriebssystem unterscheiden. Nur die Zeichen mit einem Wert bis 127 haben auf den gängigen Betriebssystemen wie Mac OS X, Windows und Linux wirklich dasselbe Zeichen. Dies ist wichtig, wenn Sie Programme schreiben, die auf unterschiedlichen Betriebssystemen laufen sollen.

Um ganze Zeichenketten (*strings*) abzuspeichern, zum Beispiel einen Satz, brauchen Sie ein `char`-Array.

Dieses Array wird am einfachsten wieder direkt bei der Definition gefüllt. Zum Beispiel über Zuweisung einer Zeichenkette:

```
#include <stdio.h>
int main()
{
    char str[] = "Sie haben gewonnen!";
    printf("'str' enthält \"%s\"\n", str);
    return 0;
}
```

Ein `char`-Array können Sie in einem printf mit `%s` als Ganzes einfügen. Sie brauchen also keine Schleife über das Array zu drehen, um alle Zeichen auszugeben. Das Array selbst wird dann im `printf` ohne eckige Klammern geschrieben.

TIPP

Statt `printf` können Sie auch eine andere Ausgabefunktion zur Ausgabe von Zeichenketten verwenden. Wenn Sie keine der Formatierungsoptionen von `printf` benötigen, ist zum Beispiel `puts` aus *stdio.h* zur Ausgabe einer ganzen Zeile am einfachsten, da diese immer automatisch einen Zeilenumbruch am Ende anfügt:

```
puts(str);
```

Das Besondere an einer Zeichenkette ist aber Folgendes:

Die Länge der Zeichenkette ist nicht gleich der Anzahl der Elemente des Arrays! Am Ende einer Zeichenkette wird immer noch zusätzlich das Zeichen mit dem ASCII-Wert 0 (Null) angehängt. Die Zeichenkette »Sie haben gewonnen!« besteht aus 19 Zeichen. Die Leerzeichen werden selbstverständlich mitgezählt. Als

20. Element wird am Ende immer die ASCII 0 hinzugefügt. Als Escape-Sequenz schreibt man die ASCII 0 so \0.

Dieses Zeichen dient dazu, das Ende der Zeichenkette zu bestimmen. Dies ist von besonderer Bedeutung, wenn Sie eine Zeichenkette in einem char-Array speichern, die Zeichenkette dieses aber nicht voll ausfüllt:

```c
#include <stdio.h>
int main()
{
    char x[6] = "ABC";
    puts(x);
    return 0;
}
```

Hier wird ein char-Array mit 6 Elementen angelegt. Dem char-Array wird aber nur eine Zeichenkette mit 3 Zeichen zugewiesen. Damit C nun überhaupt erkennen kann, wo die Zeichenkette in diesem Array aufhört, wird das Zeichen mit dem ASCII-Wert 0 automatisch an die Zeichenkette angehängt. Da dieses Zeichen keine sichtbare Form besitzt, eignet es sich prima dafür. Wenn Sie dieses Array mit printf oder puts ausgeben, brauchen diese Funktionen also nur danach zu schauen, wo sich das ASCII 0 befindet. Dort wird dann mit dem Lesen aufgehört. Es werden also nicht alle Elemente des Arrays ausgegeben, sondern nur alle bis zum ersten Auftauchen einer ASCII 0.

AUFGEPASST

Verwechseln Sie die Ziffer 0 nicht mit dem Zeichen ASCII 0, welches keine Darstellungsform hat, außer als Escape-Sequenz \0. Unsere Zahl 0 hat in der Tat den dezimalen Wert 48, wie Sie im Anhang bei der Mac OS Roman-Codierung nachschlagen können. In dieser Tabelle bezeichnet man die oberen 128 Werte auch als ASCII-Werte. ASCII ist eine Abkürzung für die Zeichencodierung mit dem Namen *American Standard Code for Information Interchange*.

Ein char-Array mit einer Zeichenkette sieht im Inneren so aus wie in folgender Abbildung. Jedes Kästchen stellt ein char dar.

char x[6];

Ein char-Array mit einer Zeichenkette und abschließendem ASCII 0

Das Array ändert also nicht seine Größe, wenn eine kürzere Zeichenkette darin abgelegt wird!

Wenn Sie eine Initialisierungsliste verwenden, ist obige Zuweisung daher identisch mit folgender, bei der explizit eine ASCII 0 angehängt wird:

```
#include <stdio.h>
int main()
{
    char x[6] = {'A', 'B', 'C', '\0'};
    puts(x);
    return 0;
}
```

> ### AUFGEPASST
>
> Wenn Sie ein char-Array zur Aufnahme einer Zeichenkette anlegen, müssen Sie also immer darauf achten, dieses ein Element größer zu machen als die maximale Anzahl an Zeichen, die Sie darin speichern möchten! Wenn das Array maximal 80 Zeichen aufnehmen soll, dann muss das char-Array also 81 Elemente groß sein, um auch das abschließende ASCII 0 aufnehmen zu können.
>
> Die Länge des Arrays ist durch die Anzahl der Elemente des Arrays bestimmt, die Länge der Zeichenkette jedoch durch die Anzahl der Zeichen bis zum ersten Auftauchen eines ASCII 0, wobei die ASCII 0 nicht zur Zeichenkette mitgezählt wird.

Zeichenketten kürzen

Normalerweise müssen Sie selten manuell eine ACSII 0 an das Ende einer Zeichenkette anfügen. Die meisten Operationen oder Funktionen erledigen das automatisch. Es kann jedoch nützlich sein, um eine Zeichenkette bewusst *abzuschneiden*, also zu kürzen.

Dazu müssen Sie nur an beliebiger Stelle der Zeichenkette eine ASCII 0 einfügen, um die Zeichenkette an dieser Stelle zu beenden:

```
#include <stdio.h>
int main()
```

```
{
    char string[15] = "Eins Zwei Drei";
    puts(string);
    string[9] = '\0';
    puts(string);
    string[4] = '\0';
    puts(string);
    printf ("%c\n",string[10]);
    return 0;
}
```

Das Ergebnis sieht so aus:

```
Eins Zwei Drei
Eins Zwei
Eins
D
```

Zuerst wird durch Einfügen eines ASCII 0 an Indexposition 9, also der Leerstelle nach *Zwei*, das Wort *Drei* abgeschnitten. Danach wird durch Einfügen von ASCII 0 an Indexposition 4 auch noch das Wort *Zwei* entfernt.

Wenn man während der Operation in das gesamte Array hineinschauen könnte, sähe das so aus wie in folgender Abbildung.

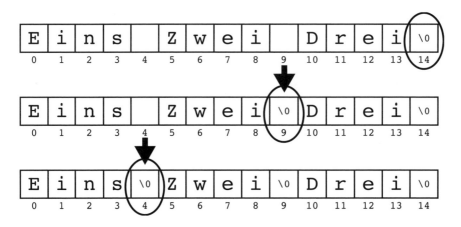

Verkürzen einer Zeichenkette durch Setzen eines ASCII 0

Beachten Sie, dass die Zeichen hinter dem ASCII 0 nicht etwa gelöscht werden! Sie werden nur von allen Operationen und Funktionen, die ein char-Array als

Zeichenkette behandeln, wie hier die Funktion `puts`, nicht mehr beachtet. Das ASCII 0 selbst gehört nicht mit zur Zeichenkette.

Wenn Sie aber eines der Zeichen hinter dem ASCII 0, zum Beispiel `string[10]`, mit einem printf mit `%c` direkt abfragen, erhalten Sie das entsprechende Zeichen an dieser Stelle, hier ein D. Die Zeichen sind also noch alle da und nicht gelöscht worden! Nur die Zeichen, an denen eine ASCII 0 geschrieben wurde – in obigem Beispiel sind das die Leerstellen – wurden gelöscht, um mit ASCII 0 beschrieben zu werden.

Um eine Zeichenkette zu verlängern, müssen Sie dementsprechend natürlich erst die bereits existierende ASCII 0 entfernen und dann weiter hinten in der Zeichen-kette wieder einfügen.

Zeichenkette mit gets und fgets erzeugen

So wie Sie mit `puts` bequem eine Zeichenkette auf einer Zeile ausgeben können, so lässt sich mit der Funktion `gets`, ebenfalls aus der Header-Datei *stdio.h* stammend, eine Zeichenkette über die Tastatur in ein `char`-Array einlesen.

In die Klammer dieser Funktion müssen Sie nur den Namen des Arrays schreiben, in welches die Zeile eingelesen werden soll:

```
#include <stdio.h>
int main()
{
    char string[81];
    printf("Bitte Satz eingeben:\n");
    gets(string);
    printf("Sie haben gesagt:\n");
    puts(string);
    return 0;
}
```

Am Schluss wird die von Ihnen eingegebene Zeile mit `puts` zur Bestätigung aus-gegeben.

In einem Rutsch wurde also eine ganze Zeile eingelesen und jedes ihrer Zeichen entsprechend auf das Array verteilt.

Sehr wahrscheinlich erhalten Sie bei der Verwendung von `gets` jedoch im Nach-richtenfenster die Warnung, dass dessen Verwendung als unsicher gilt. Der Grund liegt darin, dass Sie bei `gets` nicht bestimmen können, wie lang die Eingabe sein wird. gets liest immer die ganze Zeile ein, egal, wie lang diese auch sein mag. Das kann dann unweigerlich zu Speicherüberläufen führen, wenn mehr Zeichen eingegeben werden, als das char-Array aufnehmen kann. Für einfache Übungsprogramme spielt dass noch keine Rolle. Aber bei Programmen, die ständig unbeaufsichtigt laufen, sollten Sie die Warnung beherzigen und fgets verwenden.

Die Funktion fgets sieht für obiges Beispiel so aus:

```
fgets(string, 81, stdin);
```

Fügen Sie diese Zeile einfach anstatt des gets in obiges Beispiel ein. Es verhält sich genauso wie gets, nimmt aber nur eine begrenzte, von Ihnen bestimmte Anzahl Zeichen auf.

In der Klammer der Funktion fgets werden drei Argumente benötigt.

- Als Erstes wird die Angabe des char-Arrays benötigt, in welches die Zeichenkette eingelesen werden soll, hier das Array mit dem Namen string.

- Als Zweites wird die Angabe eines Puffers erwartet, das ist die maximale Anzahl an Zeichen, die gelesen werden soll. Hier wird 81 angegeben. Das ist etwas seltsam auf den ersten Blick, denn das char-Array string kann ja nur maximal 80 Zeichen aufnehmen. Eine Stelle muss jedoch für das nötige ASCII 0 am Ende der Zeichenkette frei bleiben. Der Grund dafür, dass hier trotzdem 81 steht, liegt darin, dass fgets auch das Zeilenende bei der Eingabe mitliest, dann aber nicht im Array speichert. Das heißt, es werden maximal 81 Zeichen gelesen, davon wird ein Zeichen, das Zeilenende, aber nicht mit im Array abgespeichert. Das Array erhält also wie gewünscht nur maximal 80 Zeichen, der Platz für das abschließende ASCII 0 bleibt frei. Geben Sie mehr Zeichen ein, werden diese übrigens ignoriert.

- Das letzte Argument steht für die Eingabequelle, aus der gelesen wird. Das Wort stdin besagt, dass aus der Standard-Eingabe des Unix-Terminals gelesen werden soll (**standard in**). Das ist hier nichts anderes als die Kommandozeile im Nachrichtenfenster der Lightweight IDE.

TIPP

Die Ein- und Ausgabefunktionen gets, fgets und puts sind unter man:gets.3, fgets.3 und puts.3 dokumentiert. Beachten Sie auch die Übersicht über alle Ein- und Ausgabefunktionen unter stdio.3.

Beispielfunktionen aus der Standard C Library

Die Standard C Library stellt eine ganze Menge an Funktionen für Arrays und speziell für die Arbeit mit Zeichenketten zur Verfügung. Alle diese Funktionen finden Sie in der Header-Datei *strings.h*.

Die man-Seite dieser Header-Datei ist `man:string.3`. Jede einzelne Funktion darin hat wiederum eine eigene man-Seite mit den Details zum Nachschlagen.

Da dieses Buch hauptsächlich der Sprache C gewidmet ist und nicht der Standard C Library, stelle ich hier nur einige kurze Beispiele als Appetitmacher für eigene Erkundungen und Experimente vor.

GRUNDLAGEN

Viele Funktionen, die hier besprochen werden, geben auf ihrer man-Seite an, Daten vom Typ `size_t` zu erwarten oder zurückzugeben. Der Datentyp `size_t` gehört nicht zum Kern der Sprache C und ist in der Header-Datei *stddef.h* definiert. Bei `size_t` handelt es sich um die für das entsprechende Betriebssystem am besten geeignete Datengröße zum schnellen Zugriff auf den Speicher. Auf dem Mac hat `size_t` zurzeit eine Größe von 4 Byte und ist immer vorzeichenlos, entspricht damit also einem `unsigned int`. Wann immer Sie also auf den man-Seiten einem `size_t` begegnen, können Sie das als `unsigned int` lesen.

Länge ermitteln mit strlen

Mit der Funktion `strlen` (**str**ing **len**gth) können Sie die Länge einer Zeichenkette in einem `char`-Array ermitteln.

Da eine Zeichenkette durch das abschließende ASCII 0 immer kleiner ist als die tatsächliche Länge des Arrays, können Sie dafür nicht den `sizeof`-Operator verwenden. Dafür gibt es extra die Funktion `strlen` der Standard C Library. Das Ergebnis dieser Funktion ist die Anzahl der Zeichen in der Zeichenkette eines Arrays bis zum Auftauchen des ersten ASCII 0. Das ASCII 0 wird also nicht mitgezählt. Alles, was die Funktion in der Klammer benötigt, ist die Angabe des `char`-Arrays:

```
#include <stdio.h>
#include <string.h>

int main()
{
    char text[81];
    int laenge = 0;
```

```
    printf("Bitte Satz eingeben:\n");
    fgets(text, 81, stdin);
    laenge = strlen(text);
    printf("Die Zeichenkette ist %d Zeichen lang.\n", laenge);
    return 0;
}
```

Suchen mit strcspn

Die Funktion strcspn liefert die Anzahl Zeichen zurück, die bis zum erstmaligen Auftreten eines gewünschten Zeichens »*überspannt*« werden. Daher kommt auch der Name. strcspn kommt von »**str**ing search for **c**ontrary **sp**an of characters«.

```
#include <stdio.h>
#include <string.h>

int main()
{
    char zeichen[10] = "ABCDEFGH";
    int span = 0;
    span = strcspn(zeichen, "DG");
    printf("Zeichen gefunden an Indexposition %d\n", span);
    zeichen[span]='C';
    printf("Die neue Zeichenkette: %s\n", zeichen);
    return 0;
}
```

Als erstes Argument wird in der Funktion strcspn das char-Array erwartet. Als Zweites die Zeichen, bei denen die Suche angehalten werden soll, hier DG. Beachten Sie, dass nicht nach der genauen Zeichenfolge gesucht wird, sondern nur nach dem ersten Auftauchen eines der Zeichen in der Zeichenkette des zweiten Arguments. In obigem Beispiel wird die Suche daher nach dem ersten Auftreten eines D oder G beendet und die Anzahl der bis dahin überspannten Zeichen zurückgeliefert. Als Ergebnis erhalten Sie hier eine 3. Das ist dann auch genau der Index, um auf das gesuchte Zeichen zugreifen zu können. Hier wird das D gegen ein C ausgetauscht und die neue Zeichenkette ausgegeben. Das sieht im Nachrichtenfenster der Lighweight IDE so aus:

```
Zeichen gefunden an Indexposition 3
Die neue Zeichenkette: ABCCEFGH
```

TIPP

Weitere Funktionen zum Suchen sind `strspn`, `index` und `rindex` aus *string.h*, bsearch und bsearch_b aus *stdlib.h* und `lsearch` und `lfind` aus der Header-Datei *search.h*.

`strspn` sucht nach dem ersten nicht angegebenen Zeichen, verhält sich also umgekehrt zu `strcspn`, wo nach dem ersten angegebenen Zeichen gesucht wird.

`index` und `rindex` suchen nach einzelnen Zeichen, und zwar nach dem zuerst (`index`) oder zuletzt (`rindex`) gefundenen Zeichen in einer Zeichenkette.

bsearch, lsearch und lfind sind komplexere Funktionen zum Suchen in Arrays beliebiger Objekte und erfordern das Schreiben einer Vergleichsfunktion, die bestimmt, wann zwei Objekte gleich sind.

Kopieren mit strcpy

Die Funktion `strcpy` (**str**ing **c**o**py**) kopiert eine Zeichenkette in ein anderes `char`-Array und überschreibt damit die dort vorhandene Zeichenkette:

```c
#include <stdio.h>
#include <string.h>

int main()
{
    char str1[81] = "Leider verloren!";
    char str2[50] = "Glückwunsch, Sie haben gewonnen!";
    strcpy(str1, str2); // str1 <--- str2
    printf("%s\n", str1);
    return 0;
}
```

Als Argument für `strcpy` werden zwei `char`-Arrays benötigt. Die Zeichenkette im ersten Array wird von der im zweiten Array überschrieben. In diesem Beispiel wird also die Zeichenkette in `str1` von der Zeichenkette in `str2` überschrieben.

AUFGEPASST

Beachten Sie, dass Sie beim Arbeiten mit `strcpy` vorher auch mit `strlen` die Länge der Zeichenketten überprüfen sollten, um sicherzugehen, dass die neue Zeichenkette nicht zu groß für das Array ist.

> **TIPP**
>
> Verwenden Sie die Funktion strncpy statt strcpy, wenn Sie nicht alle Zeichen einer Zeichenkette kopieren wollen. Siehe man:strncpy.3. In einem zusätzlichen dritten Parameter können Sie dort die Länge der zu kopierenden Zeichenkette angeben. Zum Kopieren auf der Speicherebene gibt es die Funktion memcpy und ihre verwandten, namensähnlichen Funktionen.

Verbinden mit strcat

Mit der Funktion strcat (**str**ing con**cat**enation) können Sie zwei Zeichenketten zusammenfügen. Auch hier müssen wieder zwei char-Arrays in die Klammer hinter strcat geschrieben werden. Die zweite Zeichenkette wird dabei an die erste angefügt. Das folgende Beispiel überprüft mit strlen zuerst die Länge der beiden Zeichenketten, um zu ermitteln, ob auch genügend Platz im ersten char-Array für beide vorhanden ist.

```
#include <stdio.h>
#include <string.h>
#define GROESSE 11

int main()
{
    char str1[GROESSE] = "12345";
    char str2[GROESSE] = "67890";
    int strSize = (strlen(str1) + strlen(str2));
    if (strSize < GROESSE)
    {
        strcat(str1, str2); //str1 <-- str2
        printf("%s\n", str1);
    }
    else
    {
        printf("Zeichenkette zu lang: %d\n", strSize);
    }
    return 0;
}
```

Als Ergebnis erhalten Sie in str1 die Zeichenkette

```
"1234568790"
```

Wenn Sie eine der beiden Zeichenketten verlängern und damit die Größe sprengen, werden die beiden Zeichenketten nicht zusammengefügt, und Sie erhalten eine entsprechende Meldung.

Mehrdimensionale Arrays

Ein Array ist bisher nichts weiter als eine Linie von aufeinanderfolgenden Werten. Das Array hat damit nur eine Richtung, also eine Dimension. Sie können in C aber auch Arrays mit mehreren Dimensionen erzeugen und damit arbeiten. Jede Dimension erhält dabei ein paar eckige Klammern bei der Definition, wahlweise gleich mit Größenangabe:

```
int eindimensionalesArray[25000];
int zweidimensionalesArray[8][5];
int dreidimensionalesArray[][][];
```

Ein zweidimensionales Array können Sie sich dabei wie ein Rechenblatt in einem Tabellenkalkulationsprogramm vorstellen, ein dreidimensionales Array wie einen Würfel, ein vierdimensionales wie einen Würfel im Zeitstrom. Noch mehr Dimensionen sind wohl eher etwas für Physiker und Mathematiker. Sehr wahrscheinlich werden Sie persönlich nicht einmal ein dreidimensionales Array benötigen. In diesem Kapitel konzentriere ich mich auf die zweidimensionalen Arrays, da sie am häufigsten verwendet werden.

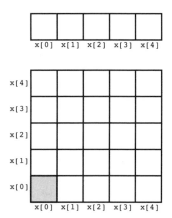
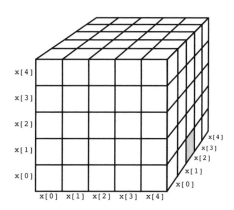

Ein-, zwei- und dreidimensionale Arrays

Wie in einer Tabelle oder auf einem Schachbrett hat jedes Feld in einem Array dabei einen eindeutigen Index. Das unterste linke Feld in dem zweidimensionalen Array in obiger Abbildung hat zum Beispiel die Koordinaten x[0][0]. Bei dem dreidimensionalen Array hat der untere rechte Würfel in der dritten Reihe in der Tiefe die Koordinaten x[4][0][2]. Dabei nenne ich die horizontale x-Achse zuerst, dann die vertikale y-Achse und dann die Achse in die Tiefe (z-Achse).

> **AUFGEPASST**
>
> Achten Sie darauf, für sich im Geiste bereits zu Anfang festzulegen, welche der Achsen zuerst kommt und in welcher Ecke Sie sich den Nullpunkt denken. Halten Sie sich dann konsequent daran oder Sie werden sehr schnell durcheinanderkommen.

Auch solch ein Array muss natürlich irgendwann einmal gefüllt, also initialisiert werden. Am einfachsten geht das wieder direkt bei der Definition:

```
int gitter[3][3] = {{1, 2, 3}, {4, 5, 6}, {7, 8, 9}};
```

Wie Sie sehen, müssen Sie die Werte in geschweifte Klammern schachteln, damit der Compiler versteht, wie die Zuordnung zu geschehen hat. Bei drei Reihen à drei Werten brauchen Sie also entsprechend drei Wertemengen in geschweiften Klammern, die wiederum in einer großen geschweiften Klammer zusammengefügt sind.

Da der Compiler die nicht druckbaren Zeichen wie den Zeilenumbruch und den Tabulator ignoriert, kann man das auch noch übersichtlicher gestalten, was vor allem bei größeren Arrays anzuraten ist:

```
int gitter[3][3] ={
        {1, 2, 3},
        {4, 5, 6},
        {7, 8, 9}
        };
```

Oft werden Sie solche Arrays aber natürlich nicht auf diese Weise von Hand füllen, sondern mit bereits vorhandenen Daten füttern. Dafür brauchen Sie wieder eine Schleife, wie bei dem nächsten Beispiel eines zweidimensionalen Arrays. Für jede einzelne Dimension brauchen Sie dabei eine eigene Schleife. Bei einem zweidimensionalen Array müssen es also zwei Schleifen sein, und zwar ineinander geschachtelte. Das folgende Beispiel füllt ein int-Array von 8 mal 8 Feldern mit zufälligen Werten im Bereich 1 bis 6. Dafür wird wieder die bekannte Funktion random verwendet:

```c
#include <stdio.h>
#include <stdlib.h>
#include <time.h>
#define BREITE 8

int main()
{
    int gitter[BREITE][BREITE] = {};
    int i,j;
    srandom((unsigned)time(NULL));
    for (i = 0; i < BREITE; i++)
    {
        for (j = 0; j < BREITE; j++)
        {
        gitter[i][j] = random() % 6 +1;
        printf("gitter[%d][%d] = %d\n", i, j, gitter[i][j]);
        }
    }
    return 0;
}
```

Als Ergebnis erhalten Sie die Werte jedes einzelnen Elements im Array auf folgende Art ausgegeben:

```
gitter[0][0] = 1
gitter[0][1] = 5
gitter[0][2] = 1
gitter[0][3] = 6
...
```

Sie können das Ergebnis aber auch als zweidimensionales Feld ausdrucken wie folgendes Beispiel, welches ein char-Array zur Erzeugung einer Zufallskarte einer imaginären Landschaft verwendet:

```c
#include <stdio.h>
#include <stdlib.h>
#include <time.h>
#define X 22
#define Y 8

int main()
{
```

```
//Karten-Array defnieren:
char grid[X][Y] = {};
//Kartenzeichen definieren:
char symb[4] = {'.', 'Y', 'A', '~'};
int i, j; // Schleifenvariablen
int temp = 0; //Zwischenspeicher
// Zufallszahlen initialisieren:
srandom((unsigned)time(NULL));
//Schleife über die Zeilen:
for (i = 0; i < Y; i++)
{
    //Schleife über die Werte in einer Zeile:
    for (j = 0; j < X; j++)
    {
    temp = random() % 100 +1; //Zufallszahl erzeugen
    // Steppe zuweisen:
    if ((temp > 0)&&(temp < 91)) grid[i][j] = symb[0];
    // Wald zuweisen:
    if ((temp > 90)&&(temp < 96)) grid[i][j] = symb[1];
    // Berge zuweisen:
    if ((temp > 95)&&(temp < 99)) grid[i][j] = symb[2];
    // Wasser zuweisen:
    if ((temp > 98)&&(temp <= 100)) grid[i][j] = symb[3];
    putchar(grid[i][j]);
    }
    putchar('\n'); //Zeilenumbruch einfügen
}
return 0;
}
```

Als Ergebnis wird bei jedem Durchlauf eine andere Zufallskarte erzeugt:

```
......Y.....Y.........
.A........A...........
....AY.........Y......
............Y.........
...........Y.........
....Y................
...........A.........
..........~..........
```

Der Punkt stellt hier Steppe dar, das Y Wald, das A Berge und die Tilde Wasser. Die Steppe kommt am häufigsten vor, da ein Zufallswert von 1 bis 90 als Steppe interpretiert wird. Ein Zufallswert von 91 bis 95 stellt Wald dar, ein Wert von 96 bis 98 Gebirge und ein Wert von 99 bis 100 Wasser. Es handelt sich hier also um eine karge Steppenlandschaft mit nur wenig offenem Wasser.

HILFE

Zur Ausgabe der Zeichen wird hier die Funktion `putchar` verwendet. `putchar` ist eine einfache Funktion zur Ausgabe einzelner Zeichen aus der Header-Datei *stdio.h*. Ihr Vorteil ist, dass sie wesentlich schneller ist als `printf`. Das einzige Argument in der Klammer muss dabei ein `char` sein.

Natürlich lässt sich dieses Beispiel noch wesentlich verbessern, zum Beispiel indem die Nachbarfelder berücksichtigt werden, um bereits vorhandene Landschaftstypen bevorzugt zu setzen und so mehr zusammengehörige Flächen zu erzielen. Oder man erzeugt Flüsse, indem man einzelne Wasserfelder zwingend fortführt. Ihrer Fantasie sind keine Grenzen gesetzt.

Zeiger (*Pointer*)

Jeder Platz im Speicher eines Rechners hat eine eindeutige Adresse. Zeiger (*Pointer*) sind nichts weiter als Variablen, die solch eine Adresse enthalten. Mit Zeigern können Sie direkt im Speicher lesen und schreiben. Sie sind ein typisches Merkmal der Sprache C und zu gleichen Teilen gefürchtet und bewundert. Gefürchtet aufgrund ihrer Komplexität und bewundert für den schnellen Speicherzugriff, den sie ermöglichen. Um das Verständnis zu erleichtern, habe ich dieses Kapitel in möglichst kleine, leicht erlernbare Häppchen aufgeteilt. Trotzdem ist es von eher trockenerer Natur, was daran liegt, dass viele nützliche Beispiele erst in den folgenden Kapiteln beschrieben werden können.

Speicheradressen

Der Wert einer jeden Variablen oder Konstanten ist im Speicher des Rechners abgelegt. Und damit der Computer dort auch alles jederzeit wiederfindet, ist jede Stelle im Hauptspeicher mit einer Adresse versehen.

Sie können sich das in etwa wie die Hausnummern in einer Straße vorstellen. Die Hausnummer stellt die Adresse dar, und die Menschen und Dinge in den Häusern sind die Werte.

Wie man diese Adressen ermittelt und was man damit machen kann, wird in den folgenden Abschnitten beschrieben.

Adressoperator und Zeigerkonstanten

Schauen wir uns zuerst einmal an, wie solch eine Adresse überhaupt aussieht.

Um die Adresse einer Variablen im Speicher zu erhalten, verwendet man den Adressoperator &. Sie haben diesen Operator schon in verschiedenen scanf-Beispielen kennengelernt. Wenn Sie & einer Variablen voranstellen, erhalten Sie die Adresse dieser Variablen und nicht mehr deren Wert.

Das folgende Beispiel gibt die Speicheradresse der Variablen var in einem printf aus.

```
#include <stdio.h>
int main()
{
    int var = 123;
    printf("%p\n", &var);
    return 0;
}
```

Hier wird zuerst ganz normal eine int-Variable mit dem Namen var erzeugt. Im printf wird diese Variable dann ausgedruckt, diesmal jedoch nicht deren Wert, der hier 123 beträgt, sondern deren Adresse im Speicher des Rechners, in welcher dieser Wert abgespeichert ist. Das geschieht, indem Sie dem Variablennamen var den Adressoperator & voranstellen. Sprechen Sie den Ausdruck &var dabei als »Adresse von var« aus.

Einen Ausdruck wie `&var` nennt man einen *Zeiger*, genauer eine *Zeigerkonstante*, da solch ein Ausdruck immer nur auf die Adresse einer einzigen Variablen im Speicher »*zeigt*«.

Um einen Zeiger in einem `printf` auszugeben, verwendet man am besten den Platzhalter `%p`. Er dient dazu, Speicheradressen in hexadezimaler Notation auszugeben. Als Ergebnis erhalten Sie eine Adresse die zum Beispiel so aussieht:

`0xbfffc6c`

Wenn Sie diese Adresse ohne führendes `0x` einmal in den auf hexadezimal eingestellten Rechner eingeben und dann in die dezimale Darstellung wechseln, werden Sie sehen, dass es sich um folgende dezimale Zahl handelt:

`3.221.224.556`

Und was bedeutet diese Zahl? Es bedeutet, dass die Variable mit dem Namen `var` an einem Byte im Speicher des Rechners abgelegt wurde, welches die Hausnummer 3.221.224.556 hat.

GRUNDLAGEN

Die Speicherplätze im Rechner werden Byte für Byte der Reihe nach durchgezählt, üblicherweise von oben nach unten. Speicheradressen sind daher immer positive Ganzzahlen.

Die Größe einer Speicheradresse

Wenn Sie einen Zeiger in einem C-Programm verwenden, muss auch dieser wieder abgespeichert werden, schließlich lebt alles im Rechner als Nullen und Einsen im Speicher. Damit nimmt auch eine Speicheradresse in C immer eine bestimmte Menge an Bytes ein. Wie viel das ist, können Sie leicht mit dem `sizeof`-Operator nachprüfen. Das folgende Beispiel definiert mehrere Variablen unterschiedlicher Datentypen von einem bis sechzehn Byte Größe, um danach die Länge der Adressen dieser Variablen zu ermitteln.

```
#include <stdio.h>
int main()
{
    char char1 = 0;          // 1 Byte
    short short1 = 0;        // 2 Byte
```

```
    int int1 = 0;              // 4 Byte
    long long llong1 = 0;        // 8 Byte
    float float1 = 0.0;        // 8 Byte
    long double ldouble1 = 0.0;    // 16 Byte
    printf("Adressgröße char: %lu Byte\n", sizeof(&char1));
    printf("Adressgröße short: %lu Byte\n", sizeof(&short1));
    printf("Adressgröße int: %lu Byte\n", sizeof(&int1));
    printf("Adressgröße long long: %lu Byte\n", sizeof(&llong1));
    printf("Adressgröße float: %lu Byte\n", sizeof(&float1));
    printf("Adressgröße long double: %lu Byte\n",
    sizeof(&ldouble1));
    return 0;
}
```

Das Ergebnis sieht so aus:

```
Adressgröße char: 4 Byte
Adressgröße short: 4 Byte
Adressgröße int: 4 Byte
Adressgröße long long: 4 Byte
Adressgröße float: 4 Byte
Adressgröße long double: 4 Byte
```

Mit anderen Worten, egal, welchen Datentyp Sie verwenden, ob ein char mit einem Byte oder ein long double mit 16 Byte. Eine Speicheradresse nimmt immer genau 4 Byte ein.

AUFGEPASST

Die Größe eines Zeigers kann auf anderen Betriebssystemen und in anderen C-Implementierungen abweichen. Gehen Sie daher niemals davon aus, dass ein Zeiger immer 4 Byte einnimmt, wenn Sie plattformunabhängig programmieren wollen.

Daraus ergibt sich, dass die Arbeit mit Zeigern vor allem dort von Vorteil ist, wo es um große Datentypen geht, besonders sind hier Arrays, eigene Datenstrukturen oder Funktionen, wie sie in den nächsten Kapiteln behandelt werden, hervorzuheben. So ist das Sortieren eines Arrays mit 16 Byte großen long double-Werten aufgrund ihrer Größe langsamer als das Sortieren ihrer nur 4 Byte großen Adressen. Es müssen einfach viel weniger Bytes herumgeschaufelt werden. Mehr dazu bei den Zeiger-Arrays.

Deklaration eines Zeigers

Statt immer den Adressoperator zu verwenden, wenn man auf die Speicheradresse einer Variablen Bezug nehmen will, kann man diese Adresse auch in einer Variablen abspeichern. Dies wird immer dann gemacht, wenn die Adresse öfter benötigt wird oder man damit rechnen will. Außerdem kann diese Variable im Laufe ihres Lebens für unterschiedliche Speicheradressen verwendet werden.

Um eine Adresse in einer Variablen abzuspeichern, brauchen Sie zuerst einen ganz bestimmten Variablentyp, nämlich einen *Zeiger* (*Pointer*).

Eine Zeigervariable wird auf folgende Art deklariert:

```
char * einZeiger;
```

Hier wird ein Zeiger mit dem Namen `einZeiger` deklariert. Als Namen für die Zeigervariable können Sie sich wieder einen beliebigen Variablennamen ausdenken. Die Beschränkungen für die Benennung von Variablen gelten auch hier, also bitte weiterhin keine Umlaute oder Sonderzeichen im Namen verwenden.

Wie eine normale Variable, hat auch eine Zeigervariable einen Datentyp, in diesem Beispiel den Datentyp `char *`, was man »Zeiger auf char« oder »char-Zeiger« liest. Bei diesen Datentypen handelt es sich um abgeleitete Typen bereits bestehender Datentypen. Das heißt, Zeiger haben keinen eigenen Datentyp, sondern immer nur den entsprechenden Zeiger-Datentyp eines bereits bestehenden Datentyps.

Über diese elementaren Datentypen hinaus können Sie Zeigervariablen aber auch für selbst erstellte Datentypen und sogar für Funktionen verwenden.

Ein Zeiger hat immer einen Datentyp! Die einzige Ausnahme ist nur der `void`-Zeiger (s. u.). Wenn Sie einen Zeiger vom Typ `int *` (*Zeiger auf int*) definieren, dann können Sie darin auch nur Adressen von Variablen abspeichern, die den Datentyp `int` besitzen. Definieren Sie einen Zeiger vom Typ `float *`, dann können Sie darin auch nur die Adresse von Variablen abspeichern, die den Datentyp `float` haben. Ein Zeiger auf ein `char` kann später also nicht für ein `long` verwendet werden ohne Typumwandlung, genauso wie auch bei den Variablen mit den elementaren Datentypen.

Aus dem bisher Gesagten ergibt sich, dass ein Zeiger immer genau zwei Informationen enthält:

- erstens die Adresse des Speichers, an welcher das erste Byte des Wertes liegt. Die Speicheradresse stellt also immer den Anfang des Speicherbereichs dar, an welchem der Wert abgelegt wurde. Ein Zeiger zeigt also auf einen Startpunkt im Speicher und nicht auf einen Bereich.

■ Zweitens enthält ein Zeiger immer auch einen Datentyp. Anhand der Größe des zugrunde liegenden Datentyps kann der C-Compiler erkennen, wie viele Bytes ab dem Byte der Adresse gelesen werden müssen, um den vollständigen Wert auszulesen.

So enthält ein Zeiger auf ein int die Adresse des ersten Bytes des int. Über den Datentyp int * kommt die Information, das vier Byte ab dieser Stelle gelesen werden müssen. Bei einem long müssen demzufolge ab der Adresse des Zeigers 8 Byte gelesen werden, um das long vollständig einzulesen.

Den Stern schreiben Sie übrigens nur bei der Deklaration. Später brauchen Sie nur den Namen der Zeigervariablen, um die Adresse zu erhalten.

AUFGEPASST

Verwechseln Sie den Stern *, den Sie bei der Deklaration verwenden, nicht mit dem bereits bekannten Multiplikationsoperator oder dem Verweisoperator, dessen Verwendung noch erklärt wird. Bei der Deklaration wird * immer in Verbindung mit einem Datentyp verwendet, also zum Beispiel long *, und kennzeichnet damit einen abgeleiteten Datentyp wie *Zeiger auf long*.

Wie bei der Deklaration von Variablen, so können Sie auch bei den Zeigern gleich mehrere Zeiger mit dem gleichen Datentyp auf einer Zeile mit Komma getrennt definieren:

```
float * radius, durchmesser, umfang;
```

Hier werden drei Zeiger vom Typ float * (*Zeiger auf float*) definiert.

Initialisierung eines Zeigers

Wenn Sie mit

```
char * einZeiger;
```

einen Zeiger deklarieren, ist dieser natürlich noch leer. Genauer gesagt, der Zeiger ist noch in einem undefinierten Zustand. Sie können also nicht davon ausgehen, dass er bereits irgendetwas Sinnvolles enthält. Sie müssen diesem Zeiger noch eine

Speicheradresse zuweisen. Die Deklaration und Initialisierung kann dabei getrennt auf zwei Zeilen vorgenommen werden:

```
char abc = 'a';
char * ptrAbc;
ptrABC = &abc;
```

Oder Sie erledigen Deklaration und Initialisierung auf einer Zeile in einem Rutsch:

```
char abc = 'a';
char * ptrAbc = &abc;
```

In beiden Fällen haben Sie danach eine Variable mit dem Namen ptrAbc und dem Datentyp char * (*Zeiger auf char*), welche die Adresse enthält, an welcher die Variable abc im Speicher des Rechners abgelegt wurde.

Danach können Sie überall, wo Sie sonst &abc schreiben würden, auch ptrAbc verwenden. Beides ist ein Zeiger auf dieselbe Speicheradresse, auf die Adresse, an welcher der Wert der Variablen abc liegt, hier also das 'a'.

Folgender kleiner Code beweist das anschaulich:

```
#include <stdio.h>
int main()
{
    char abc = 'a';
    char *ptrAbc = &abc;
    printf("Variable 'abc' steht an der Adresse: %p\n", &abc);
    printf("Zeiger 'ptrAbc' enthält die Adresse: %p\n", ptrAbc);
    return 0;
}
```

Als Ergebnis erhalten Sie in beiden printf dieselbe Speicheradresse:

```
Variable 'abc' steht an der Adresse: 0xbffffc6f
Zeiger 'ptrAbc' enthält die Adresse: 0xbffffc6f
```

Merken Sie sich bitte:

- Um die Adresse einer Variable zu erhalten, verwenden Sie den Adressoperator: &abc

- Um die Adresse zu erhalten, die in einer Zeiger-Variablen als Wert gespeichert ist, schreiben Sie den Zeiger ohne Adressoperator: `ptrAbc`

- Wenn Sie den Adressoperator wiederum auf eine Zeigervariable anwenden (`&ptrAbc`), erhalten Sie übrigens die Adresse, an der die Zeiger-Variable im Speicher steht. Auch ein Zeiger steckt letztlich im Speicher des Rechners.

AUFGEPASST

Sobald Sie eine Speicheradresse in einen Zeiger gesteckt haben, können Sie diesen Zeiger am Namen nicht mehr von einer normalen Variablen unterscheiden. Ob eine Variable mit dem Namen `xyz` nun einen Wert enthält oder eine Adresse, ist am Namen nicht erkennbar.

Aus diesem Grund ist es empfehlenswert, Zeiger im Code mit einer bestimmten Benennung zu kennzeichnen. Bei vielen Programmierern hat es sich zum Beispiel eingebürgert, dem Namen von Zeigervariablen ein Kürzel wie `ptr` (für *Pointer*) voranzustellen wie in obigem Beispiel der Zeiger `ptrAbc`. Nun können Sie an dem Kürzel `ptr` sofort erkennen, dass hier ein Zeiger vorliegt. Das ist insofern wichtig, als Sie für einen Zeiger nicht alle Operatoren verwenden können. So erhalten Sie zum Beispiel eine Fehlermeldung, wenn Sie einen Zeiger dividieren oder multiplizieren.

Zeiger sind flexibel

Nachdem eine Zeigervariable erst einmal ins Leben gerufen wurde, ist sie nicht auf die Speicheradresse einer einzigen Variable festgelegt. Ein Zeiger ist so flexibel wie eine Variable und kann im Laufe seines Lebens für unterschiedliche Speicheradressen verwendet werden. Eine Zeigervariable ist also nur ein Behälter, in welchem Sie nach Belieben Adressen ablegen können, solange sie nur alle den gleichen Datentyp besitzen.

Die Ermittlung einer Speicheradresse mit dem Adressoperator `&` hingegen ist immer an die Variable gebunden, deren Adresse man ermittelt. Ein Ausdruck wie `&var` wird daher auch als *Zeigerkonstante* bezeichnet.

Der große Vorteil von Zeigervariablen ist deren Losgelöstheit von der Adresse einer bestimmten Variablen. Im folgenden Beispiel wird ein Zeiger erzeugt, der nacheinander die Adresse verschiedener Variablen aufnimmt und diese jeweils in einem `printf` ausgibt.

```
#include <stdio.h>
int main()
{
    char a = 'M'; char b = 'I'; char c = 'P';
    char * ptrA = &a;
    printf("ptrA enthält die Adresse von a: %p\n", ptrA);
    ptrA = &b;
    printf("ptrA enthält die Adresse von b: %p\n", ptrA);
    ptrA = &c;
    printf("ptrA enthält die Adresse von c: %p\n", ptrA);
    return 0;
}
```

Das Ergebnis zeigt die verschiedenen Speicheradressen, die üblicherweise direkt hintereinander liegen und von oben nach unten belegt werden:

ptrA enthält die Adresse von a: 0xbffffc6f *(Byte...111)*
ptrA enthält die Adresse von b: 0xbffffc6e *(Byte...110)*
ptrA enthält die Adresse von c: 0xbffffc6d *(Byte...109)*

Ein einziger Zeiger nimmt hier also eine Adresse nach der anderen auf und kann damit auf jede dieser Speicheradressen zugreifen.

Wenn Sie obiges Beispiel mit short statt char durchführen, werden Sie sehen, wie die Speicheradressen immer eine Lücke von einem Byte lassen, da das short ja 2 Byte groß ist. Das Ergebnis sieht dann zum Beispiel so aus:

ptrA enthält die Adresse von a: 0xbffffc6f *(Byte...111)*
ptrA enthält die Adresse von b: 0xbffffc6d *(Byte...109)*
ptrA enthält die Adresse von c: 0xbffffc6b *(Byte...107)*

Daran lässt sich wunderbar erkennen, dass ein Zeiger immer nur die Adresse des ersten Bytes kennzeichnet. Erst durch den Datentyp des Zeigers (hier short *, *Zeiger auf short*) ergibt sich, dass 2 Bytes für ein short gelesen werden müssen.

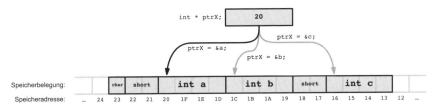

*Ein int-Zeiger (int *) kann auf jedes beliebige erste Byte eines int zeigen.*

AUFGEPASST

Beachten Sie, dass Sie nicht unbedingt davon ausgehen können, dass nacheinander deklarierte Variablen auch wirklich hintereinander im Speicher liegen. Wo Ihre Variablen tatsächlich im Speicher abgelegt werden, obliegt der C-Implementierung und dem Betriebssystem.

Von der Adresse zum Wert

Ein Zeiger ist keine Einbahnstraße. Sie können über einen Zeiger auch jederzeit den Wert auslesen, der an der Speicheradresse gespeichert ist. Hier spielt der Verweisoperator die wichtigste Rolle. Und ganz wild wird es, wenn Sie einen Zeiger haben, der auf einen anderen Zeiger deutet, und Sie dann den Wert der Adresse der Adresse ermitteln wollen.

Aber fangen wir von vorne an.

Der Verweisoperator

So wie Sie mit dem Adressoperator & die Adresse einer Variablen ermitteln, so können Sie mit dem Verweisoperator * (*indirection operator*) den Wert ermitteln, der an einer Adresse gespeichert ist:

```
#include <stdio.h>
int main()
{
    char aChar = 'M';
    char * ptrX = &aChar;
    printf("ptrX enthält die Adresse: %p\n", ptrX);
    printf("ptrX zeigt auf den Wert: %c\n", *ptrX);
    return 0;
}
```

Das Ergebnis sieht so aus:

```
ptrX enthält die Adresse: 0xbffffc6f
ptrX zeigt auf den Wert: M
```

Wenn Sie den Zeiger nur als `ptrX` schreiben, dann erhalten Sie die Adresse, die im Zeiger gespeichert ist. Wenn Sie dem Zeiger den Stern * voranstellen, erhalten Sie den Wert, der an der Adresse gespeichert ist.

Ein Zeiger ist damit also keine Einbahnstraße. Sie können über ihn auch jederzeit auf den Wert zugreifen. Sie brauchen dafür nur der Zeigervariablen den Verweis-operator * voranzustellen.

Merken Sie sich also:

- Mit dem Adressoperator & erhalten Sie immer eine Speicheradresse.

- Mit * erhalten Sie immer den Wert, der an einer Speicheradresse abgespeichert ist.

Das folgende Beispiel verwendet einen Zeiger, um wechselweise auf unterschied-liche Helden in einem fiktiven Spiel zu zeigen und deren Gesundheit abzufragen. Man könnte das zum Beispiel als Ausgangsbasis nehmen, um die Gesundheit über diesen Zeiger nicht nur auszugeben, sondern auch zu verändern.

```c
#include <stdio.h>

int main()
{
    int eingabe;
    char weiter = '0';
    int held1 = 48;
    int held2 = 15;
    int held3 = 100;
    int * zeiger;
    do
    {
        printf("\nAlles noch Gesund und lebendig?\n");
        printf("Geben Sie die Nummer des Helden ein:\n");
        printf("-----------------------------------\n");
        printf("Held 1 \t(1)\n");
        printf("Held 2 \t(2)\n");
        printf("Held 3 \t(3)\n");
        printf("Abbruch \t(0)\n\n");
        printf("Auswahl: ");
        scanf("%d", &eingabe);
        switch(eingabe)
        {
```

```
            case 0: break;
            case 1 : zeiger = &held1;
                printf("\nGesundheit Held 1: %d\n\n",*zeiger);
                printf("(w) für weiter...\n\n");
                while (weiter != 'w') scanf(" %c", &weiter);
                weiter = '0'; break;
            case 2 : zeiger = &held2;
                printf("\nGesundheit Held 2:  %d\n\n",*zeiger);
                printf("(w) für weiter...\n\n");
                while (weiter != 'w') scanf(" %c", &weiter);
                weiter = '0'; break;
            case 3 : zeiger = &held3;
                printf("\nGesundheit Held 3:  %d\n\n",*zeiger);
                printf("(w) für weiter...\n\n");
                while (weiter != 'w') scanf(" %c", &weiter);
                weiter = '0'; break;
            default: break;
        }
    }while(eingabe != 0);
    return 0;
}
```

Der Vorteil der Verwendung eines Zeigers hier liegt darin, dass Sie sich im weiteren Verlauf eines einzelnen case nicht mehr merken müssen, welcher Held gerade behandelt wird. So kann hier in jedem printf derselbe Ausdruck *zeiger stehen, und doch wird immer ein anderer Held ausgegeben. Der Code für die einzelnen Fälle wird damit komplett austauschbar und leichter zu warten. Natürlich entfaltet das erst dann seine volle Nützlichkeit, wenn Sie mit dem Helden noch mehr machen, als nur seine Gesundheit in einem printf auszugeben.

Da ein Zeiger eine *Referenz* auf eine Adresse im Speicher darstellt, nennt man die Verwendung von * auch die *Dereferenzierung* eines Zeigers. Ausgehend von einer Adresse (in einem Zeiger) erhalten Sie damit also wieder den Wert.

GRUNDLAGEN

Der Stern * wird in C also insgesamt für drei verschiedene Aufgaben verwendet:

1. Als Verweisoperator ist der Stern ein unärer Operator und steht immer vor einem Zeiger (*ptrX).

2. Bei der Deklaration eines Zeigers wird der Stern als Typkennzeichnung des Zeigers und als Eselsbrücke verwendet. Als Eselsbrücke deshalb, weil die Deklaration int * ptrX einen daran erinnert, dass man ein int erhält, wenn man später im Code * ptrX schreibt.

3. Als Multiplikationsoperator ist der Stern ein binärer Operator und steht damit immer zwischen den zwei Variablen oder Ausdrücken, die miteinander multipliziert werden sollen. (varA * varB;).

Beim Schreiben einer Pointer-Deklaration empfehle ich, eine Leerstelle nach dem * zu setzen (int * ptrX), um den Stern bei der Deklaration klar vom Verweisoperator abzuheben, den ich immer ohne Leerstelle vor der Variablen schreibe (*ptrX).

Natürlich können Sie nicht nur lesend auf den Wert zugreifen, Sie können den Wert an der Speicherstelle mit Hilfe des Verweisoperators auch verändern wie in folgendem Beispiel:

```
#include <stdio.h>
int main()
{
    char aChar = 'M';
    char * ptrX = &aChar;
    *ptrX = 'K';
    printf("ptrX enthält die Adresse: %p\n", ptrX);
    printf("ptrX zeigt auf den Wert: %c\n", *ptrX);
    return 0;
}
```

Hier wird in der fett geschriebenen Zeile der Wert der Variablen aChar von M auf K geändert, und zwar über den Zeiger ptrX.

Das ist dasselbe wie die direkte Zuweisung an die Variable:

```
aChar = 'K';
```

Natürlich müssen Sie dabei darauf achten, dass der Wert, den Sie zuweisen, auch den richtigen Datentyp hat. Wenn der Zeiger vom Datentyp int * ist, dann sollten Sie auch nur den Datentyp int zuweisen und nicht etwa einen anderen Datentyp, wie zum Beispiel ein float.

Der Vorteil von *ptrX liegt darin, dass Sie bei fortgeschrittener Programmiertechnik nur einen einzigen Zeiger brauchen, der einmal auf die eine Variable, ein anderes Mal auf eine andere Variable zeigen kann.

Zeiger auf Zeiger

Da auch Zeiger wiederum Platz im Speicher beanspruchen, und zwar vier Byte, wie wir inzwischen wissen, müssen diese natürlich ebenfalls eine Speicheradresse besitzen. Das bedeutet, Sie können auch einen Zeiger auf einen Zeiger anlegen. Dies lässt sich sogar in beliebiger Tiefe fortsetzen. In der Praxis werden Sie jedoch selten mehr als eine Schachtelung benötigen.

Schauen Sie sich hier das folgende Beispiel an:

```
#include <stdio.h>
int main()
{
    int a = 8;
    int * ptrA = &a;
    int ** ptrB = &ptrA; //Zeiger auf: Zeiger auf int
    printf("ptrA enthält Adresse %p\n", ptrA);
    printf("*ptrA zeigt auf Wert %d\n", *ptrA);
    printf("ptrB enthält Adresse %p\n", ptrB);
    printf("*ptrB zeigt auf Adresse %p\n", *ptrB);
    printf("**ptrB zeigt auf Wert %d\n", **ptrB);
    return 0;
}
```

Das Ergebnis sieht zum Beispiel so aus:

```
ptrA enthält Adresse 0xbffffc6c
*ptrA zeigt auf Wert 8
ptrB enthält Adresse 0xbffffc68
*ptrB zeigt auf Adresse 0xbffffc6c
**ptrB zeigt auf Wert 8
```

Der Zeiger ptrB wird hier in der fett gedruckten Zeile mit dem Datentyp *Zeiger auf Zeiger auf char* angelegt (int **). Bei der Deklaration eines Zeigers auf einen Zeiger müssen Sie also zwei Verweisoperatoren schreiben. Als Wert wird bei der Initialisierung dann der Datentyp *Zeiger auf char* erwartet, das ist hier die Adresse des Zeigers ptrA (&ptrA). Damit enthält ptrB dann die Adresse eines *Zeigers auf int*. ptrB ist damit vom Datentyp *Zeiger auf Zeiger auf int*.

Beachten Sie, dass Sie zwar den Verweisoperator mehrfach anwenden können (**ptrB), nicht jedoch den Adressoperator &. Durch Wiederholung von * können Sie auf den Wert der Adresse einer Adresse zugreifen, jedoch nicht durch wiederholte Anwendung von & die Adresse einer Adresse ermitteln. Folgende fett gedruckte Anweisung ist daher nicht zulässig und führt zu einem Fehler beim Kompilieren:

```
#include <stdio.h>
int main()
{
    int a = 8;
    int * ptrA = &a;
    int ** ptrB = &ptrA;
    int * ptrC = &&ptrB; //Nicht möglich!
    //...
    return 0;
}
```

Zeiger statt Variablen

Dank der Dereferenzierung mit dem Verweisoperator können Zeiger auch wie ganz normale Variablen behandelt werden. Sie müssen dann nur beim Schreiben der Zeiger darauf achten, den Verweisoperator nicht zu vergessen.

Hier ein Beispiel, in welchem der Wert von zwei int-Variablen über dereferenzierte Zeiger multipliziert wird:

```
#include <stdio.h>
int main()
{
    int ergebnis;
    int intA = 5;
    int intB = 9;
    int * ptrErgebnis = &ergebnis;
    int * ptrA = &intA;
```

```
    int * ptrB = &intB;
    *ptrErgebnis = (*ptrA) * (*ptrB);
    printf("ptrErgebnis enthält: %d\n", *ptrErgebnis);
    printf("ergebnis enthält: %d\n", ergebnis);
    return 0;
}
```

Das Ergebnis ist wie erwartet 45:

```
ptrErgebnis enthält: 45
ergebnis enthält: 45
```

Mit anderen Worten: Der Ausdruck (*ptrA) * (*ptrB) ist identisch zu intA * intB.

TIPP

Beachten Sie, wie durch die Klammerung der Zeiger für eine klare Trennung zum Multiplikationsoperator gesorgt wird. Streng genommen ist das zwar in diesem Fall nicht nötig, da der Verweisoperator immer vor den arithmetischen Operatoren ausgewertet wird, es erleichtert aber das Lesen des Codes erheblich.

Ganz egal, welche Adresse der Zeiger gerade besitzt, mit * können Sie immer auf den Wert an dieser Adresse zugreifen.

Wenn Sie jedoch vergessen sollten, dass in einer Variablen ein Zeiger steckt und Sie versuchen eine Operation mit dem Zeiger direkt (statt mit dem Wert, auf den er zeigt),erhalten Sie eine Fehlermeldung. So ist eine Multiplikation von Zeigern zum Beispiel nicht erlaubt und führt zu einer Fehlermeldung wie in folgendem Beispiel:

```
#include <stdio.h>
int main()
{
    int ergebnis;
    int intA = 5;
    int intB = 9;
    int * ptrA = &intA;
    int * ptrB = &intB;
    ergebnis = ptrA * ptrB;
    return 0;
}
```

In der fett gedruckten Zeile werden die Zeiger `ptrA` und `ptrB` multipliziert. Dabei wurde leider der Verweisoperator vergessen. Mit anderen Worten: Hier wird versucht, zwei Speicheradressen miteinander zu multiplizieren, und das ist eine Operation, die mit Zeigern nicht erlaubt ist.

Achten Sie daher darauf, den Verweisoperator zu setzen, wenn Sie mit dem Wert, auf den der Zeiger weist, arbeiten wollen und nicht mit seiner Adresse.

Das bedeutet aber nicht, dass man mit der Adresse in Zeigern überhaupt nicht rechnen kann. Es gibt durchaus ein paar arithmetische Operatoren, deren Anwendung erlaubt ist. Welche das sind, darauf wird zwei Abschnitte weiter eingegangen.

Zeigertypen

Wie normale Variablen haben auch Zeiger ihren Datentyp, und wie erwartet, kann man auch hier Zeiger von einem Datentyp in einen anderen umwandeln. Das dies jedoch nicht ganz ungefährlich ist und ein klares Verständnis für Zeiger erfordert, zeigt dieses Kapitel auf. Eine Typumwandlung am falschen Ort kann Ihren Speicher gehörig durcheinanderbringen und damit das Programm zum Absturz. Der folgende Abschnitt widmet sich daher den Gefahren dieser Technik besonders ausführlich. Danach werden zwei besondere Zeigerarten vorgestellt, die bei Typumwandlungen hilfreich sind.

Typumwandlung

Ein Zeigertyp kann nicht implizit in einen anderen Zeigertyp umgewandelt werden!

Im Gegensatz zu den elementaren Datentypen wie `int`, `long`, `float` und so weiter können die abgeleiteten Datentypen eines Zeigers wie `char *`, `int *`, `float *` nicht einfach stillschweigend untereinander umgewandelt werden.

Sie erinnern sich daran, dass eine Zuweisung wie die folgende im Code keine Fehlermeldung des Compilers erzeugt:

```
int a = 2; char b = 3;
a = b;
```

Die Ganzzahl im char b wird problemlos vom int a aufgenommen. Umgekehrt kann es zwar zu unsinnigen Ergebnissen kommen, da der kleinere Datentyp große int-Zahlen nicht aufnehmen kann, der Compiler meckert aber trotzdem nicht. Es liegt ganz an Ihnen, darauf acht zu geben.

Bei Zeigern ist der Compiler jedoch äußerst streng und meckert bei jeder Typumwandlung:

```
#include <stdio.h>
int main()
{
    int a = 2;
    char b = 3;
    int * ptrA = &a;
    char * ptrB = &b;
    ptrA = ptrB;
    return 0;
}
```

Hier erhalten Sie die Fehlermeldung »*assignment from imcompatible pointer type*«.

ptrA hat den Datentyp int * (*Zeiger auf int*) und soll den Inhalt von ptrB aufnehmen. ptrB ist aber vom Datentyp char *. Das heißt, ptrA zeigt auf ein 4 Byte großes int, ptrB auf ein 1 Byte großes char.

Eine stillschweigend vorgenommene Typumwandlung findet hier nicht statt. Der Compiler weigert sich also, und zwar mit gutem Grund, wie Sie noch sehen werden.

Das bedeutet, einen Zeiger kann man nur explizit von einem Datentyp in einen anderen umwandeln. Damit geben Sie dem Compiler zu erkennen, dass Sie wirklich wissen, was Sie tun, und eine Fehlermeldung bleibt aus.

Für die explizite Typumwandlung müssen Sie wieder den unären Cast-Operator verwenden. Sie haben diesen schon im Kapitel *Elementare Datentypen* kennengelernt. Die Klammern des Cast-Operators werden wieder dem umzuwandelnden Datentyp vorangestellt. In der Klammer wird dann der Datentyp geschrieben, in den umgewandelt werden soll:

```
#include <stdio.h>
int main()
{
    int a = 2;
```

```
    char b = 3;
    int * ptrA = &a;
    char * ptrB = &b;
    ptrA = (int *)ptrB;
    printf("ptrA zeigt auf Wert: %d\n", *ptrA);
    return 0;
}
```

Hier wird ptrB vor der Zuweisung an ptrA in den Datentyp int * (*Zeiger auf int*) umgewandelt, denn das ist der einzige Datentyp, den ptrA aufnehmen kann.

Danach wird im printf über *ptrA auf den Wert, der sich hinter der neuen Adresse verbirgt, zugegriffen. Dabei erhalten Sie aber eine scheinbar völlig unsinnige Ganzzahl als Ergebnis. Das Problem, welches Sie sich nämlich mit dieser Typumwandlung eingehandelt haben, verdeutlichen die folgenden beiden Abbildungen.

Die erste Abbildung zeigt den Ausgangszustand. Jeder Zeiger zeigt auf eine andere Speicheradresse mit dem entsprechenden Datentyp. ptrA zeigt auf das erste Byte eines int und ptrB auf das einzige Byte eines char.

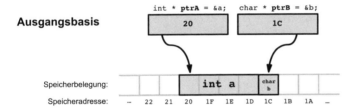

Zwei Zeiger zeigen auf verschiedene Speicheradressen.

Nach der Typumwandlung ptrA = (int *)ptrB; sieht es so aus wie in der folgenden Darstellung:

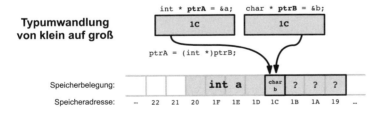

Ein int-Zeiger (ptrA) liest das einzige Byte eines char und die drei dahinter liegenden Bytes eines unbekannten Speicherbereichs ein.

Der Zeiger ptrA enthält nach der Zuweisung die Adresse aus ptrB. ptrA zeigt also genau so wie ptrB auf das char an der Adresse 1C. Der Zeiger ptrA hat aber den Datentyp int *, liest an dieser Stelle also 4 Bytes ein – und damit über die Grenzen des char hinaus in den angrenzenden Speicherbereich (in der Abbildung die drei Fragezeichen). Was auch immer an dieser Stelle gespeichert ist, Sie wollen es sicher nicht mit dem ersten Byte zusammen als eine Zahl interpretieren.

Beim Lesen ist so etwas noch nicht weiter schlimm, Sie erhalten eben nur unsinnige Ergebnisse. Wenn Sie jedoch über ptrA an diese Stelle schreiben, überschreiben Sie 4 Byte und damit auch die ersten drei Byte des Wertes, der hinter dem char b gespeichert ist. Verwenden Sie ptrB oder die Variable b, gibt es jedoch keine Probleme, da Sie den Datenyp char bzw. char * haben und damit nur ein Byte lesen und schreiben.

Solche unsinnigen Zeiger, die in anderen Speicherplätzen herumwildern, sind unter allen Umständen zu vermeiden. Das Programm ist damit nicht mehr beherrschbar und stellt sogar eine Gefahr für die Daten dar, die Sie damit bearbeiten. Wenn Sie Glück haben, stürzt das Programm ab, bevor Schlimmeres passiert.

AUFGEPASST

In den obigen Abbildungen habe ich die Zeiger der Übersichtlichkeit wegen über dem Speicher eingezeichnet. Tatsächlich sind die Zeiger aber natürlich ebenfalls in der Reihe *Speicherbelegung* in einer Reihe mit den anderen Werten abgelegt worden. In diesen Beispielen befinden sich diese sogar sehr wahrscheinlich direkt hinter dem char b. Sie können sich beim Schreiben an dieser Stelle also sogar den Zeiger überschreiben, den Sie zum Schreiben verwenden, und sich damit quasi den Teppich unter den Füßen wegziehen. Das Programm wird damit völlig unberechenbar.

Auch umgekehrt, bei Typumwandlungen von groß auf klein, passiert Ähnliches. Das folgende Diagramm zeigt dies auf. Ich überlasse es Ihnen, den Vorgang im Detail nachzuvollziehen. Das Ergebnis ist jedenfalls, dass Sie hier über ptrB auf das erste Byte des int a zugreifen. Beim Lesen erhalten Sie damit wieder ein unsinniges Ergebnis, da Sie nur das erste Byte des int auslesen. Weisen Sie dieser Speicherstelle über ptrB jedoch einen neuen Wert zu, wird das int sogar zerstört, da sein erstes Byte überschrieben wird.

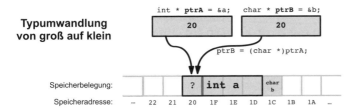

**Typumwandlung
von groß auf klein**

`int * ptrA = &a;`   `char * ptrB = &b;`

20   20

`ptrB = (char *)ptrA;`

Speicherbelegung: ? **int a** char b

Speicheradresse: ··· 22 21 20 1F 1E 1D 1C 1B 1A ···

Ein char-Zeiger (ptrB) zeigt auf das erste Byte eines `int` *und gefährdet damit den an dieser Stelle gespeicherten int-Wert.*

Beachten Sie bei jeglicher Typumwandlung von Zeigern, dass äußerste Vorsicht anzuraten ist. Allzu leicht kann es zu Zeigern führen, die auf fremde Speicherbereiche verweisen, einfach weil sie falsch »gecastet« wurden.

> **HILFE**
>
> Programmierer verwenden bei Typumwandlungen oft die englischen Ausdrücke *cast* oder *type cast*, eingedeutscht spricht man vom »Vorgang der Typumwandlung« und daher auch von »casten«.

Sie werden diese Art der expliziten Typumwandlung selten benötigen, und wenn, dann eher bei Datentypen gleicher Größe oder zum Beispiel bei Zeigern auf Arrays. Ein Beispiel einer sinnvollen Typumwandlung muss ich Ihnen daher noch ein paar Seiten schuldig bleiben.

Falls Sie jedoch noch gar nicht wissen, welchen Datentyp ein Zeiger einmal erhalten soll, oder wenn Sie einen Zeigertyp brauchen, der nur die Adresse aufnimmt, ohne Information über Bytegrößen, dann sollten Sie einen `void`-Zeiger verwenden.

Der void-Zeiger

Ein `void`-Zeiger ist ein Zeiger auf eine Speicheradresse ohne irgendeine Information darüber, welcher Datentyp an dieser Stelle abgelegt ist. Wo ein normaler Zeiger immer eine Adresse und einen Datentyp besitzt, da hat ein `void`-Zeiger nur eine Adresse und keinen Datentyp.

Genau genommen hat ein `void`-Zeiger den Datentyp `void`. *Void* bedeutet *Leere* und ist damit ein treffender Name für etwas, was keine Form hat, aber einen Ort. Sie werden diesem leeren Platzhalter-Datentyp auch noch bei den Funktionen begegnen.

void-Zeiger werden gerne überall dort verwendet, wo der Datentyp noch nicht bekannt ist. Außerdem kann man mit void-Zeigern auf einfachere Art und Weise als mit der expliziten Typumwandlung Adressen zwischen Zeigern austauschen.

Ein *Zeiger auf void* wird auf folgende Art deklariert:

```
void * ptrX;
```

ptrX ist damit vom Datentyp *Zeiger auf void*.

Das folgende Beispiel zeigt, wie ein void-Zeiger die Adresse einer beliebigen Speicherstelle aufnehmen kann, unabhängig davon, ob dort ein char oder int oder irgendein anderer Datentyp gespeichert ist. Des Weiteren kann jeder Zeigertyp auch die Adresse aus einem void-Zeiger aufnehmen – ganz ohne explizite Typumwandlung.

```
#include <stdio.h>
int main()
{
    int a = 2;
    char b = 3;
    void * ptrX = &a;
    void * ptrY = &b;
    int * ptrA = ptrX;
    char * ptrB = ptrY;
    printf("ptrA zeigt auf %d\n", *ptrA);
    printf("ptrB zeigt auf %d\n", *ptrB);
    return 0;
}
```

Ein void-Zeiger kann nicht mit dem Verweisoperator * dereferenziert werden.

Es ist klar warum. Ein void-Zeiger enthält keine Informationen darüber, wie viele Bytes an seiner Adresse gelesen werden müssen, um ein sinnvolles Ergebnis zu erhalten.

Die Adresse in einem void-Zeiger muss daher immer erst einem entsprechenden Zeiger mit dem gewünschten Datentyp übergeben werden. In obigem Beispiel werden dafür die void-Zeiger ptrX und ptrY den Zeigern ptrA und ptrB zugewiesen. Danach ist in den Zeigern ptrA und ptrB nicht nur die Adresse aus den void-Zeigern vorhanden, sondern auch die Information über die Anzahl der Bytes, die dort gelesen werden müssen.

Mit anderen Worten, Sie können an der Adresse, die in einem void-Zeiger gespeichert ist, weder Werte lesen noch schreiben. void-Zeiger sind nur für den Transport einer Speicheradresse zuständig, nicht für einen Zugriff darauf.

Der NULL-Zeiger

Neben dem void-Zeiger gibt es auch noch den NULL-Zeiger. Ein Null-Zeiger ist nichts anderes als ein konstanter Zeiger mit dem Wert NULL.

Der Wert NULL ist ein Makro, welches in mehreren Header-Dateien der Standard C Library definiert ist und die Zahl 0 darstellt. Ein Wert von 0 wird von C nicht als Speicheradresse interpretiert. NULL dient damit als Platzhalterwert, wenn noch keine gültige Speicheradresse vorliegt.

Sie erhalten solch einen NULL-Zeiger zum Beispiel als Rückgabewert von Funktionen. Diese zeigen damit an, dass die Funktion fehlgeschlagen ist.

Sie können einen Null-Zeiger auch bewusst selbst erzeugen:

```
char * ptrX = NULL;
```

Ein NULL-Zeiger ist also kein Zeigerdatentyp, vielmehr kann jeder Zeiger den Wert NULL annehmen wie in obiger Zeile ein Zeiger vom Typ char *.

Da man mit einem NULL-Zeiger natürlich nicht arbeiten kann, sollte man generell vor der Verwendung eines Zeigers, den man aus einer fremden Funktion erhalten hat, diesen auf den Wert NULL überprüfen. Der Vergleich funktioniert so:

```
#include <stdio.h>
int main()
{
    char * ptrX = NULL;
    if (ptrX == NULL) printf("Ungültiger Zeiger!\n");
    return 0;
}
```

Ein Null-Zeiger zeigt auf keine Stelle im Arbeitsspeicher und ist damit nicht als Zeiger verwendbar, solange man ihm keine Adresse mit dem entsprechenden Datentyp zuweist. Mehr dazu im Kapitel *Funktionen*.

Höhere Zeigermagie

Wenn man Zeiger auf Arrays zeigen lässt oder sogar ein Array mit Zeigern füllt und dann auch noch Schleifen über dem Speicher dreht, entfalten Zeiger ihre ganze Magie. Und dies ist gar nicht so schwierig, wie die Überschrift vermuten lässt. Die folgenden Techniken gehören zur Grundlage von C und werden Ihnen im späteren Verlauf immer wieder begegnen.

Die Grundlage der Zeigermagie bildet dabei eine ganz einfache Tatsache: Man kann mit Speicheradressen rechnen!

Mit Zeigern rechnen und vergleichen

Einer der Gründe, warum man überhaupt Zeiger verwendet, ist der, dass man mit ihnen rechnen kann. Dabei sind nicht alle arithmetischen Operatoren erlaubt, sondern nur Addition, Subtraktion und der Inkrement- und Dekrement-Operator – und diese auch nur mit Ganzzahlen.

Durch Verwendung dieser arithmetischen Operatoren können Sie, abhängig von der Startadresse in einem Zeiger, den Speicher quasi Byte für Byte analysieren.

In den nächsten Abschnitten wird dies noch häufig verwendet werden. Hier daher erst einmal nur die Theorie an möglichst einfachen Beispielen.

```
#include <stdio.h>
int main()
{
    int x   = 1;
    int * ptrX = &x;
    printf("ptrX zeigt auf die Adresse %p\n", ptrX);
    ptrX = ptrX + 2;
    printf("ptrX zeigt auf die Adresse %p\n", ptrX);
    return 0;
}
```

Hier wird auf den Zeiger ptrX die Zahl 2 addiert.
Das printf gibt die Speicheradressen vor und nach der Addition aus:

```
ptrX zeigt auf die Adresse 0xbffffc6c (Dezimal ...556)
ptrX zeigt auf die Adresse 0xbffffc74 (Dezimal ...564)
```

Die Speicheradresse in `ptrX` ist also um 8 Byte weitergerückt!

Warum 8 Byte? Weil der Zeiger `ptrX` den Datentyp `int *` hat und ein `int` entsprechend 4 Byte an Speicher einnimmt. Der Adresse im Zeiger wurden also zwei `int`-Breiten an Bytes hinzugefügt, was 8 Byte ergibt. Die Adresse zeigt danach 8 Byte hinter die ursprüngliche Adresse.

Ich lasse hier einmal die Frage außen vor, ob dort auch etwas Sinnvolles gespeichert ist, Hüten Sie sich daher davor, dieses einfache Beispiel zu verwenden, um an dieser Stelle etwas in den Speicher zu schreiben. Sie bringen Ihr Programm damit früher oder später zum Absturz.

AUFGEPASST

Beachten Sie immer, dass die Addition und Subtraktion von ganzen Zahlen zu Speicheradressen immer vom verwendeten Zeigerdatentyp abhängig ist. Wenn von einem Zeiger 3 subtrahiert oder addiert werden, dann werden immer *3 * (Größe des Datentyps in Byte)* addiert oder subtrahiert.

Genau so können Sie auch die Inkrement- und Dekrement-Operatoren auf Zeiger anwenden. Das folgende Beispiel reduziert einen `long double`-Zeiger um eins. Ein `long double` ist bekanntermaßen 16 Byte groß, von der Speicheradresse werden damit also 16 Byte abgezogen.

```c
#include <stdio.h>
int main()
{
    long double x  = 1.23e-45;
    long double * ptrX = &x;
    printf("ptrX zeigt auf die Adresse %p\n", ptrX);
    ptrX--;
    printf("ptrX zeigt auf die Adresse %p\n", ptrX);
    return 0;
}
```

Das Ergebnis sieht zum Beispiel so aus:

```
ptrX zeigt auf die Adresse 0xbffffc50 (Dezimal ...528)
ptrX zeigt auf die Adresse 0xbffffc40 (Dezimal ...512)
```

Auch für dieses Beispiel gilt die Warnung, dass Sie es nicht verwenden sollten, um an dieser Stelle etwas zu schreiben.

Neben den arithmetischen Operatoren können Sie Zeiger natürlich auch noch vergleichen, zum Beispiel darauf hin, ob sie dieselbe Adresse enthalten:

```
#include <stdio.h>
int main()
{
    int a  = 0;
    int * ptrA = &a;
    int * ptrB = ptrA;
    if(ptrA == ptrB)
    {
        printf("Beide Zeiger haben dieselbe Adresse!\n");
    }
    return 0;
}
```

Auch die Vergleichsoperatoren != , <, >, >= und <= sind bei Zeigern erlaubt.

Array-Namen sind Zeiger

Bisher wurden Zeiger nur auf einfache Datentypen behandelt. Ein großes Kapitel fehlt daher noch: Zeiger auf Arrays. Hier gibt es jedoch eine erstaunliche Entdeckung zu machen:

Ein Array-Name ist bereits ein Zeiger!

Der folgende Code beweist diese Behauptung:

```
#include <stdio.h>
int main()
{
    int xAchse[] = {2, 5, 9, 7, 3};
    printf("*xAchse ist %d\n", *xAchse);
    return 0;
}
```

Hier wird der Name des Arrays mit dem Verweisoperator * dereferenziert (*xAchse). Als Ergebnis erhalten Sie den ersten Wert des Arrays, die 2. Dass Sie den Verweisoperator auf den Namen des Arrays anwenden können, zeigt, dass der Name des Arrays die Adresse des ersten Bytes des ersten Feldes im Array darstellt und vom Typ int * ist.

Mit anderen Worten, die folgenden beiden Schreibweisen sind identisch:

```
#include <stdio.h>
int main()
{
    int xAchse[] = {2, 5, 9, 7, 3};
    printf("*xAchse ist %d\n", *xAchse); //Zeigerschreibweise
    printf("xAchse[0] ist %d\n", xAchse[0]); //Array-Schreibweise
    return 0;
}
```

Beide Ausdrücke haben das gleiche Ergebnis, nämlich den ersten Wert des Arrays:

```
*xAchse ist 2
xAchse[0] ist 2
```

Mit anderen Worten, ein Array-Name ist ein Zeiger vom Datentyp des Arrays, in obigem Beispiel von int *. Nur dieser enthält die Information, dass nach vier Byte mit dem Lesen aufgehört werden muss, um den Wert des ersten Feldes zu erhalten.

Der Subskript-Operator im Array bewirkt mit seinem Index, dass von der Anfangsadresse, die ja im Namen des Arrays gespeichert ist, so viele Bytes weitergezählt wird, wie der Datentyp des Arrays groß ist. Bei einem int werden also mit jedem Schritt vier Bytes addiert. Das ist es also, was im Hintergrund tatsächlich beim Subskript-Operator geschieht. Er ist nichts anderes als eine besondere Schreibweise für Zeiger, die den Umgang mit Arrays erleichtert – aber auch einschränkt. So können Sie einem Array-Namen zum Beispiel keine andere Adresse zuweisen. Der Name eines Arrays ist also eine Konstante. Mit Zeigern haben Sie mehr Freiheit beim Arbeiten im Array.

Nicht nur für den ersten Wert im Array, sondern auch für die folgenden gibt es eine Zeigerschreibweise. Nach dem bisher Gesagten sind Sie vielleicht schon selbst darauf gekommen: Sie können zum Array-Namen ja einfach eine Ganzzahl addieren, um im Array weiterzuspringen.

```
#include <stdio.h>
int main()
{
    int xAchse[] = {2, 5, 9, 7, 3};
    printf("*(xAchse+2) ist %d\n", *(xAchse+2)); //Zeigerschreib-
        weise
    printf("xAchse[2] ist %d\n", xAchse[2]); //Array-Schreibweise
```

```
    return 0;
}
```

Als Ergebnis erhalten Sie wie erwartet den dritten Wert des Arrays:

```
*(xAchse+2) ist 9
xAchse[2] ist 9
```

Dies ist dann auch eine erste wirklich sinnvolle Anwendung eines arithmetischen Operators auf einen Zeiger. Sie können durch Addition oder Subtraktion des Array-Namens bequem im Array navigieren.

AUFGEPASST

Wenn Sie ganze Zahlen zu einem Array-Namen addieren oder subtrahieren, obliegt es allein Ihrer Gewissenhaftigkeit als Programmierer, darauf zu achten, dass die Adresse immer innerhalb des Arrays liegt und nicht bereits in Speicherbereichen außerhalb Ihrer Daten herumwildert. Sie und die einzelnen Bytes stehen sich hier ganz alleine, ohne Sicherungsnetz, Auge in Auge gegenüber. Sie tragen damit wesentlich mehr Verantwortung als in jeder anderen Programmiersprache, von den Assemblersprachen einmal abgesehen!

Falsch gesetzte Zeiger führen zu Datenverlusten und Abstürzen, eventuell sogar über die Grenzen Ihres Programms und seiner Daten hinaus!

Im folgenden Beispiel werden in der Zeigerschreibweise die Speicheradressen und nicht die Werte ausgegeben:

```
#include <stdio.h>
int main()
{
    int xAchse[] = {2, 5, 9, 7, 3};
    printf("xAchse ist %p\n", xAchse); //Zeigerschreibweise
    printf("xAchse+1 ist %p\n", xAchse + 1); //Zeigerschreibweise
    return 0;
}
```

Das Ergebnis sieht zum Beispiel so aus:

```
xAchse ist 0xbffffc5c (Dezimal: ...540)
xAchse+1 ist 0xbffffc60 (Dezimal: ...544)
```

Die Adresse ist genau vier Byte weitergerückt.

Für die Ausgabe einer Adresse können Sie nicht die Array-Schreibweise (xAch-se[2]) verwenden, da diese immer direkt auf den Wert Bezug nimmt. Sobald Sie die eckigen Klammern des Subskriptoperators schreiben, greifen Sie immer auf den Wert zu. Sie können jedoch den Adressoperator auf die Array-Schreibweise anwenden, um die Adresse eines Elements im Array zu ermitteln:

```
#include <stdio.h>
int main()
{
    int xAchse[] = {2, 5, 9, 7, 3};
    printf("&(xAchse[1]) ist %p\n", &(xAchse[1]));
    return 0;
}
```

Als Ergebnis erhalten Sie die Adresse des ersten Bytes des zweiten Array-Elements:

```
&(xAchse[1]) ist 0xbffffc60
```

Sie können auch zu einer Zeichenkette, die Sie an eine Funktion übergeben, Werte addieren:

```
#include <stdio.h>
#include <string.h>
int main()
{
    char text[81] = "abcdefg";
    int laenge = strlen(text + 3);
    printf("Die Zeichenkette ist %d Zeichen lang.\n", laenge);
    return 0;
}
```

Jetzt erhalten Sie als Ergebnis:

```
Die Zeichenkette ist 4 Zeichen lang.
```

Mit anderen Worten: Sie haben eine am Anfang gekürzte Zeichenkette übergeben, da Sie durch Addition auf den Array-Namen die Adresse erhöht haben. Der Anfang der übergebenen Zeichenkette liegt also mitten in der Originalzeichenkette.

Mit den Inkrement- und Dekrement-Operatoren lässt sich auch prima in einer Schleife über den Speicher surfen, so wie in folgendem kurzen Beispiel, das nicht die Array-Schreibweise verwendet, sondern die Zeigerschreibweise. Auf eine Zählvariable kann in dieser Schleife verzichtet werden:

```c
#include <stdio.h>
#define ANZAHL 10

int main()
{
    int x[ANZAHL] = {11,12,13,14,15,16,17,18,19,20};
    int * ptrX;
    for(ptrX = x; ptrX < (x + ANZAHL); ++ptrX)
    {
        printf("%d\n", ++(*ptrX));
    }
    return 0;
}
```

Das Besondere an diesem Beispiel ist die Tatsache, dass hier der Zeiger direkt im Schleifenkopf verwendet wird.

- Im ersten Teil des Schleifenkopfs erhält der Zeiger ptrX die Adresse von Array x (ptrX = x). Damit beginnt die Schleife an der Startadresse von x.

- Im zweiten Teil wird ptrX für die Ausführbedingung verwendet: ptrx < (x + ANZAHL). Dabei macht es sich positiv bemerkbar, dass die Addition einer Zahl zu einem Zeiger seinem Typ entsprechend Bytes addiert. Die Addition von AN- ZAHL zu x führt also zum ersten Byte hinter dem Array. Wenn dieses erreicht wird, ist das gesamte Array durchlaufen worden, und die Schleife wird beendet.

- Im letzten Teil des Schleifenkopfs wird ptrX um eins erhöht. Damit zeigt ptrX auf die nächste Adresse des Arrays und ist bereit für die nächste Runde in der Schleife.

Als Ergebnis wird das ganze Array ausgegeben, aber jeder Wert darin wurde um 1 erhöht. Das geschieht durch den Ausdruck ++(*ptrX) im printf. Hier habe ich eine Klammer verwendet, um den Ausdruck klarer verständlich zu machen. Es ist der Wert *ptrX, der mit ++ erhöht wird, nicht die Adresse ptrX! Außerdem ist die korrekte Position des ++ zu beachten. Es muss vor dem Wert stehen, damit die Erhöhung vor der Verwendung durch das printf geschieht.

GRUNDLAGEN

Beachten Sie den Unterschied bei der Anwendung des Inkrement-Operators auf Zeiger: `*ptrX` zeigt auf den Wert. `ptrX` auf die Adresse, an welcher der Wert steht. Dementsprechend wird, wenn Sie den Inkrement-Operator darauf anwenden, entweder der Wert (`++*ptrX`) oder die Adresse (`++ptrX`) erhöht, je nachdem, ob Sie den Zeiger mit Verweisoperator `*` schreiben oder nicht.

Eine Zählvariable erübrigt sich in dieser Schleife. Die Speicheradressen selbst dienen hier als Zähler. Sie können mit einem Zeiger also direkt über dem Speicher Schleifen drehen.

AUFGEPASST

Auch hier müssen Sie sehr große Achtsamkeit darauf legen, innerhalb des Arrays zu bleiben. Sehr leicht vertut man sich in Schleifen um ein Element und zählt eins zu wenig oder eins zu viel. Das führt dann dazu, dass man das Array entweder nicht ganz ausliest oder Werte außerhalb des Speicherbereichs des Arrays einliest, was natürlich unsinnige Ergebnisse bringt. Wenn Sie im Array auch noch schreiben, ist dies von noch größerer Wichtigkeit. Denn ein Überschreiben von fremden Speicherbereichen hat unvorhersehbare Konsequenzen. Aus diesem Grund empfiehlt es sich, Schleifen immer erst mit einem rein lesenden Zugriff zu testen. Erst wenn Sie wissen, dass der Zeiger den Bereich des Arrays korrekt abdeckt, sollten Sie in einem zweiten Schritt daran gehen, auch in das Array zu schreiben, also Werte darin zu verändern.

Zeiger auf Arrays

Obwohl ein Array-Name ja bereits ein Zeiger ist, hat dieser jedoch einen Nachteil. Der Name ist eine Konstante. Das heißt, Sie können nichts daran verändern. Wenn Sie es versuchen, erhalten Sie eine Fehlermeldung:

```c
#include <stdio.h>
int main()
{
    int x[5] = {1,2,3,4,5};
    x = x + 1;
    return 0;
}
//---> Fehler: incompatible types in assignment
```

Theoretisch sollte sich x, da es ein Zeiger ist, mit +1 um 4 Byte erhöhen. Das geht jedoch nicht, weil der Wert im Array-Namen nicht verändert werden kann. Das ist auch sinnvoll, wenn Sie nämlich die Adresse im Array-Namen verändern könnten, würde das dazu führen, dass das gerade erzeugte Array eventuell herrenlos wird. Das heißt, es kann zu einem Zustand kommen, wo es keinen Zeiger mehr gibt, der darauf zeigt. Das Array wäre damit unerreichbar und eine Art Datenmüll, der den Speicher verstopft.

Hier erweist sich die Technik aus dem letzten Abschnitt als hilfreich: Erzeugen Sie einfach einen Zeiger mit dem entsprechenden Datentyp, den die einzelnen Elemente im Array haben, zum Beispiel int *, wenn die Array-Elemente den Datentyp int haben. Diesen Zeiger können Sie dann nach Belieben verändern, um damit im Array von Element zu Element zu springen.

Sie können in C jedoch auch eine Zeigervariable mit dem Datentyp des Arrays selber erzeugen und dieses für die Navigation im Array verwenden. So wie Sie einen *Zeiger auf int* definieren können, lässt sich auch ein *Zeiger auf int-Array* oder jeden anderen Array-Datentyp definieren. Einen Zeiger auf ein Array deklariert und initialisiert man dabei folgendermaßen:

```
int (* ptrX)[5] = NULL;
```

ptrX wird hier zu einem Zeiger auf ein int-Array mit 5 Elementen definiert. Solch einen Zeiger nennt man einen *Array-Zeiger*. Er hat den Datentyp »*Zeiger auf int[5] Array*« oder »*Zeiger auf int-Array mit 5 Elementen*«.

Das bedeutet dann natürlich auch, dass dieser Zeiger nur die Adressen von int-Arrays aufnehmen kann, die genau 5 Werte enthalten! Eine variable Deklaration ist nicht möglich.

Als Wert wird ptrX hier NULL zugewiesen, damit der Zeiger schon mal irgendetwas enthält. Sie können das aber auch weglassen und erst später den richtigen Wert zuweisen. Vergessen Sie es dann aber nicht.

Ohne die Klammern um * ptrX würden Sie übrigens ein Array mit 5 *Zeigern auf int* definieren. Wir brauchen hier jedoch kein Array mit mehreren Zeigern (dazu gleich mehr), sondern einen einzelnen Zeiger, der auf ein Array zeigt.

Wenn Sie diesen Zeiger ptrX nun auf ein int-Array mit 5 Elementen zeigen lassen wollen – und nur solche Arrays sind für diesen Zeiger zulässig –, dann macht man das so:

```
int x[5] = {1,3,5,7,9};
int (* ptrX)[5] = NULL;
ptrX = (int (*)[5])x;
```

- Hier wird zuerst ein einfaches `int`-Array mit dem Namen x und 5 Werten definiert.

- In der zweiten Zeile wird ein Zeiger mit dem Namen `ptrX` und dem Datentyp *Zeiger auf ein int-Arrray mit 5 Werten* definiert.

- In der dritten Zeile wird dem `int`-Array-Zeiger `ptrX` die Adresse von x zugewiesen. Da ein Array-Name bereits die Adresse eines Arrays ist, wird dafür kein Adressoperator & benötigt. Trotzdem sieht diese dritte Zeile etwas ungewöhnlich aus. Tatsächlich handelt es sich hier endlich um ein sinnvolles Beispiel einer notwendigen expliziten Typumwandlung.

Der Name eines Arrays stellt bekanntlich einen Zeiger auf die Adresse des ersten Bytes vom ersten Element des Arrays dar, nicht jedoch ein Zeiger auf das gesamte Array. Der Name eines Arrays enthält also die Information über die Anzahl der Bytes eines einzelnen Elements im Array und ist demnach in obigem Beispiel vom Datentyp *Zeiger auf int*. `ptrX` jedoch kann nur eine Zeigeradresse mit dem Datentyp *int-Array mit 5 Elementen* annehmen und nichts anderes. Aus diesem Grund muss hier die Adresse aus dem Array x explizit mit `(int (*)[5])` in den Datentyp *int-Array mit 5 Elementen* umgewandelt werden. Merken Sie sich diese Schreibweise gut, nur so können Sie einen Array-Typ bei einer Typumwandlung schreiben.

Die Syntax im Cast-Operator lautet also:

```
(typ (*)[i])
```

Wobei `typ` für den Datentyp des Arrays steht und i für die Größe des Arrays.

Nach dieser erfolgreichen Zuweisung der Adresse aus einem Array-Namen in einen Zeiger auf ein Array können Sie diesen Array-Zeiger nun sinnvoll verwenden.

Das folgende Beispiel zeigt, wie man mit einem Array-Zeiger auf das Array zugreifen kann:

```
#include <stdio.h>
int main()
{
    int x[5] = {1,3,5,7,9};
    int (* ptrX)[5] = NULL;
    ptrX = (int (*)[5])x;
```

```
    int i;
    for(i = 0; i < 5; i++)
    {
        printf("Wert x[%d]: %d\n", i, (*ptrX)[i]);
    }
    return 0;
}
```

Als Ergebnis werden über den Array-Zeiger die Werte des Arrays inklusive Index ausgegeben.

Der Zugriff auf die Werte des Arrays geschieht im printf, und zwar über ptrX mit folgender Schreibweise:

```
(*NameDesArrayZeigers)[ArrayIndex]
```

Die Klammern dürfen dabei nicht vergessen werden!

Da dieser Zeiger den Datentyp *Zeiger auf int mit 5 Elementen* hat, enthält er die Information über die vollständige Größe des Arrays. Das heißt, eine Anwendung des Inkrement-Operators auf diesen Array-Zeiger würde den Zeiger auf das erste Byte hinter dem Array setzen. Mit anderen Worten: Sie können solche Array-Zeiger nicht sinnvoll erhöhen oder verringern, ohne das Array zu verlassen. Die Anwendung von arithmetischen Operatoren oder des Inkrement- und Dekrement-Operators verbietet sich daher bei diesen Arrays. Eine Ausnahme ist jedoch der Zugriff auf Zeilen oder Spalten in einem zweidimensionalen Array.

Zeiger auf zweidimensionale Arrays

Das folgende Beispiel verwendet ein char-Array. Natürlich können Sie dafür aber auch jeden anderen Array-Datentyp verwenden.

Zu Anfang wird darin ein zweidimensionales char-Array definiert (x). Es enthält 5 char-Arrays, die jeweils 25 Zeichen lang sein können. Diese Größen werden zu Anfang mit einem define festgelegt. Das Array x wird direkt mit ein paar Ortsnamen initialisiert.

Danach wird in der ersten fett gedruckten Zeile der Array-Zeiger ptrX definiert. Er bekommt den Datentyp *Zeiger auf ein char Array mit 25 Werten*. Das ist wichtig und sollte verstanden werden. Dieser Zeiger ist eindimensional, nicht zweidimensional, denn er wird dafür verwendet, in dem zweidimensionalen Array mit dem Namen x von Zeile zu Zeile zu springen. Sie verwenden also einen eindimensionalen Array-Zeiger als Sprungmarke für ein zweidimensionales Array, um darin bequem, Zeile für Zeile (oder auch Spalte für Spalte, je nach Betrachtungsweise), zu bearbeiten.

```c
#include <stdio.h>
#include <string.h>
#define ARR 5
#define STR 25

int main()
{
    char x[ARR][STR] ={
    "Horns Feste",
    "Mittelmarkt",
    "Doelturm",
    "Achterwind",
    "Hagens Rest"};
    char (* ptrX)[STR] = NULL;
    for(ptrX = (char (*)[STR])x; ptrX < (x + ARR); ++ptrX)
    {
        strcpy(*ptrX, strcat(*ptrX, ", Triptland"));
        printf("%s\n", *ptrX);
    }
    return 0;
}
```

- In der for-Schleife wird ptrX mit expliziter Typumwandlung die Adresse von x übergeben:
  ptrX = (char (*)[STR])x.
  Diese explizite Typumwandlung ist nötig, denn x ist ein zweidimensionales Array, ptrX jedoch ein eindimensionales. Danach enthält ptrX die Adresse des ersten Bytes der ersten Zeichenkette im x-Array.

- Da ptrX ein Zeiger auf ein char-Array mit 25 Elementen ist, wird dieser im letzten Argument der Schleife durch ++ptrX um genau 25 Bytes hochgezählt. Damit steht ptrX dann im nächsten Schleifendurchlauf auf dem Anfang der zweiten Zeichenkette von x (Mittelmarkt).

- Im Schleifenkörper wird dann der Ausdruck *ptrX verwendet, um auf die Zeichenkette zuzugreifen, auf die ptrX in diesem Durchlauf gerade zeigt. Hier wird als Beispiel mit den Funktionen strcpy und strcat die Zeichenkette um die Angabe des fiktiven Landes Triptland erweitert. Es wird also schreibend auf den Speicher zugegriffen.

Hier ist es wieder wichtig, darauf zu achten, erst in den Speicher zu schreiben, wenn man durch das `printf` in der zweiten Zeile der Schleife nachgewiesen hat, dass man die Zeilen korrekt durchläuft. Allzu leicht passiert es, dass man sich im Bereich vertut, und dann würde man außerhalb des Bereichs schreiben und das Programm gefährden.

In der zweiten Zeile des Schleifenkörpers wird der geänderte Text im Array x über den Zeiger `ptrB` ausgegeben:

```
Horns Feste, Triptland
Mittelmarkt, Triptland
Doelturm, Triptland
Achterwind, Triptland
Hagens Rest, Triptland
```

Ein Zeiger auf ein eindimensionales char-Array (ptrX) dient als Sprungmarke zum Bearbeiten einzelner Zeilen in einem 2D-char-Array.

Arrays mit Zeigern

Bisher waren Zeiger immer solo unterwegs. Ein Zeiger enthielt also immer nur eine einzige Adresse. Sie können jedoch genauso gut auch ein Array erzeugen, welches nur Speicheradressen, also Zeiger, enthält.

Das folgende Beispiel geht den Weg sehr umständlich zu Fuß, verdeutlicht damit aber das Geschehen besser:

```c
#include <stdio.h>
#define ANZAHL 5
int main()
{
    int x[ANZAHL] = {2,5,1,4,3};
    int * ptr0 = &x[0];
    int * ptr1 = &x[1];
```

```
    int * ptr2 = &x[2];
    int * ptr3 = &x[3];
    int * ptr4 = &x[4];
    int * ptrX[ANZAHL] = {ptr0, ptr1, ptr2, ptr3, ptr4};
    int i;
    for(i = 0; i < ANZAHL; i++)
    {
        printf("Adresse: %p, Wert: %d\n", ptrX[i], *ptrX[i]);
    }
    return 0;
}
```

■ In der ersten Zeile innerhalb der main-Funktion wird ein int-Array mit dem Namen x und 5 Ganzzahlen angelegt.

■ In den folgenden Zeilen werden fünf Zeiger (ptr0 ... ptr4) erzeugt und mit den Adressen der Werte aus dem Array x gefüllt (&x[0] ... &x[4]).

■ In der fett gedruckten Zeile wird dann mit int * ptrX[ANZAHL] ein Array vom Typ *Zeiger auf int* erzeugt und mit den 5 Zeigervariablen gefüllt. ptrX ist damit ein sogenanntes *Zeiger-Array*. Danach enthält ptrX die 5 Adressen des Arrays x.

In der anschließenden Schleife werden dann in einem printf die Adresse (ptrX[i]) und der Wert (*ptrX[i]) aus dem Zeiger-Array zur Kontrolle ausgegeben:

```
Adresse: 0xbffffc44, Wert: 2
Adresse: 0xbffffc48, Wert: 5
Adresse: 0xbffffc4c, Wert: 1
Adresse: 0xbffffc50, Wert: 4
Adresse: 0xbffffc54, Wert: 3
```

Danach haben Sie zwei Arrays gleicher Größe, eines mit int-Werten und eines mit den Adressen dieser int-Werte. Die folgende Abbildung stellt das zum leichteren Verständnis grafisch dar.

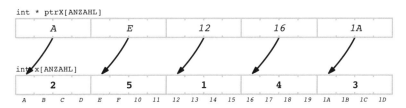

Ein Zeiger-Array mit den Adressen der Elemente eines int-Arrays

Natürlich geht die Zuweisung eleganter, wenn man nicht für jedes Element des int-Arrays einen eigenen Zeiger erzeugen muss. Das folgende Beispiel füllt das Zeiger-Array mit den Adressen des int-Arrays in einer Schleife:

```c
#include <stdio.h>
#define ANZAHL 5
int main()
{
    int x[ANZAHL] = {2,5,1,4,3};
    int * ptrX[ANZAHL];
    int i;
    for(i = 0; i < ANZAHL; i++)
    {
        ptrX[i] = &x[i];
        printf("Adresse: %p, Wert: %d\n", ptrX[i], *ptrX[i]);
    }
    return 0;
}
```

Hier wird in der Schleife in der fett gedruckten Zeile jedem Element des Zeiger-Arrays ptrX die Adresse des entsprechenden Elements des int-Arrays x übergeben.

Da man auf Zeiger auch Werte addieren kann, kann man die Schleife auch direkt über die Speicheradressen ablaufen lassen, so wie im Abschnitt *Array-Namen sind Zeiger* bereits aufgezeigt. Das geht auch mit einem Zeiger-Array:

```c
#include <stdio.h>
#define ANZ 5
int main()
{
    int a[ANZ] = {2,5,1,4,3};
    int * b[ANZ] = {NULL, NULL, NULL, NULL, NULL};
    int * ptrA, ** ptrB, i;

    for(ptrA=a, ptrB=b; ptrA < (a+ANZ); ptrA++, ptrB++, i++)
    {
        *ptrB = ptrA;
        printf("b[%d]: %p, *b[%d]: %d\n", i, *ptrB, i, **ptrB);
    }
    return 0;
}
```

- Es werden zu Anfang zwei Arrays definiert, eines mit den Integerzahlen und ein *Zeiger-Array auf int.* welches mit NULL-Werten initialisiert wird.

- Danach wird ein *Zeiger auf int* definiert (int * ptrA) und ein *Zeiger auf Zeiger auf int* (** ptrB). Ja, das ist wirklich ein geschachtelter Zeiger, ein Zeiger, der auf einen Zeiger zeigt. In diesem Beispiel finden Sie eine erste sinnvolle Anwendung dafür.

- Dann folgt noch eine int-Variable (i) die zur Index-Kontrolle im printf der Schleife verwendet wird. Im Normalfall benötigen Sie diese nicht.

Und nun beginnt die Magie:

- Im Schleifenkopf der for-Schleife werden zu Anfang gleich zwei Variablen initialisiert, und zwar die zwei Zeiger ptrA und ptrB. ptrA erhält die Adresse von a (ptrA = a), also dem ersten Byte des int-Arrays a. ptrB erhält die Adresse des ersten Bytes des *Zeiger auf int-Arrays* b (ptrB = b), welches bisher nur NULL-Werte enthält. Da b bereits ein Zeiger ist, musste ptrB folgerichtig am Anfang mit dem Datentyp *Zeiger auf Zeiger auf int* (int ** ptrB) deklariert werden.

- Die Ausführbedingung im Schleifenkopf richtet sich wie bisher nach der Anzahl der Elemente im Ursprungs-Array, dem Array a: ptrA < (a + ANZ). Da ptrA gerade die Adresse von a erhalten hat, stellt der Ausdruck a + ANZ das erste Byte hinter dem Array dar. Solange dieses nicht erreicht wird, fährt die Schleife also fort.

- Dann folgen im dritten Platz des Schleifenkopfs gleich drei Inkrementierungen (ptrA++, ptrB++, i++). Das Besondere ist nun, das ptrA und ptrB einfach um eins erhöht werden. Da beide Zeigertypen auf int basieren, wird die Adresse darin also um 4 Byte erhöht. Damit zeigt jeder Zeiger also auf das nächste Element in seinem entsprechenden Array.

- Die Zuweisung einer Adresse aus dem Array a an das Zeiger-Array b kann mit der folgenden knappen Anweisung geschehen: *ptrB = ptrA

Im printf werden dann zum Schluss zur Kontrolle die Adressen aus dem Array b angezeigt und die Werte, auf die diese Adressen zeigen:

```
b[0]: 0xbffffc50, *b[0]: 2
b[1]: 0xbffffc54, *b[1]: 5
b[2]: 0xbffffc58, *b[2]: 1
b[3]: 0xbffffc5c, *b[3]: 4
b[4]: 0xbffffc60, *b[4]: 3
```

Das Array b ist also korrekt mit den Adressen aus dem Array a gefüllt worden.

Nun kann dieses Zeiger-Array sortiert werden. Im Folgenden wird dafür jedoch ein Array mit long long-Werten verwendet. Der Grund: Ein long long ist 8 Byte lang und damit doppelt so groß wie eine Zeigeradresse. Indem wir das Zeiger-Array statt des long long-Arrays sortieren, brauchen wir tatsächlich nur halb so viele Daten im Speicher herumzuschaufeln. In diesem einfachen Fall macht das von der Schnelligkeit her noch keinen Unterschied aus. Wenn Sie jedoch mit größeren Datenmengen und -typen zu tun haben, werden solche Zeiger unverzichtbar. Das Beispiel verwendet zur Sortierung wieder den einfach zu handhabenden Bubble Sort-Algorithmus.

```c
#include <stdio.h>
#define ANZ 5

int main()
{
    long long x[ANZ] = {2LL,5LL,1LL,4LL,3LL};
    long long * ptrX[ANZ];
    int i, j;
    long long * temp = NULL;

    //Unsortiertes Array anzeigen:
    printf("\nDas unsortierte Array:\n");
    for(i = 0; i < ANZ; i++)
    {
        printf("%lld\n", x[i]);
    }

    //Zeiger-Array füllen
    for (i = 0; i < ANZ; i++)
    {
        ptrX[i] = &x[i];
    }

    //Zeiger-Array sortieren
    for(i = 0; i < ANZ-1; i++)
    {
        for(j = i+1; j < ANZ; j++)
        {
            if (*ptrX[i] > *ptrX[j])
            { //Platz tauschen:
```

```
            temp = ptrX[i];
            ptrX[i] = ptrX[j];
            ptrX[j] = temp;
        }
      }
   }

   //Sortiertes Array anzeigen:
   printf("\nDas sortierte Array:\n");
   for(i = 0; i < ANZ; i++)
   {
       printf("%lld\n", *ptrX[i]);
   }
   return 0;
}
```

Am Ende wird das `int`-Array wie gehabt in sortierter Reihenfolge ausgegeben.

Was hier sortiert wird, sind also die Adressen im Zeiger-Array `ptrX`! In der Sortier-schleife wird dafür einfach auf die Werte geschaut, die hinter einer Adresse stecken (`*ptrX[i] > *ptrX[j]`). Ist der erste Wert größer als der zweite, wird die Adres-se in den drei folgenden fett gedruckten Code-Zeilen im Zeiger-Array getauscht.

Die Werte im `long long`-Array x bleiben unangetastet, werden also nur gelesen.

Die folgende Abbildung zeigt das sortierte Zeiger-Array in der kürzer darstellbaren int-Variante. Auf das Beispiel angewendet, würde der untere Speicherbalken also doppelt so lang sein, der obere seine Größe aber beibehalten.

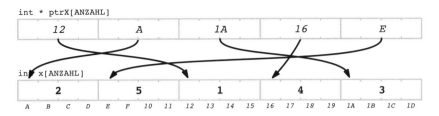

Nicht das int-Array wurde sortiert, sondern die Adresse im entsprechenden Zeiger-Array.

Platzsparende zweidimensionale char-Arrays

Im Abschnitt *Zeiger auf zweidimensionale Arrays*, einige Seiten zuvor, wurde zuerst ein zweidimensionales char-Array erstellt, um danach mit einem Array-Zeiger über die Zeilen zu springen. Wenn Sie sich die Grafik dort noch einmal aufmerksam betrachten, wird Ihnen sicher auffallen, dass es in diesem Array eine Menge leeren Speicherraum gibt, der überhaupt nicht genutzt wird. Das liegt daran, dass in der Array-Definition Speicher für 5 Zeichenketten mit 25 Zeichen belegt wurde. Da ein Zeichen ein Byte einnimmt, wurden insgesamt also 100 Byte an Speicher belegt. Die Zeichenketten belegen aber selbst nach der Bearbeitung in der Schleife nicht alle Bytes davon. Es wird also Speicherplatz verschwendet. Das lässt sich in Arrays zwar nicht immer vermeiden, bei Zeichenketten gibt es jedoch eine Besonderheit, die helfen kann, Platz zu sparen.

Wenn Sie nicht darauf angewiesen sind, die Zeichenketten zu bearbeiten, können Sie solch ein Zeichen-Array auch auf folgende Art anlegen. Jede Zeile ist dabei nur so lang wie eine Zeichenkette plus dem ASCII 0:

```
#include <stdio.h>
#define ANZ 7

int main()
{
    char * ptrX[ANZ] = {
        "Horns Feste",
        "Mittelmarkt",
        "Doelturm",
        "Achterwind",
        "Hagens Rest" };
    int i;
    for(i = 0; i < ANZ; i++)
    {
        printf("%s\n", ptrX[i]);
    }
    return 0;
}
```

Hier wird ein Array vom Datentyp *Zeiger auf char* deklariert und anscheinend mit Werten initialisiert statt mit Adressen. Außerdem verwundert die Schreibweise char * ptrX[Anz], denn man vermisst die zweite eckige Klammer und damit die zweite Dimension.

Das Besondere hier ist, dass bei der Zuweisung von Zeichenketten an ein *Zeiger auf char-Array* von jeder Zeichenkette die Adresse des Anfangsbytes in diesem Array gespeichert wird, kein Wert. Das Ende der Zeichenkette lässt sich dann ja leicht anhand des ASCII 0s herausfinden. Damit ist also gar keine zweite Dimension nötig.

Die Zeichenketten können ohne Verweisoperator mit `ptrX[i]` ausgegeben werden, was ebenfalls ungewöhnlich ist. Normalerweise braucht man den Verweisoperator, um auf den Wert hinter einer Adresse zuzugreifen. In diesem Sonderfall geht es ohne.

Der positive Nebeneffekt ist der, dass für jede der Zeichenketten nur der wirklich benötigte Platz im Speicher reserviert wird. Die folgende Abbildung stellt die Verhältnisse grafisch dar.

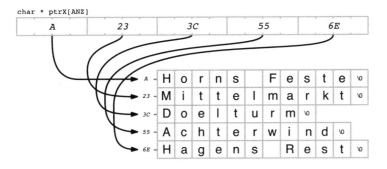

Ein platzsparendes Zeiger-Array auf Zeichenketten

Die Ausgabe des obigen Programms sieht so aus:

```
Horns Feste
Mittelmarkt
Doelturm
Achterwind
Hagens Rest
(null)
(null)
```

Hier fallen die letzten beiden Werte auf. Das Zeiger-Array ist genau 7 Elemente groß, bei der Initialisierung wurden aber nur 5 Werte angegeben. Die beiden nicht verwendeten Zeiger am Ende des Arrays wurden daher auf NULL gesetzt. Da NULL keine gültige Speicheradresse darstellt, nehmen diese nicht genutzten Werte auch keinen Speicherplatz ein. Auch hier wird also Speicherplatz gespart.

Trotzdem lassen sich diese ungenutzten Zeiger aber im weiteren Verlauf des Codes verwenden und nachträglich mit Werten füllen.

In den nächsten Kapiteln werden Sie den Zeigern in vielen weiteren Situationen begegnen. An ihnen führt nun kein Weg mehr vorbei.

Funktionen

Funktionen sind Code-Blöcke mit einer klar definierten Ein- und Ausgabeschnittstelle. Der Code in diesem Block lässt sich durch Nennung des Funktionsnamens jederzeit und beliebig oft ausführen.

So kann eine Funktion Hunderte an Codezeilen enthalten und eine bestimmte Aufgabe erfüllen, und doch können Sie alle diese Codezeilen mit einem einzigen Wort, quasi einem Zauberwort, jederzeit herbeirufen und ausführen.

Erstellung von Funktionen

Bis auf wenige Ausnahmen steht in C jeglicher Code in Funktionen. Jedes C-Programm muss dabei mindestens eine Funktion enthalten, die Funktion main. Sie dient als Einstiegspunkt. An ihr erkennt der Compiler, wo er mit der Arbeit beginnen muss.

In der Regel werden jedoch nur die allerkleinsten Programme mit nur einer einzigen Funktion auskommen. Wenn der Code länger und länger wird, geht unweigerlich der Durchblick verloren, und selbst kleinste Änderungen am Code kosten dann enorm viel Zeit. Man nennt das auch *Spaghetticode*, wenn man das ganze Programm in die Funktion main hineinpackt. Solcher Code ist schwierig zu lesen, zu warten und an Veränderungen anzupassen.

Da macht es sich schnell bezahlt, wenn man seinen Code auf mehrere Funktionen verteilt. Jede Funktion hat dabei immer nur eine einzige, fest umrissene Aufgabe. So können Sie Ihren Code zum Beispiel auf die Funktion main, eine Funktion für die Eingabe, eine für die Berechnung und eine für die Ausgabe verteilen. Sollte sich dann im späteren Verlauf die Notwendigkeit ergeben, die Ausgabe zu verändern, brauchen Sie nur diese Funktion anzupassen. Alle anderen Funktionen können unverändert bleiben.

Außerdem können Sie solche Funktionen wie kleine Legosteine auch für andere Progamme verwenden. Funktionen besitzen also einen hohen Wiederverwendbarkeitsgrad. So ist die Standard C Library letztlich nichts anderes als eine große Bibliothek mit den unterschiedlichsten Funktionen.

Darüber hinaus können Sie sich mit Ihren eigenen Funktionen auch eigene Bibliotheken anlegen und diese dann in anderen Programmen wiederverwenden.

Mit Funktionen wird Ihr Code zu einer Art Baukasten.

Deklaration oder Prototyperstellung

Um eigene Funktionen zu erstellen, müssen Sie diese erst einmal deklarieren. Der Compiler möchte nämlich vorab wissen, was ihn an Funktionen in Ihrem Programm erwartet. Das geschieht, indem Sie am Anfang des Codes, vor der Funktion main, aber nach den Präprozessoranweisungen, die Funktion auf folgende Art deklarieren:

```
#include <stdio.h>

int gruesse();

int main()
{
    printf("Hallo Welt\n");
    return 0;
}
```

Die fett dargestellte Zeile ist eine Funktionsdeklaration der einfachsten Art, ohne Parameter in der Klammer. Die Schreibweise lautet also:

typ funktionsname(parameter);

Manche Entwickler schreiben auch void in die Klammer, wenn es keine Parameter gibt:

```
int gruesse(void);
```

Nötig ist das jedoch nicht. Eine leere Klammer sieht ja auch schon leer (*void*) genug aus, da muss man dem nicht unbedingt einen Namen geben, aber schaden tut es nichts.

Auf den Sinn der Parameter werde ich erst später in diesem Kapitel eingehen.

Als Namen für die Funktion können Sie sich wieder einen beliebigen ausdenken. Auch hier gelten wieder die Regeln für die Benennung von Variablen. Und als Typ kann jeder mögliche Datentyp verwendet werden, außer Arrays. In obigem Fall hat die Funktion den Datentyp int.

Vielleicht begegnen Sie auch einmal einer Funktion, die keinen Datentyp in der Deklaration stehen hat:

```
gruesse();
```

Der Compiler geht dann davon aus, dass es sich um den Datentyp int handelt. Ich würde Ihnen jedoch raten den Datentyp immer mitzuschreiben, um sich den Typ deutlich vor Augen zu halten.

Funktionen

Beachten Sie, dass eine Funktionsdeklaration immer mit einem Semikolon endet, der Funktionskopf in der eigentlichen Funktion jedoch immer ohne Semikolon abgeschlossen wird.

Mit einer Deklaration alleine passiert aber natürlich noch gar nichts. Mit der obigen Zeile haben Sie dem Compiler nur mitgeteilt, entsprechend Speicherplatz für eine Funktion mit dem Namen `gruesse` bereitzustellen, die einen `int`-Wert als Ergebnis zurückliefert.

Das ist nun wichtig! Funktionen haben in der Regel einen Rückgabewert, liefern also ein Ergebnis zurück. Von welchem Typ dieses Ergebnis ist, bezeichnet der Typ vor dem Funktionsnamen in der Deklaration.

Falls Ihre Funktion kein Ergebnis zurückliefert, verwendet man das Schlüsselwort `void`:

```
void meineFunktion();
```

Sie kennen dieses Schlüsselwort schon von den Zeigern, wo es einen Zeiger ohne Datentyp kennzeichnet. `void` ist quasi ein Platzhalter für die Leere oder für das Nichtvorhandensein von etwas. Durch die Angabe von `void` weiß der Compiler Bescheid, dass er keinen Speicher für einen Rückgabewert benötigt.

GRUNDLAGEN

Die Deklaration einer Funktion wurde mit dem Standard C99 eingeführt. In älteren Standards konnten Funktionen ohne Deklaration verwendet werden. Das bedeutete jedoch, dass man die Funktionen immer in der Reihenfolge ihrer Verwendung anordnen musste, was bei größeren Projekten nicht immer ganz leicht war. Dank C99 und der damit erforderlichen Deklaration aller im Code verwendeten Funktionen hat man dieses Problem nun nicht mehr. In welcher Reihenfolge Sie die Funktionen im Programm anordnen, ist dadurch ohne Belang. Nur die Funktion `main` sollten Sie als wichtigste Funktion immer an erster Stelle schreiben, damit Sie nie danach suchen müssen. Falls Sie in älterem Code einmal auf Funktionen stoßen sollten, die keine Deklaration besitzen, so ist das wahrscheinlich kein Fehler. Der Code ist vielleicht zu einer Zeit erstellt worden, als der Standard C99 noch nicht existierte oder noch nicht in den Compilern Einzug gehalten hatte.

Funktionsdefinition

Nachdem eine Funktion deklariert wurde, muss sie natürlich noch geschrieben werden. Man sagt auch, die Funktion werde *definiert*. Das bedeutet nichts anderes, als den Funktionskopf und -block zu schreiben:

```
#include <stdio.h>

void gruesse(); //Funktionsdeklaration, Funktionsprototyp

int main()
{
    printf("Hallo Welt!\n");
    return 0;
}

void gruesse() //Funktionsdefinition
{
    printf("Ich könnte Dich umarmen!\n");
}
```

In diesem Beispiel wird zuerst eine Funktion mit dem Namen gruesse und dem Datentyp void deklariert. Man spricht bei der Deklaration auch von einem Funktionsprototyp.

Danach beginnt die Funktion main. Üblicherweise schreibt man main als wichtigste Funktion eines jeden Programms an den Anfang.

Danach folgt die Definition der Funktion gruss. Die erste Zeile dieser Funktion bezeichnet man als den »Funktionskopf«:

```
void gruesse()
```

Beachten Sie, dass der Funktionskopf nicht mit einem Semikolon endet, die Deklaration aber schon. Im Funktionskopf werden einfach Typ und Name der Funktion inklusive Klammer wiederholt. Dabei muss beides mit der Deklaration übereinstimmen, oder es gibt einen Fehler beim Kompilieren.

Danach folgt zwischen den geschweiften Klammern der sogenannte Funktionsblock. Zwischen diesen beiden Klammern muss sich der gesamte Code der Funktion befinden. Dies ist der Code, der ausgeführt wird, wenn die Funktion später aufgerufen wird. In diesem einfachen Beispiel besteht der Code der Funktion nur aus einer

Zeile mit einem `printf`, er kann aber durchaus mehrere hundert Codezeilen enthalten – obwohl es generell anzuraten ist, Funktionen nicht zu groß werden zu lassen. Zu große Funktionen sind meist ein Zeichen dafür, dass man zuviel Funktionalität hineingepackt hat, die auf mehrere Funktionen verteilt leichter handzuhaben wäre.

Der Code in der Funktion wird vollständig ausgeführt, also bis zum Ende des Funktionsblocks, gekennzeichnet durch die geschlossene geschweifte Klammer. Man kann die Funktion jedoch jederzeit vorzeitig beenden, indem man auf einer beliebigen Zeile eine `return`-Anweisung einfügt. Dazu gleich mehr bei den Rückgabewerten.

Wenn Sie den obigen Code ausführen, wird aber nur das `printf` aus der Funktion `main` ausgeführt und nicht der innige Umarmungswunsch aus der zweiten Funktion.

Warum? Außer der Funktion `main` wird keine Funktion auch nur einen Finger krumm machen, wenn, ja, wenn Sie dieser nicht den ausdrücklichen Befehl geben loszulegen!

Alle Funktionen außer der Funktion `main` erwarten einen expliziten Befehl von Ihnen, dass Sie diese Funktion ausführen wollen. Die Funktion `main` dagegen wird immer automatisch ausgeführt, sobald Sie das Programm starten.

> ## GRUNDLAGEN
>
> Eine Funktion kann nicht in einer anderen Funktion definiert werden! Funktionen stehen im Code also immer auf der obersten Ebene gleichberechtigt nebeneinander. Eine Funktionsdefinition in eine andere zu schachteln, das ist nicht möglich.

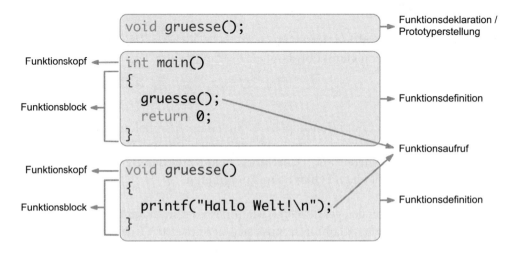

Funktionsterminologie

Umgang mit Funktionen

Nachdem Funktionen deklariert und definiert sind, ist es Zeit, ihnen den Befehl zu geben, sich an die Arbeit zu machen. Diesen Befehl nennt man einen »Funktionsaufruf«.

Wie das funktioniert und wie man das Ergebnis zurückerhält, wird in den folgenden Abschnitten behandelt.

Aufruf einer Funktion

Da außer main keine Funktion automatisch etwas macht, muss man einer Funktion immer den Befehl zur Arbeit geben. Das geschieht so:

```c
#include <stdio.h>

void gruesse(); //Funktionsprototyp

int main()
{
    gruesse();
    return 0;
}

void gruesse() //Funktionsdefinition
{
    printf("Hallo Welt!\n");
    printf("Ich könnte Dich umarmen!\n");
}
```

Sie schreiben also einfach nur den Funktionsnamen mit den Klammern. Den Funktionstyp, in diesem Fall void, lassen Sie beim Aufruf weg.

So einfach ist der Aufruf einer Funktion.

Der Funktionsaufruf von gruesse unterscheidet sich nicht in der Schreibweise vom Funktionsaufruf printf. Sie schreiben nur den Funktionsnamen und die Klammern. Im Gegensatz zu printf muss in diesem einfachen Beispiel nicht einmal etwas in die Klammer geschrieben werden.

AUFGEPASST

Bei der Namensgebung der eigenen Funktionen ist darauf zu achten, keine Funktionsnamen aus den mit `include` eingebundenen Header-Dateien der Standard C Library zu verwenden. Sie erhalten sonst Fehlermeldungen oder machen sich diese Funktionen unzugänglich.

So wie Sie hier eine Funktion mit dem Namen `gruesse` definiert haben, so ist übrigens auch die Funktion `printf` in der Header-Datei *stdio.h* der Standard C Library definiert. Funktionsdeklarationen können also in Header-Dateien ausgelagert werden und den Code damit noch übersichtlicher machen. Über das `#include` `stdio.h` am Anfang weiß der Compiler dann, wo er den Code für die Funktion `printf` suchen muss. Mehr dazu gegen Ende dieses Kapitels.

Die Funktion `main` hat in diesem einfachen Beispiel nichts mehr mit der Ausgabe der Ergebnisse zu tun. Diese Aufgabe wurde an eine andere Funktion delegiert. Genau dafür sind Funktionen da! Für eine strikte Aufgabenteilung, die Ordnung in den Code bringt und damit nachträgliche Änderungen wesentlich leichter macht.

Wenn Ihnen nun einfällt, dass Sie den Grußtext doch ändern müssen, brauchen Sie diesen nur in der Funktion `gruesse` zu ändern. Alle anderen Funktionen bleiben unberührt. In diesem einfachen Fall ist das noch kein großer Vorteil, doch schon bei etwas komplexeren Programmen hilft das Anlegen von Funktionen enorm. Erstens können Sie nämlich die Funktionen einzeln testen und damit leichter und schneller feststellen, an welcher Stelle im Programm der Fehler auftritt. Zweitens können Sie Änderungen an einer Funktion vornehmen, ohne deshalb die Funktionsweise von anderen geprüften Funktionen zu gefährden.

Werterückgabe

Funktionen mit dem Datentyp `void` liefern kein Ergebnis zurück. Sobald Sie jedoch eine Funktion mit einem anderen Datentyp deklarieren, hat die Funktion auch ein Ergebnis, einen Rückgabewert.

Das Ergebnis einer Funktion wird dabei mit dem Schlüsselwort `return` an die aufrufende Funktion zurückgeliefert. Sobald in einer Funktion das Schlüsselwort `return` auftaucht, wird dabei an dieser Stelle die Funktion auch gleich beendet. Aus diesem Grund müssen Sie gut darauf achten, das `return` erst dann zu schreiben, wenn die Funktion wirklich alle Arbeiten erledigt hat. Außerdem sollten Sie das `return` auch nicht vergessen. Wenn Sie in einer Funktion mit einem anderen Datentyp als `void` arbeiten, brauchen Sie auch immer einen Rückgabewert.

Wenn eine Funktion gar keinen Rückgabewert hat, also vom Typ void ist, können Sie das return entweder weglassen oder Sie schreiben es einfach ohne folgenden Wert:

```
return;
```

Beachten Sie auch, dass ein return mehrfach in einer Funktion vorkommen kann, zum Beispiel in einem if, um je nach Ergebnis einen anderen Wert zurückzuliefern. In jedem Fall wird beim ersten return, dem im Programmfluss begegnet wird, die Funktion beendet.

Als Beispiel folgt eine Funktionsdefinition, die einen Würfelwurf mit einem sechsseitigen Würfel imitiert. Das Ergebnis dieses Würfelwurfs steckt in der Variablen mit dem Namen zufallszahl, die am Ende der Funktion mit return zurückgeliefert wird.

```
int wuerfelmaschine()
{
    int zufallszahl;
    srandom((unsigned)time(NULL));
    zufallszahl = (int)random() % 6 + 1;
    return zufallszahl;
}
```

Der Rückgabewert muss also dem Schlüsselwort return folgen.

Da return jedoch nicht nur Variablen, sondern auch Ausdrücke annehmen kann, lässt sich in obiger Funktion die Variable zufallszahl auch einsparen:

```
int wuerfelmaschine()
{
    srandom((unsigned)time(NULL));
    return (int)random() % 6 + 1;
}
```

Der Ausdruck, der einem Return folgt, wird zuerst ausgewertet, und danach erst wird der Wert zurückgeliefert und die Funktion beendet.

GRUNDLAGEN

Es kann immer nur einen einzigen Rückgabewert geben und dieser darf auch kein Array sein. Benötigen Sie Arrays als Rückgabewerte oder benötigen Sie mehrere Rückgabewerte, so löst man das bevorzugt mit Parametern, wie mehrere Abschnitte weiter bei *Arrays als Parameter* beschrieben.

Auffangen der Rückgabe

Nun hat die Funktion der vorigen Seite zwar ein Ergebnis, es stellt sich jedoch noch die Frage, wie dieses Ergebnis dann in der Funktion aufgefangen wird, die diese Funktion aufruft.

Die Lösung ist ganz einfach: Ein Funktionsaufruf hat als Ergebnis den Wert, der hinter dem return steht. Das heißt, Sie können in obigem Beispiel die Funktion zum Beispiel so aufrufen:

```
int ergebnis = wuerfelmaschine();
```

Sie brauchen also erst einmal einen Behälter, welcher das Ergebnis der Funktion aufnehmen kann. Hier wird dazu die Variable ergebnis erzeugt. Diese Variable braucht denselben Datentyp wie die Funktion, in diesem Beispiel also int.

Wie beim Zuweisungsoperator üblich, wird zuerst die rechte Seite hinter dem Gleichheitszeichen ausgewertet. Das heißt, die Funktion wuerfelmaschine wird ausgeführt. Das Ergebnis dieser Funktion ist eine Zahl vom Typ int, die mit return zurückgeliefert wird. Dieses int wird dann der linken Seite zugewiesen. Der Wert des Würfelwurfs landet also in der Variablen mit dem Namen ergebnis.

Nun können Sie dieses Ergebnis weiterverarbeiten, es zum Beispiel mit einem printf ausgeben. Das folgende Beispiel druckt den Code für die Würfelmaschine komplett ab. In fettem Druck die Stellen des Funktionsaufrufs und der Rückgabe:

```
#include <stdio.h>
#include <stdlib.h>
#include <time.h>

int wuerfelmaschine();

int main()
{
    int ergebnis;
    ergebnis = wuerfelmaschine();
    printf("Die Würfel sind gefallen!\n");
    printf("Das Ergebnis ist: %d\n", ergebnis);
    return 0;
}
```

```
int wuerfelmaschine()
{
    srandom((unsigned)time(NULL));
    return (int)random() % 6 + 1;
}
```

Beachten Sie, mit welcher Selbstverständlichkeit in beiden Funktionen wiederum Funktionen der Standard C Library aufgerufen werden. In der Funktion main
ist das die Funktion printf, und in der Funktion wuerfelmaschine sind es die
Funktionen srandom, random und time zum Erzeugen von Zufallszahlen. Funktionen sind überall.

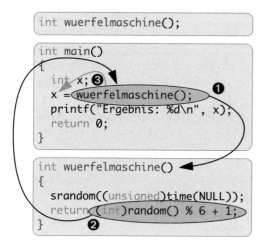

Fluss von Funktionsaufruf und
Rückgabewert

Der Aufruf einer Funktion und deren Rückgabe sind in obiger Abbildung auch
noch einmal grafisch hervorgehoben worden.

Dort wird in der Zeile

```
ergebnis = wuerfelmaschine();
```

zuerst der Funktionsaufruf auf der rechten Seite ausgeführt. Das heißt, die Funktion wuerfelmaschine fängt an zu arbeiten. Diese liefert dann das Ergebnis genau
an die Stelle zurück, an welcher der Funktionsaufruf steht. Das heißt, nach Aufruf
der Funktion wuerfelmaschine sieht die Zeile zum Beispiel so aus:

```
ergebnis = 6;
```

Das heißt, das Ergebnis des Funktionsaufrufs, hier die Zahl 6, wird der Variablen
ergebnis zugewiesen.

Mit anderen Worten: Ein Funktionsaufruf **ist** das Ergebnis der Funktion. Sie können Funktionsaufrufe eines Typs damit überall dort verwenden, wo Sie diesen Datentyp sonst auch verwenden würden. Ist die Funktion zum Beispiel vom Typ float, dann können Sie diesen Funktionsaufruf wie eine Variable vom Typ float behandeln und damit zum Beispiel rechnen. So können Sie etwa zwei Funktionsaufrufe an die Funktion wuerfelmaschine addieren:

```
ergebnis = wuerfelmaschine() + wuerfelmaschine();
```

Um diesen Gedankengang zu verinnerlichen, stellen Sie sich bei jedem Funktionsaufruf einfach vor, an dessen Stelle würde eine Variable mit dem Typ der Funktion stehen.

GRUNDLAGEN

Wenn Sie den Rückgabewert einer Funktion gar nicht benötigen, dann schreiben Sie den Funktionsaufruf einfach ohne eine Zuweisung, so wie zum Beispiel die Funktion printf in obigem Beispiel. Obwohl printf auch einen Rückgabewert hat (es liefert nämlich die Anzahl der ausgegebenen Zeichen zurück), wird dieser Wert hier nicht benötigt und damit auch nicht in einer Variablen aufgefangen.

Wenn Sie diesen Rückgabewert bräuchten, könnten Sie ihn ebenfalls in einer Variablen auffangen, zum Beispiel so:

```
int anzahlZeichen = printf("Hallo");
```

Mit anderen Worten: Es besteht kein Zwang, einen Rückgabewert aufzufangen.

Bei void-Funktionen ergeben Rückgabewerte keinen Sinn, einfach weil es keinen gibt. Dementsprechend erhalten Sie eine Fehlermeldung, wenn Sie versuchen, den Rückgabewert einer void-Funktion in einer Variablen aufzufangen. Trotzdem können Sie auch in einer Funktion vom Typ void das Schlüsselwort return verwenden, und zwar ohne nachfolgenden Wert oder Ausdruck:

```
return;
```

Dies bewirkt, dass die Funktion an dieser Stelle beendet wird. Da dem return kein Ausdruck folgt, wird auch nichts zurückgeliefert. Dies kann manchmal nützlich sein, um eine Funktion, abhängig von bestimmten Bedingungen, vorzeitig zu beenden.

HILFE

Wenn Sie herausfinden möchten, welchen Typ eine Funktion der Standard C Library hat und damit, welchen Rückgabewert sie liefert, dann schauen Sie sich einfach auf der entsprechenden man-Seite die Definition der Funktion genauer an. Dort ist nämlich die vollständige Funktionsdeklaration, also der Funktionsprototyp, unter der Überschrift *Synopsis* angegeben. So steht bei der Funktion `random` (`man:random.3`) zum Beispiel:

```
long random(void);
```

Das heißt, die Funktion liefert eine Ganzzahl vom Typ `long` zurück. Unter der Überschrift *Description* findet sich dann die Erklärung, dass der `long`-Rückgabewert Pseudo-Zufallszahlen im Bereich von 0 bis 2 hoch 31 zurückliefert. Pseudo-Zufallszahlen sind zwar hervorragend für einfache Zufallsgeneratoren wie die Würfelmaschine geeignet, jedoch nicht für kryptografische Zwecke. Dementsprechend findet sich in der *Description* auch der Hinweis, dass man für hochwertige Verschlüsselungstechnologien `srandomdev` verwenden sollte.

Falscher Umgang mit Zeigern bei der Rückgabe

Sie können alle Datentypen bis auf Arrays (und Funktionen) als Rückgabewerte verwenden.

Da der Array-Name aber ein Zeiger ist, können Sie natürlich die Adresse des Arrays zurückliefern, indem Sie einfach nur den Namen des Arrays nach dem `return` schreiben. Über die Zeigerschreibweise kann man dann ja bequem auf die Werte hinter der Anfangsadresse im Namen des Arrays zugreifen.

Die Funktion selbst muss entsprechend auch einen Zeigerdatentyp erhalten. Die Deklaration einer Funktion, die einen `int`-Zeiger zurückliefert, sieht dann zum Beispiel so aus:

```
int * wuerfelmaschine();
```

Hier wird eine Funktion mit dem Namen `wuerfelmaschine` und dem Datentyp *Zeiger auf int* deklariert.

Das folgende Beispiel ist dieselbe Würfelmaschine wie bisher, diesmal jedoch würfelt die Funktion zweimal und liefert einen Zeiger auf `int` zurück. Dieser Zeiger enthält die Adresse des Arrays mit den Würfelergebnissen. Man sollte meinen, dass das so bestens funktioniert:

```
#include <stdio.h>
#include <stdlib.h>
#include <time.h>

int * wuerfelmaschine();

int main()
{
    int * ptrX = wuerfelmaschine();
    printf("Ergebnis: %d, %d\n", *ptrX, *(ptrX+1));
    return 0;
}

// Würfelt zweimal, liefert Zeiger auf Ergebnis-Array
int * wuerfelmaschine()
{
    int result[2] = {0,0};
    srandom((unsigned)time(NULL));
    result[0] = (int)random() % 6 + 1;
    result[1] = (int)random() % 6 + 1;
    return result;
}
```

Und tatsächlich funktioniert alles wie erwartet, wenn da nicht die beunruhigende Warnung wäre, die der Compiler bei der Ausführung dieses Beispiels von sich gibt: *function returns address of locale variable*
Übersetzt heißt das: »*Funktion liefert Adresse auf eine lokale Variable zurück*«

Der Grund für die Warnung liegt darin, dass Sie die Adresse zu der in der Funktion wuerfelmaschine definierten Array-Variablen result zurückliefern.

Variablen, die in einer Funktion definiert sind, leben aber nur so lange, wie die Funktion arbeitet. Man nennt das auch den Gültigkeitsbereich (*scope*) einer Variablen. Das heißt, Sie liefern die Adresse auf eine Array-Variable zurück (hier result), deren Speicherplatz nach Beenden der Funktion zur Wiederverwertung freigegeben wurde!

Die Funktion ist beendet. Sämtlicher Speicher, den die Variablen darin verwendeten, kann und wird in den folgenden Aktionen überschrieben!

Man sagt, Variablen haben einen lokalen Gültigkeitsbereich, und spricht daher auch von *Lokalen Variablen*.

Es gibt also keine Garantie, dass der Wert an der Speicherstelle einer lokalen Variablen nach dem Verlassen der Funktion überhaupt noch existiert. Jeder Zeiger auf diese Adresse wird damit nutzlos.

Dieses Problem lässt sich jedoch lösen, indem man die Speicherverwaltung selbst in die Hand nimmt. Das geschieht mit den Funktionen `malloc` und `free`.

Zeiger als Rückgabewert mit malloc und free

Die beiden Funktionen `malloc` und `free` stammen aus der Header-Datei *stdlib.h* der Standard C Library.

Mit `malloc` reserviert man Speicherplatz und mit `free` gibt man ihn wieder frei.

Im Normalfall kümmert sich C selbst um die Speicherverwaltung. Bei der Rückgabe eines Zeigers auf eine lokale Variable oder bei der Arbeit mit großen Datenmengen hat die Speicherverwaltung mit `malloc` und den anderen verwandten Funktionen aus der *stdlib.h* aber große Vorteile. Damit lässt sich nämlich der benötigte Speicher dynamisch zuweisen, also während das Programm läuft. Bei Daten unbekannter Größe wäre es zum Beispiel oft hinderlich, ein Array mit einer festen Größe zu verwenden. Auch können Sie auf diese Weise wichtige Daten kontinuierlich zum Abruf im Speicher bereithalten.

Auf der anderen Seite darf man dann aber auch die Freigabe dieses Speichers mit `free` nicht vergessen. Wenn Sie nämlich vergessen, nicht benötigten Speicherplatz wieder freizugeben, kann das zu einem exzessiven Verbrauch von Speicher führen und im ungünstigsten Fall sogar zu einem Speicherleck. Das heißt, das Programm braucht immer mehr und mehr Speicher, bis aller Speicher aufgebraucht ist und Ihr Programm oder sogar der Rechner abstürzt.

AUFGEPASST

Also immer daran denken, wo ein `malloc` ist, muss auch ein `free` sein!

`malloc` ist eine Funktion vom Typ *Zeiger auf void*, das heißt, `malloc` liefert eine Speicheradresse ohne Datentyp zurück. Die Synopsis auf der `man`-Seite von `malloc` beschreibt die Syntax so:

```
void * malloc(size_t size);
```

Der einzige Parameter muss vom Typ `size_t` sein, was auf dem Mac zurzeit nichts anderes als ein `unsigned int` ist. Dieser Parameter steht für die Anzahl an Bytes, die reserviert werden sollen. Kurz gesagt wird hier also eine positive Ganzzahl erwartet. Der Rückgabewert *Zeiger auf void* ist die Adresse des ersten Bytes dieses reservierten Speicherbereichs. Folgende Definition reserviert zum Beispiel den Speicher für ein float:

```
malloc(sizeof(float));
```

Wie Sie sehen, ist hier der sizeof-Operator besonders nützlich, liefert er doch die Größe eines jeden Datentyps in Byte zurück. Aber natürlich können Sie auch jeden anderen Ausdruck oder eine Konstante verwenden, Hauptsache, es ergibt eine positive Ganzzahl.

Der Rückgabewert mit dem ersten Byte des reservierten Speichers muss dann natürlich noch von einer Zeiger-Variablen aufgefangen werden:

```
float * ptrX = malloc(sizeof(float));
```

Hier zeigt sich, wie vorteilhaft es ist, dass malloc einen Zeiger auf void zurückliefert. Sie können diesen nämlich bequem ohne explizite Typumwandlung in jeden anderen Zeigertyp stecken, hier den Zeiger ptrX vom Typ *Zeiger auf float*. In ptrX steckt danach die Adresse des ersten Bytes des float und die Information, dass es sich um den Datentyp *Zeiger auf float* handelt.

Falls die Anforderung von Speicher nicht erfolgreich war, erhalten Sie übrigens einen NULL-Zeiger, weshalb es sich empfiehlt, darauf zu prüfen. Zum Beispiel so:

```
float * ptrx = malloc(sizeof(float));
if (ptrX == NULL) {printf("Fehler! Zeiger ist NULL")};
```

Hier wird bei einem NULL-Zeiger nur eine entsprechende Warnung ausgegeben. Normalerweise sollten Sie aber das Programm abbrechen oder für diesen Fall Alternativen im Code vorsehen. War die Zuweisung erfolgreich, steht der Arbeit mit diesem reservierten Speicher dann nichts mehr im Wege.

Nach getaner Arbeit darf nicht vergessen werden, den Speicher wieder freizugeben. Sie sind hier ganz alleine dafür verantwortlich. Durch Verwenden der Funktion malloc haben Sie sich quasi als Profi zu erkennen gegeben, und der Compiler wird sich hier nicht mehr einmischen. Sie müssen diesen Speicher also selbst freigeben, und zwar mit free.

Die Syntax von free lautet:

```
void free(void *ptr);
```

Das heißt, free ist vom Typ void und liefert damit keinen Wert zurück. Es benötigt als einziges Argument einen void-Zeiger. Hier brauchen Sie nur den Zeiger auf die vorher mit malloc reservierte Speicherstelle anzugeben:

```
free(ptrX);
```

Da das Argument ein void-Zeiger ist, kann man jeden beliebigen Zeigertyp zuweisen und den damit verbundenen Speicherbereich zur weiteren Verwendung freigeben. Die Angabe der Länge des Speicherbereichs, der mit free freigegeben werden soll, ist also nicht erforderlich. Das merken sich die Funktionen malloc und free glücklicherweise automatisch.

Auf das fehlerhafte Würfelbeispiel des letzten Abschnitts angewendet, sieht die korrekte Rückgabe eines Zeigers, hier auf ein Array, so aus:

```
#include <stdio.h>
#include <stdlib.h>
#include <time.h>

int * wuerfelmaschine();

int main()
{
    int * ptrX = wuerfelmaschine();
    printf("Ergebnis: %d, %d\n", *ptrX, *(ptrX+1));
    free(ptrX);
    return 0;
}

int * wuerfelmaschine()
{
    int * result = malloc(sizeof(int) * 2);
    srandom((unsigned)time(NULL));
    *result = (int)random() % 6 + 1;
    *(result+1) = (int)random() % 6 + 1;
    return result;
}
```

Wenn Sie den Code laufen lassen, werden Sie feststellen, dass nun keine Warnung mehr über einen Zeiger auf eine lokale Variable erscheint.

Nach Aufruf der Funktion `wuerfelmaschine` wird hier mit `malloc` Speicherplatz für ein `int`-Array mit zwei Elementen reserviert. Der Rückgabewert von `malloc` wird an einen *Zeiger auf int* übergeben:

```
int * result = malloc(sizeof(int) * 2);
```

Dieser Typ garantiert dann, dass Sie mit der Zeigerschreibweise `*result` und `*(result+1)` auf die beiden `int`-Elemente des Speicherbereichs zugreifen können, um sie mit Zufallswerten zu füllen. Am Schluss wird der Zeiger `result` dann mit `return` zurückgeliefert.

In der Funktion `main` werden dann die Ergebnisse mit `printf` ausgegeben.

Vor dem Ende der Funktion `main` wird mit `free(ptrX)` der Speicher für das Array wieder freigegeben.

Dieses Freigeben von Speicherplatz dürfen Sie nie vergessen. Im günstigsten Fall verschwendet Ihr Programm damit nur unnötig viel Speicherplatz. Im ungünstigsten läuft der Speicher sogar voll, nämlich dann, wenn sich die Anweisung in einer Schleife befindet und öfters aufgerufen wird.

TIPP

Alternativ könnte man in diesem Beispiel auch die Schwesterfunktion `calloc` verwenden, welche für Arrays gut geeignet ist, da sie Speicher für eine bestimmte Anzahl Elemente reserviert und den Wert auch gleich mit 0 initialisiert. Für das obige Beispiel würde das so aussehen:

```
int * result = calloc(2, sizeof(int));
```

Das erste Argument von `calloc` stellt die Anzahl der gewünschten Elemente dar, hier wird Platz für 2 Werte benötigt. Das zweite Argument ist die Größe der gewünschten Elemente in Byte, hier die Größe eines `int`, also 4 Byte. Auch hier bitte nicht vergessen, den Speicher wieder mit `free` freizugeben!

Lokale Variablen

Wie bei den Rückgabewerten schon aufgezeigt, sind Variablen, die in einer Funktion definiert werden, lokal. Das heißt, sie sind nur in der Funktion, in welcher sie deklariert wurden, verwendbar. Der folgende Code funktioniert daher nicht, da in

der Funktion addiere versucht wird, auf die Variable sum zuzugreifen, die in der
Funktion main definiert wurde:

```
#include <stdio.h>

int addiere();

int main()
{
    int sum;
    sum = addiere();
    printf("Das Ergebnis ist: %d\n", sum);
    return 0;
}

int addiere()
{
    sum = 2 + 3;
    return sum;
}
```

Die Funktion addiere kann die Variable sum gar nicht sehen, da sich diese in einer
anderen Funktion befindet. Das heißt, Funktionen sind gekapselt und kennen nur
ihr eigenes Innenleben. Um etwas aus einer Funktion herauszubekommen, verwendet man daher das return. Um etwas in eine Funktion hineinzubekommen,
verwendet man Parameter.

Das heißt aber auch, dass Sie in beiden Funktionen Variablen mit dem gleichen
Namen verwenden können, ohne dass es dadurch zu Konflikten kommt:

```
#include <stdio.h>

int addiere();

int main()
{
    int sum = 3;
    int addierErgebnis = addiere();
    printf("sum ist %d\n", sum);
    printf("addierErgebnis ist %d\n", addierErgebnis);
    return 0;
}
```

```
int addiere()
{
    int sum = 2 + 3;
    return sum;
}
```

Globale Variablen

Wenn Sie auf eine Variable aus mehreren Funktionen heraus zugreifen wollen, dann muss man diese entweder jeder Funktion als Argument mitgeben (siehe nächsten Abschnitt), oder man macht es sich einfach und definiert eine globale Variable.

Im Gegensatz zu lokalen Variablen, die nur in der Funktion bekannt sind, in welcher sie deklariert wurden, sind globale Variablen für alle Funktionen innerhalb der verwendeten Quelldatei sichtbar.

Globale Variablen sind sehr hilfreich, um schnell kleine funktionsfähige Programme auf die Beine zu stellen. Sobald die Programme aber größer werden, können sie auch ein Hindernis darstellen, da sich Funktionen, die auf globale Variablen zugreifen, nicht mehr so ohne Weiteres wiederverwenden lassen.

Eine Funktion, die auf keine globale Variable zugreift, ist jedoch eine Welt für sich, mit klarer Ein- und Ausgabe, und lässt sich damit prima auch in anderen Werken Ihrer Programmierwerkstatt verwenden.

Eine globale Variable unterscheidet sich in Deklaration und Initialisierung nicht von einer normalen Variablen. Alles sieht genau so aus. Der einzige Unterschied ist der Ort, an welchem sie deklariert wird. Die Deklaration einer globalen Variablen geschieht nämlich außerhalb jeder Funktion.

Globale Variablen definiert man dabei am Anfang der Datei, gleich nach den Funktionsdeklarationen und vor den Funktionsdefinitionen.

GRUNDLAGEN

Es hat sich eingebürgert, eine globale Variable (Globale) mit einem kleinen g zu beginnen, um dann mit einem Großbuchstaben fortzufahren. Auf diese Weise können Sie eine Globale auch später im Code jederzeit am Namen erkennen.

Das folgende Beispiel verwendet die globale Variable gErgebnis. Alle drei Funktionen dieses Beispiels greifen auf diese Globale zu: main, um das Ergebnis als Text auszugeben, wuerfelmaschine, um die Zufallszahl in der Globale Ergebnis abzulegen, und ansage, um das Ergebnis zu sprechen:

```c
#include <stdio.h>
#include <stdlib.h>
#include <strings.h>
#include <time.h>

void wuerfelmaschine();
void ansage();

int gErgebnis;

int main()
{
    wuerfelmaschine();
    printf("Gewürfelt wurde: %d\n", gErgebnis);
    ansage();
    return 0;
}

// Liefert Zufallszahl
void wuerfelmaschine()
{
    srandom((unsigned)time(NULL));
    gErgebnis = (int)random() % 6 + 1;
}

// Gesprochene Ausgabe des Ergebnisses
void ansage()
{
    char sag1[81] = "say ";   //siehe man:say.1
    char sag2[11];          //Ergebnis
    char sag3[21] = " -v Victoria"; //Stimme
    sprintf(sag2,"%d",gErgebnis); //Zahl zu Text
    strcat(strcat(sag1,sag2),sag3);//Text verbinden
    system(sag1); // z.B.: "say 6 -v Victoria"
}
```

Wie Sie sehen, können alle Funktionen außer `main` vom Typ `void` sein, da keine Notwendigkeit mehr für einen Rückgabewert besteht.

In der Funktion `ansage` habe ich zwei neue Funktionen eingebaut, `sprintf` und `system`.

Die Funktion `sprintf` ist, zusammen mit den anderen Funktionen aus der `printf`-Familie, unter `man:printf.3` dokumentiert. `sprintf` gibt dabei nicht etwa etwas auf der Kommandozeile aus, sondern liest eine Variable, hier die Globale `gErgebnis` mit ihrer Ganzzahl an die Stelle des `char`-arrays `sag2` als Text ein. Der Formatbeschreiber in der Mitte (`%d`) dient dazu, mitzuteilen, in welchem Format der Wert in `gErgebnis` vorliegt. Mit anderen Worten: `sprintf` dient dazu, Zahlen in Text umzuwandeln, hier ein `int` in ein `char`-Array einzulesen. Dies ist wichtig wegen der folgenden Funktion, die das Würfelergebnis nämlich als Text benötigt.

Die Funktion `system` benötigt als Argument eine Zeichenkette, also ein `char`-Array. Die Zeichenkette darin muss einen gültigen Befehl in der Shell des Betriebssystems darstellen. Hier sind alle Befehle erlaubt, die Sie auch im Terminal von Hand eingeben können.

Wenn zum Beispiel eine 6 gewürfelt wird, so lautet der Befehl in der mit `strcat` zusammengefügten Zeichenkette `sag1`:

```
say 6 -v Victoria
```

Wenn Sie diesen Befehl einmal im Terminal eingeben und mit der Eingabetaste bestätigen, so wird einfach nur die Zahl 6 vorgelesen, und zwar mit der Systemstimme *Victoria*. Genau das geschieht hier ebenfalls, aber aus Ihrem C-Programm heraus. Die Funktion `system` macht sogenannte *Systemaufrufe* und kann damit auf alle Befehle der Shell zugreifen. Sie finden diese Befehle vor allem in der Sektion 1 der man-Seiten. So können Sie die Dokumentation zum Befehl `say` in Safari unter `man:say.1` aufrufen.

Die Stimmen, die Sie verwenden können, finden Sie übrigens in den Systemeinstellungen Ihres Macs im Bereich *Sprache | Sprachausgabe | Systemstimme*. In diesem Beispiel habe ich die Stimme mit dem Namen *Victoria* verwendet. Da die mitgelieferten Systemstimmen alle nur Englisch können, wird die Zahl englisch gesprochen. Für eine deutschsprachige Ansage müssen Sie deutsche Systemstimmen installieren, die es von diversen Anbietern gibt.

Parameter

So wie Sie von einer Funktion Daten zurück erhalten können, wenn Sie an das Ende der Funktion ein `return` mit einem Rückgabewert schreiben, so können Sie auch Werte an die Funktion übergeben. Für diese Übergabe sind die Klammern hinter dem Funktionsnamen gedacht. In diese Klammer werden die sogenannten Parameter der Funktion geschrieben. Ein Parameter ist dabei nichts weiter als ein Platzhalter für einen Wert. Den Wert, der dort später eingefügt wird, nennt man ein »Argument der Funktion«. Eine Funktion kann auch mehrere Parameter besitzen, die dann mit Komma voneinander getrennt werden.

Diese Parameter muss man dem Compiler in der Funktionsdeklaration bekannt geben. Dieser benötigt nämlich die genaue Angabe, von welchem Typ die Variablen der Parameter sein werden, um den entsprechenden Speicher für die Werte zu reservieren.

Das geschieht zum Beispiel so:

```
int wuerfelmaschine(int);
```

Man braucht also nur den Datentyp anzugeben, den diese Funktion später übergeben bekommt.

Sie können bei der Deklaration auch noch einen Namen für den Parameter angeben:

```
int wuerfelmaschine(int wuerfel);
```

Der Name, in diesem Fall `wuerfel`, ist aber keine Variable! Ist ein Name bei der Deklaration angegeben, dann dient dieser nur als Erinnerungshilfe für den Leser. Durch einen gut gewählten Namen lässt sich so nämlich die Funktion der einzelnen Parameter auf Anhieb verstehen. Wenn Sie den Parameter also `int wuerfel` nennen, sagt Ihnen das auch in einem halben Jahr auf Anhieb wieder, wofür dieser Parameter steht.

Bei der Definition der Funktion können Sie dann einfach die Deklaration wiederholen, müssen aber das Semikolon am Ende weglassen, da danach ja der Funktionsblock beginnen muss:

```
int wuerfelmaschine(int wuerfel) { ... }
```

Bei der Definition ist die Angabe des Typs der Parameter nicht unbedingt erforderlich. Ist dort kein Datentyp vorhanden, wird int als Parameterdatentyp angenommen. Sie können die Angabe des Typs daher in diesem Fall auch weglassen:

```
int wuerfelmaschine(wuerfel) { ... }
```

Die Angabe eines Variablennamens ist bei der Funktionsdefinition jedoch immer nötig und kann hier nicht wie bei der Deklaration weggelassen werden.

Wenn die Funktion keine Parameter hat, lässt man die Parameterklammern leer oder man schreibt void hinein:

```
int wuerfelmaschine(void);
```

Eine einfache Übergabe sieht dann zum Beispiel so aus:

```
#include <stdio.h>
#include <stdlib.h>
#include <time.h>

int wuerfelmaschine(int x);

int main()
{
    int max = 6;
    int ergebnis = wuerfelmaschine(max);
    printf("Das Ergebnis ist: %d\n", ergebnis);
    return 0;
}

int wuerfelmaschine(maximum)
{
    srandom((unsigned)time(NULL));
    return (int)random() % maximum + 1;
}
```

In der Funktionsdeklaration der Würfelmaschine wird hier in den Klammern ein Parameter vom Typ int deklariert (int x). In der Funktion main wird beim Funktionsaufruf der Würfelmaschine dann entsprechend der Deklaration ein int an den Parameter der Funktion übergeben, einfach dadurch, dass man in der Klammer eine passende Variable dieses Typs angibt:

```
wuerfelmaschine(max);
```

Der Name dieses Arguments kann dabei beliebig sein, nur der Typ ist zu beachten. Sie können das Argument beim Aufruf auch nicht weglassen. Wenn die Funktion Parameter hat, dann müssen diese auch immer bedient werden. Sie können eine Funktion mit Parameter also nicht aufrufen und die Klammer leer lassen. Sie müssen zwingend ein Argument an jeden Parameter übergeben, und das auch immer vom richtigen Typ.

In der Funktion `wuerfelmaschine` wird der Wert aus der Variablen `max` in der Klammer des Funktionskopfs in der Variablen `maximum` aufgefangen.

Beachten Sie, wie die Variable `maximum` in dieser Funktion gar nicht deklariert zu werden braucht. Die Argumente einer Funktion sind automatisch schon deklariert, und zwar durch die Typangabe in der Funktionsdeklaration und -definition!

Des Weiteren fällt in diesem Beispiel auf, dass die Argumente für den Parameter überall einen anderen Namen haben. Das muss nicht so sein, Sie können ihn auch überall gleich benennen. Dass ich das Argument einmal x, einmal `max` und einmal `maximum` genannt habe, hat seinen Grund nur darin, Ihnen zu zeigen, dass der Name keine Rolle spielt. Wichtig ist nur, dass der Wert aus der Variablen `max` in die Variable `maximum` kopiert wird. Der Name eines Arguments ist damit immer lokaler Natur und nur in der entsprechenden Funktion erreichbar.

```
int wuerfelmaschine(int max);
```

```
int main()
{
   int x, max;
   max = 6;
   x = wuerfelmaschine(max);
   printf("Ergebnis: %d\n", x);
   return 0;
}
```

```
int wuerfelmaschine(m)
{
   srandom((unsigned)time(NULL));
   return (int)random() % m + 1;
}
```

Was in der Klammer des Funktionsaufrufs an Argumenten steht, wird in die Argumente der Funktion kopiert, bei mehreren Argumenten in derselben Reihenfolge.

Mehrere Parameter

Wenn Sie mehrere Werte an eine Funktion übergeben wollen, brauchen Sie mehrere Parameter. Sie müssen dann nur darauf achten, die Parameter in der Funktionsklammer mit Komma voneinander zu trennen und für jeden Parameter den Typ mit anzugeben. Außerdem müssen die Parameter beim Aufruf und der Definition immer in der gleichen Reihenfolge geschrieben werden. Sie können die Position der Argumente also nicht vertauschen.

Im folgenden Beispiel bekommt die Würfelmaschine zwei Argumente mit: Ein Argument bestimmt die Anzahl der Zufallszahlen, die zurückgeliefert werden sollen, das andere den maximalen Zufallswert. Beide Werte werden über eigene Eingabefunktionen vom Anwender mit scanf abgefragt. Der Rückgabewert der Würfelmaschine ist wieder ein Zeiger. In der Würfelmaschine wird ein Array mit calloc, der Schwesterfunktion von malloc, erschaffen und dann mit Zufallswerten gefüllt. Zurückgeliefert wird dann nur ein Zeiger auf int, und zwar auf das erste Element des Arrays mit den Ergebnissen.

Dementsprechend muss man natürlich wieder darauf achten, mit free den Speicher freizugeben, wenn man ihn nicht mehr braucht.

```c
#include <stdio.h>
#include <stdlib.h>
#include <time.h>

int * wuerfelmaschine(int max, int anzahl);
int eingabeAnzahl();
int eingabeMax();

int main()
{
    int i;
    int * ptrX;
    int anzahl = eingabeAnzahl();
    int max = eingabeMax();
    ptrX = wuerfelmaschine(max, anzahl);
    for(i = 0; i < anzahl; i++)
    {
        printf("Ergebnis %d: %d\n",i+1,*(ptrX+i));
    }
    free(ptrX);
    return 0;
}
```

```
int eingabeAnzahl()
{
    int anzahl;
    printf("Anzahl Zufallszahlen eingeben: ");
    scanf("%d", &anzahl);
    return anzahl;
}

int eingabeMax()
{
    int max;
    printf("Maximum der Zufallszahlen eingeben: ");
    scanf("%d", &max);
    return max;
}

int * wuerfelmaschine(int max, int anzahl)
{
    int i;
    int * result = calloc(anzahl, sizeof(int));
    srandom((unsigned)time(NULL));
    for(i = 0; i < anzahl; i++)
    {
        *(result+i) = (int)random() % max+1;
    }
    return result;
}
```

Bei einer Eingabe von 5 und 100 erhalten Sie zum Beispiel 5 Zufallswerte zwischen 1 und 100:

```
Anzahl Zufallszahlen eingeben: 5
Maximum der Zufallszahlen eingeben: 100
Ergebnis 1: 58
Ergebnis 2: 94
Ergebnis 3: 1
Ergebnis 4: 11
Ergebnis 5: 69
```

Die Funktion wuerfelmaschine hat mit 2 Parametern nun erheblich an Funktionsvielfalt gewonnen. Sie können nicht nur das Maximum des Zufallswertes bestimmen, sondern auch noch, wie viele Zufallswerte Sie erhalten – eine Funktion mit hohem

Wiederverwendbarkeitswert. Sie müssen nur darauf achten, diese Funktion noch mit Kommentaren ordentlich zu dokumentieren, was hier aus Platzgründen weggelassen wurde. Dazu gehört eine Beschreibung, wozu die Parameter verwendet werden, und natürlich auch die Information, dass der *Zeiger auf int*, der von der Würfelmaschine zurückgeliefert wird, nur den ersten Wert im Speicherbereich markiert. Auf die dahinter liegenden Werte muss man also über die Zeigerschreibweise zugreifen.

TIPP

Es ist in C auch möglich, eine Funktion mit einer variablen Anzahl an Parametern zu definieren. Dieses fortgeschrittene Thema ist jedoch nicht Gegenstand dieses Buches. Falls Sie genau das suchen, schauen Sie sich einmal die man-Seite der Header-Datei *stdarg.h* (man:stdarg.3) und die Beschreibung auf der Wiki-Seite http://en.wikipedia.org/wiki/Stdarg.h an.

Unterschiedliche Parametertypen

Wenn Sie unterschiedliche Typen als Parameter verwenden wollen, müssen Sie nur darauf achten, diese Typen bei der Deklaration **und** bei der Definition anzugeben, oder Sie erhalten einen Fehler über nicht zusammenpassende Parameter (*argument x doesn't match prototype*). Der Compiler geht nämlich beim Fehlen eines Datentyps in der Funktionsdefinition davon aus, dass es sich um ein int handelt. Mehr gibt es bei Parametern mit unterschiedlichem Datentyp gar nicht zu beachten.

Im folgenden Beispiel hat die Funktion wuerfelmaschine wieder zwei Parameter, diesmal jedoch ein int für den Maximalwert und ein char für eine Modifikation des Würfelergebnisses.

```
#include <stdio.h>
#include <stdlib.h>
#include <time.h>

int eingabeMax();
char eingabeMod();
int wuerfelmaschine(int max, char mod);

int main()
{
    char mod = eingabeMod();
    int max = eingabeMax();
    int result = wuerfelmaschine(max, mod);
```

```
    printf("Würfelwurf ist: %d\n", result);
    return 0;
}

char eingabeMod()
{
    char mod;
    printf("Schummeln? (J)a, (N)ein: ");
    scanf("%c", &mod);
    return mod;
}

int eingabeMax()
{
    int max;
    printf("Maximum der Zufallszahl eingeben: ");
    scanf("%d", &max);
    return max;
}

int wuerfelmaschine(int max, char mod)
{
    int result;
    srandom((unsigned)time(NULL));

    if ((mod == 'J') || (mod == 'j'))
    {   // Mit Schummeln
        result = (int)random() % max + 1 + 2;
        if (result > max) result = max;
    }
    else
    {   // Ohne Schummeln
        result = (int)random() % max + 1;
    }
    return result;
}
```

Die Eingabe und das Ergebnis sehen dann zum Beispiel so aus:

```
Schummeln? (J)a, (N)ein: j
Maximum der Zufallszahl eingeben: 6
Würfelwurf ist: 5
```

Namensparameter (Call by Value)

Die Werte, die Sie als Argument beim Aufruf und beim Empfang verwenden, sind verschieden. Das heißt, ein Wert wird bei der Übergabe an eine Funktion immer kopiert. Man nennt diese Art von Parameter »Namensparameter« und die Art dieses Austausches bezeichnet man als *Call by Value*, was so viel heißt wie *Aufruf durch Wert*.

Wenn Sie also eine Variable an eine Funktion übergeben, so wird der Wert darin kopiert. Die aufgerufene Funktion erhält folglich ihre eigene Kopie dieses Werts. Der Wert liegt danach zweimal vor.

Das folgende Beispiel beweist das:

```
#include <stdio.h>

int funktionX(int);

int main()
{
    int max = 6;
    int ergebnis = funktionX(max);
    printf("max in main() ist %d\n", max);
    printf("Der Rückgabewert ist %d\n", ergebnis);
    return 0;
}

int funktionX(max)
{
    printf("max in funktionX() ist %d\n", ++max);
    return max;
}
```

Hier wird in beiden Funktionen der Name max verwendet, trotzdem sind die Werte in diesen beiden Variablen in beiden Funktionen unterschiedlich. Die Ausgabe bringt es an den Tag:

```
max in funktionX() ist 7
max in main() ist 6
Der Rückgabewert ist 7
```

Obwohl der Wert von `max` in der Funktion `funktionX` verändert wurde (`++max`), hat `max` in der Funktion `main` immer noch den alten Wert. Mit anderen Worten: Es wird eine Kopie des Wertes übergeben und nicht die gleiche Variable!

GRUNDLAGEN

Variablen in einer Funktion haben immer einen lokalen Gültigkeitsbereich, das heißt, sie sind nur in der Funktion bekannt, in welcher sie deklariert wurden. Für andere Funktionen sind diese Variablen unsichtbar. Aus diesem Grund können Sie auch problemlos denselben Variablennamen in unterschiedlichen Funktionen verwenden, ohne Konflikte zu bekommen.

Der Vorteil dieser Datenübergabe ist, dass Sie immer noch den Originalwert besitzen und ihn zum Beispiel für Vergleiche verwenden können. Der Nachteil ist der erhöhte Speicherbedarf, da der Wert nun zweimal im Speicher gehalten werden muss. Bei solch einfachen Beispielen macht sich das nocht nicht wirklich bemerkbar. Je größer aber die Daten sind, die Sie verarbeiten, je mehr lohnt es sich, für die Parameter Zeigerdatentypen zu verwenden, wie im Folgenden beschrieben.

Referenzparameter (Call by Reference)

Generell werden in C alle Parameter, egal welcher Art, immer in Kopie übergeben. Das gilt auch für Zeiger. Wenn Sie einen Zeiger übergeben, wird also die Adresse aus dem Zeiger kopiert. Da beide Kopien dann auf die gleiche Adresse zeigen, ergeben sich aber zwei sehr interessante Besonderheiten:

Erstens können dann beide Funktionen auf dieselbe Adresse zugreifen, und zweitens werden die Daten an dieser Adresse, egal, wie viele Megabyte dort auch gespeichert sein mögen, nicht mehr kopiert. Kopiert wird bei der Übergabe nur der 4 Byte große Zeiger.

Mit anderen Worten: Wenn Sie Speicher sparen wollen oder wenn Sie von beiden Funktionen aus auf dieselben Daten zugreifen müssen, dann sollten Sie der Funktion nur die Adresse, an welcher die Daten liegen, übermitteln.

Einen Parameter mit einem Zeigerdatentyp nennt man einen *Referenzparameter*, und bei der Übergabe spricht man von *Call by Reference* (*Aufruf durch Referenz*). Das heißt, hier wird nur eine Referenz (Adresse) auf die Daten übergeben.

Dementsprechend braucht der dafür vorgesehene Parameter natürlich einen Zeigerdatentyp. Und wenn die Funktion das Ergebnis auch gleich an der Adresse dieses oder eines anderen mitgelieferten Zeigers ablegt, braucht sie nicht mehr unbedingt einen Rückgabewert. Sie können die Funktion also als void deklarieren oder den Rückgabewert für etwas anderes verwenden, zum Beispiel um Erfolg oder Misserfolg in der Funktion anzuzeigen.

Im folgenden Beispiel wird ein Zeiger als Parameter verwendet. Die aufgerufene Funktion arbeitet also mit den Originaldaten und nicht mit einer Kopie.

```c
#include <stdio.h>

void funktionX(int *);

int main()
{
    int max = 6;
    int * ptrMax = &max;
    funktionX(ptrMax);
    printf("max in main() ist %d\n", *ptrMax);
    return 0;
}

void funktionX(int * ptrMax)
{
    printf("max in funktionX() ist %d\n", ++(*ptrMax));
}
```

Die Ausgabe bringt es an den Tag: Beide Funktionen greifen auf denselben Speicherbereich und damit auf denselben Wert zu. Ändert man den Wert an der Adresse des Zeigerarguments in der aufgerufenen Funktion, so ändert das auch den Wert in der aufrufenden Funktion – klar, ist ja auch dieselbe Speicheradresse:

```
max in funktionX() ist 7
max in main() ist 7
```

Achten Sie auch hier darauf, dass Sie den Parametertyp bei der Funktionsdeklaration und -definition angeben müssen.

Diese Technik, einer Funktion nur die Speicheradresse der Werte zu übergeben, die diese für ihre Arbeit braucht, ist dann auch die übliche Art und Weise, wie eine Funktion beliebig viele Rückgabewerte liefern kann. Geben Sie der Funktion einfach für alle gewünschten Ergebnisse Speicheradressen mit. An diesen Adressen kann die Funktion dann die Ergebnisse ablegen.

> **GRUNDLAGEN**
>
> Bei der Verwendung von Zeigern als Argumente gibt es übrigens keine Fehlermeldung bezüglich des Zugriff auf lokale Variablen, wie sie bei Zeigern als Rückgabewert auftreten. Der Grund ist einfach:
>
> Die Variable `max` wird in obigem Beispiel in der Funktion `main` deklariert. `max` ist damit also eine lokale Variable der Funktion `main`. Dann wird die Funktion `funktionX` aufgerufen und dieser wird die Adresse von `max` über den Zeiger `ptrMax` mitgegeben. Während `funktionX` nun mit dem Wert an dieser Adresse arbeitet, ist die Funktion `main` noch nicht beendet. Das heißt, die Speicheradresse der Variablen `max` ist noch aktiv und nicht zur Wiederverwertung freigegeben – das wird erst geschehen, wenn die Funktion `main` endet. Die Funktion `main` endet aber erst nach dem Ende der Funktion `funktionX`. Damit ist ein Zugriff auf ungültige, weil zur Löschung freigegebene Speicherstellen ausgeschlossen.

Auf diese Weise kann man sich auch die Verwendung von `malloc` und seinen Verwandten bei der Rückgabe eines Zeigers sparen. Handelt es sich aber um Daten, deren Größe erst in der aufgerufenen Funktion ermittelt wird, kann es trotzdem nötig sein, die Speicherverwaltung selbst in die Hand zu nehmen und den Speicher dynamisch mit `malloc` zuzuweisen und mit `free` wieder freizugeben.

Arrays als Parameter

Da der Name eines Arrays ein Zeiger ist, können Sie auch ein Array als Referenzparameter verwenden. Damit können Sie einer Funktion zum Beispiel die Adresse auf ein Array mitgeben, in welches es die Ergebnisse ablegen soll. Das schreibt man in der Deklaration und Definition der Funktion dann so:

```
void wuerfelmaschine(int ergebnisse[])
```

Kommt ein Array in der Deklaration vor, so wird automatisch ein Zeiger auf den Datentyp des Arrays angenommen. Das heißt, Sie können auch gleich einen `int`-Zeiger schreiben:

```
void wuerfelmaschine(int * ergebnisse);
```

Es wird also keine Information über die Länge des Arrays mitgegeben. Die Größe des Arrays an dieser Adresse im Auge zu behalten, obliegt Ihnen. Ein eventuell in den eckigen Klammern stehender Ausdruck wird bei der Array-Schreibweise dementsprechend ignoriert. Der Vorteil der Array-Schreibweise ist, dass man auf den ersten Blick erkennt, dass die Startadresse eines Arrays erforderlich ist und nicht etwa ein Zeiger auf einzelnes int.

Wie groß das Array dann tatsächlich ist, welches an dieser Adresse steckt, ergibt sich wahrscheinlich erst kurz vor der Übergabe. Das folgende Beispiel erfragt diese Angabe zum Beispiel vom Anwender:

```c
#include <stdio.h>
#include <stdlib.h>
#include <time.h>

int eingabeAnzahl();
void wuerfelmaschine(int anzahl, int ergebnisse[]);

int main()
{
    int anzahl = eingabeAnzahl();
    int i;
    int ergebnisse[anzahl];
    wuerfelmaschine(anzahl, ergebnisse);
    printf("Die Würfelergebnisse sind:\n");
    for (i = 0; i < anzahl; ++i)
    {
        printf("%d ", ergebnisse[i]);
    }
    printf("\n");
    return 0;
}

int eingabeAnzahl()
{
    int anzahl;
    printf("Anzahl Zufallszahlen eingeben: ");
    scanf("%d", &anzahl);
    return anzahl;
}

void wuerfelmaschine(int anzahl, int * ergebnisse)
{
    int i;
    srandom((unsigned)time(NULL));
```

```
    for (i = 0; i < anzahl; ++i)
    {
        *(ergebnisse + i) = (int)random() % 6 + 1;
    }
}
```

Beachten Sie, wie in der Funktion `main` im `printf` mit der Array-Schreibweise auf das Array zugegriffen werden kann:

```
printf("%d ", ergebnisse[i]);
```

Für die Zuweisung der Zufallszahlen in das Array in der Würfelmaschine muss aber die Zeigerschreibweise verwendet werden, da hier das Array nicht bekannt ist, sondern nur die Adresse seines ersten `int`:

```
*(ergebnisse + i) = (int)random() % 6 + 1;
```

Daher ist es auch wichtig, die Größe des Arrays als Argument mitzugeben, hier in Form der Variablen `anzahl`, denn nur damit ist in der `for`-Schleife sichergestellt, dass man nicht über den Speicherbereich des Arrays hinausgreift.

Sie erinnern sich sicher noch, dass wir bei Rückgabewerten mit `malloc` Kapriolen schlagen mussten, um einen Zeiger auf ein Array als Rückgabewert zu verwenden. Grund war die Tatsache, das lokale Variablen nach dem Ende der Funktion einfach nicht mehr existieren.

Dies ist hier nicht erforderlich. Der mitgelieferte Zeiger auf das Array wurde ja in der aufrufenden Funktion deklariert, die ja noch läuft, wenn das Ergebnis an die Speicheradresse zurückgeschrieben wird. Wenn Sie also ein Array als Rückgabewert brauchen, ist dies der einfachste Pfad zur Verwirklichung.

Rekursive Funktionen

Eine Funktion kann nicht nur eine andere Funktion, sondern auch sich selbst erneut aufrufen. Damit erreichen Sie eine Schleife in Funktionsform. Wie in einer Schleife ist hier besonderer Wert auf die Abbruchbedingung zu legen, damit die Schleife in jedem Fall ein Ende findet und nicht endlos weiterläuft.

Folgendes Paradebeispiel ermittelt die Fakultät einer beliebigen Zahl.

Zur Erinnerung: Die Fakultät einer Zahl ermittelt man, indem man jeden einzelnen gleich großen oder kleineren ganzzahligen Wert dieser Zahl, der Reihe nach multipliziert. So hat die Zahl 4 die Fakultät 24:

```
4 * 3 * 2 * 1 = 24
```

In einer rekursiven Schleife kann man das so ermitteln:

```c
#include <stdio.h>

unsigned long long fakultaet(unsigned long long eingabe);

int main()
{
    unsigned long long ergebnis;
    int eingabe;
    printf("Geben Sie eine Ganzzahl ein: ");
    scanf("%d", &eingabe);
    ergebnis = fakultaet((unsigned long long)eingabe);
    printf("Fakultät von %d: %llu\n",eingabe,ergebnis);
    return 0;
}

unsigned long long fakultaet(unsigned long long eingabe)
{
    if (eingabe > 1) eingabe *= fakultaet(eingabe - 1);
    return eingabe;
}
```

Achten Sie darauf, nur kleine Werte einzugeben, denn schon bei Eingaben über 65 wird die Fakultät größer, als der Bereich eines long long unsigned int ist.

Der rekursive Selbstaufruf geschieht hier in der Funktion fakultaet an der fett gedruckten Stelle. Die Funktion ruft sich dort selbst erneut auf, und zwar nur so lange, wie der Wert in eingabe größer als 1 ist. Bei jedem Selbstaufruf wird der Wert von Eingabe dabei um 1 reduziert (eingabe - 1).

AUFGEPASST

Jeder rekursive Aufruf einer Funktion erzeugt eine völlig neue Instanz der Funktion! Die lokalen Variablen werden also in jedem Aufruf der Funktion neu angelegt und erben nicht etwa den Wert des vorigen Aufrufs. Sollen Daten einzelner Aufrufe gespeichert werden, so verwendet man dafür am besten einen Zeiger als Parameter, über den man die einzelnen Ergebnisse außerhalb der Funktion ablegen kann.

Tatsächlich ist diese Ermittlung der Fakultät aber einfacher und speicherschonender in einer kleinen Schleife ausführbar:

```c
#include <stdio.h>

unsigned long long fakultaet(unsigned long long eingabe);

int main()
{
    unsigned long long ergebnis;
    int eingabe;
    printf("Geben Sie eine Ganzzahl ein: ");
    scanf("%d", &eingabe);
    ergebnis = fakultaet((unsigned long long)eingabe);
    printf("Fakultät von %d: %llu\n",eingabe,ergebnis);
    return 0;
}

unsigned long long fakultaet(unsigned long long eingabe)
{
    int i;
    for(i = eingabe-1; i > 1; --i) eingabe *= i;
    return eingabe;
}
```

Bevor Sie daher eine rekursive Funktion basteln, sollten Sie immer erst prüfen, ob sich die Aufgabenstellung nicht auch mit einer Schleife lösen lässt. Rekursionen sind nicht immer leicht zu verstehen und sollten daher nur wenn nötig verwendet werden. Das ist zum Beispiel dann der Fall, wenn die Tiefe der benötigten Schritte nicht bekannt ist. So sind Suchfunktionen in binären Bäumen, wie sie zum Beispiel in Dateisystemen vorkommen, ein typisches Beispiel für eine sinnvolle Verwendung rekursiver Funktionsaufrufe.

Hierzu verweise ich auf die weiterführenden Literaturtipps im Anhang, insbesondere auf die Quellen, die sich mit Algorithmen befassen.

Spezifizierer

Als Spezifizierer bezeichnet man bestimmte Schlüsselworte der Sprache C, die spezielle Hinweise an den Compiler zur Behandlung einer Variablen oder Funktion geben. Diese Schlüsselworte sind die Speicherklassenspezifizierer `extern`, `static`, `register` und `auto`, die Typ-Qualifizierer `const`, `volatile` und `restrict` sowie der Funktionsspezifizierer `inline`.

Damit lassen sich bestimmte Sonderformen von Variablen oder Funktionen definieren, die in dem einen oder anderen Fall nützlich sein können.

Diese Schlüsselworte werden bei der Deklaration der Funktion oder der Variablen vor dem Datentyp geschrieben.

Sie werden diese Spezifizierer wahrscheinlich nur selten benötigen, ich liste sie hier aber der Vollständigkeit halber mit Kurzbeschreibung auf. Sie sollten zumindest wissen, worum es sich dabei handelt, wenn Sie diesen Schlüsselworten begegnen, auch wenn Sie manche davon wahrscheinlich nie brauchen werden.

Die Speicherklassenspezifizierer

Speicherklassenspezifizierer geben dem Compiler Hinweise zur Optimierung einer Variablen oder Funktion. Von diesen Schlüsselworten kann dabei immer nur eines verwendet werden.

extern

Jede Funktion hat eine sogenannte Speicherklasse. Wenn diese bei Deklaration und Definition nicht angegeben wird, hat die Funktion immer die Speicherklasse `extern`.

```
extern int funcName();
```

Das `extern` wird dabei üblicherweise weggelassen, da eine Funktion ohne diese Angabe automatisch `extern` ist. Daher werden Sie diesem Schlüsselwort wahrscheinlich nur selten begegnen.

Und wo liegt der Sinn all dessen? Dieses Schlüsselwort gibt dem Compiler Bescheid, dass diese Funktion auch aus anderen Code-Dateien heraus aufgerufen werden kann. Standardmäßig können also alle Funktionen auch aus anderen Quelldateien heraus aufgerufen werden.

static

Wenn Sie vor eine Funktionsdeklaration `static` schreiben, dann ist diese Funktion nur in der Quelldatei erreichbar, in welcher sie definiert wurde. `static` ist damit das Gegenteil von `extern`.

```
static int funcName();
```

Diese Funktion kann nur in der Quelldatei aufgerufen werden, in welcher sie definiert wurde. Aus anderen Quelldateien heraus ist diese Funktion nicht erreichbar.

Alle Funktionen, die nur Hilfsfunktionen in derselben Quelldatei sind und die nie von anderen Funktionen außerhalb verwendet werden dürfen, sollten damit deklariert werden.

register

Das Schlüsselwort `register` ist eine Bitte an den Compiler, den Parameterzugriff so schnell wie möglich zu gestalten, das heißt, ihn am besten in einem seiner sogenannten *Register* abzulegen. Die Betonung liegt dabei auf *Bitte*. Der Compiler muss diesem Schlüsselwort also nicht folgen, wenn es nicht geht!

`register` wird nur für sehr kurze, aber sehr häufig verwendete Funktionen verwendet. Hat die Funktion mehr als ein paar Zeilen Code, steigt die Wahrscheinlichkeit stark an, dass der Compiler das `register` ignoriert.

```
register int funcName();
```

auto

Alle Variablen und andere Objekte, die Sie in einer Funktion deklarieren, haben standardmäßig diesen Speicherklassenspezifizierer. `auto` steht für *automatische Speicherdauer* und gibt wohl an, dass in einer Funktion deklarierte Objekte maximal bis zum Ende der Funktion leben. Dieses Schlüsselwort ist veraltet und wird nicht mehr gebraucht. Dieser Speicherklassenspezifizierer kann nicht auf Funktionen angewendet werden.

Der Funktionsspezifizierer inline

Wenn Sie eine Funktion mit dem Funktionsspezifizierer inline kennzeichnen, dann wird diese nicht etwa aufgerufen, sondern der übersetzte Maschinencode dieser Funktion wird an der Stelle des Aufrufs eingefügt. Der Vorteil ist hierbei, dass der Code dann schneller ist.

Diese Art der Optimierung ist nur für kurze Funktionen mit wenigen Zeilen sinnvoll. Der Compiler ist nicht an das Schlüsselwort inline gebunden und wird diese Anweisung ignorieren, wenn die Optimierung nicht möglich ist.

inline kann nur für Funktionen verwendet werden.

```
inline int funcName();
```

Die Typ-Qualifizierer const, volatile und restrict

Die folgenden sogenannten *Typ-Qualifizierer* gelten nicht für Funktionen, sondern für die Deklaration von Variablen jeglichen Typs. Ich füge sie hier der Vollständigkeit halber mit an.

const

Eine mit const deklarierte Variable ist nach der Deklaration nicht mehr veränderbar.

Jeder Versuch, den Wert darin nachträglich zu überschreiben, führt daher zu einem Fehler. Daraus folgt, dass eine solche Variable immer bei der Deklaration initialisiert werden muss:

```
const int i = 5;
```

Mit const deklarierte Variablen eignen sich prima für konstante Werte, die sich über den Lauf des Programms hinweg nicht verändern dürfen.

volatile

Eine Variable mit diesem Typ-Qualifizierer enthält einen Wert, der von anderen Prozessen oder Programmen abhängig ist, zum Beispiel vom Betriebssystem. Mit volatile geben Sie dem Compiler Bescheid, bei jeder Verwendung dieser Variablen immer den aktuellen Wert zu ermitteln und nicht darauf zu vertrauen, dass sich seit dem letzten Aufruf nichts verändert hat.

```
volatile int i;
```

restrict

Diesen Typ Qualifizerer können nur Zeiger besitzen. Damit geben Sie dem Compiler den Hinweis, dass jeglicher Zugriff auf das dahinter stehende Objekt nur über diesen Zeiger erfolgen wird. Das erlaubt dem Compiler dann Optimierungsmaßnahmen im Code. Der Compiler kann diesen Hinweis aber auch ignorieren, wenn er das für richtig hält.

Erstellen einer Header-Datei

Wenn die Quelldatei eines Ihrer Projekte eines Tages so lang wird, das Sie erst seitenweise blättern müssen, bis Sie all die Importanweisungen und Funktionsdeklarationen hinter sich gelassen haben, um zum eigentlichen Code zu gelangen, wird es Zeit, daran zu denken, all diese Deklarationen in eine Header-Datei auszulagern.

Sie kennen Header-Dateien bereits aus den `include`-Anweisungen. Dort wurden bisher immer Header-Dateien der Standard C Library eingebunden. Sie können sich jedoch auch eigene Header-Dateien erzeugen. Wie das geht, zeige ich hier kurz auf.

Zuerst einmal das Wichtigste: Eine Header-Datei enthält nicht den eigentlichen Code des Programms!

Eine Header-Datei ist nur für folgende Anweisungen gedacht: Die Präprozessoranweisungen `include` und `define`, die Typ-Definitionen `struct`, `union`, `enum` und `typedef`, Funktionsdefinitionen sowie als `extern` deklarierte globale Variablen.

Diese Header-Datei wird dann in der Datei mit dem eigentlichen Code mit einem `include` eingebunden. Keineswegs wird also eine zweite Codedatei eingebunden, sondern immer nur eine Header-Datei. Eine Header-Datei hat die Endung `h` und die dazugehörige Code-Datei immer die Endung `c`.

Das folgende Beispiel zeigt anhand eines erweiterten Würfelbeispiels, wie man eine Code-Datei in eine Code-und Header-Datei aufspaltet.

1. Erstellen Sie auf dem Schreibtisch erst einmal einen neuen Ordner und benennen Sie diesen zum Beispiel mit dem Projektnamen *htest*.

2. Starten Sie die Lightweight IDE und erstellen Sie über das Menü *File | New* ein neues Dokument.

3. Schreiben Sie dort den folgenden Code hinein:

Funktionen

```c
#include "htest.h"

int main()
{
    int zufallsmaximum = eingabe();
    int ergebnis = wuerfelmaschine(zufallsmaximum);
    ausgabe(ergebnis);
    ansage(ergebnis);
    return 0;
}

int eingabe()
{
    int max;
    printf("Geben Sie das Zufallsmaximum ein: ");
    scanf("%d", &max);
    return max;
}

// Würfelmaschine, erwartet Ganzzahl
int wuerfelmaschine(zufallsmaximum)
{
    srandom((unsigned)time(NULL));
    return random() % zufallsmaximum + 1;
}

// Textausgabe des Ergebnisses, erwartet Ganzzahl
void ausgabe(ergebnis)
{
    printf("Die Würfel sind gefallen!\n");
    printf("Das Ergebnis ist: %d\n", ergebnis);
}

// Gesprochene Ausgabe des Ergebnisses, Ganzzahl
void ansage(wuerfelErgebnis)
{
    char ansage1[81] = "say ";    //siehe "man:say.1"
    char ansage2[11];             // Würfelwurf
    char ansage3[21] = " -v Victoria";  //Ansagestimme
    sprintf(ansage2, "%d", wuerfelErgebnis);//Zahl in Text
    strcat(strcat(ansage1, ansage2), ansage3);
    //Systemaufruf
    system(ansage1);  // z.B.: Ansage1="say 6 -v Victoria"
}
```

4. Sichern Sie das Dokument dann als *htest.c* in den Projektordner.

Wichtig ist, dass am Anfang #include "htest.h" steht. Das ist nämlich die Anweisung, die Header-Datei dieses Namens in den Code einzubinden. Diese Header-Datei wird als Nächstes erzeugt.

AUFGEPASST

Beachten Sie auch, dass diese Datei, im Gegensatz zu den Header-Dateien der Standard C Library, in Anführungszeichen gesetzt wird und nicht in spitzen Klammern. Das ist die Schreibweise für selbst erstellte Header-Dateien:

```
#include "htest.h"
```

Wohingegen Header-Dateien der Standard C Library mit spitzen Klammern geschrieben werden:

```
#include <stdio.h>
```

5. Erstellen Sie nun ein zweites Dokument mit *File | New* und fügen Sie dort alle includes und Funktionsdeklarationen ein:

```
#include <stdio.h>
#include <stdlib.h>
#include <strings.h>
#include <time.h>

int eingabe();
int wuerfelmaschine(int);
void ausgabe(int);
void ansage(int);
```

6. Sichern Sie die Datei als *htest.h* in den Projektordner *htest*.

7. Gehen Sie zurück in die Datei *htest.c* und lassen Sie das Programm einmal laufen.

Sie werden wie gehabt nach dem Maximalwert des Würfelwurfs gefragt. Das Ergebnis wird ausgegeben und angesagt.

Beim Benennen der Header-Datei ist es wichtig, dieser exakt denselben Namen wie der Quellcodedatei zu geben. Die beiden Dateien dürfen sich in ihrem Namen nur anhand ihrer Endungen unterscheiden. Code-Dateien brauchen die Endung c und Header-Dateien die Endung h.

Damit haben Sie den ganzen Deklarationsteil Ihres Codes in eine Header-Datei ausgelagert.

TIPP

Vielleicht ist es Ihnen schon aufgefallen, aber in dem Moment, in dem Sie die zweite Datei *htest.h* in den Projektordner gesichert haben, hat das Fenster mit der Datei *htest.c* ein zweites Einblendmenü mit einem U im Fenstertitel erhalten. Darüber können Sie ganz bequem die Header-Datei öffnen, um mal schnell eine Deklaration nachzusehen oder um etwas darin zu ändern. Vergessen Sie auch nicht das Einblendmenü daneben! Damit können Sie schnell zu jeder Funktion im Code springen.

Sobald eine Header-Datei vorliegt, können Sie diese in der Lightweight IDE bequem über ein Einblendmenü in der Titelleiste öffnen.

Wenn Sie den Code später auf mehrere Code-Dateien aufteilen wollen, so machen Sie das genauso. Erstellen Sie für jede Codedatei auch immer eine Header-Datei und binden Sie nur die Header-Dateien ein.

Vielleicht fragen Sie sich nun, wie Sie die zweite Code-Datei übersetzen und kompilieren, wenn Sie diese nicht mit `include` einbinden? Die Antwort ist: Sie binden nur die Header-Datei der zweiten Code-Datei ein, und die Lightweight IDE findet die dazu passende Quelldatei automatisch und kompiliert sie mit.

In der Lightweight IDE ist für dieses Verhalten entscheidend, dass alle Code- und Header-Dateien im selben Ordner liegen, also dem Projektordner. Lassen Sie daher niemals Code- oder Header-Dateien darin liegen, die zu einem anderen Projekt gehören.

Falls das nicht funktionieren sollte, überprüfen Sie bitte die Einstellungen der Lightweight IDE. Dort muss im Reiter *C* der Radioknopf *Analyze #include (#include "foo.h" -> compile foo.c)* ausgewählt sein.

Die Beschreibung dieser Schaltfläche zeigt es an. Findet die Lightweight IDE im Projektordner eine Header-Datei (*foo.h*), wird die dazu passende Code-Datei mit dem gleichen Namen (*foo.c*) ebenfalls kompiliert.

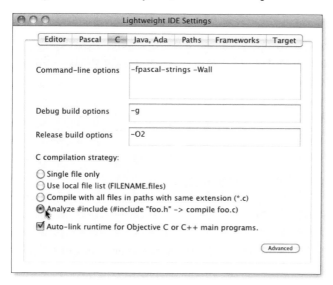

Die Einstellung in der Lightweight IDE, die dafür sorgt, dass über die Header-Dateien die Code-Dateien gefunden und übersetzt werden

Die Funktion main und ihre Parameter

Nachdem die Parameter erklärt worden sind, wird es Zeit, sich mit der altbekannten Funktion main näher zu befassen.

Wir wissen bisher, dass diese der Startpunkt eines jeden C-Programms ist und in jedem Programm genau einmal vorkommen muss.

Des Weiteren wissen wir, dass die Funktion main den Typ int hat. Sie liefert also eine Ganzzahl als Rückgabewert. Üblicherweise wird dabei ein Rückgabewert von 0 als Erfolg interpretiert und jeder andere Wert als ein Fehler. Das können Sie zum Beispiel nutzen, um Fehlernummern beim Auftreten der unterschiedlichsten Fehler zurückzuliefern.

Was wir bisher nicht kennen, sind die Parameter der Funktion main. Bisher wurden die Klammern der Funkton main nämlich immer leer gelassen. Im Gegensatz zu anderen Funktionen mit Parametern ist das bei der Funktion main erlaubt. Es gibt also keinen Zwang, die Parameter zu verwenden.

Wenn die Funktion main aber Parameter besitzt, stellt sich die Frage, wo die Argumente dafür herkommen.

Jedem Parameter muss bei einem Funktionsaufruf ein Argument zugewiesen werden. Da die Funktion main aber bereits läuft, wenn das Programm startet, können wir ihr im Code gar keinen Wert mehr überweisen.

Die Antwort ist: Die Argumente der Funktion main kommen von der Kommandozeile und dem Betriebssystem. Das erkläre ich gleich noch genauer. Zuerst einmal der Überblick.

Die Funktion main hat standardmäßig zwei Parameter:

```
int main(int argc, char *argv[])
```

Das erste Argument ist ein int, das zweite ein Array mit Zeigern auf char (siehe Abschnitt *Platzsparende zweidimensionale char-Arrays* im Kapitel *Zeiger*).

Manche C-Implementierungen, wie die unter Darwin und Linux, unterstützen noch die Form mit drei Parametern:

```
int main(int argc, char *argv[], char *envp[])
```

Hier kommt noch ein zweites Array mit Zeigern auf char hinzu. Machen Sie davon aber nur Gebrauch, wenn Ihr Programm nicht unbedingt auf allen Betriebssystemen laufen muss.

Wie diese Parameter benannt werden, steht Ihnen frei. Allgemein hat sich aber obige Schreibweise eingebürgert. Der Name gibt nämlich in abgekürzter Form den Zweck dieser Parameter wieder.

Kurz gesagt, dienen diese Parameter folgendem Zweck:

- **int argc**: argc steht für *argument count*. Hier steht eine Ganzzahl, die angibt, wie viele Argumente beim Start des Programms angegeben wurden. Die Argumente selbst werden in argv abgelegt.

- **char * argv[]**: argv steht für *argument vector*. Hier werden die Argumente, die beim Start des Programms angegeben wurden, als Zeichenkette abgelegt. Die Anzahl dieser Argumente steht als int in argc.

- **char * envp[]**: envp steht für *environment pointer*. Hier werden dem Programm die sogenannten Umgebungsvariablen des Betriebssystems mitgegeben.

Untersuchung der Argumente

Nun zu einem praktischen Beispiel, welches Ihnen erst einmal zeigt, welche Daten sich in den Argumenten der Funktion main verbergen. Erstellen Sie bitte einen neuen Projektordner, schreiben Sie folgenden Code in eine C-Datei mit den Namen *MainArgs.c* und führen Sie diesen Code dann aus:

```c
#include <stdio.h>

int main(int argc, char *argv[], char *envp[])
{
    int i;
    // Anzahl der Argumente ausgeben
    printf("Die Anzahl der Argumente ist %d\n", argc);

    // Argumente ausgeben:
    for(i = 0; i < argc; ++i)
    {
        printf("Argument %d: %s\n", i+1, argv[i]);
    }

    // Umgebungsvariablen ausgeben:
    for(i = 0; i < sizeof(envp); ++i)
    {
        printf("Umgebungsvariable %d: %s\n", i+1, envp[i]);
    }
    return 0;
}
```

Das Ergebnis wird in etwa so aussehen:

```
Die Anzahl der Argumente ist 1
Argument 1: MainArgs
Umgebungsvariable 1: PATH=/usr/bin:/bin:/usr/sbin:/sbin
Umgebungsvariable 2: TMPDIR=/var/folders/Lk/LkU+++TQ/-Tmp-/
Umgebungsvariable 3: SHELL=/bin/bash
Umgebungsvariable 4: HOME=/Users/det
```

In der ersten Zeile wird der Inhalt von argc ausgegeben. Dort steht drin, wie viele Zeichenketten das nächste Argument (nämlich argv) enthält. Hier ist es nur eine einzige Zeichenkette, deshalb die Zahl 1.

Der Inhalt von argv wird dann in der zweiten Zeile ausgegeben. Da es nur eine Zeichenkette in argv gibt, wird auch nur eine Zeile ausgegeben. Der Inhalt des ersten und einzigen Elements in diesem Array ist dabei der Text *MainArgs*. Das ist der Name des Programms. Mit anderen Worten: Das erste Argument von argv ist immer der Name des Programms – zumindest ist das auf Mac und Linux so. Andere Betriebssysteme können sich hier unterschiedlich verhalten.

Dann folgt die Ausgabe der Umgebungsvariablen. In meinem Fall gibt es genau vier davon.

Eine Umgebungsvariable besteht immer aus einem Namen, zum Beispiel HOME, gefolgt von einem Gleichheitszeichen = und dem dazu gehörenden Wert, hier /Users/det.

Die Umgebungsvariable HOME gibt also den Benutzerordner des angemeldeten Benutzers zurück. Diese Angabe kann ganz nützlich sein, um zum Beispiel Dateien, die das Programm verarbeitet, an einer bestimmten Stelle abzulegen.

Die Umgebungsvariable SHELL gibt an, welche Unix-Shell verwendet wurde, um das Programm zu starten. Die Angabe TMPDIR gibt das aktuelle temporäre Verzeichnis an. Dieses Verzeichnis ist gut geeignet, um Daten zu speichern, die nur kurz benötigt werden, da alle Dateien darin regelmäßig gelöscht werden.

Die Angabe PATH gibt an, an welchen Pfaden die Shell nach Befehlen sucht. Hier sind es die Pfade /usr/bin, /bin, /usr/sbin und /sbin.

PATH-Variable anpassen

Alle Shell-Befehle und C-Programme, die an einem der Pfade liegen, die in der PATH-Variablen stehen, werden automatisch von der Shell gefunden. So können Sie sich mit dem Befehl ls im Terminal immer den Inhalt des aktuellen Ordners anzeigen lassen, ohne den Pfad zum Befehl ls mit angeben zu müssen. Der Grund liegt darin, dass sich der Befehl ls im Verzeichnis */bin* befindet. Und dieses Verzeichnis ist in der PATH-Variablen angegeben, wird also von der Shell automatisch nach Programmen durchsucht.

Das heißt nun aber nicht, dass ich Ihnen empfehlen würde, Ihre eigenen C-Programme an dieser Stelle abzulegen. Diese Ordner stehen unter der Kontrolle des Betriebssystems und sollten daher in Ruhe gelassen werden. Besser ist es, wenn Sie Ihre eigenen Programme an einem Ort in Ihrem Benutzerordner ablegen und dann den Pfad dorthin der Umgebungsvariablen PATH hinzufügen.

Das funktioniert so:

1. Wählen Sie im Finder im Menü *Gehe zu* den Eintrag *Benutzerordner*.

2. Erstellen Sie dort auf oberster Ebene einen neuen Ordner mit dem Namen *bin*.

3. Ziehen Sie das im vorigen Abschnitt erstellte Programm *MainArgs* (nicht *MainArgs.c*!) aus dem Projektordner in den Ordner *bin*.
    Dieser Ordner soll als Ihr zukünftiger C-Programmeordner dienen. Legen Sie in diesem Ordner einfach alle nützlichen C-Programme ab, die Sie im Laufe der Zeit erstellen und die Sie öfters brauchen.

4. Öffnen Sie nun ein Mal das Terminal, tippen Sie MainArgs und bestätigen Sie mit Enter. Sie erhalten die Nachricht, dass der Befehl MainArgs nicht bekannt ist. Das liegt daran, dass der Ordner *bin* noch nicht in der PATH-Variablen steht. Sie müssen den Befehl daher vorläufig inklusive Pfad eingeben, damit es funktioniert.

5. Tippen Sie einmal ~/bin/MainArgs in das Terminal und bestätigen Sie. Mit der Pfadangabe funktioniert das Programm wie erwartet. (Die Welle erhalten Sie mit ⌥ + N und Leertaste auf der Tastatur.)

Damit Sie nicht immer den ganzen Pfad zu Ihrem Programm angeben müssen, werden wir nun diesen Ordner der PATH-Variablen hinzufügen. Das geschieht, indem wir die Konfigurationsdatei mit dem Namen *.bash_profile* editieren. Dies ist eine Konfigurationsdatei der Shell mit dem Namen *bash*, die standardmäßig auf Mac OS X verwendet wird. Alles, was in dieser Konfigurationsdatei steht, wird von der Unix-Shell beim Start automatisch ausgeführt. Wenn Sie hier Ihren Pfad hinzufügen, wird dieser bei der Suche nach Programmen berücksichtigt.

Starten Sie das Terminal und geben Sie folgenden Befehl ein, um im Terminal zu Ihrem Benutzerordner zu wechseln:

```
cd ~
```

6. Tippen Sie dann:

```
nano .bash_profile
```

Damit wird dem Texteditor mit dem Namen *nano* befohlen, die Datei mit dem Namen *.bash_profile* zur Bearbeitung zu öffnen. Der Dateiname beginnt übrigens mit einem Punkt, damit diese Datei unsichtbar ist. Alle Dateien, die mit einem Punkt beginnen, sind auf dem Mac standardmäßig nicht sichtbar. Falls die Datei noch nicht existiert, wird sie erzeugt und dann geöffnet.

Tippen Sie die folgenden zwei Zeilen und beenden Sie jede Zeile mit einem Zeilenumbruch. Falls in dieser Datei schon etwas steht, überschreiben Sie es nicht, sondern fügen Sie diese Zeilen an.

```
PATH=$PATH:~/bin
export PATH
```

Die erste Zeile gibt an, dass Ihr Pfad an die anderen Pfade angefügt werden soll. Die zweite Zeile exportiert diesen Pfad dann in die PATH-Umgebungsvariable.

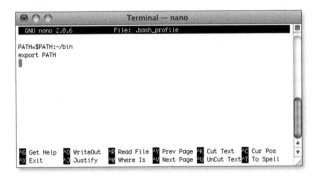

Bearbeiten der Konfigurationsdatei der bash-Shell

7. Tippen Sie das Tastaturkürzel ⌃+X, um nano zu beenden.

8. Sie werden nun gefragt, ob Sie die Eingabe sichern wollen. Tippen Sie y, um die Frage zu bejahen, und bestätigen Sie mit Return.

9. Tippen Sie ls -a, um alle Dateien im Benutzerordner anzuzeigen, und überprüfen Sie, dass dort die Datei *.bash_profile* existiert. Das -a sorgt im ls-Befehl dafür, dass auch die unsichtbaren Dateien angezeigt werden.

10. Beenden Sie das Terminal und starten Sie es neu.

11. Geben Sie nun den Befehl `MainArgs` im Terminal ein. Ihr Programm wird ausgeführt, ohne dass Sie einen Pfad angeben mussten.

12. Geben Sie einmal `MainArgs` mit mehreren Argumenten auf der Kommandozeile ein, zum Beispiel:

```
MainArgs 8 13.5 Hund "Es war einmal"
```

Jede Leerstelle nach `MainArgs` kennzeichnet den Beginn des nächsten Arguments. Zahlen und Wörter können Sie direkt schreiben. Sätze mit Leerstellen müssen Sie in Anführungszeichen setzen. Nun erhalten Sie in der Ausgabe diese von Hand auf der Kommandozeile eingegebenen Parameter:

```
Die Anzahl der Argumente ist 5
Argument 1: MainArgs
Argument 2: 8
Argument 3: 13.5
Argument 4: Hund
Argument 5: Es war einmal
Umgebungsvariable 1: TERM_PROGRAM=Apple_Terminal
Umgebungsvariable 2: TERM=xterm-color
Umgebungsvariable 3: SHELL=/bin/bash
Umgebungsvariable 4: TMPDIR=/var/folders/Lk/L+++TQ/-Tmp-/
```

Diese Argumente sind der Schlüssel dazu, Ihrem Programm auf der Kommandozeile gleich entsprechende Werte mitzugeben. Wie man dies sinnvoll anwenden kann, zeigt das Beispiel im nächsten Abschnitt.

AUFGEPASST

Wenn Sie Ihren eigenen C-Programmeordner über die PATH-Variable einbinden, müssen Sie darauf achten, bei der Benennung Ihrer Programme keinen Namen bereits existierender Shell-Programme zu verwenden. Wenn Sie Ihr Programm zum Beispiel `ls` nennen, wird es niemals ausgeführt werden, weil der Befehl `ls` in dem Ordner `/bin` zuerst gefunden wird. Die Reihenfolge der Pfade in der PATH-Variablen ist also ebenfalls von Bedeutung. Am einfachsten ist es, Sie vergewissern sich über den Index der man-Seiten in Bwana, dass der Name, den Sie für Ihr Programm vorgesehen haben, wirklich noch frei ist. Gibt es dort bereits ein Programm oder eine Bibliothek dieses Namens, benennen Sie Ihr eigenes Programm besser um.

Beispiel für Argumente auf der Kommandozeile

Im letzten Beispiel haben Sie gesehen, wie man auf der Kommandozeile mehrere Werte an argv übergeben kann. Dies können Sie nutzen, um Ihr C-Programm genauso wie die anderen Programme in der Shell (die ja meist alle in C geschrieben wurden) zu verwenden. Das folgende Beispiel gibt den ersten 4 Zeichenketten von argv zum Beispiel eine besondere Bedeutung.

In diesem Beispiel der Würfelmaschine wird der Anwender diesmal nicht in einem Dialog nach einem Wert für die Anzahl der Würfe und deren Höchstzahl gefragt. Stattdessen liest das Programm diese Werte nun aus den Argumenten aus, die beim Start des Programms angegeben wurden. Werden nicht alle oder keine Argumente auf der Kommandozeile angegeben, werden Standardwerte verwendet, die am Anfang des Codes mit define definiert wurden.

```
#include <stdio.h>
#include <stdlib.h>
#include <time.h>
#include <strings.h>
#define ANZAHL 1
#define MAX 6
#define MOD 'N'

void wuerfelmaschine(int anzahl,int max,char mod,int result[]);
void ausgabe(int anzahl, int result[]);
void fehler();

int main(int argc, char *argv[])
{
    int anzahl, max; char mod;
    if (argc == 1)
    {   // Kein Argument angegeben
        anzahl = ANZAHL; max = MAX; mod = MOD;
    }
    if (argc == 2)
    {   // Ein Argument angegeben
        anzahl = atoi(argv[1]); max = MAX; mod = MOD;
    }
    if (argc == 3)
    {   // Zwei Argumente angegeben
        anzahl = atoi(argv[1]); max = atoi(argv[2]);
        mod = MOD;
    }
```

```c
    if (argc >= 4)
    {   // Drei Argumente oder mehr angegeben
        anzahl = atoi(argv[1]); max = atoi(argv[2]);
        mod = argv[3][0]; // Erstes char ermitteln
    }
    int result[anzahl]; //Ergebnisarray deklarieren
    // Bereichsprüfung und evtl. Aufruf Fehleranzeige:
    if ((anzahl < 1) || (anzahl > 100)) fehler();
    if ((max < 2) || (max > 100)) fehler();
    // Würfeln und Ausgabe des Ergebnisses:
    wuerfelmaschine(anzahl, max, mod, result);
    ausgabe(anzahl, result);
    return 0;
}

void wuerfelmaschine(int anzahl,int max,char mod,int result[])
{
    int i;
    srandom((unsigned)time(NULL));
    if ((mod == 'J') || (mod == 'j'))
        for (i = 0; i < anzahl; ++i)
        {   // Mit Schummeln
            result[i] = ((int)random() % max) +1 +2;
            if (result[i] > max) result[i] = max;
        }
    else
    {
        for (i = 0; i < anzahl; ++i)
        {   // Ohne Schummeln
            result[i] = ((int)random() % max) + 1;
        }
    }
}

void ausgabe(int anzahl, int result[])
{
    int i;
    printf("Die Wuerfel sind gefallen:\n");
    for (i = 0; i < anzahl; ++i)
    {
        printf("%d ", result[i]);
    }
```

```
    printf("\n");
}

void fehler()
{
    printf("Fehler!\n");
    printf("Erwartete Syntax: wuerfle int int\n");
    printf("---------------------------------\n");
    printf("Das erste Argument stellt die Anzahl der "
        "Wuerfe dar. Es wird eine Ganzzahl "
        "zwischen 0 und 100 erwartet.\n");
    printf("Das zweite Argument stellt den hoechsten "
        "wuerfelbaren Wert dar. Es wird eine Ganzzahl "
        "zwischen 0 und 100 erwartet.\n");
    exit(1);
}
```

Die Zuweisung der Argumente von der Kommandozeile und die Funktionsaufrufe sind in diesem Beispiel fett gedruckt, damit Sie dem Lauf des Programms leichter folgen können. Nun geht es daran, dieses Programm von der Kommandozeile aus aufzurufen.

1. Sichern Sie das obige Programm bitte in einer neuen Datei in einem neuen Projektordner und benennen Sie die Quelldatei mit dem Namen *wuerfeln.c*.

2. Führen Sie das Programm dann zur Kontrolle einmal in der Lightweight IDE aus, um sicherzugehen, dass alles funktioniert. Das Programm wird für die Anzahl der Würfe und den Höchstwert die Standardwerte aus den define-Deklarationen am Anfang verwenden.

3. Wenn das Programm ausgeführt wurde, schauen Sie bitte in den Projektordner und kopieren Sie die dort erzeugte Programmdatei mit dem Namen *wuerfeln* in das *bin*-Verzeichnis in Ihrem Benutzerordner.

4. Nun können Sie das Terminal öffnen und dem Programm einmal verschiedene Argumente mitgeben. Schreiben Sie zum Beispiel:

```
wuerfeln 10
```

Dieser Aufruf des Programms im Terminal führt zu 10 Zufallszahlen. Der Maximalwert wurde nicht angegeben. Das heißt, hier wird der Standardwert 6 aus dem define MAX am Anfang des Codes verwendet.

```
wuerfeln 6 100
```

Hier werden 6 Zufallszahlen mit Werten bis 100 erzeugt.

Wenn Sie eine Zahl verwenden, die größer ist als 100, erhalten Sie übrigens die Fehlermeldung aus der Funktion `fehler`. Diese gibt dem Anwender dann eine Hilfestellung, was für die Argumente erwartet wird.

Dann gibt es noch einen dritten Parameter, einen quasi geheimen Parameter, da er dem Anwender nicht mitgeteilt wird. Wenn Sie nämlich als dritten Parameter ein J oder j eingeben, wird geschummelt und eine 2 auf alle Ergebnisse addiert.

```
wuerfeln 6 6 j
```

Dieser Aufruf simuliert 6 Würfelwürfe mit Schummeln, das heißt, es wird die Zahl 2 auf alle Würfelwürfe addiert. Falls der Wert dadurch aber höher wird als das Maximum, wird er wieder auf das Maximum heruntergesetzt, damit das Schummeln nicht gleich auffällt. Auffällig ist dann nur noch, dass Sie keine Werte mehr unter 3 erhalten können – die Belohnung des Schummelns also.

POWER

In diesem Beispiel werden zwei neue Funktionen verwendet.
Die erste trägt den Namen `atoi`. Diese dient dazu, das in `argv` als Text vorliegende Argument in ein `int` umzuwandeln. Der Name ist eine Abkürzung von *ASCII to int*. Diese Funktion erwartet eine Zeichenkette als Argument und extrahiert aus dieser Zeichenkette einen eventuell vorhandenen Zahlenwert als Ganzzahl. Diese Funktion ist in der Standard C Library in *stdlib.h* definiert, wo Sie noch weitere nützliche Umwandlungsfunktionen finden können (siehe http://en.wikipedia.org/wiki/Stdlib.h).

Die zweite Funktion ist `exit`. `exit` sorgt in obigem Beispiel in der Funktion `fehler` dafür, dass das Programm sauber beendet wird, nachdem ein zu großer oder kleiner Wert als Argument eingegeben und der Hilfetext angezeigt wurde (siehe `man:exit.3`). Nutzen Sie diese Funktion, um ein Programm zu beenden, bevor Fehler auftreten.

Damit haben Sie sich ein eigenes kleines Unix-Programm erschaffen, das sich genauso verhält wie die anderen Programme in der Shell. Sie können Ihr Programm sogar mit anderen Shell-Befehlen kombinieren.

So wird folgender Aufruf das Würfelergebnis in eine Datei mit dem Namen Wuerfelergebnisse.txt umleiten, die auf dem Schreitisch erzeugt wird:

```
wuerfler 100 6 > ~/Desktop/Wuerfelergebnisse.txt
```

AUFGEPASST

Bestimmte Sonderzeichen, wie hier den Winkel >, können Sie nicht als Argumente auf der Kommandzeile verwenden, da diese von der Shell auf spezielle Weise interpretiert werden. In diesem Fall wird der Winkel dahingehend interpretiert, dass die Standardausgabe in eine Datei umgeleitet werden soll. Falls einmal ein Argument nicht funktionieren sollte, liegt es vielleicht daran, das die Shell diesem Zeichen eine besondere Bedeutung beimisst und für sich reklamiert. Versuchen Sie dann, dieses Argument auf der Kommandozeile in Anführungszeichen zu setzen.

Eigene Datentypen

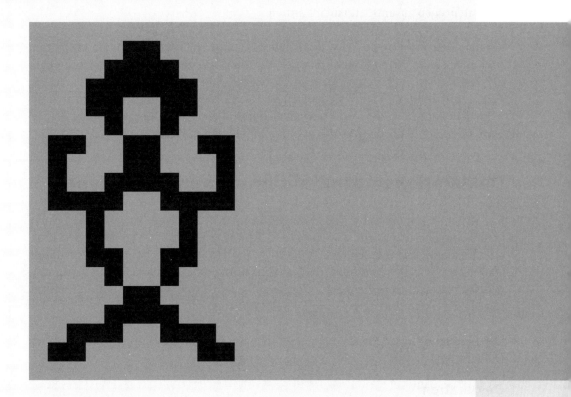

Dieses Kapitel behandelt Strukturen, Unions, Bitfelder und Aufzählungen, mit denen Sie eigene Datentypen erstellen können. So lassen sich mit Strukturen mehrere zusammengehörige Variablen wie ein Datensatz in einer Datenbank bündeln. Auch Datum und Uhrzeit werden behandelt, für deren Umgang ein Verständnis der Strukturen notwendig ist. Darüber hinaus wird am Ende das Lesen und Schreiben von Dateien mittels Funktion der Standard C Library beispielhaft beschrieben. Danach können Sie die in C angelegten oder verarbeiteten Daten auch dauerhaft auf der Festplatte sichern und wieder einlesen.

Strukturen (struct)

Eine Struktur, englisch *structure*, wird in C mit dem Schlüsselwort `struct` definiert. Ein struct ist eine selbst definierte Datenstruktur, die Sie unter Verwendung anderer Datentypen zusammenbauen können.

Vergleichbar mit einem Array, kann eine Struktur mehrere Elemente enthalten. Anders als beim Array können Sie jedoch unterschiedliche Datentypen miteinander vermischen. So können Sie einem Struct beliebig viele `int`, `char`, `float`, Arrays, Zeiger und überhaupt jeden beliebigen anderen Datentyp, ja sogar wiederum andere Structs mitgeben. Ein Struct verhält sich damit wie ein Datensatz in einer Datenbank oder eine Zeile oder Spalte in einer Tabellenkalkulation.

Deklaration und Initialisierung von Struct-Typen

Ein Struct ist erst einmal nichts anderes als eine ganz normale Variable. Der große Unterschied besteht darin, dass Sie zuerst einmal einen Struct-Typ definieren müssen. Das heißt, Sie müssen den Typ selbst zusammenbauen. Bei den elementaren Datentypen wie `int` und `float` ist das nicht nötig, da diese quasi schon fertig mitgeliefert werden. Bei einem Struct müssen Sie den Typ aber selber definieren und mit einer Deklaration dem Compiler bekanntgeben.

Die Erzeugung eines Struct-Typs geschieht wie bei den Funktionen mittels einer Deklaration.

Deklaration

Die Deklaration eines Structs geschieht auf folgende Weise:

```
struct Artikel
{
    int num;
    char name[41];
    float preis;
};
```

Die Deklaration beginnt immer mit dem Schlüsselwort `struct`, gefolgt von dem Namen, den Sie dem Struct-Typ geben wollen. Welchen Namen Sie verwenden, liegt wieder ganz bei Ihnen. Die üblichen Regeln für die Benennung von Variablen gelten auch hier. Unter vielen C-Programmierern hat es sich dabei eingebürgert, Strukturen immer mit einem Großbuchstaben zu beginnen. Das ist kein Zwang,

Sie erkennen dann aber später im Code schon am Namen, dass sich dahinter ein Struct verbirgt. Aus diesem Grund habe ich das Struct Artikel mit einem großen A geschrieben.

Nach dem Definitionskopf folgt der Block der Strukturdeklaration. In diesem deklarieren Sie alle gewünschten Variablen, die dieses Struct enthalten soll. In obigem Beispiel ist dies ein int mit dem Namen num, ein char-Array mit dem Namen name und ein float mit dem Namen preis. Schon aus den Namen wird deutlich, wofür dieses Struct einmal dienen wird, nämlich der Abspeicherung der Daten von Warenartikeln.

AUFGEPASST

Beachten Sie, dass Sie die in der Struct-Deklaration deklarierten Variablen dort nicht bereits initialisieren dürfen. Die Deklaration des Structs stellt nur eine Schablone dar. Die dort deklarierten Variablen existieren also noch gar nicht. Außerdem dürfen Sie für diese Variablendeklarationen keine Speicherklassenspezifizierer wie static, register und so weiter verwenden. Am Schluss des Blocks sollten Sie das Semikolon nicht vergessen. Wie eine Funktionsdeklaration muss auch die Deklaration eines Structs immer mit dem Semikolon enden.

Die Reihenfolge der Variablen im Struct-Block spielt übrigens eine wichtige Rolle. Die Werte werden nämlich später genau in dieser Reihenfolge im Speicher abgelegt.

Die Deklaration eines Structs gehört an den Anfang der Quelldatei:

```
#include <stdio.h>

struct Artikel
{
    int num;
    char name[41];
    float preis;
};

int main()
{
    printf("Hier passiert noch nix!\n");
    return 0;
}
```

Wenn Sie mit eigener Header-Datei arbeiten, sollten Sie die Deklaration eines Structs in die Header-Datei auslagern. So bleibt Ihr eigentlicher Code übersichtlich, und Sie können diesen selbst definierten Datentyp dann auch in anderen Quelldateien verwenden. (Siehe *Erstellen einer Header-Datei* im Kapitel *Funktionen*.)

Mehrere Struct-Deklarationen

Natürlich können Sie nicht nur einen einzigen Struct-Typ deklarieren, sondern beliebig viele. Wenn Sie neben Artikeln auch noch Datensätze für Adressen, Rechnungen, Lieferscheine und so weiter brauchen, so definieren Sie dafür am Anfang des Codes doch gleich weitere Struct-Typen:

```
struct Artikel
{
    int num; //Artikelnummer
    char name[41];
    float preis;
};

struct Adresse
{
    int num; //Kundennummer
    char vorname[31];
    char nachname[31];
    // und so weiter …
};

struct Rechnung
{
    int num; // Rechnungsnummer
    //Zeiger auf struct Adresse:
    struct Adresse * ptrAdresse;
    // Array mit Zeigern auf struct Artikel
    struct Artikel * ptrArtikel[30];
};
```

An dem Struct Rechnung können Sie sehen, dass Sie auch Zeiger in einem Struct verwenden können. In der ersten fett gedruckten Zeile sehen Sie die Deklaration eines Zeigers vom Typ *Zeiger auf struct Adresse*.

Mit anderen Worten, dieses Struct kann, wie bei Rechnungen üblich, die Adresse des Kunden aus struct Adresse aufnehmen.

In der allerletzten Zeile sehen Sie dann sogar, wie in dem Struct `Rechnung` ein Array mit Zeigern auf `struct Artikel` deklariert wird.

```
struct Artikel * ptrArtikel[30];
```

Auch das ist sinnvoll, da eine Rechnung ja mehrere Artikel enthalten kann. In diesem Beispiel ist Platz für maximal 30 Posten auf der Rechnung.

Solange Sie Zeiger auf andere Strukturen verwenden, spielt die Reihenfolge der Deklarationen keine Rolle. Anders sieht die Sache aus, wenn Sie ganze Strukturen in einer anderen Struktur aufnehmen wollen.

Strukturen als Elemente von Strukturen deklarieren

Sie können in einem Struct nicht nur einen Zeiger auf andere Strukturtypen deklarieren, Sie können ein Struct auch als Ganzes in einen anderen Struct aufnehmen. In folgendem Fall kann `struct Rechnung` die Rechnungsadresse und die Artikelposten als feste Werte abspeichern. Das ist sogar noch sinnvoller als die Zeiger aus dem vorigen Beispiel, denn eine Rechnung soll ja unveränderlich sein. Wenn Sie die Adresse des Kunden und die Artikeldaten in der Rechnung jedoch als Zeiger, also als Verweis auf die Originaldaten ablegen, würde sich eine einmal ausgestellte Rechnung ja ändern, wenn Sie die Kundenadresse oder den Preis nachträglich änderten. Das darf natürlich nicht sein.

```
struct Rechnung
{
    int num; // Rechnungsnummer
    struct Adresse RechnungsAdresse;
    struct Artikel posten[41];
};
```

Das Struct `Rechnung` enthält hier eine Variable vom Typ `int`, eine Variable vom Typ `struct Adresse` und eine vom Typ `struct Artikel`. Bei der Deklaration ist hier unbedingt die Reihenfolge zu beachten. Strukturen, die in einer anderen enthalten sein sollen, müssen zuerst deklariert werden.

Daraus ergibt sich, dass Strukturen mit Überkreuzbeziehungen nur mit Zeigern machbar sind. Dadurch kann Struktur A die Struktur B als Zeiger enthalten und Struktur B wiederum Struktur A als Zeiger.

Eine Struktur kann sich nicht selbst als Element enthalten. Rekursive Strukturen sind also nicht möglich. Es ist jedoch möglich, eine Struktur mit einem Zeiger auf eine Struktur des gleichen Typs auszustatten. Das wird zum Beispiel verwendet, um verkettete Listen zu erzeugen. Dazu später mehr.

Initialisierung bei der Deklaration

Der Name eines Struct-Typs ist übrigens optional, kann also auch weggelassen werden. Das hat dann allerdings zur Folge, dass Sie nach der Deklaration keine Variablen dieses Typs erzeugen können. Die Variablen, die Sie mit diesem Struct-Typ erzeugen wollen, müssen daher gleich bei der Deklaration mit angegeben werden. Das geschieht so:

```
struct
{
    int num;
    char name[31];
    float preis;
} ArtikelA, ArtikelB;
```

Hier wird ein Struct ohne Namen definiert, und davon werden bei der Deklaration gleich zwei Variablen mit den Namen ArtikelA und ArtikelB erzeugt. Diese Variablen können Sie dann später verwenden, um die entsprechenden Artikeldaten darin abzuspeichern.

Diese Art der Deklaration ist nur sinnvoll, wenn Sie von vornherein wissen, dass Sie nur eine sehr kleine Anzahl an Variablen dieses Typs brauchen. Auch hier dürfen die Variablen im Struct-Block noch nicht mit Werten gefüllt werden. Es handelt sich immer noch um eine reine Blaupause.

Üblicherweise schreibt man aber diese Art der *Deklaration mit gleichzeitiger Initialisierung* ebenfalls mit einem Namen für den Struct-Typ, auch wenn Sie diesen später gar nicht benötigen. Der Name gibt Ihnen schließlich einen Hinweis auf die Funktion und Bedeutung dieses Struct-Typs und macht den Code damit leichter lesbar:

```
struct Artikel
{
    int num;
    char name[41];
    float preis;
} ArtikelA;
```

Hier wird ein Struct-Typ mit dem Namen `Artikel` deklariert und in einem Rutsch gleich eine einzelne Variable dieses Typs erzeugt. Falls Sie es sich nun später anders überlegen sollten, steht es Ihnen frei, weitere Variablen dieses Typs zu erzeugen.

Speicherbelegung und Größe eines Structs

Sobald Sie von der Blaupause eines Struct-Typs, also der Deklaration eines Structs, eine Variable erzeugen, wird vom Compiler der entsprechende Platz für diese Variable im Speicher reserviert.

Der reservierte Speicherplatz hat dabei mindestens die Summe der Größe der einzelnen Elemente des Structs. Die einzelnen Variablen im Struct werden in diesem Speicherbereich in genau der Reihenfolge abgespeichert, die Sie in der Strukt-Deklaration verwendet haben.

Die Speicherbelegung eines Structs sieht im Idealfall daher so aus wie in der folgenden Abbildung.

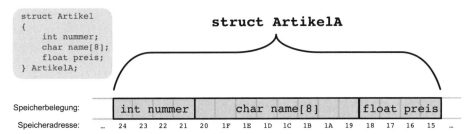

Speicherbelegung eines Structs

Dieser aus mehreren Variablen bestehende Speicherbereich lässt sich nun mit einem einzigen Namen ansprechen, dem Namen der Variablen, die Sie von diesem Struct-Typ erzeugt haben, in diesem Beispiel `ArtikelA`. Keineswegs können Sie diesen Bereich aber über den Namen des `Struct`-Typs ansprechen, also als `Artikel`. Der Name `Artikel` steht nur für den Typ, also nur für den Bauplan eines Structs vom Typ `Artikel`, und belegt damit selbst keinen Speicher, den Sie danach beschreiben könnten. Verwechseln Sie das nicht! Die eigentlichen Daten werden in Variablen abgelegt, die von dem Struct-Typ erzeugt werden.

Beachten Sie auch, dass obige Abbildung nicht immer genau zutreffen wird. Der Compiler kann nämlich, um einen schnelleren Zugriff auf die Elemente im Struct zu gewährleisten, zwischen den einzelnen Variablen oder am Ende des Structs auch schon mal Lücken mit ungenutztem Speicher stehen lassen. Im Normalfall braucht Sie die exakte Speicherbelegung aber nicht zu kümmern.

Der tatsächlich von einem Struct eingenommene Speicherplatz lässt sich leicht mit dem `sizeof`-Operator ermitteln, wie folgendes Beispiel zeigt:

```
#include <stdio.h>

struct Artikel
{
    int nummer;
    char name[8];
    float preis;
} ArtA;

int main()
{
    printf("Bytes von struct ArtA: %lu\n", sizeof(ArtA));
    return 0;
}
```

Die Ausgabe sieht dann so aus:

```
Bytes von struct ArtA: 16
```

Das Struct `ArtA` nimmt also wie erwartet 16 Byte ein. Ein `int` und ein `float` haben je 4 Byte, das Array `name` hat 8 Byte, macht zusammen also 16 Byte.

Wenn Sie nun die Größe des Arrays `name` in obigem Code um eins erhöhen (`char name[9]`), steigt die Größe des Structs gleich sprunghaft an:

```
Bytes von struct ArtA: 20
```

Die Größe springt gleich um 4 Byte weiter, obwohl nur ein Byte hinzugefügt wurde.

Das liegt daran, dass der Compiler ganze Viererblöcke bevorzugt. Genau genommen bevorzugt der Compiler die Ausrichtung nach der sogenannten *Wortgröße*, dabei handelt es sich um ein `int`, was zur Zeit 4 Byte auf den meisten Rechnerarchitekturen darstellt. Der Zugriff auf solche ganzen Blöcke ist schneller.

Da diese Wortgröße aber nicht in Stein gemeißelt ist und sich mit neueren Compilern und Betriebssystemen auch ändern kann, sollte man nicht darauf bauen.

Falls diese Ausrichtung nicht gewünscht ist, lässt sich das auch mit einer Compiler-Option abschalten. Die man-Seite von *gcc* verrät mehr. Im Allgemeinen sollten Sie aber die Finger davon lassen, wenn Sie nicht ganz gewichtige Gründe dafür haben. Der Code wird dadurch nicht schneller, sondern eher langsamer.

Spätere Initialisierung

Mit der Deklaration eines Structs wird bekanntlich noch kein einziges Struct erzeugt. Eine Ausnahme bildet nur die bisher verwendete Sofortinitialisierung bei der Deklaration.

Im Normalfall werden Sie ein Struct eines bestimmten Typs auf folgende Art initialisieren:

```
struct Artikel Artikel1;
```

Sie müssen also wieder das Schlüsselwort `struct` schreiben, dann den Namen des Struct-Typs aus der Deklaration des Structs, und dann den Namen der Variablen, die Sie von diesem Typ erzeugen wollen. Wenn Sie mehrere Structs des gleichen Typs brauchen, können Sie diese wie gehabt auch auf einer Zeile mit Komma getrennt hintereinander schreiben:

```
struct Artikel Artikel1, Artikel2, Artikel3;
```

Oder auch gemischt mit Zeigern und Arrays des Struct-Typs:

```
struct Artikel Artikel1, * ptrArtikel, Lager[500];
```

Hier werden vom Struct-Typ `Artikel` drei Variablen erzeugt: Eine mit dem Typ *struct Artikel* (`Artikel1`), eine mit dem Typ *Zeiger auf struct Artikel* (`ptrArtikel`) und eine mit dem Typ *Array mit 500 Elementen vom Typ struct Artikel* (`Lager[500]`).

Die Initialisierung geschieht natürlich in einer Funktion:

```
#include <stdio.h>

struct Artikel
{
    int num; char name[41]; float preis;
};

int main()
```

```
{
    struct Artikel Artikel1, * ptrArtikel, Lager[500];
    printf("Hier passiert noch nix!\n");
    return 0;
}
```

AUFGEPASST

Bei Arrays mit Strukturen ist zu beachten, dass Sie bei großen Datenmengen den benötigten Speicherplatz sehr wahrscheinlich mit `malloc` anlegen müssen. Der automatische Speicher, auch als *Stack* bezeichnet, der in diesem Buch meist verwendet wird, hat seine Grenzen. Spätestens aber wenn die Größe des Arrays flexibel sein muss, kommen Sie an der Verwendung von `malloc` und `free` nicht vorbei. Beachten Sie hier das entsprechende Beispiel von `malloc` und `free` bei den Rückgabewerten im Kapitel *Funktionen*.

Vom Umgang mit einem Struct

Nachdem Sie Variablen von einem Struct-Typ erzeugt haben, sind die Variablen in diesem Struct noch in einem undefinierten Zustand. Das Struct muss also noch gefüllt werden. Wie man ein Struct füllt und mit den Daten darin arbeitet, ist Gegenstand der nächsten Seiten.

Der Punkt-Operator

Um auf ein einzelnes Element im Struct zuzugreifen, brauchen Sie den Punkt-Operator.

Das folgende Beispiel zeigt, wie dieser angewendet wird:

```
#include <stdio.h>
#include <string.h>

struct Artikel
{
    int num; char name[41]; float preis;
};

int main()
```

```
{
    struct Artikel Art1;
    Art1.num = 1;
    strcpy(Art1.name, "Braunes Wams");
    Art1.preis = 89.99;
    printf("Artikelnummer: %d\n", Art1.num);
    printf("Artikelname  : %s\n", Art1.name);
    printf("Artikelpreis : %.2f\n", Art1.preis);
    return 0;
}
```

In der ersten Zeile im Funktionsblock der Funktion main wird zuerst eine Struktur mit dem Namen Art1 vom Typ struct Artikel erzeugt.

In den folgenden drei Zeilen werden die Variablen in dieser Struktur mit Werten gefüllt.

Um auf eine einzelne Variable in einem Struct zuzugreifen, müssen Sie dabei immer die folgende Schreibweise verwenden:

structname.variablenname

Zuerst schreiben Sie also den Namen der Struktur, auf die Sie zugreifen wollen. Im obigen Beispiel ist das Art1. Dann folgt der Punkt-Operator, welcher tatsächlich nur ein Punkt ist und seinen Namen damit zu Recht trägt.

Dann folgt die Variable aus dem Struct, auf die Sie zugreifen wollen, zum Beispiel num.

Solch einem Ausdruck mit Punkt-Operator können Sie dann, wie bei Variablen üblich, direkt Werte zuweisen:

```
Art1.num = 1;
strcpy(Art1.name, "Braunes Wams");
Art1.preis = 89.99;
```

Für das Füllen eines char-Arrays müssen Sie natürlich die Funktion strcpy verwenden.

Nachdem alle Elemente des Structs einen Wert erhalten haben, werden diese in drei printf zur Kontrolle ausgegeben. Auch hier muss beim Zugriff auf die Variablen im Struct wieder der Punkt-Operator verwendet werden.

Die Initialisierungsliste

Alternativ zur Einzelzuweisung mit dem Punkt-Operator kann man auch ein Struct direkt bei seiner Erschaffung mit einer Liste füttern, um allen Variablen darin einen Wert zuzuweisen. Das geschieht so:

```
#include <stdio.h>

struct Artikel
{
    int num; char name[41]; float preis;
};

int main()
{
    struct Artikel Art1 = {1, "Braunes Wams", 89.99};
    printf("Artikelnummer: %d\n", Art1.num);
    printf("Artikelname  : %s\n", Art1.name);
    printf("Artikelpreis : %.2f\n", Art1.preis);
    return 0;
}
```

Hier wird in der fett gedruckten Zeile das struct Artikel Art1 erzeugt und sofort mit den Werten in der geschweiften Klammer, der sogenannten Initialisierungsliste, gefüllt. Hierbei ist zu beachten, dass die Reihenfolge der Werte in dieser Klammer mit der Reihenfolge im Struct-Typ zusammenpassen muss. Wenn in der Deklaration des Struct-Typs die Variable name an zweiter Stelle steht, dann muss das auch der dazugehörige Wert in der Initialisierungsliste.

Diese Zuweisung von Werten in einer geschweiften Klammer funktioniert nur direkt bei der Deklaration einer neuen Struct-Variablen. Später müssen Sie mit dem Punkt-Operator arbeiten.

Wenn Sie nur bestimmten Variablen des Structs einen Wert zuweisen wollen, dann brauchen Sie nur den Namen der Variablen mit vorangestelltem Punkt-Operator zu schreiben. Das folgende Beispiel gibt dem Struct bei seiner Erschaffung nur einen Namen mit und lässt die anderen Variablen im Struct uninitialisiert:

```
#include <stdio.h>

struct Artikel {int num; char name[41]; float preis;};

int main()
```

```
{
    struct Artikel Art1 = { .name = "Braunes Wams"};
    printf("Artikelnummer: %d\n", Art1.num);
    printf("Artikelname  : %s\n", Art1.name);
    printf("Artikelpreis : %.2f\n", Art1.preis);
    return 0;
}
```

Das Ergebnis sieht so aus:

```
Artikelnummer: 0
Artikelname  : Braunes Wams
Artikelpreis : 0.00
```

Nicht initialisierte Variablen werden beim ersten Zugriff auf ein Element im Struct mit 0 gefüllt, Zeichenketten erhalten ASCII 0. Solange Sie aber noch nie auf das Struct zugegriffen haben, können Sie nicht davon ausgehen, dass bereits irgendetwas Sinnvolles in den Variablen steckt.

Direkte Zuweisung

Eine weitere Möglichkeit der Zuweisung von Werten besteht darin, einem Struct die Werte eines bereits vorhandenen Structs des gleichen Typs zuzuweisen:

```
#include <stdio.h>
#include <string.h>

struct Artikel {int num; char name[41]; float preis;};

int main()
{
    struct Artikel Art1 = {1, "Braunes Wams", 89.99};
    struct Artikel Art2;
    Art2 = Art1;
    printf("Artikelnummer: %d\n", Art2.num);
    printf("Artikelname  : %s\n", Art2.name);
    printf("Artikelpreis : %.2f\n", Art2.preis);
    return 0;
}
```

Hier wird in der fett gedruckten Zeile dem Struct mit dem Namen Art2 das Struct Art1 zugewiesen. Dadurch werden alle Werte des Structs auf der rechten Seite an das Struct auf der linken Seite des Zuweisungsoperators zugewiesen.

Diese Form der direkten Zuweisung funktioniert natürlich nur bei Strukturen des gleichen Typs. In obigem Fall sind beide Strukturen vom Typ Artikel, und dadurch gibt es keine Probleme.

Nach dieser Zuweisung haben die Variablen in Art2 genau dieselben Werte wie die Variablen im Struct Art1, was zum Schluss in mehreren printf zur Kontrolle ausgegeben wird.

Arbeiten mit verschachtelten Strukturen

Wenn Sie in einem Struct ein weiteres Struct schachteln, gestaltet sich der Zugriff auf die gleiche Art und Weise wie bisher, nur dass Sie den Punkt-Operator zweimal anwenden müssen.

In folgendem Beispiel werden zwei Structs deklariert, eines für Artikel und eines für einen Händler, der bis zu zehn Artikel führen kann. Die Zuweisung von Werten geschieht über eine Initialisierungsliste, der Zugriff dann über einen zweifach gestaffelten Punkt-Operator:

```c
#include <stdio.h>

struct Artikel {int num; char name[41]; float preis;};
struct haendler {char name[26]; struct Artikel Ware[10];};

int main()
{
    struct haendler Ha1 ={"Hergurd",
        {{1,"Braunes Wams",89.99},{2,"Gelber Rock",49.99}}};
    printf("Händlername  : %s\n\n", Ha1.name);
    printf("Artikelnummer: %d\n", Ha1.Ware[0].num);
    printf("Artikelname  : %s\n", Ha1.Ware[0].name);
    printf("Artikelpreis : %.2f\n\n",Ha1.Ware[0].preis);
    printf("Artikelnummer: %d\n", Ha1.Ware[1].num);
    printf("Artikelname  : %s\n", Ha1.Ware[1].name);
    printf("Artikelpreis : %.2f\n", Ha1.Ware[1].preis);
    return 0;
}
```

Die Initialisierungsliste ist hier fett dargestellt und aufgrund ihrer Länge auf zwei Zeilen verteilt worden. Sie sehen, dass Sie das Array struct Artikel ware[10], welches Teil von haendler ist, mit einer weiteren geschweiften Klammer umfassen müssen. Und darin die einzelnen Artikel wiederum in geschweifte Klammern setzen müssen, da es sich ja um ein Array von Artikeln handelt.

Bei solchen geschachtelten Initialisierungslisten empfiehlt sich vielleicht auch eine Schreibweise wie die folgende. Bei ihr wird die Struktur der Initialisierungsliste schneller klar:

```
struct haendler Ha1 =
{
    "Hergurd",
    {
        {1, "Braunes Wams", 89.99},
        {2, "Gelber Rock", 49.99}
    }
};
```

Über die folgenden `printf` wird dann die Ware des Händlers ausgegeben. Dabei können Sie beobachten, wie der Punkt-Operator zweimal angewendet wurde, um auf die im Struct Ha1 liegende Ware zuzugreifen. So greift die folgende Zeile zum Beispiel auf die Artikelnummer des ersten Structs im Struct Lager des Structs Ha1 zu:

```
Ha1.Ware[0].nummer
```

Für den Zugriff auf das Struct-Array `Lager` wird also die übliche Array-Schreibweise verwendet. Da jedes Element des Arrays ein Struct ist, brauchen Sie danach nur den Punkt-Operator zu setzen und die Variable zu schreiben, die Sie benötigen.

Zur Kontrolle wird am Schluss das geschachtelte Struct ausgegeben:

```
Händername   : Hergurd

Artikelnummer: 1
Artikelname  : Braunes Wams
Artikelpreis : 89.99

Artikelnummer: 2
Artikelname  : Gelber Rock
Artikelpreis : 49.99
```

So wie im obigen Beispiel im `printf` auf die Werte eines verschachtelten Structs zugegriffen wird, so können Sie auch alle Operatoren verwenden, die zu seinem Typ passen. Handelt es sich bei der Variablen im Struct um eine Ganzzahl oder Kommazahl, dann können Sie alle arithmetischen Operatoren verwenden. Handelt es sich um ein `char`-Array, verwenden Sie die Zeichenkettenfunktionen aus *string.h*.

Im nachfolgenden Beispiel werden zuerst die Artikel erstellt, die danach über eine Direktzuweisung in das Waren-Array des Händlers übernommen werden. Danach folgen eine Preiserhöhung von 50 Prozent und die Ausgabe der neuen Preise:

```c
#include <stdio.h>
#include <string.h>

struct Artikel {int num; char name[41]; float preis; };
struct haendler {char name[26]; struct Artikel Ware[10];}};

int main()
{
    int i;
    struct Artikel Wams = {1, "Braunes Wams", 89.99};
    struct Artikel Rock = {2, "Gelber Rock", 49.99};
    // Händler erzeugen und Name vergeben:
    struct haendler Ha1;
    strcpy(Ha1.name, "Hergurd");
    // Direktzuweisung:
    Ha1.Ware[0] = Wams;
    Ha1.Ware[1] = Rock;
    // Preiserhöhung:
    Ha1.Ware[0].preis *= 1.5;
    Ha1.Ware[1].preis *= 1.5;
    // Ausgabe:
    printf("Händlername  : %s\n\n", Ha1.name);
    for (i = 0; i < 2; ++i)
    {
        printf("Nummer: %d\n", Ha1.Ware[i].num);
        printf("Name: %s\n", Ha1.Ware[i].name);
        printf("Preis: %.2f\n\n",Ha1.Ware[i].preis);
    }
    return 0;
}
```

Die Ausgabe geschieht diesmal übrigens in einer Schleife. So lässt sich das Programm leichter ausbauen, falls noch mehr Artikel vorliegen. Und natürlich ist der Preis drastisch gestiegen – muss weit und breit der einzige Händler sein, dass er sich das erlauben kann.

Datum und Uhrzeit in C

Das Thema Zeit wurde in diesem Buch bisher weitestgehend vermieden. Der Grund lag einfach darin, dass dafür ein Verständnis der Structs notwendig ist. Jetzt, wo die Strukturen in ihren Grundlagen erklärt wurden, lässt sich daher bequem ein Abstecher in dieses Gefilde machen.

Alle Funktionen, die mit Datum und Zeit zu tun haben, finden sich in der Standard C Library *time.h*, welche in der Wikipedia unter http://en.wikipedia.org/wiki/Time.h gut dokumentiert ist. Die einzelnen Funktionen haben auch eine man-Seite.

Wenn Sie mit Zeit arbeiten, muss also immer die Header-Datei *time.h* eingebunden werden.

Die Funktionen time und localtime

Am einfachsten ist es, die Zeit mit der Funktion time abzufragen. Diese Funktion wurde auch schon bei der Initialisierung von Zufallszahlen verwendet. Die Funktion time liefert als Ergebnis die aktuelle Zeit, und zwar in Sekunden, die seit dem 1. 1. 1970, 00:00:00 Uhr UTC vergangen sind. Der Datentyp dieses Rückgabewertes ist time_t, was nichts anderes darstellt als einen abgeleiteten ganzzahligen arithmetischen Typ in der Größe eines int. Er ist in *time.h* definiert. Das folgende Beispiel fragt diese Sekunden ab und gibt sie mit einem printf aus:

```
#include <stdio.h>
#include <time.h>

int main()
{
    time_t jetzt = time(NULL); // Aktuelle Zeit abfragen
    printf("Größe von time_t: %lu\n", sizeof(time_t));
    printf("Sekunden: %d\n", (int)jetzt);
    return 0;
}
```

Das Ergebnis sieht so aus:

```
Größe von time_t: 4
Sekunden: 1288479058
```

Das Ergebnis ist so natürlich etwas unhandlich, um es mal vorsichtig auszudrücken.

Glücklicherweise gibt es aber mehrere Funktionen, die anhand solch einer Sekundenangabe einen Zeiger auf ein Struct zurückliefern können, welches alle nötigen Umrechnungen bereits enthält. Die man-Seite der Funktion ctime bietet eine gute Ausgangsbasis zur Recherche über diese Funktionen.

Das folgende Beispiel verwendet die Funktion localtime zur Ausgabe von Datum und Uhrzeit, wie sie in den Systemeinstellungen Ihres Macs eingestellt sind. Die Funktion localtime benötigt als einziges Argument einen Zeiger auf einen Wert, welcher einen als Sekunden interpretierbaren Wert enthält, also zum Beispiel das Ergebnis der Funktion time. Als Ergebnis liefert localtime einen Zeiger auf ein Struct vom Typ tm. Dieses Struct ist in *time.h* definiert und enthält alles, was man für die Ausgabe eines formatierten Datums braucht.

```c
#include <stdio.h>
#include <time.h>

int main()
{
    time_t jetzt = time(NULL);
    struct tm * Zeit = localtime(&jetzt);
    printf("Zeit in Sekunden: %d\n", (int)jetzt);

    // Die Elemente von struct tm:
    printf("Sekunden: %d\n", (*Zeit).tm_sec); // 0-60
    printf("Minuten: %d\n", (*Zeit).tm_min); // 0-59
    printf("Stunden: %d\n", (*Zeit).tm_hour); // 0-23
    printf("Tag im Monat: %d\n", (*Zeit).tm_mday);//1-31
    printf("Monat: %d\n", (*Zeit).tm_mon); // 0-11 !
    printf("Jahr: %d\n", (*Zeit).tm_year); // + 1900 !
    printf("Wochentag: %d\n",(*Zeit).tm_wday);//So ist 0!
    printf("Tag im Jahr: %d\n",(*Zeit).tm_yday);// 0-365
    printf("Sommerzeit?: %d\n",(*Zeit).tm_isdst);//1 = Ja
    printf("Zeitzone: %s\n",(*Zeit).tm_zone);// Zeitzone
    printf("Sekunden: %ld\n",(*Zeit).tm_gmtoff);//Diff UTC

    // Daraus selbst zusammengebaute Zeit:
    printf("%02d:%02d:%02d Uhr\n", (*Zeit).tm_hour,
        (*Zeit).tm_min, (*Zeit).tm_sec);
```

```
    // Daraus zusammengebautes Datum:
    printf("%02d.%02d.%d\n", (*Zeit).tm_mday,
        (*Zeit).tm_mon +1, (*Zeit).tm_year +1900);
    return 0;
}
```

Als Erstes wird oben eine Variable vom Typ time_t zur Aufnahme der Sekunden erstellt und gleich mit der aktuellen Zeit gefüllt. Danach wird ein Zeiger auf ein Struct vom Typ tm mit dem Namen Zeit erzeugt und mit der Funktion localtime und den Sekunden der zuvor ermittelten Zeit initialisiert. Die Funktion localtime benötigt dabei die Adresse, an welcher die Sekunden liegen, und nicht den Wert selber. Daher die Verwendung des Adressoperators &.

Danach wird in einer langen Liste von printf aufgezeigt, wie man auf die einzelnen Elemente eines Structs vom Typ tm zugreifen kann. Die Namen sind dabei fett dargestellt. Diese müssen Sie kennen, um den entsprechenden Wert abzufragen.

Beachten Sie auch die nötige Klammerung der Dereferenzierung des Zeigers (*Zeit). Dies ist nötig, da localtime einen Zeiger auf das Struct liefert und der Punkt-Operator eine höhere Priorität hat als der Verweisoperator.

Das Ergebnis zeigt Ihnen, welche Werte sich hinter den Variablennamen im struct-Typ tm aus *time.h* verbergen:

```
Zeit in Sekunden: 1288482011
Sekunden: 11
Minuten: 40
Stunden: 1
Tag im Monat: 31
Monat: 9
Jahr: 110
Wochentag: 0
Tag im Jahr: 303
Sommerzeit?: 1
Zeitzone: CEST
Sekunden: 7200
01:40:11 Uhr
31.10.2010
```

Die letzten beiden printf zeigen beispielhaft, wie man aus Einzelelementen des Structs eine gängig formatierte Zeit- und Datumsdarstellung zusammenbauen kann.

Bei manchen Elementen von `tm` gibt es Besonderheiten zu beachten:

- **tm_sec**: kann auch den Wert 60 annehmen, um Schaltsekunden darzustellen.

- **tm_mon**: Die Monatszählung beginnt bei 0 für Januar und endet bei 11 für Dezember. Daher vor der Ausgabe nicht vergessen, 1 zu addieren.

- **tm_year**: Auf das Ergebnis ist das Jahr 1900 zu addieren, um das aktuelle Jahr zu erhalten.

- **tm_wday**: Die Wochentage beginnen bei 0 für Sonntag und enden bei 7 für Samstag.

- **tm_isdst**: liefert 1, wenn Sommerzeit herrscht, sonst 0.

- **tm_zone**: liefert die Zeitzone als Zeichenkette, siehe http://de.wikipedia.org/wiki/Zeitzone zur Erklärung der Abkürzungen.

- **tm_gmtoff**: liefert die Differenz zur Koordinierten Weltzeit *Universal Time Coordinated* (UTC), früher *Greenwich Mean Time* (GMT), in Sekunden.

Da das Struct `tm` von `localtime` hauptsächlich Ganzzahlen enthält, ist diese Funktion, zusammen mit `gtime`, das immer UTC-Zeit liefert, vor allem für das Rechnen gut geeignet. Wenn es um die Darstellung von Zeit im Text geht, ist die Funktion `strftime` besser geeignet.

Die Funktion strftime

Das Struct `tm` hat ein Manko: Es liefert keine Monats- und Wochentagsnamen, weder englische noch deutsche!

Hier kommt die Funktion `strftime` (siehe `man:strftime.3`) ins Spiel. Wenn Sie vor der Verwendung von `strftime` noch mit `setlocale` die Zeitformatierung (LC_TIME) auf »deutsch« (de_DE) umstellen, erhalten Sie sogar die deutschen Monats- und Wochentagsnamen. Das folgende Beispiel verdeutlicht die Anwendung:

```c
#include <stdio.h>
#include <locale.h>
#include <time.h>

int main()
```

```
{
    char locZeit[64];
    setlocale(LC_TIME, "de_DE");
    time_t jetzt = time(NULL);
    struct tm * Zeit = localtime(&jetzt);

    // Zeitformatierung mit strftime:
    strftime(locZeit, 64, "%A, %d. %B %G", Zeit);
    printf("%s\n",locZeit);

    return 0;
}
```

Als Ergebnis erhalten Sie zum Beispiel:

```
Sonntag, 31. Oktober 2010
```

Die Bedeutung der einzelnen Argumente der Funktion strftime ist:

- Als erstes Argument benötigt strftime ein char-Array. In dieses char-Array legt die Funktion das gewünschte formatierte Datum ab. Dafür wurde zu Anfang das char-Array locZeit deklariert.

- Das zweite Argument ist eine Ganzzahl und gibt an, wie viele Zeichen in das char-Array des ersten Arguments geschrieben werden dürfen. Diese Zahl können Sie frei wählen, sie sollte zum verwendeten char-Array passen. In diesem Beispiel dürfen maximal 64 Zeichen geschrieben werden, inklusive des abschließenden ASCII Null.

- Das dritte Argument ist eine konstante Zeichenkette und sorgt für die Formatierung der Zeit, die daraufhin im ersten Argument abgelegt wird. Hier können Sie jeden beliebigen Text hineinschreiben und diesen wie in einem printf mit Formatbeschreibern versehen. Die Formatbeschreiber, die Sie verwenden können, sind auf der man-Seite der Funktion strftime beschrieben. Beachten Sie, dass diese Formatbeschreiber nichts mit denen der Funktion printf gemeinsam haben. Vermischen Sie beide also nicht. Hier werden zum Beispiel die Formatbeschreiber %A und %B verwendet, um den Namen des Monats und des Wochentags zu erhalten. Wenn Sie für %A und %B Kleinbuchstaben verwenden, erhalten Sie übrigens die abgekürzte Form der Namen, also *So* für Sonntag und *Okt* für Oktober.

- Als letztes Argument brauchen Sie ein Struct vom Typ tm mit der Zeit, welche Sie formatieren wollen. Hier wird das struct tm * Zeit verwendet, welches am Anfang des Codes mit der aktuellen Zeit initialisiert wurde.

Danach wird das gefüllte `char`-Array im ersten Argument in einem normalen `printf` als Zeichenkette ausgegeben:

```
printf("%s\n", locZeit);
```

Natürlich dürfen Sie nicht vergessen, die Zeit mit `setlocale` auf Deutsch umzu-stellen, was in der zweiten Zeile der Funktion `main` geschieht. Wenn Sie diese Zeile auskommentieren, erhalten Sie die englischen Wochentags- und Monatsnamen.

Der Pfeil-Operator

Wenn Sie von einem Struct nur einen Zeiger vorliegen haben, um darauf zuzugrei-fen, wie zum Beispiel bei dem Struct `tm`, welches die Funktion `localtime` zurück-liefert, dann müssen Sie üblicherweise den Namen des Structs mit dem Verweis-operator `*` dereferenzieren.

Da der Punkt-Operator eine sehr hohe Priorität hat, wird er aber zuerst ausgewer-tet. Das führt dazu, dass man den dereferenzierten Namen des Structs in Klam-mern setzen muss. Die folgende Zeile zeigt noch mal einen Ausschnitt aus dem Beispiel zur Funktion `localtime`:

```
printf("Stunden: %d\n", (*Zeit).tm_hour);
```

Da Strukturen aber sehr häufig als Zeiger vorliegen und man diese daher ständig klammern müsste, hat man sich eine einfachere Form des Zugriffs einfallen lassen – den Pfeil-Operator.

Der Pfeil-Operator schreibt sich `->`, besteht also aus einem Bindestrich und einem Winkel nach rechts. Der Pfeil-Operator wird statt des Punkt-Operators verwendet, und zwar nur, wenn das Struct als Zeiger vorliegt. Wenn Sie den Pfeil-Operator auf ein Struct anwenden, welches nicht als Zeiger vorliegt, erhalten Sie daher eine Fehlermeldung. Mit dem Pfeil-Operator schreibt sich die Zeile auf folgende Weise:

```
printf("Stunden: %d\n", Zeit->tm_hour);
```

Das heißt, man kann sich den Verweisoperator `*` und die Klammern beim Schrei-ben sparen.

Ein vollständiges kleines Beispiel, abgeleitet vom `localtime`-Beispiel, sieht mit dem Pfeil-Operator dann so aus:

```
#include <stdio.h>
#include <time.h>

int main()
{
    time_t jetzt = time(NULL);
    struct tm * Zeit = localtime(&jetzt);

    // Die Uhrzeit-Elemente von struct tm:
    printf("Sekunden: %d\n", Zeit->tm_sec);
    printf("Minuten: %d\n", Zeit->tm_min);
    printf("Stunden: %d\n", Zeit->tm_hour);

    // Zusammengebaute Zeit:
    printf("%02d:%02d:%02d Uhr\n", Zeit->tm_hour,
            Zeit->tm_min, Zeit->tm_sec);
    return 0;
}
```

Mit anderen Worten:

- Sie *können* den Pfeil-Operator verwenden, wenn Sie einen Zeiger auf die Struktur vorliegen haben.

- Sie *müssen* den Punkt-Operator verwenden, wenn die Struktur nicht als Zeiger vorliegt.

Der Pfeil-Operator stellt also nur eine angenehme Arbeitserleichterung zum Zugriff auf Strukturen dar, die als Zeiger vorliegen. Sie könnten auch ohne ihn auskommen, werden ihn aber sicher schnell in Ihrem C-Sprachschatz willkommen heißen. Jede Klammer weniger macht den Code schließlich leichter lesbar.

typedef

Jedes Mal, wenn Sie ein Struct von einem bestimmten Typ erzeugen wollen, müssen Sie auch das Schlüsselwort struct schreiben, obwohl der Name des Datentyps, den Sie geschaffen haben, eigentlich bekannt sein sollte. Bei den anderen Datentypen wie int und float müssen Sie ja auch kein besonderes Schlüsselwort vorher schreiben. Ohne die Verwendung von typedef sieht die Erschaffung eines Structs eines bestimmten Typs so aus wie in den bisherigen Beispielen:

```
#include <stdio.h>

struct Artikel {int nummer; char name[24]; float preis;};

int main()
{
    struct Artikel Wams = {1, "Braunes Wams", 89.99};
    printf("%.2f\n", Wams.preis);
    return 0;
}
```

Sie müssen zuerst das Schlüsselwort struct schreiben, dann den Namen des Strukturtyps und dann den Namen des eigentlichen Structs, welches Sie erschaffen wollen. Der Name des Strukturtyps ist also Artikel, der Name des Structs ist Wams. Wenn der Strukturtyp sehr häufig verwendet wird, kann es Schreibarbeit sparen, wenn Sie für den Strukturtyp mit typedef ein Synonym definieren. Das hat den Vorteil, dass Sie danach das Schlüsselwort struct nicht mehr schreiben müssen. Sie schreiben dann einfach nur:

```
Artikel Wams = {1, "Braunes Wams", 89.99};
```

Um das zu erreichen, brauchen Sie das Schlüsselwort typedef. Wenden Sie dieses direkt bei der Deklaration des Strukturtyps an:

```
#include <stdio.h>

typedef struct {int nummer; char name[24]; float preis;} Artikel;

int main()
{
    Artikel Wams = {1, "Braunes Wams", 89.99};
    printf("%.2f\n", Wams.preis);
    return 0;
}
```

Die Syntax von typedef ist:

typedef *Definition Typname*;

Mit anderen Worten: Der Name des Strukturtyps muss am Ende der Typdefinition stehen.

Fortan können Sie überall, wo Sie sonst `struct Artikel` schreiben müssten, einfach nur `Artikel` schreiben.

Die Anwendung von `typedef` eignet sich auch gut für Arrays sowie für Unions und Enums, die gleich noch beschrieben werden.

Verkettete Listen und etwas Farbe

Strukturen können bekanntlich auch Zeiger enthalten. Aus der Tatsache, dass diese Zeiger auch auf Strukturen des gleichen Typs zeigen können, ergeben sich vielfache Anwendungsmöglichkeiten. Gemeint sind die verketteten Listen. Da handelt es sich üblicherweise um ein Array mit Strukturen des gleichen Typs, in welchem jedes Struct-Element einen oder mehrere Zeiger auf die Nachbar-Structs enthält.

Diese Technik wird zur Darstellung von Listen, Feldern oder baumartig verzweigten Strukturen verwendet, in denen jedes Element seine Nachbarn kennen muss. Ein praktisches Beispiel ist das Dateisystem der Festplatte, in welchem man von jedem Ordner aus höher oder tiefer navigieren kann. Jeder Ordner kennt also seine Position in der Hierarchie des Dateibaums.

Eine andere Anwendung sind zweidimensional vernetzte Felder, etwas sehr Typisches für Spielfelder. So ist es in vielen Spielen sehr wichtig, dass von jedem Feld bekannt ist, welches seine Nachbarfelder sind. Nur so kann dieses die Vorgänge auf diesen Nachbarfeldern beobachten und auf eventuelle Ereignisse dort reagieren.

Im Folgenden wird das Beispiel einer eindimensionalen Liste verwendet.

Bevor Sie eine verkettete Liste erstellen, brauchen Sie erst mal ein Array des entsprechenden Struct-Typs. Wenn Sie das erschaffen haben, können Sie daran gehen, in einer Schleife die normalen Felder im Array zu füllen. Danach können Sie die Nachbarn jedes einzelnen Structs im Array ermitteln und einen Zeiger auf darauf in die dafür vorgesehenen Variablen speichern. So erhält zum Beispiel das dritte Struct im Array einen Zeiger auf das zweite Struct, welches links von ihm liegt, und einen Zeiger auf das vierte Struct, welches rechts von ihm liegt.

Wenn Sie dabei das erste und letzte Feld in der Liste miteinander verbinden, ergibt sich sogar eine ringartig verkettete Struktur, die keinen Anfang und Ende hat.

Das folgende einfache Beispiel demonstriert das Anlegen einer Liste mit Structs, die in beiden Richtungen, also vor und zurück, verkettet sind und bei der die beiden

Enden sich zu einem Kreis schließen. Zur Kontrolle wird am Schluss von jedem Struct der Inhalt der Variablen status ausgegeben. Danach wird per Zufall ein Struct in der Liste ausgewählt, über welches der Status seiner Nachbarfelder abgefragt wird. Jedes Feld kennt also den Inhalt seiner entsprechenden Nachbarfelder:

```
#include <stdio.h>
#include <stdlib.h>
#include <time.h>
#define LAENGE 10

struct Pfad
{
    int id;
    int status; // 0 = leer, 1 = besetzt
    struct Pfad * links; // Linkes Nachbarfeld
    struct Pfad * rechts; // Rechtes Nachbarfeld
};

int main()
{
    int i, zufall;
    srandom((unsigned)time(NULL));
    struct Pfad Heim[LAENGE];

    // Struct mit ID und Status füllen:
    for (i = 0; i < LAENGE; ++i)
    {
        Heim[i].id = i;
        Heim[i].status = random() % 2;
    }

    // Struct mit Zeigern auf Nachbarfelder füllen:
    for (i = 0; i < LAENGE; ++i)
    {// Linken Nachbarn festlegen
        // Erstes Feld erhält Zeiger auf letztes Feld:
        if (i == 0) {Heim[i].links = &Heim[LAENGE-1];}
        // Rest erhält Zeiger auf linken Nachbarn:
        else {Heim[i].links = &Heim[i-1];}

        // Rechten Nachbarn festlegen
        // Letztes Feld erhält Zeiger auf erstes Feld:
        if (i == LAENGE-1) {Heim[i].rechts = &Heim[0];}
```

```
        // Rest erhält Zeiger auf rechten Nachbarn:
        else {Heim[i].rechts = &Heim[i+1];}
    }

    // Ausgabe aller Elemente im Struct:
    for (i = 0; i < LAENGE; ++i)
    printf("Feld %2d: %d\n", Heim[i].id, Heim[i].status);

    // Zugriff auf die Nachbarn eines Feldes:
    zufall = (random() % LAENGE);
    // Linken Nachbar von "zufall" ausgeben:
    printf("Linker Nachbar von Feld %d hat Status %d\n",
        Heim[zufall].id, Heim[zufall].links->status);
    // Rechten Nachbarn von "zufall" ausgeben:
    printf("Rechter Nachbar von Feld %d hat Status %d\n",
        Heim[zufall].id, Heim[zufall].rechts->status);
    return 0;
}
```

Zusammengefasst: Um zum Beispiel die Adresse des linken Nachbarfeldes in der Variablen links des aktuellen Structs abzulegen, brauchen Sie nur den Adressoperator vor das Nachbar-Struct zu setzen:

```
Heim[i].links = &Heim[i-1];
```

Um dann später aus dieser Adresse in der Variablen links auf die Variable status des Nachbarfeldes zuzugreifen, brauchen Sie nur den Verweisoperator und eine korrekte Klammerung:

```
(*Heim[zufall].links).status
```

Einfacher zu schreiben ist das wieder mit dem Pfeiloperator:

```
Heim[zufall].links->status
```

Das nächste Beispiel ist etwas komplexer, können Sie dort doch eine Spielfigur frei in der Liste bewegen. Eine weitere Überraschung erwartet Sie dort am Schluss in der vorletzten Funktion.

> **AUFGEPASST**
>
> Sie müssen das folgende Beispiel direkt über das Terminal ausführen. Im Nachrichtenfenster der Lightweight IDE werden Sie nur kryptische Zeichen sehen. Doppelklicken Sie das fertige Programm daher im Projektordner oder ziehen Sie es in das Terminal und bestätigen Sie es mit der Return-Taste.

```c
#include <stdio.h>
#include <stdlib.h>
#include <time.h>
// Laenge der verketteten Liste:
#define LAENGE 20
// Symbole:
#define keyWASSER '~'
#define keyWALD 'Y'
#define keySTEPPE '.'
#define LAEUFER 'X'

int gPOS; //Globale für Position des Läufers

struct Feld
{
    char key; //Landschaftstyp
    char save; //Landschaftstyp-Backup
    struct Feld * links; // Für linkes Nachbarfeld
    struct Feld * rechts; // Für rechtes Nachbarfeld
};

void init(struct Feld Pfad[], char gelaende[3]);
void farbigeAusgabe(struct Feld Pfad[]);
void laufen(struct Feld Pfad[], char auswahl);

int main()
{
    char auswahl;
    char gelaende[3] = {keyWASSER, keyWALD, keySTEPPE};
    struct Feld Pfad[LAENGE];
    srandom((unsigned)time(NULL));
    init(Pfad, gelaende); //Feld-struct initialisieren:
    farbigeAusgabe(Pfad); //Erstausgabe der Feldliste
    do  // Ereignisschleife
```

```
    {
        printf("(b)eenden,(a)links,(d)rechts\n");/
        scanf("%c", &auswahl);
        // Lesepuffer mit Leeranweisung "flushen":
        while (getchar() != '\n') {;}
        laufen(Pfad, auswahl); // Loslaufen
        farbigeAusgabe(Pfad); // Ergebnis des Laufs
    } while (auswahl != 'b');
    printf("\nBeenden...\nAuf Wiedersehen\n");
    return 0;
}


void init(struct Feld Pfad[LAENGE], char gelaende[3])
{
    int i;
    for (i = 0; i < LAENGE; ++i)
    { // Zufallsgenerierung des Landschaftstyps:
        Pfad[i].key = gelaende[(int)random() % 3];
        // Sicherung des Landschaftstyps:
        Pfad[i].save = Pfad[i].key;
    }
    for (i = 0; i < LAENGE; ++i)
    { // Jedes Feld mit Nachbarfeldern verketten:
        if (i == 0) {Pfad[i].links = &Pfad[LAENGE-1];}
        else {Pfad[i].links = &Pfad[i-1];}
        if (i == LAENGE-1) {Pfad[i].rechts = &Pfad[0];}
        else {Pfad[i].rechts = &Pfad[i+1];}
    }
    Pfad[0].key = LAEUFER; //Läufer in Startposition
    gPOS = 0; //Läuferposition merken
}


void farbigeAusgabe(struct Feld Pfad[LAENGE])
{ // Farbige Ausgabe mit "ANSI Escape Sequences"
    int i;
    for (i = 0; i < LAENGE; ++i)
    {
        if (Pfad[i].key == LAEUFER)
            printf("\e[1;5;41;37m%2c ",Pfad[i].key);
        printf("\e[0m"); // Blinken ausschalten
        if (Pfad[i].key == keyWASSER)
            printf("\e[44;37m%2c ", Pfad[i].key);
```

```
        if (Pfad[i].key == keyWALD)
            printf("\e[42;30m%2c ", Pfad[i].key);
        if (Pfad[i].key == keySTEPPE)
            printf("\e[43;30m%2c ", Pfad[i].key);
    }
    printf("\e[0m\n"); // Attribute zurücksetzen
}

void laufen(struct Feld Pfad[LAENGE], char auswahl)
{
    if (auswahl == 'a') //Läufer geht nach links
    { //Läufer auf das linke Feld setzen:
        (*(Pfad[gPOS].links)).key = LAEUFER;
        //Verlassenes Feld wieder mit Land füllen:
        Pfad[gPOS].key = Pfad[gPOS].save;
        //Globale für Position nach links schieben:
        if (gPOS == 0) gPOS = LAENGE-1;
        else gPOS = gPOS - 1;
    }
    if (auswahl == 'd') //Läufer geht nach rechts
    { // wie oben, nur alles nach rechts
        (*(Pfad[gPOS].rechts)).key = LAEUFER;
        Pfad[gPOS].key = Pfad[gPOS].save;
        if (gPOS == LAENGE-1) gPOS = 0;
        else gPOS = gPOS + 1;
    }
}
```

Die folgende Abbildung vermittelt einen Eindruck von der Ausgabe.

Sie können die mit X markierte Spielfigur mit den Tasten a und d über den Feldrand hinaussteuern. Die Spielfigur erscheint dann, dank ringartig verketteter Liste, wieder am gegenüberliegenden Ende.

Mit der Taste b können Sie die Lauferei beenden.

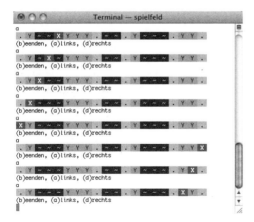

Eine in sich geschlossene, verkettete Liste. Der Läufer (das X) wird mit den Tasten a und d nach links und rechts bewegt. Geht der Läufer über den Feldrand hinaus, taucht er am gegenüberliegenden Ende wieder auf.

Die Ausgabe dieses Beispiels geschieht übrigens in Farbe. Außerdem blinkt der Läufer und gibt damit deutlich seine Position zu erkennen. Um das zu erreichen, werden *ANSI Escape Sequences* in den `printf`-Befehlen verwendet. Diese haben nichts mit C zu tun, sondern sind eine Eigenschaft der Terminal-Emulation. Solch eine Escape Sequenz sieht zum Beispiel so aus:

`\e[44m`

Die 44 steht dabei für die Hintergrundfarbe Blau. Da man auch die Vordergrund-farbe setzen kann, also die Farbe für den Text, kann man auch mehrere ANSI-Se-quenzen mit Semikolon kombinieren:

`\e[44;37m`

Diese Sequenz steht zum Beispiel für die Hintergrundfarbe Blau und die Vorder-grundfarbe Weiß (37). Damit werden im obigen Beispiel die Wasserfelder ausgegeben. Im Anhang finden Sie eine kleine Tabelle der wichtigsten ANSI Escape Sequences, ferner enthüllt eine Suche im Internet und in der Wikipedia weitere Informationen.

Wenn Sie noch mehr Gestaltungsspielraum suchen, empfiehlt sich die Verwendung der `ncurses`-Bibliothek (siehe man:ncurses). Das ist eine TUI-Bibliothek. TUI steht für *Text User Interface*. Damit hat man bereits vor dem Aufkommen der grafi-schen Benutzeroberflächen (GUI) komplexe Programme mit Schaltflächen, Fel-dern und Menüs erstellt. Die deutsche Wikipedia bietet unter dem Eintrag *ncurses* ein deutschsprachiges Wikibook zum Einstieg.

Unions

Eine sogenannte Union unterscheidet sich auf den ersten Blick nicht von einer Struktur und wird auch genauso deklariert. Der einzige Unterschied liegt in dem verwendeten Schlüsselwort union:

```
union ichSpeicherAlles
{
    int num;
    double dec;
};
```

Hier wird ein Union-Typ mit dem Namen ichSpeicherAlles angelegt, der ein int und ein double enthält.

Auch die Handhabung einer Union verhält sich genauso wie bei einer Struktur. Zuerst einmal müssen Sie wieder eine Variable davon erzeugen, danach können Sie diese dann mit einem der in der Union deklarierten Typen füllen. Die Betonung liegt dabei auf *einem*.

```
#include <stdio.h>

union ichSpeicherAlles
{
    int num;
    double dec;
};

int main()
{
    union ichSpeicherAlles nummer1;

    nummer1.num = 28356;
    printf("num ist %d\n", nummer1.num);

    nummer1.dec = 1.23e-4;
    printf("dec ist %f\n", nummer1.dec);

    printf("num ist %d\n", nummer1.num); // ???
    return 0;
}
```

Hier wird von dem Union-Typ `ichSpeicherAlles` eine Variable mit dem Namen `nummer1` erzeugt. Danach wird darin über `union1.num` ein `int`, genauer die Zahl `28356` abgespeichert und mit einem `printf` ausgegeben.

Danach wird in der Union `nummer1` die Kommazahl `1.23e-4` in der Variablen `dec` abgespeichert und mit `printf` ausgegeben.

Soweit klappt alles wie erwartet. Wenn Sie sich aber einmal das Ergebnis des dritten `printf` ansehen, werden Sie feststellen, dass Sie dort beim erneuten Zugriff auf `nummer1.num` unsinnige Ergebnisse erhalten.

Der Grund liegt darin, dass bei jeder Zuweisung an eine Union, und zwar ganz egal, an welche seiner Variablen, der vorher in der Union abgespeicherte Wert überschrieben wird! Sie weisen die Kommazahl zwar an `nummer1.dec` zu und nicht an `nummer1.num`, beide Variablen nehmen aber den gleichen Speicherplatz ein. Im Gegensatz zu einem Struct ist der Speicherbereich in einer Union nicht die Summe seiner Elemente und damit hintereinander angeordnet, sondern immer genau so groß, wie das größte Element der Union. Die Ganzzahl wird also überschrieben und ist danach nicht mehr zugänglich.

Der Unterschied zu einer Struktur liegt also darin, dass eine Union immer nur einen der in der Deklaration angegebenen Werte speichern kann. Bei einer Struktur können immer alle Werte verwendet werden, bei einer Union immer nur einer. Bei einer Union teilen sich die Variablen den gleichen Speicherplatz.

Welcher Wert dann verwendet werden kann, hängt daher immer davon ab, welchen Sie zuvor hineingesteckt haben! Mit einer Union können Sie damit einen gemeinsamen Speicherbereich zur Abspeicherung unterschiedlicher Datentypen verwenden.

Wenn Sie eine Variable für einen Wert brauchen und Sie noch nicht wissen, in welchem Datentyp der Wert vorliegen wird, kann man dafür gut eine Union verwenden. Deklarieren Sie darin einfach alle Typen, welche für das Ergebnis in Frage kommen. Mit einem Array von Unions lassen sich dann sogar Arrays mit unterschiedlichen Datentypen verwirklichen.

Die Größe der Union richtet sich immer nach dem größten darin deklarierten Wert. In obigem Beispiel ist die Union zum Beispiel 8 Byte groß, da das `double` diese Größe hat. Speichern Sie ein `int` mit 4 Byte darin ab, bleiben also 4 Byte dahinter frei. Dieser Bereich bleibt so lange ungenutzt, bis Sie ein `double` darin abspeichern und das `int` damit überschreiben. Die Größe einer Union können Sie wieder leicht mit dem `sizeof`-Operator ermitteln:

```c
#include <stdio.h>

union ichSpeicherAlles
{
    int num;
    double dec;
};

int main()
{
    union ichSpeicherAlles nummer1;
    printf("nummer1 hat %lu Byte\n", sizeof(nummer1));
    return 0;
}
```

Das Ergebnis:

```
nummer1 hat 8 Byte
```

In dieser Union ist also kein Platz, um ein int mit 4 Byte *und* ein double mit 8 Byte unterzubringen. In einer Union ist immer nur Platz für einen.

Bitfelder

Bitfelder können nur in Strukturen oder Unions verwendet werden. Bitfelder eignen sich prima, um kleine, maßgeschneiderte Mengen an Informationen anzuspeichern. Wenn Sie zum Beispiel mehrere Einzelinformationen von nur einem Bit Größe abspeichern müssen, ist es oft Platzverschwendung, dafür ein char von 1 Byte Größe, was 8 Bit ausmacht, oder sogar ein int mit 4 Byte Größe zu verwenden. Hier kommen die Bitfelder für maßgeschneiderte Größen ins Spiel.

Mit einem Bitfeld können Sie die Größe einer Variablen in einer Struktur oder Union nach Belieben bestimmen. Sie sind also nicht an die Größen von 1, 2, 4, oder 8 Byte der Typen char, short, int und long gebunden, sondern können sich auch Zwischengrößen definieren.

Die Deklaration eines Bitfelds in der Deklaration eines Structs oder einer Union sieht so aus:

```
struct BitsOnly
{
    unsigned int status : 12;
    int single : 1;
    unsigned int max: 3;
};
```

Nach dem Typ, hier zweimal `unsigned int` und einmal `int`, folgen der Name der Variablen und dann, nach einem Doppelpunkt, die Anzahl der Bits, die in dieser Variablen gespeichert werden sollen. Bei der Deklaration dürfen Sie nur die Typen `int` und `unsigned int` verwenden und können in beiden Fällen nur vorzeichenlose Ganzzahlen darin abspeichern. Die Verwendung von `unsigned int` ist daher üblich.

AUFGEPASST

Die Tatsache, dass `int` bei der Deklaration eines Bitfeldes verwendet wird, hat nichts mit dem Datentyp `int` zu tun und sagt nichts über die Größe aus. Die Verwendung von `int` dient hier nur als Deklarationshilfe. Die Bitgröße eines Bitfeldes ergibt sich alleine aus der Konstanten nach dem Doppelpunkt. Ein einzelnes Bitfeld kann auf aktuellen Rechnern maximal 32 Bit groß sein, das entspricht den 4 Byte eines `int`. Überschreiten Sie die Größe, erhalten Sie eine Fehlermeldung. Wenn Sie größere Bitfelder brauchen, müssen Sie daher mehrere Bitfelder deklarieren.

Sie können in einem Bitfeld zwar auch direkt Zahlen abspeichern und damit rechnen, Sie müssen dabei aber gut aufpassen, dass die Werte auch hineinpassen. Im Normalfall verwendet man Bitfelder in Verbindung mit den Bit-Operatoren. Rufen Sie sich hier bitte noch einmal das Kapitel *Bit-Operatoren* im Kapitel 9 in Erinnerung.

Natürlich können Sie die Bitfelder auch mit anderen Typen im Struct mischen.

Das folgende Beispiel definiert ein Struct mit gemischten Datentypen. In der Funktion `main` wird kurz aufgezeigt, wie man auf ein Bitfeld zugreift, ihm Werte zuweist und wie man einen Bit-Operator (hier den Verschiebeoperator `<<`) darauf anwenden kann. Der Zugriff auf ein Bitfeld geschieht, wie in einem Struct oder Union üblich, mit dem Punkt-Operator.

```
#include <stdio.h>

struct EinTyp
```

```
{
    unsigned int status : 12;
    char key;
    int max[2];
};

int main()
{
    struct EinTyp x;
    x.status = 1;
    printf("Status ist %d\n", x.status);
    x.status <<= 1;
    printf("Status ist %d\n", x.status);
    printf("Größe von x: %lu Bytes\n", sizeof(x));
    return 0;
}
```

Am Schluss wird hier mit dem sizeof-Operator die Größe des Structs ermittelt.

Als Ergebnis erhalten Sie:

```
Status ist 1
Status ist 2
Größe von x: 12 Bytes
```

Das Bit an der ersten Stelle des Bitfeldes wurde hier also mit dem Verschiebeoperator in die zweite Stelle gedrückt, was die Zahl 2 ergibt.

Bei der Größe des Structs ergibt sich rein rechnerisch eigentlich eine Größe von 10,5 Byte (84 Bit). Der Compiler reserviert sich aber wieder das Recht, die Bit-Felder an Wortgrenzen auszurichten, also auf volle 4 Byte-Blöcke aufzustocken, wenn er das zur schnelleren Abarbeitung für nötig hält.

AUFGEPASST

Bitfelder haben noch zwei weitere Beschränkungen: Zum einen können Sie keine Arrays mit Bitfeldern anlegen. Wenn Sie von einem Bitfeld ein Array brauchen, dann geht das also nur über den Umweg eines Structs oder Union-Arrays. Zum anderen können Sie nicht den Adressoperator auf ein Bitfeld anwenden, womit auch das Anlegen von Zeigern auf ein Bitfeld wegfällt. Zeiger auf das übergeordnete Struct oder Union sind aber natürlich weiterhin möglich.

Aufzählungen (enum)

Mit einer Aufzählung (*enumeration*) können Sie einen Datentyp anlegen, welcher eine Liste von Variablen enthält. Eine Deklaration eines enum sieht zum Beispiel so aus:

```
enum feldtypen {WALD, WASSER, BERGE, STEPPE};
```

Zuerst schreiben Sie das Schlüsselwort enum, dann folgt der Name des zu erschaffenden Typs, hier feldtypen und danach folgt in einem Block geschweifter Klammern eine Liste mit Variablennamen. Diese Variablen sind immer Konstanten vom Typ int.

Jede der Konstanten in der Klammer erhält implizit einen Wert zugewiesen, und zwar entsprechend seiner Position in der Klammer, beginnend bei Null. Die Konstante WALD erhält in diesem Beispiel also die 0, WASSER die 1, BERGE die 2 und STEPPE die 3. Da es sich um Konstanten handelt, ist dieser Wert auch nachträglich nicht veränderbar. Das heißt, ein enum eignet sich überall dort, wo Sie auf konstante Werte zugreifen wollen, die sich leichter mit einem Namen merken lassen als anhand einer Zahl.

Wenn Sie für eine der Konstanten einen anderen Wert wünschen, so können Sie das auf folgende Weise explizit angeben:

```
num feldtypen {WALD, WASSER=4, BERGE, STEPPE=8};
```

Hier wird der Konstanten WASSER explizit die Ganzzahl 4 zugewiesen und STEPPE die 8. Welchen Wert haben dann aber WALD und STEPPE?

Hat der erste Wert keinen Wert zugewiesen bekommen, wird dort bei Null angefangen. Die Konstante WALD hat also die 0. Dann kommt WASSER mit 4, dann geht es weiter mit der 5 für die BERGE, bevor mit 8 für die STEPPE abgeschlossen wird.

Mit anderen Worten: Nach einer manuellen Zuweisung wird mit der nächsten Ganzzahl weitergezählt, bis es erneut zu einer manuellen Zuweisung kommt.

Verschiedene Konstanten können auch den gleichen Wert erhalten:

```
num feldtypen {AUS, OFFEN, EIN=1, GESCHLOSSEN=0};
```

Hier erhät AUS den Wert 0, OFFEN den Wert 1, EIN den Wert 1 und GESCHLOSSEN den Wert 0.

Von solch einem Aufzählungstyp können Sie dann wieder eine Variable erzeugen und diese mit *einem* Wert aus der Klammer füllen.

```c
#include <stdio.h>

enum feldtypen {WALD, WASSER=4, BERGE, STEPPE=8};

int main()
{
    enum feldtypen neptunsReich = WASSER;
    printf("Inhalt: %d\n", neptunsReich);
    neptunsReich++;
    printf("Inhalt: %d\n", neptunsReich);
    printf("Größe: %lu Bytes\n", sizeof(neptunsReich));
    return 0;
}
```

Das Ergebnis ist:

```
Inhalt: 4
Inhalt: 5
Größe: 4 Bytes
```

Dieses Beispiel zeigt, wie Sie zum Beispiel den Inkrement-Operator auf ein enum anwenden können. Wenn die Elemente des enum keine Sprünge aufweisen, kann man damit zum Beispiel Schleifen über ein enum drehen. Es handelt sich also letztlich nur um eine Liste von konstanten Ganzzahlen.

Wie bei einer Union kann ein enum also nur eine einzige der in der Deklaration angegebenen Konstanten annehmen.

Da die Werte eines enum Konstanten von der Größe eines int sind, ist seine Größe üblicherweise auch die eines int.

AUFGEPASST

Sie sollten einer Variablen, die von einem Enum-Typ erzeugt wurde, nach Möglichkeit nur die in der enum-Deklaration angegebenen Konstanten zuweisen. Sie können zwar auch ohne Fehlermeldung beliebige ganze Zahlen zuweisen, werden damit aber schnell die Ordnung verlieren, die ein enum eigentlich in den Code bringen soll. Die Werte in den Konstanten selbst können nach der Deklaration natürlich nicht mehr geändert werden. Ein enum kann wie eine ganz normale Ganzzahl verwendet werden und damit an allen arithmetischen Operationen teilnehmen. Die Anwendung des Punkt- oder Pfeiloperators ist nicht möglich.

Schreiben und Lesen von Dateien

Der Datentyp mit der größtmöglichen Freiheit ist der, Ihre Daten in beliebiger Form auf die Festplatte zu schreiben und von dort bei Bedarf auch wieder einzulesen.

Wenn Sie zum Beispiel ein Struct angelegt haben, um darin Artikeldaten abzuspeichern, stehen Sie danach noch immer vor dem Problem, wie Sie nun die ganzen Artikeldaten in die Strukturen bekommen. Die Daten von Hand mit scanf abzufragen und mühsam jedes Mal erneut einzutippen, wenn das Programm neu gestartet wird, kann man wirklich niemandem zumuten. Sie müssen daher dafür sorgen, dass die Daten, die Sie brauchen, außerhalb Ihres Programms abgespeichert werden. Hier bietet es sich an, die Artikel aus einer Textdatei einzulesen, dann in Ihrem Programm zu verarbeiten und die geänderten Daten wieder in die Datei zurückzuschreiben. In welcher Ordnung Sie in die Datei schreiben, obliegt dann ganz alleine Ihrer Entscheidung.

Für den Umgang mit Dateien brauchen Sie einige Funktionen aus der Header-Datei *stdio.h*. Das ist dieselbe Header-Datei der Standard C Library, in welcher auch die Funktionen printf und scanf definiert sind. *stdio.h* hält quasi für alle Ein- und Ausgabefälle Funktionen bereit. Ob die Daten nun von einer Datei oder dem Terminal oder aus einer ganz anderen Quelle stammen, ist zweitrangig.

Die wichtigste Funktion ist fopen. Der Name steht für *file open*, was *Datei öffnen* bedeutet. Bevor Sie auf irgendeine Datei zugreifen können, müssen Sie diese immer mit der Funktion fopen für den Zugriff öffnen.

Mit der Funktion `fopen` wird also eine Datei geöffnet. Sobald diese geöffnet ist, können Sie mit Funktionen wie `fprintf` und `fscanf` in die Datei schreiben oder ihren Inhalt lesen.

Wenn die Arbeit an der Datei getan ist, muss die Datei mit `fclose` geschlossen werden.

Sie sehen, alle Funktionen aus *stdio.h*, die mit Dateifunktionen zu tun haben, beginnen mit einem f.

Bevor Sie aber etwas in eine Datei schreiben oder auslesen, müssen Sie erst einmal eine Datei erzeugen.

Datei erzeugen

Der erste Schritt besteht darin, die Datei, die man zur Abspeicherung seiner Daten benötigt, selbst zu erzeugen und sich nicht darauf zu verlassen, dass sie schon vorhanden ist.

Sie erzeugen eine Datei ganz einfach dadurch, dass Sie zuerst ein FILE-Struct erzeugen und dieses dann der Funktion `fopen` zuweisen. Bevor Sie den folgenden Code ausführen, sollten Sie zuerst die Erklärungen dazu vollständig lesen, ansonsten könnte es passieren, dass Sie wichtige Daten überschreiben:

```
#include <stdio.h>

int main()
{
    FILE * ptrDatei;
    ptrDatei = fopen("datentest.txt", "w");
    fclose(ptrDatei);
    return 0;
}
```

In der ersten Zeile wird mit

```
FILE * ptrDatei
```

ein Struct vom Typ FILE erzeugt. Das ist auf den ersten Blick nicht erkennbar, da FILE mit `typedef` definiert wurde und man daher das Wort `struct` nicht mehr schreiben muss. Dieses Struct ist in *stdio.h* definiert. Die einzelnen Bestandteile dieses Structs sind für die folgenden Beispiele aber nicht von Bedeutung. Wichtig ist nur zu wissen, dass dieses Struct auch Angaben zu Puffergrößen, Dateistatus und aktueller Schreib-/Leseposition in der Datei enthält. Der Zugriff darauf geschieht in der Regel immer über andere Funktionen. FILE ist ein Datentyp, welcher einen Zeiger auf eine Datei aufnehmen kann. Wie Sie den Zeiger benennen, bleibt Ihnen überlassen. In obigem Fall habe ich ihn ptrDatei genannt, um mich daran zu erinnern, dass diese Variable einen Zeiger (*Pointer*) auf eine Datei enthalten soll. Das Wort FILE muss immer groß geschrieben werden, denn das ist der Typname für diesen Dateizeiger.

In der nächsten Zeile wird dann die Funktion fopen verwendet und deren Ergebnis ptrDatei zugewiesen. Der Rückgabewert von fopen ist nämlich immer ein Dateizeiger.

```
ptrDatei = fopen("datentest.txt", "w");
```

Das erste Argument der Funktion fopen stellt den Dateinamen dar, den die Datei erhalten soll. Mit dem zweiten Argument bestimmen Sie den Modus, mit dem auf die Datei zugegriffen wird. Das w bedeutet, dass eine Datei erzeugt werden soll. Wenn Sie stattdessen w+ schreiben, wird die Datei gleich mit Schreibrechten für Sie erschaffen.

Nachdem die Datei erzeugt wurde und alle Arbeit darin erledigt ist, muss sie mit fclose wieder geschlossen werden. fclose erhält dabei einfach nur den Dateizeiger als Argument, mehr ist nicht nötig.

```
fclose(ptrDatei);
```

AUFGEPASST

Wo ein fopen ist, muss auch immer ein fclose sein. Jede Datei, die mit fopen erzeugt oder geöffnet wird, muss auch ordnungsgemäß wieder geschlossen werden. Vergessen Sie das niemals oder Sie laufen Gefahr, beim Lesen und Schreiben Daten zu verlieren.

Es bleibt dann allerdings noch die Frage, wo die Datei überhaupt erzeugt wird?

Wenn Sie das obige Programm aus der Lightweight IDE heraus starten, wird die Datei *datentest.txt* im Projektordner erzeugt und liegt damit gleich neben der Quelldatei. (Sie haben doch einen Projektordner für dieses Beispiel angelegt?)

Wenn Sie das Programm aber über das Terminal starten, landet die Datei auf der obersten Ebene Ihres Benutzerordners. Achten Sie daher vor der Ausführung im Terminal darauf, dass nicht eventuell eine Datei dieses Namens dort liegt.

AUFGEPASST

Ist an dem Speicherort eine Datei mit dem angegebenen Namen vorhanden, wird diese im Modus w immer ohne Rückfrage überschrieben! Überprüfen Sie daher den Projektordner und den Benutzerordner, ob nicht aus Versehen eine für Sie wichtige Datei diesen Namen trägt. Wenn ja, benennen Sie die Datei in obigem Beispiel um oder verschieben Sie die wichtige Datei an einen sicheren Ort. Das Schreiben von Dateien geschieht in C ohne Sicherheitsnetz. Sie sollten daher bei allen Dateizugriffen penibel überprüfen, ob Sie auch wirklich die richtige Datei erwischen und nicht aus Versehen Ihre Steuerunterlagen überschreiben.

Aus diesem Grund sollte man vorher immer überprüfen, ob die Datei bereits existiert. Wenn ja, kann man die existierende Datei wiederverwenden. Und nur wenn die Datei nicht vorhanden ist, kann man sie neu erzeugen. Wie das funktioniert, wird gleich beim Schreiben in eine Datei erklärt.

Wenn Sie nun das obige Beispiel in der Lightweight IDE ausführen, werden Sie danach im Projektordner eine Textdatei mit dem Namen *datentest.txt* vorfinden. Sie können diese Datei ganz normal mit jedem Texteditor öffnen. Die Datei ist zu diesem Zeitpunkt aber noch leer. Wie man dort etwas hinein schreibt, wird gleich erklärt.

Die drei Grundpfeiler eines Dateizugriffs sind also:

- Deklaration eines FILE-Zeigers
- Erzeugen oder Öffnen einer Datei mit fopen
- Schließen der Datei mit fclose

Alle drei müssen in dieser Reihenfolge vorliegen. Der Dateizeiger muss also vor der Verwendung von fopen bekannt sein. Schließlich müssen Sie das Ergebnis von fopen ja einem FILE-Struct zuweisen.

Und fclose können Sie natürlich erst verwenden, wenn eine Datei geöffnet wurde.

HILFE

Alle diese Funktionen haben eine eigene man-Seite im dritten Abschnitt, können also zum Beispiel mit man:fopen.3 bei installiertem Bwana in einem Browser betrachtet werden. Darüber hinaus finden Sie auch unter man:stdio und in der Wikipedia weitere Informationen.

Pfadangaben

Der Ort, an welchem eine Datei standardmäßig erzeugt wird, stimmt sehr wahrscheinlich nur selten mit den eigenen Wünschen überein. Um eine Datei an jedem beliebigen Ort im Betriebssystem erstellen zu können (für den Sie natürlich Schreibrechte im Mac OS besitzen müssen), brauchen Sie den Dateinamen im ersten Argument nur mit Pfad zu schreiben. Wenn Sie die Datei zum Beispiel auf dem Schreibtisch sichern wollen, geben Sie in fopen einfach den vollen Pfad an:

```
ptrDatei = fopen("/Users/det/Desktop/datentest.txt", "w");
```

Beachten Sie dabei, dass Abkürzungen wie die Tilde ~ für den Benutzerordner, die man ja gerne im Terminal verwendet, in C nicht funktionieren. Sie brauchen also eine absolute Pfadangabe.

Da absolute Pfadangaben aber dazu führen, dass das Programm nicht mehr auf anderen Rechnern laufen kann, ist das nicht wirklich anzuraten. Sie brauchen also noch ein Mittel, um den Pfad zum Benutzerordner des Anwenders herauszufinden. Dafür können Sie die Funktion getenv verwenden. Diese Funktion stammt aus der Standard C Library *stdlib.h* und ist unter *man:getenv.3* dokumentiert. Sie dient dazu, den Wert einer sogenannten Umgebungsvariablen abzufragen. Als einziges Argument benötigt diese Funktion daher den Namen einer Umgebungsvariablen. Der Rückgabewert von getenv ist ein Zeiger auf ein char. An dieser Startadresse legt getenv den Inhalt der abgefragten Umgebungsvariablen ab. Um den Rückgabewert aufzufangen, brauchen Sie also nur einen Zeiger auf ein char. Das folgende Beispiel verdeutlicht die Anwendung. Hier wird der Pfad in der Umgebungsvariablen HOME abgefragt und danach in einem printf ausgegeben. In dieser Umgebungsvariablen steckt der Pfad zum angemeldeten Benutzer:

```
#include <stdio.h>
#include <stdlib.h>

int main()
{
    char * myHome;
    myHome = getenv("HOME");
    printf("%s\n", myHome);
    return 0;
}
```

Als Ergebnis erhalten Sie den Pfad zu Ihrem Benutzerordner. In meinem Fall sieht das so aus:

/Users/det

Falls die angegebene Umgebungsvariable nicht existiert, wird übrigens NULL als Ergebnis zurückgeliefert. Im Normalfall sollten Sie daher mit einem if prüfen, ob das Ergebnis des char- Zeigers NULL ist. Falls ja, ist die Abfrage der Umgebungsvariablen gescheitert.

> **TIPP**
>
> Wenn Sie wissen wollen, welche Umgebungsvariablen man noch abfragen kann, geben Sie doch einfach mal den Befehl env im Terminal ein.

Aus dieser Angabe können Sie nun durch Verknüpfen von Zeichenketten jeden beliebigen Ort im Benutzerordner erreichen. Das folgende Beispiel fügt die Zeichenkette /Desktop an den HOME-Pfad an, um den Schreibtisch zu erreichen, und legt dann dort eine Datei mit dem Namen *datentest.txt* an. Achten Sie bitte darauf, dass dort nicht bereits eine wichtige Datei dieses Namens liegt, diese wird nämlich rücksichtslos überschrieben.

```c
#include <stdio.h>
#include <stdlib.h>
#include <strings.h>

int main()
{
    // Pfad zum Schreibtisch ermitteln
    char thePath[256];
    char * myHome = getenv("HOME");
    strcat(thePath, myHome);
    strcat(thePath, "/Desktop/datentest.txt");
    // Pfad zur Kontrolle ausgeben:
    printf("%s\n", thePath);
    // Datei erzeugen und wieder schließen:
    FILE * ptrDatei;
    ptrDatei = fopen(thePath, "w");
    fclose(ptrDatei);
    return 0;
}
```

Wenn das Programm später über das Terminal ausgeführt wird, sollten Sie auch in Erwägung ziehen, die Pfadangabe und den Namen der Datei vom Anwender abzufragen. Das geht entweder durch Eingabeaufforderungen, zum Beispiel mit `scanf`, oder als Argumente der Funktion `main` auf der Kommandozeile, denn auch dort haben Sie Zugriff auf die Umgebungsvariable HOME. Siehe hierzu *Die Funktion main und ihre Parameter* im Kapitel *Funktionen*.

TIPP

Die maximale erlaubte Pfadlänge ist übrigens im Makro FILENAME_MAX aus *stdio.h* festgelegt.

Wenn Sie dieses Makro in einem `printf` ausgeben, erhalten Sie die maximale Länge, die ein Pfad haben darf:

```
printf(„%d\n“, FILENAME_MAX);
```

Das Ergebnis beträgt 1024 auf aktuellen Macs. Sie sollten die Pfadlänge daher auch immer auf seine Länge überprüfen, vor allem dann, wenn diese vom Anwender eingegeben werden kann. Ein weiteres interessantes Makro ist FOPEN_MAX, welches Ihnen zeigt, wie viele Dateien Sie gleichzeitig geöffnet haben dürfen. Zurzeit beträgt der Wert 20. Das heißt, Sie können maximal 20 Dateien zur gleichen Zeit geöffnet haben.

Schreiben

Wenn Sie in eine Datei schreiben wollen, dann öffnen Sie sie wie bisher, allerdings müssen Sie dafür im zweiten Argument von `fopen` einen Schreibmodus verwenden.

Hier erst einmal eine Übersicht über alle Modi der Funktion `fopen`, die im zweiten Argument verwendet werden können:

r	Lesen: Die angegebene Datei wird zum Lesen geöffnet. Liefert einen Fehler, wenn die Datei nicht existiert.
r+	Lesen und Schreiben: Die angegebene Datei wird zum Lesen und Schreiben geöffnet. Liefert einen Fehler, wenn die Datei nicht existiert.
w	Schreiben: Erzeugt eine Datei und öffnet sie zum Schreiben. Überschreibt eine eventuell vorhandene Datei gleichen Namens.

w+ Lesen und Schreiben. Erzeugt eine Datei und öffnet sie zum Lesen und Schreiben. Überschreibt eine eventuell vorhandene Datei gleichen Namens.

a Anhängen: Datei wird zum Schreiben geöffnet. Schreibvorgänge werden an das Ende der Datei angehängt, ohne vorhandenen Inhalt zu überschreiben. Erzeugt die Datei, wenn sie noch nicht existiert.

a+ Anhängen und Lesen: Datei wird zum Lesen und Schreiben geöffnet. Schreibvorgänge werden an das Ende der Datei angehängt, ohne vorhandenen Inhalt zu überschreiben. Erzeugt die Datei, wenn sie noch nicht existiert.

Diese Modi sind unter `man.fopen.3` dokumentiert.

Um in eine Datei etwas hineinzuschreiben, gibt es also mehrere Alternativen. Das kann man ausnutzen, um zuerst im Modus r+ eine eventuell bereits vorhandene Datei zum Lesen und Schreiben zu öffnen. Im Modus r und r+ liefert fopen nämlich bei einem Fehlschlag einen NULL-Zeiger zurück. Sie brauchen also nur nach dem fopen mit r oder r+ den Dateizeiger zu überprüfen. Enthält dieser NULL, existiert die Datei noch nicht, und Sie können sie gefahrlos im Modus w oder w+ erzeugen, ohne etwas zu überschreiben. Das folgende Beispiel verdeutlicht dies:

```c
#include <stdio.h>

int main()
{
    FILE * ptrDatei;
    ptrDatei = fopen("datentest.txt", "r+");
    if (ptrDatei == NULL)
    {
        ptrDatei = fopen("datentest.txt", "w+");
        printf("Datei wurde neu angelegt\n");
    }
    else printf("Datei wurde geöffnet\n");

    fclose(ptrDatei);
    return 0;
}
```

Da hier kein Pfad angegeben wurde, finden Sie die Datei *datentest.txt* im Projektordner, zumindest wenn Sie das Beispiel in der Lightweight IDE ausführen. Wenn Sie das Programm im Terminal ausführen, wird die Datei im Benutzerordner verwendet.

Mit den Funktionen fprintf, fputs und fputc

Nun kommt das Wichtigste, nämlich die Frage, wie man etwas in die Datei hineinschreiben kann.

Für das Schreiben kommen generell alle Funktionen in Frage, die Sie bisher auch für die Ausgabe verwendet haben, Sie müssen diesen Funktionen nur ein f (von *file*) voranstellen. So gibt es von der Funktion `printf` und `puts` zum Beispiel Varianten zum Schreiben in eine Datei, die sich `fprintf` und `fputs` nennen.

Das folgende Beispiel zeigt, wie einfach es ist, mit diesen beiden Funktionen in eine Datei zu schreiben. Es werden dabei beispielhaft drei verschiedene Funktionen zum Schreiben verwendet. Um den Code kurz und leicht verständlich zu halten, lasse ich dabei die Erkenntnisse der vorigen Seiten weg und verwende einfach den Modus w+ ohne Überprüfungen. Eine bereits vorhandene Datei wird also einfach überschrieben.

```c
#include <stdio.h>

int main()
{
    char *artikel[2] = {"Schneidige Axt", "Grindiger Helm"};

    FILE * ptrDatei;
    ptrDatei = fopen("datentest.txt", "w+");
    fprintf(ptrDatei, "%s\n", "Warenliste:");
    fputs(artikel[0], ptrDatei);
    fputc('\n', ptrDatei);
    fputs(artikel[1], ptrDatei);

    fclose(ptrDatei);
    return 0;
}
```

Wenn Sie nach der Ausführung dieses Beispiels einmal in die Datei *datentest.txt* im Projektordner hineinschauen, steht dort nun:

Warenliste:
Schneidige Axt
Grindiger Helm

Das bedeutet: Solange die Datei geöffnet bleibt, wird jede weitere Anwendung einer Schreibfunktion genau dort fortfahren, wo der letzte Schreibvorgang aufgehört hat.

Die Funktion `fprintf` benötigt als erstes Argument den Dateizeiger. Das zweite Argument ist, wie beim `printf` üblich, eine konstante Zeichenkette mit nach Belieben verteilten Formatbeschreibern. Das dritte Argument (und alle eventuell folgenden Argumente) sind die Ausdrücke oder Variablen, die anstelle der Formatbeschreiber eingesetzt werden sollen. Beachten Sie hier die Beschreibung der Formatbeschreiber der Funktion `printf`. Diese Formatbeschreiber gelten auch für `fprintf`. Der einzige Unterschied ist der, dass das Ergebnis nicht mehr am Bildschirm angezeigt, sondern in eine Datei geschrieben wird.

Die folgende Funktion `fputs` ist einfacher gestrickt. Hier können Sie keine Formatangaben machen. Diese Funktion eignet sich daher vor allem zum Ausgeben von einfachen zusammenhängenden Zeichenketten.

Die Funktion `fputs` benötigt als erstes Argument die Zeichenkette, die geschrieben werden soll, und als zweites Argument den Dateizeiger, welcher bestimmt, in welche Datei geschrieben wird.

Eine weitere schreibende Funktion im obigen Beispiel ist die Funktion `fputc`. Sie funktioniert genauso wie `fputs`, kann allerdings nur ein einzelnes `char` schreiben. Hier wird sie für das Schreiben eines Zeilenumbruchs verwendet.

Das folgende Beispiel zeigt, wie Sie Daten aus einem Struct-Array mit Artikeln in die Datei *datentext.txt*.schreiben können. Dabei wird der Artikelname vom Artikelpreis durch einen Tabulator getrennt. Damit erhalten Sie dann eine Liste, die sich auch leicht mit einer Tabellenkalkulation öffnen lässt.

```c
#include <stdio.h>
#define LAENGE 4
struct Artikel
{
    char name[31];
    float preis;
};

int main()
{
    struct Artikel lager[LAENGE] =
    {
        {"Schneidige Axt", 99.953},
        {"Grindiger Helm", 9.9},
        {"1 Pint Butterbier", 1.50},
        {"Samtener Umhang (+1 Charme)", 245}
    };
```

```
    FILE * ptrDatei;
    ptrDatei = fopen("datentest.txt", "w+");
    int i;
    for (i = 0; i < LAENGE; ++i)
    {
        fprintf(ptrDatei, "%s\t%.2f\n",
            lager[i].name, lager[i].preis);
    }
    fclose(ptrDatei);
    return 0;
}
```

Als Ergebnis wurden alle Waren, mit Tabulator vom Preis getrennt, in die Textdatei geschrieben:

Schneidige Axt	*99.95*
Grindiger Helm	*9.90*
1 Pint Butterbier	*1.50*
Samtener Umhang (+1 Charme)	*245.00*

Diese Textdatei könnten Sie nun auch von Hand in einem normalen Texteditor, zum Beispiel TextEdit, erweitern. Achten Sie nur darauf, die Datei immer als reinen Text zu speichern und nicht als RTF-Datei.

Schreiben Sie eine Ware auf eine neue Zeile, betätigen Sie die Tabulatortaste und schreiben Sie dann den Preis (mit Punkt als Dezimalkomma, solange Sie nicht setlocale verwenden). Jede Zeile muss mit einem Return beendet werden.

Als Nächstes zeige ich Ihnen, wie Sie die Daten aus dieser Textdatei auch wieder einlesen können. Heben Sie diese Datei daher gut auf.

Lesen

Zum Lesen einer Datei benötigen Sie wieder Varianten bereits bekannter Funktionen, zum Beispiel die Funktionen fscanf, fgets und fgetc, die genau wie scanf, gets und getc funktionieren, nur dass sie Daten aus einer Datei statt der Eingabeaufforderung im Terminal lesen. Im Folgenden beschreibe ich beispielhaft die Handhabung der Funktionen fgetc und fgets. Achten Sie bei den folgenden beiden Beispielen bitte darauf, dass die zuvor erzeugte Datei *datentest.txt* im Projektordner des Quellcodes liegt.

Mit der Funtkion fgetc

Mit der Funktion `fgetc` können Sie Zeichen für Zeichen, eins nach dem anderen einlesen:

```
#include <stdio.h>

int main()
{
    char zeichen;
    FILE * ptrDatei;
    ptrDatei = fopen("datentest.txt", "r");
    while ((zeichen = fgetc(ptrDatei)) != EOF)
    {
        printf("%c", zeichen);
    }
    fclose(ptrDatei);
    return 0;
}
```

Als Erstes fällt hier auf, das die Datei von `fopen` diesmal mit dem Modus `r` geöffnet wird. Die Datei wird also nur gelesen und muss bereits existieren. Es kann also nichts überschrieben werden.

Die Funktion `fgetc` benötigt nur ein einziges Argument, nämlich den Zeiger auf die mit `fopen` geöffnete Datei. Der Rückgabewert ist das, was die Funktion eingelesen hat. Es handelt sich dabei um den Zahlenwert des gelesenen `char` als `int`, welches hier implizit in ein `char` umgewandelt wird:

```
zeichen = fgetc(ptrDatei)
```

In der Variablen `zeichen` steckt in jeder Runde der `while`-Schleife immer nur das aktuell in dieser Runde eingelesene Zeichen. Beim Lesen wird also immer dort fortgefahren, wo der letzte Lesevorgang aufgehört hat.

Das Besondere an der while-Schleife ist die Schleifenbedingung. Dazu müssen Sie wissen, dass `fgetc` den in der Header-Datei *stdio.h* deklarierten Wert `EOF` zurückliefert, wenn es einen Fehler beim Einlesen gegeben hat oder wenn das Ende der Datei erreicht wurde (*End Of File*). Mit anderen Worten: Die obige `while`-Schleife läuft so lange, bis das Dateiende erreicht wurde oder ein Fehler auftritt. Damit werden alle Zeichen nacheinander eingelesen und in der Schleife zur Kontrolle mit einem `printf` ausgegeben.

Wenn Sie das Beispiel laufen lassen und die beschriebene Datei *datentest.txt* noch im Projektordner liegt, erhalten Sie den Inhalt der Datei im Nachrichtenfenster der Lightweight IDE angezeigt:

Schneidige Axt	*99.95*
Grindiger Helm	*9.90*
1 Pint Butterbier	*1.50*
Samtener Umhang (+1 Charme)	*245.00*

Die Datei wurde also korrekt eingelesen.

fgetc eignet sich damit vor allem für die Fälle, in denen Sie einzelne Zeichen untersuchen müssen.

Mit der Funktion fgets

Wenn Sie die Daten zeilenweise einlesen wollen, sollten Sie die Funktion fgets verwenden. Diese liest immer eine ganze Zeile Text auf einmal ein, also Text bis zum nächsten Zeilenumbruch \n.

Das folgende Beispiel verdeutlicht dies:

```
#include <stdio.h>

int main()
{
    char zeile[BUFSIZ];
    FILE * ptrDatei;
    ptrDatei = fopen("datentest.txt", "r");
    while (fgets(zeile, BUFSIZ, ptrDatei) != NULL)
    {
        printf("%s", zeile);
    }
    fclose(ptrDatei);
    return 0;
}
```

Als Ergebnis wird auch hier der Inhalt der kompletten Datei eingelesen. Diesmal wird jedoch immer eine ganze Zeile auf einmal gelesen und in dem char-Array zeile für die Ausgabe zwischengespeichert.

Die Funktion fgets benötigt drei Argumente. Das erste Argument stellt das char-Array dar, in welches die eingelesene Zeichenkette abgelegt werden soll. Diese wird hier in der ersten Zeile mit `char zeile[BUFSIZ]` deklariert. `BUFSIZ` ist wieder eine in `stdio.h` deklarierte Konstante und hat aktuell den Wert 1024. Das ist die Anzahl der Bytes des Standardpuffers für Lese- und Schreiboperationen. Es steht Ihnen frei, hier auch andere Werte direkt als Ganzzahl zu schreiben.

Das zweite Argument stellt die Anzahl der Zeichen dar, welche die Funktion `fgets` maximal in einem Rutsch einliest. Auch hier wird der Einfachheit halber `BUFSIZ` verwendet. Diese Angabe ist äußerst wichtig und stellt eine Sicherheitsmaßnahme gegen Speicherüberläufe dar. Statt `BUFSIZ` können Sie natürlich auch hier eigene ganzzahlige Werte angeben, zum Beispiel 512, wenn Ihnen 1024 zu groß sein sollte. Im Regelfall hat diese Größe aber nur eine Auswirkung darauf, wie oft die Schleife durchlaufen werden muss. Ist der Wert zu klein gewählt, muss die Schleife öfter durchlaufen werden, bis aller Text eingelesen werden kann.

Das letzte Argument von `fgets` ist dann der bekannte Dateizeiger. Er bestimmt, wie üblich, aus welcher Datei überhaupt gelesen wird.

Die Schleife wird so lange fortgeführt, bis `fgets` den Wert NULL zurückliefert. Das ist immer dann der Fall, wenn das Ende der Datei erreicht wurde oder wenn ein Fehler aufgetreten ist.

In der Schleife selbst wird nur mit einem `printf` Zeile für Zeile des eingelesenen Textes ausgegeben.

Wenn Sie etwas an dem Text in `zeile` ändern wollen, dann ist in der Schleife der richtige Platz dafür, wie im Folgenden beim Einlesen von Daten in ein Struct.

Mit fgets Daten in ein Struct einlesen

Im folgenden Beispiel wird `fgets` verwendet, um Zeile für Zeile des Lagerbestands aus der Datei *datentest.txt* in ein Struct einzulesen. Dafür wird `fgets` verwendet, da dieses immer eine ganze Zeile auf einmal einliest. Damit ist sichergestellt, dass die Ware nicht von ihrem Preis getrennt wird. Beide stehen ja auf einer Zeile und werden nur von einem Tabulator getrennt.

Das Einzige, was Sie nach dem Einlesen der Zeile noch machen müssen, ist, mit der Zeichenkettenfunktion `strtok` nach dem Tabulator zu suchen. Die Zeichenkette vor dem Tabulator wird dann in den Warennamen des Structs eingelesen, und die Zeichenkette nach dem Tabulator wird mit der Funktion `atof` in ein `float` umgewandelt und in die Preisvariable des Structs eingelesen. Die entsprechenden Zeilen stehen im fetten Druck.

```c
#include <stdio.h>
#include <string.h>
#include <stdlib.h>
#define SIZE   100

struct Artikel
{
    char name[31];
    float preis;
};

int main()
{
    int i = 0;
    struct Artikel Lager[SIZE];
    char zeile[BUFSIZ];
    FILE * ptrDatei;
    ptrDatei = fopen("datentest.txt", "r");
    while (fgets(zeile, BUFSIZ, ptrDatei) != NULL)
    {
        // Warenname in Lager[i].name einlesen:
        strcpy(Lager[i].name, strtok(zeile, "\t"));
        printf("%s\n", Lager[i].name);

        // Preis in Lager[i].preis einlesen
        Lager[i].preis = atof(strtok(NULL, "\t"));
        printf("%.2f\n", Lager[i].preis);

        i++;
    }
    fclose(ptrDatei);
    return 0;
}
```

Das Besondere ist hier die Funktion strtok aus der Header-Datei *string.h*. Mit ihr können Sie nach einem *Token*, also einem Zeichen oder einer Zeichenkette, suchen.

Beim ersten Aufruf der Funktion geben Sie die Zeichenkette, die durchsucht werden soll, als erstes Argument an. Das zweite Argument ist die Zeichenkette, die Sie darin suchen, hier der Tabulator:

```c
strtok(zeile, "\t")
```

Der Rückgabewert der Funktion `strtok` ist beim ersten Aufruf die Zeichenkette vor dem Tabulator, hier also der Warenname. Dieser wird dann mit `strcpy` in das `char`-Array `name` des Lager-Structs abgespeichert.

Wenn Sie beim zweiten Aufruf von `strtok` in derselben Zeichenkette weitersuchen wollen, dürfen Sie aber nur NULL als erstes Argument verwenden. Dann macht `strtok` nämlich dort weiter, wo es vorher aufgehört hat. Damit wird hier beim zweiten Aufruf der Preis hinter dem Tabulator eingelesen.

Nun muss der ausgelesene Preis nur noch von einer Zeichenkette in eine Zahl umgewandelt werden, die dann in der Variablen `preis` des Structs `Lager` gespeichert werden kann. Das geschieht hier mit `atof` (*ascii to float*), einer der vielen Umwandlungsfunktionen aus der Header-Datei *stdlib.h*.

Die Schleife endet dann, wenn das Dateiende erreicht wurde und die Funktion `fgets` einen NULL-Zeiger zurückliefert. Damit ist das Struct `Lager` gefüllt und steht nun im Programm für weitere Abenteuer zur Verfügung – zum Beispiel für unverschämte Preiserhöhungen.

Das Struct-Array `Lager` ist hier mit Platz für maximal 100 Werte definiert. Falls Sie mehr Waren in der Datei stehen haben, müssen Sie den Wert hier also höher setzen. Alternativ empfiehlt es sich aber, den benötigten Platz mit `malloc` oder `calloc` dynamisch zuzuweisen.

Auch der Name einer Ware darf in diesem Beispiel 30 Zeichen nicht überschreiten – eventuell also höher setzen!

Damit schließt sich der Kreis; Die Daten, die aus dem Struct zuerst in eine Datei geschrieben wurden, sind nun unverändert wieder in das Struct eingelesen worden. Die Daten des Programms sind damit sicher außerhalb des Programms untergebracht und können jederzeit ohne Neueingabe wiederverwendet werden.

Erste Schritte in Xcode

Xcode ist die Entwicklungsumgebung von Apple für die Erstellung von Programmen aller Art. In diesem Kapitel führe ich Sie in die grundlegende Handhabung von Xcode ein. Eine ausführliche Behandlung von Xcode erfordert ein eigenes Buch, so dass ich Sie auch auf die Quellen im Anhang verweisen möchte. Die Leser, die später mit Objective-C und Cocoa weitermachen wollen, sollten dieses Kapitel jedenfalls nicht überspringen. Denn an Xcode führt dann kein Weg vorbei.

Anlegen eines C-Projekts

Xcode ist eine Entwicklungsumgebung für Profis und kann mit vielen verschiedenen Programmiersprachen umgehen, darunter natürlich auch C. Fast alle Programme für Macintosh, iPhone, iPod oder iPad wurden in Xcode entwickelt.

> **AUFGEPASST**
>
> Oberste Grundlage bei der Arbeit mit Xcode ist dabei immer, einen kühlen Kopf zu bewahren und nicht an Einstellungen herumzuspielen, von denen man nicht genau weiß, wofür sie gut sind – und davon gibt es eine ganze Menge. Nicht einmal Entwickler, die schon jahrelang damit arbeiten, können behaupten, jede Ecke zu kennen.

Falls Sie Xcode noch nicht in das Dock gezogen haben, so wird es nun Zeit, dies zu tun. Sie finden Xcode im Ordner *Applications* im Ordner *Developer* auf der obersten Ebene Ihrer Festplatte. Am einfachsten ist es, Sie wählen im Finder im Menü *Gehe zu* den Eintrag *Computer* und navigieren sich von dort in den Ordner *Developer* und dann in den Ordner *Applications*.

Wenn Sie Xcode zum ersten Mal öffnen, erscheint der Startbildschirm. Falls dieser abgeschaltet wurde, können Sie ihn über das Menü *Hilfe | Welcome to Xcode* aufrufen.

Bevor Sie mit der Arbeit an einem neuen Projekt in Xcode beginnen, müssen Sie das Projekt erst einmal erstellen:

1. Klicken Sie dafür im Startbildschirm auf *Create a new Xcode project*. Alternativ können Sie auch im Menü *File* den Befehl *New Project* wählen.

Im Startbildschirm von Xcode werden auf der rechten Seite später die zuletzt verwendeten Projekte zum schnellen Öffnen aufgelistet.

2. Wählen Sie in dem darauf erscheinenden Fenster bitte auf der linken Seite *Application* aus und auf der rechten Seite *Command Line Tool*. Daraufhin erscheint in der Mitte ein Einblendmenü mit dem Namen *Type,* in welchem die Sprache C ausgewählt sein muss. Standardmäßig sollte C aber bereits vorausgewählt sein.

Um in Xcode in reinem C zu programmieren, sollte man die Projektvorlage Command Line Tool wählen.

Dieses Fenster dient der Auswahl von Projektvorlagen. Schauen Sie sich an, was sich unter den einzelnen Kategorien auf der linken Seite so alles an Projektarten verbirgt. Diese Vorlagen können auch von Drittanbietern oder von Ihnen selbst erweitert werden. So finden Sie in obiger Abbildung zum Beispiel auch eine Vorlage zur Programmierung in der Sprache Pascal aus dem *Free Pascal*-Project. Diese Vorlagen stehen unter der Überschrift *User Templates*.

GRUNDLAGEN

Eine Projektvorlage ist nichts anderes als eine Sammlung von Einstellungen und Dokumentvorlagen, die für die Arbeit mit einer bestimmten Programmiersprache und einer bestimmten Projektart in Xcode nötig sind. Mit anderen Worten, wenn Sie von vornherein die richtige Projektart wählen, brauchen Sie nicht alle Einstellungen von Hand vorzunehmen.

3. Wenn *Command Line Tool* und *C* ausgewählt sind, klicken Sie bitte auf die Schaltfläche *Choose*. Nun werden Sie in einem *Sichern*-Dialog nach einem Namen und Ort für Ihr Projekt gefragt. Wählen Sie einen Namen nach Belieben, zum Beispiel *xcodetest*, einen Ort nach Belieben, zum Beispiel den Schreibtisch oder den Ordner, in welchem Sie Ihre Übungen abspeichern, und klicken Sie auf *Save*.

Nun wird das Projektfenster von Xcode geöffnet, in welchem die ganze Arbeit am Code geschieht. Gleichzeitig wurde an dem von Ihnen angegebenen Ort ein Ordner mit dem Namen Ihres Projekts erzeugt. Wenn Sie einmal in diesen Ordner hineinschauen, werden Sie sehen, dass sich dort bereits eine C-Quelldatei mit dem Namen *main.c* befindet. Des Weiteren finden Sie dort eine Datei mit dem Namen Ihres Projekts und der Endung *xcodeproj*. In dieser Datei speichert sich Xcode alle Informationen zu Ihrem Projekt. Dies ist auch die einzige Datei im Projektordner, die Sie doppelklicken dürfen, woraufhin das Projekt in Xcode geöffnet wird.

AUFGEPASST

Alle Dateien in Ihrem Projektordner sollten tabu sein. Im Gegensatz zu der Lightweight IDE, wo von Ihnen sogar erwartet wird, dass Sie die Dateien im Projektordner manuell verwalten, ist das in Xcode nur selten sinnvoll. Kopieren Sie daher niemals Code-Dateien manuell in diesen Ordner und bearbeiten Sie keinen Code darin mit einem anderen Programm als Xcode.

Wenn Sie weitere Quelldateien oder Header-Dateien in Ihrem Projekt benötigen, so fügen Sie diese bitte immer über das Menü *File | New File* hinzu. Daraufhin öffnet sich ein Dialog zur Auswahl einer Dateivorlage. Dort können Sie dann in der Rubrik *C and C++* die Dateitypen *C File* oder *Header File* auswählen. Wenn die Code-Datei bereits existiert, können Sie diese auch über das Menü *Project | Add to Project* hinzufügen.

Die Arbeitsumgebung

Nach dem Anlegen eines Projekts kann die Arbeit in Xcode beginnen. Über die wichtigsten Fenster und Einstellungen geben Ihnen die folgenden Abschnitte eine Übersicht.

Das Projektfenster

Das Projektfenster stellt in Xcode die Zentrale für die Verwaltung aller Dateien in Ihrem Projekt dar und damit auch den Ausgangspunkt für alle weiteren Aktivitäten.

Das Projektfenster ist standardmäßig dreigeteilt. Falls das bei Ihnen durcheinandergeraten sein sollte, können Sie über das Menü *Window | Defaults* und einen Klick auf die Schaltfläche *Restore To Factory Defaults* das Fenster wieder in den ursprünglichen Zustand bringen.

In der folgenden Abbildung habe ich die einzelnen Bereiche des Projektfensters benannt. Ziehen Sie bitte diese Abbildung in den folgenden Beschreibungen zurate. Ich habe die englischen Originalnamen verwendet und die deutsche Übersetzung nur in Klammern darunter gesetzt. Der Grund dafür ist, dass sowohl Xcode als auch die zugehörige Dokumentation, die Sie über das Hilfemenü erreichen, nur auf Englisch vorhanden sind. Da ist es gut, sich an die englischen Begriffe zu gewöhnen. Im Text verwende ich aber auch die deutschen Begriffe.

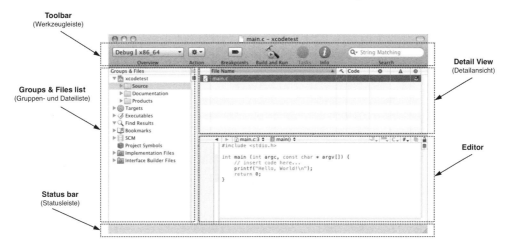

Das Projektfenster ist der Startpunkt für alle Arbeiten am Code.

Die Gruppen- und Dateiliste

In der Gruppen- und Dateiliste des Projektfensters ist das Wichtigste Ihr Projekt mit all seinen Quell- und Header-Dateien. Sie finden es im Ordner mit dem Namen *Source* unter dem Projektnamen auf der linken Seite. In der obigen Abbildung ist dieser ausgewählt. Klappen Sie dort den Projektnamen an dem kleinen Dreieck auf und klicken Sie dann auf *Source*. Auf der rechten Seite erscheinen nun in der Detailansicht alle Quell- und Header-Dateien, die zu Ihrem Projekt gehören. Augenblicklich ist das nur eine einzige Datei mit dem Namen *main.c.* Diese wurde von der Projektvorlage automatisch erzeugt. Wenn Sie diese Datei anklicken, erscheint im darunter liegenden Editor der Inhalt der Quelldatei, in diesem Beispiel ein einfaches *Hallo Welt*-Beispiel.

TIPP

Wenn Sie eine bearbeitbare Datei in der Gruppen- und Dateiliste oder der Detailansicht doppelklicken, öffnet sich diese übrigens in einem eigenen Fenster – sehr hilfreich, wenn man möglichst viel Platz für die Bearbeitung des Codes braucht. Für alle anderen Einträge öffnet sich meist eine Information oder ein Einstellungsfenster.

Im Ordner *Products* finden Sie das fertige Programm. Falls das Programm hier mit roter Schrift geschrieben wird, muss es noch erzeugt werden. Wählen Sie im Menü *Build* den Eintrag *Build* oder drücken Sie die Tasten ⌘+B, um das kleine *Hallo Welt*-Beispiel zu kompilieren.

Aufspüren des fertigen Programms im Finder

Das fertige Programm können Sie sich dann im Finder anzeigen lassen, wenn Sie es mit der rechten Maustaste anklicken und im Kontextmenü *Reveal in Finder* auswählen. Daraufhin öffnet sich der Projektordner und zeigt Ihr Programm an. Kopieren Sie es dann zum Beispiel in Ihren C-Programme-Ordner, um es jederzeit ausführen zu können.

Von den weiteren Bestandteilen in der Gruppen- und Dateiliste sind für C-Programmierer noch die Bookmarks und die Targets interessant. Dazu später mehr.

Die Detailansicht

In der Detailansicht wird Ihnen der Status aller Quell- und Header-Dateien in Tabellenform angezeigt.

Wenn Sie einmal mit der rechten Maustaste in den Spaltenkopf klicken, werden alle Felder aufgelistet, die sich hier einblenden lassen. Von besonderer Wichtigkeit sind die Spalten *Build Status*, *Errors* und *Warnings*.

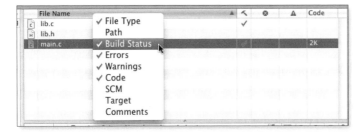

In der Detailansicht haben Sie den Überblick über alle Projektdateien und ihren aktuellen Zustand.

Wenn in der Spalte *Build Status*, der Spalte mit dem Hammer, ein Haken steht, so ist diese Datei seit dem letzten Kompilieren (dem letzten *Build*) bearbeitet worden und muss daher vor Ausführung erneut kompiliert werden.

In der nächsten Spalte, der Spalte *Errors* mit dem Symbol eines Achtecks mit Kreuz, wird die Anzahl der Fehler angezeigt, die in einer Datei beim Kompilieren aufgetreten sind. Genauso wird in der Spalte mit dem Achtungsschild, der Spalte *Warnings*, die Anzahl der Warnungen angezeigt.

In der Spalte *Code* steht die Größe der Datei.

Weitere wichtige Spalten lassen sich einblenden, zum Beispiel der Pfad (*Path*) zur Datei oder die Spalte *Target*, mit der man angeben kann, ob eine Datei beim Übersetzen berücksichtigt werden soll. Hier können Sie zum Beispiel eine Datei temporär deaktivieren, so dass diese beim Kompilieren nicht berücksichtigt wird.

Targets spielen in größeren Projekten eine wichtige Rolle, da man durch Anlegen mehrerer Targets ein und dieselbe Codebasis für verschiedene Varianten oder unterschiedliche Versionen eines Programms verwenden kann. Für den Einstieg in C kommen Sie jedoch mit einem Target völlig aus.

Eine weitere interessante Spalte, die sich einblenden lässt, ist die Spalte *Comments*. Hier werden Kommentare angezeigt, die Sie in der Dateiinformation hinterlegt haben. Um einer Datei einen Kommentar hinzuzufügen, müssen Sie diese Datei in der Liste anklicken und dann in der Werkzeugleiste auf den blauen Knopf mit dem *i* klicken. Damit öffnen Sie die Information zu dieser Datei. Im Reiter *Comments* ist dann jede Menge Platz für Ihre persönlichen Anmerkungen. Die erste Zeile davon wird in der Detailansicht angezeigt.

Außer Kommentaren sollten Sie alles andere in dieser Information unverändert lassen, bis Sie über mehr Erfahrung und Wissen im Umgang mit Xcode verfügen.

Der Editor

Der wohl wichtigste Teil des Projektfensters ist der Editor. Der Editor von Xcode kennt einige ausgefuchste Funktionen, die einem das Tippen von Code sowie die Navigation darin erleichtern. Sie können den Editor auch als Einzelfenster öffnen, wenn Sie die zu bearbeitende Datei in der Detailansicht doppelklicken.

Auto-Vervollständigung (Code Sense)

Fügen Sie einmal in dem gerade geöffneten Code ein zweites `printf` hinzu. Ihnen wird sofort beim Tippen auffallen, dass die gewünschte Funktion schon nach den ersten Zeichen erkannt und automatisch vervollständigt wird. Mit einem Druck auf die Zeilenumbruchtaste wird der Vorschlag inklusive Platzhalter für die Parameter übernommen. Der erste Parameter, dargestellt als Etikett, ist danach ausgewählt, und Sie können direkt weiterschreiben, um den Parameter zu füllen.

Diese nützliche Funktion erspart einem erstens viel Tipparbeit und zweitens hilft sie einem, sich an die Position der Parameter zu erinnern, und das sogar mit eigenen Funktionen und nicht nur denen aus der Standard C Library.

Aber auch wenn der gewünschte Begriff noch nicht erkannt wird, können Sie sich jederzeit eine Liste mit Vorschlägen einblenden lassen. Drücken Sie dafür einfach an jeder beliebigen Stelle des Begriffs die Taste F5 oder die Escape-Taste, und es erscheint ein Einblendmenü mit passenden Namen.

Die Auto-Vervollständigung liefert Einblendmenüs mit Vorschlägen und Platzhalter für die Parameter von Funktionen.

Schnellhilfe (Quick Help)

Wenn Sie zu irgendeiner Funktion Hilfe benötigen, dann ist diese nur einen Maus-klick – genauer gesagt einen Doppelklick – entfernt. Sie brauchen den Funktions-namen nämlich nur mit gedrückter Optionstaste doppelzuklicken, und schon öff-net sich am Mauszeiger eine Kurzbeschreibung der Funktionssyntax, zusammen mit Links zu Beispielcode und verwandten Funktionen.

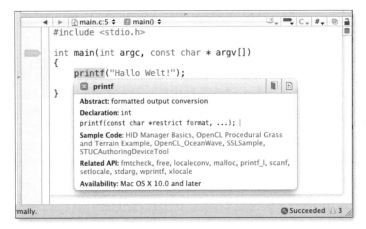

Ein Doppelklick mit gedrückter Optionstaste auf einen Funktionsnamen öffnet die Schnellhilfe.

Wenn Sie in dieser Schnellhilfe auf das kleine Buch links oben in der Ecke klicken, öffnet sich in der Xcode-Hilfe die »man-Seite« dieser Funktion. Falls die Doku-mentation noch nicht geladen wurde, erscheint nun spätestens eine Aufforderung zum Download.

HILFE

Der Download der einzelnen Teile der Dokumentation kann auch nach-träglich jederzeit über die Xcode-Einstellungen erfolgen. Öffnen Sie dafür die Einstellungen von Xcode im Menü *Xcode | Preferences*. Scrollen Sie dort ganz nach rechts und klicken Sie den Reiter *Documentation* an. Hier kön-nen Sie einzelne Pakete der Dokumentation mit einem Klick auf die Schalt-fläche *Get* herunterladen.

Wenn Sie in der Schnellhilfe links oben auf das Icon mit dem *H* klicken, wird die Header-Datei geöffnet, in welcher die Funktion *printf* deklariert wurde – hier die Datei *stdio.h*. Auf diese Weise lässt sich schnell zur Deklaration einer Funktion oder eines Typs in einer Header-Datei wechseln.

Die Schnellhilfe verschwindet automatisch wieder, sobald Sie weitertippen. Falls Sie das Fenster geöffnet lassen wollen, müssen Sie es einfach nur mit der Maus von der Ausgangsstelle weg bewegen.

Ist der Wissensdurst an dieser Stelle immer noch nicht gestillt, hilft eine Volltextsuche in der Entwicklerdokumentation weiter. Sie können diese über den Eintrag *Developer Documentation* im Hilfe-Menü aufrufen.

Gutter und Focus ribbon

Links neben dem Editor finden Sie zwei leere Spalten. Die erste, breitere nennt man das *Gutter*. Hier werden *Breakpoints* angezeigt und auf Wunsch auch Zeilennummern. Die Zeilennummern können in den Preferences von Xcode unter *Text Editing* eingeschaltet werden. Dort einfach die Option *Show line numbers* auswählen.

Ein Breakpoint ist eine Stelle im Code, an der die Ausführung des Programms angehalten wird, um dann den Code genauer zu untersuchen oder schrittweise zu durchlaufen. Ein Breakpoint lässt sich einfach durch einen Klick in diese Spalte auf Höhe der gewünschten Zeile hinzufügen.

Die zweite Spalte nennt man den *Focus ribbon*. Wenn Sie die Maus in dieser Spalte zwischen zwei geschweifte Klammern bewegen – ohne zu klicken –, werden Sie sehen, wie der Bereich außerhalb dieser Klammern ausgegraut wird. Dies ist äußerst hilfreich, um auf die Schnelle den Gültigkeitsbereich eines Blocks zu überprüfen. Vor allem bei tieferen Verschachtelungen verliert man ja leicht den Überblick, ob man nicht doch irgendwo eine Klammer übersehen hat.

Wenn Sie an diese Stelle klicken, wird der gesamte Block zwischen den Klammern zusammengeklappt. Ein erneuter Klick klappt den Block wieder auf. Auf diese Weise können Sie also die Teile im Code zusammenklappen, an denen Sie momentan nicht arbeiten, und sich dadurch schneller und leichter durch den Code bewegen. Am Code selbst ändert sich durch das Auf- und Zuklappen natürlich nichts, nur die Darstellung im Editor ist betroffen.

In der schmalen Spalte neben dem Editor kann man Blöcke auf- und zuklappen.

Navigationsleiste (Navigation bar)

Die Navigationsleiste finden Sie direkt über dem Editor. Wie der Namen schon sagt, dient sie zur Navigation in den Dokumenten Ihres Projekts.

Die folgende Abbildung benennt alle Teile dieser Navigationsleiste und zusätzlich die Bestandteile links und rechts in den Fensterrändern.

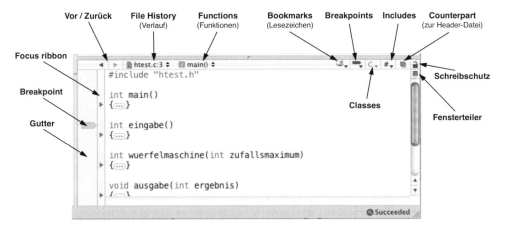

Die Steuerelemente im Editor

Focus ribbon und *Gutter* wurden bereits im vorigen Abschnitt erklärt. Die weiteren Bestandteile des Editors dienen folgenden Zwecken:

- **Vor/Zurück-Pfeile**: Mit diesen Schaltflächen können Sie, wie beim Surfen in Safari, zwischen den verschiedenen, bereits besuchten Dokumenten hin- und hernavigieren.

- **File History**: In diesem Menü werden die von Ihnen besuchten Dokumente aufgelistet. Wählen Sie hier gezielt eine früher besuchte Datei aus, um sie erneut zu öffnen.

- **Functions**: In diesem Menü werden die Namen aller Funktionen des geöffneten Dokuments angezeigt. Wählen Sie hier eine Funktion aus, um schnell zu dieser Funktion zu springen. Das erspart langes Rollen mit dem Mausrad.

- **Bookmarks**: Hier werden alle Lesezeichen aufgelistet, die Sie angelegt haben. Lesezeichen können Sie anlegen, indem Sie einfach eine Zeile oder Wort im Code auswählen und dann mit der rechten Maustaste anklicken. Im Kontextmenü dann *Add to Bookmarks* auswählen. Dieses Lesezeichen wird daraufhin in diesem Menü aufgelistet und erlaubt Ihnen damit eine nach eigenen Kriterien bestimmte Navigation im Code. Die Lesezeichen werden auch in der

Gruppen- und Dateiliste unter *Bookmarks* aufgelistet, wo sie über das Kontextmenü gelöscht oder umbenannt werden können.

- **Breakpoints**: Hier werden alle Breakpoints in Ihrem Code aufgelistet. Breakpoints werden erstellt, indem Sie an der gewünschten Codezeile in das Gutter klicken. Breakpoints werden wieder entfernt, indem Sie diese aus dem Gutter herausziehen oder über Anklicken mit der rechten Maustaste und Auswahl von *Remove Breakpoint*.

- **Classes**: In diesem Menü werden die Klassen aufgelistet, die in Ihrem Code definiert wurden. Da C jedoch keine objektorientierte Programmiersprache ist und damit keine Klassen kennt, ist dieses Menü immer leer und damit in C nicht zu gebrauchen.

- **Includes**: In diesem Menü werden alle Dateien aufgelistet, die Sie in Ihrem Code mit einem `include` eingebunden haben. Dazu gehören nicht nur die Header-Dateien der Standard C Library, sondern auch Ihre eigenen Header-Dateien. Über dieses Menü können Sie also schnell zu jeder Header-Datei wechseln, die in der aktuellen Quelldatei eingebunden ist.

- **Counterpart**: Dies ist eine Schaltfläche und kein Menü. Ein Klick darauf öffnet das Gegenstück (*counterpart*) der aktuellen geöffneten Datei. Damit ist die Paarung von Code-Datei und Header-Datei gemeint. Wenn Sie zum Beispiel gerade eine Datei mit dem Namen *htest.c* bearbeiten, dann öffnet ein Klick auf die Counterpart-Schaltfläche die Header-Datei mit demselben Namen, also *htest.h*, wenn diese vorhanden ist. Umgekehrt öffnet sich die entsprechende `c`-Datei, wenn Sie sich in einer Header-Datei befinden.

- **Schreibschutz**: Ein Klick auf diese Schaltfläche stellt den Schreibschutz für die aktuell geöffnete Datei auf »ein« oder »aus«. Nutzen Sie dies, um eine fertige Quelldatei vor unbeabsichtigten Änderungen zu schützen, zum Beispiel wenn Sie nur etwas nachschlagen wollen.

- **Fensterteiler**: Ein Klick auf diese Schaltfläche teilt den Editor in zwei horizontale Bereiche, in denen Sie an unterschiedliche Stellen derselben Datei scrollen können. Dies ist sehr nützlich bei längeren Code-Dateien, um verschiedene Codestellen miteinander zu vergleichen. Nachdem Sie ein Fenster geteilt haben, erscheint ein weiteres Icon unter dem Fensterteiler, mit dem Sie die Teilung jederzeit wieder aufheben können.

Die Konsole (Console)

Wenn Sie Ihren Code kompilieren und laufen lassen wollen, so klicken Sie dafür in der Werkzeugleiste des Projektfensters einfach auf den Hammer *Build and Run* oder betätigen das Tastaturkürzel ⌘ + R.

In der Statusleiste des Fensters rattern daraufhin einige Statusmeldungen durch, und zuletzt erscheint die Nachricht, dass das Programm erfolgreich ausgeführt (*Succeeded*) und normal beendet wurde.

Nun, das war nicht gerade berauschend.

Wenn Sie die Statusmeldungen in Ruhe ansehen wollen oder wenn Sie Programme haben, die über die Konsole Ein- und Ausgaben tätigen, sollten Sie in Xcode die Konsole öffnen. Gehen Sie dafür in das Menü *Run* und wählen Sie dort den Eintrag *Console* aus. Es öffnet sich das Fenster *Debugger Console*.

Wenn Sie nun das Programm erneut ausführen, können Sie die Meldungen beim Bauen und Ausführen des Codes in der Konsole lesen. Beachten Sie, dass in Xcode das Programm standardmäßig im Debugger läuft, was in der Lightweight IDE nur geschieht, wenn Sie explizit *Run in Debugger* im Menü *Run* wählen.

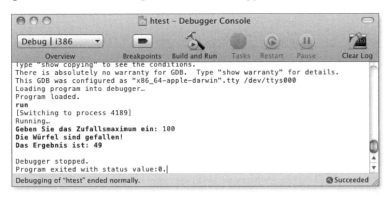

Die Console in Xcode entspricht in etwa dem Nachrichtenfenster der Lightweight IDE.

In der Konsole können Sie die Ausführung des Programms jederzeit durch einen Klick auf den roten Stoppknopf mit der Beschriftung *Tasks* beenden. Wenn Sie darauf klicken und etwas warten, öffnet sich ein Einblendmenü, in welchem der Prozess ausgewählt werden kann, der beendet werden soll. Bei einfachen C-Programmen gibt es wahrscheinlich nur einen einzigen Prozess, so dass dort nur der Name des gerade laufenden Programms steht. Diese Schaltfläche finden Sie auch im Projektfenster.

Die Konsole dient dabei auch der Ausgabe sowie der Eingabe. Wenn Sie in Ihrem Code ein scanf verwenden, so müssen Sie die Werte dafür hier in der Konsole eingeben, zumindest solange Sie das Programm aus Xcode heraus starten. Ein- und Ausgaben des Codes werden dabei standardmäßig in fetter Schrift dargestellt. Die obige Abbildung zeigt ein Beispiel.

Konfigurationen und Build-Einstellungen

Im Projektfenster und in der Konsole finden Sie links oben ein Einblendmenü mit dem Namen *Overview* (Übersicht), in welchem Sie schnell zwischen verschiedenen Sets an Einstellungen wechseln können.

Wichtig sind hier die Einträge unter *Active Configuration* (Aktive Konfiguration) und *Active Architecture* (Aktive Architektur).

Während Sie an dem Programm arbeiten, sollten Sie die aktive Konfiguration auf *Debug* lassen. Das Programm wird dann mit Informationen für den Debugger erzeugt, um Sie bei der Fehlersuche zu unterstützen. Wenn das Programm fertig ist, oder wenn man es als Endprodukt testen will, stellt man hier auf *Release* (Abgabe, Freigabe) um. Für einfache C-Programme macht beides aber keinen großen Unterschied, so dass Sie die Einstellung ruhig immer auf *Release* stehen lassen können.

Unter *Active Architecture* können Sie einstellen, für welche Prozessoren das Programm kompiliert werden soll. Zur Auswahl stehen standardmäßig *i386* für Intel-Prozessoren, *ppc* für PowerPC-Macs und *x86_64* für neue 64 Bit-Systeme. Die Auswahl hier hat Auswirkungen auf die *Active Configuration* mit dem Namen *Release*, also für das fertige Programm.

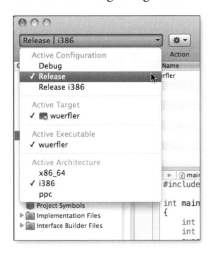

Das Overview-Einblendmenü in der Werkzeugleiste dient dem Schnellzugriff auf unterschiedliche Konfigurationseinstellungen.

Wenn Sie die aktive Konfiguration auf *Release* umschalten, erhalten Sie bei einer aktiven Architektur von *x86_64* ein Universal Binary, ebenso bei der Einstellung *i386*. Wenn Sie die Einstellung *ppc* verwenden, erhalten Sie auf Intel-Macs beim Kompilieren die Fehlermeldung, dass diese Option im Debugger auf Intel-Macs nicht unterstützt wird. Sie haben für Ihren C-Code also standardmäßig die Auswahl zwischen zwei Arten von Universal Binary-Code, wobei sich beide nur darin unterscheiden, ob auch Code speziell für 64 Bit-Prozessoren erzeugt wird. Für einen C-Programmierer, dessen Code nicht nur unter Mac OS X laufen soll, sondern zum Beispiel auch unter Linux, ist das wenig sinnvoll.

Wenn Sie die Architektur ändern wollen, so macht man das am besten in den Target-Einstellungen. Ich empfehle Ihnen aber dringend, zuerst im Reiter *Configurations* der Projekteinstellungen, die Sie über das Menü *Project | Edit Project Settings* erreichen, eine eigene *Active Configuration* anzulegen, zum Beispiel mit dem Namen *Release i386*. Wenn Sie diese Einstellung dann noch unten im Einblendmenü *Command-line builds use* auswählen, wird diese Konfiguration bei reinen C-Programmen automatisch verwendet.

Der Vorteil einer eigenen Konfiguration ist, dass Sie auf diese Weise immer noch die ursprüngliche Konfiguration zum Nachsehen haben, falls Sie einmal irgendwo zuviel herumgeschraubt haben und nichts mehr geht.

Anlegen einer eigenen Konfiguration für das Projekt in den Projekteinstellungen

Nachdem Sie eine eigene aktive Konfiguration angelegt haben, können Sie das Menü *Project | Edit Active Target* aufrufen, um dort die gewünschte Architektur auszuwählen. Gehen Sie dort in den Reiter *Build* und wählen Sie im Einblendmenü *Configuration* Ihre neu angelegte Konfiguration aus, also zum Beispiel *Release i386*. Neben dem Eintrag *Architectures* im ersten Abschnitt der langen Liste mit Build-Einstellungen können Sie dann die gewünschte Architektur auswählen, zum Beispiel *32-bit Universal*. Wenn Sie aber kein Universal-Build haben wollen, müssen Sie dann noch die nicht benötigten Architekturen aus der Liste drei Zeilen tiefer unter *Valid Architectures* entfernen, so dass dort zum Beispiel nur noch *i386* steht. Ein Doppelklick auf diesen Eintrag öffnet die Liste zur Bearbeitung. Beim nächsten Bau (*Build*) des Programms erzeugen Sie dann ein Programm, welches nur *i386*-Code erzeugt, der auf jedem Rechner mit Intel-kompatiblem Prozessor laufen sollte, also nicht nur auf Macs.

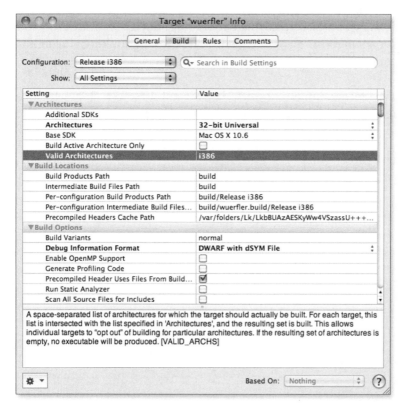

Die gewünschte Architektur lässt sich in den Target-Einstellungen vornehmen.

Sie sehen hier, dass schon eine simple Änderung, die in den Einstellungen der Lighweight IDE nur einen Klick weit entfernt ist, in Xcode aufgrund seiner modularen und hierarchischen Struktur gut durchdacht werden sollte.

Das Debugger-Fenster

Ein weiteres nützliches Fenster für C-Programmierer ist das Debugger-Fenster. In diesem Fenster können Sie, ähnlich wie im *LightBugs*-Fenster der Lightweight IDE, den Inhalt von Variablen während der Ausführung des Programms verfolgen.

Schreiben Sie zur Demonstration einfach mal folgenden Code in den Editor:

```c
#include <stdio.h>

int main()
{
    int zaehler;
    for (zaehler = 0; zaehler < 10; zaehler += 1)
    {
        printf("%d\n", zaehler);
    }
    return 0;
}
```

Klicken Sie nun links im Editor in die breite Spalte, das Gutter, und zwar auf Höhe der ersten Zeile des Codes. Ein nach rechts weisender Pfeil, ein sogenannter *Breakpoint* erscheint. An dieser Stelle wird die Ausführung des Programms im Debugger unterbrochen, damit Sie den Code schrittweise weiterführen können.

Klicken Sie nun auf den Hammer in der Werkzeugleiste, welcher jetzt die Unterschrift *Build and Debug* trägt.

Das Programm startet und stoppt dann an der ersten Anweisung nach dem Breakpoint, hier das `printf` in der `for`-Schleife.

Schauen Sie sich nun bitte die Werte in der Spalte *Variable* unter dem Eintrag *locale* an. Hier wird der Wert der lokalen Variablen in Ihrem Code dargestellt.

Wenn Sie schrittweise vorwärts gehen möchten, verwenden Sie bitte die *Step*-Schaltflächen in der Werkzeugliste (*Step into, ...*) oder die entsprechenden Einträge im unteren Teil des *run*-Menüs.

Im Debugger-Fenster wird mit einem roten Pfeil im Gutter angezeigt, an welcher Stelle sich die Ausführung des Codes gerade befindet.

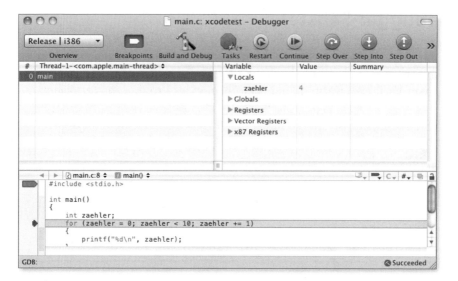

Schrittweises Ausführen und Verfolgen von Variablen im Debugger

Wenn Sie den Debugger beenden wollen, klicken Sie bitte einfach auf die Schaltfläche *Continue*, um den Code bis zum Ende durchlaufen zu lassen, oder klicken Sie auf die rote *Tasks*-Schaltfläche, um die Ausführung des Programms abzubrechen.

Den Breakpoint können Sie dann ganz einfach entfernen, indem Sie ihn aus dem Gutter ziehen und loslassen. Er verpufft daraufhin in einer kleinen Wolke. Oft lässt man die Breakpoints aber stehen, wenn abzusehen ist, dass man sie öfter benötigen könnte. Dann deaktiviert man die Breakpoints besser nur temporär, indem man auf die Schaltfläche *Breakpoints* in der Werkzeugleiste klickt. Die Breakpoints werden dann im Gutter ausgegraut, also inaktiv dargestellt.

Anhänge

A – Tabellen

Für die folgenden Tabellen gilt:

- In `nicht proportionaler Schrift` stehen Worte, die genau so geschrieben werden müssen.

- In `[eckigen Klammern]` finden sich optionale Elemente. Deren Angabe ist nur bei Bedarf erforderlich. Die eckigen Klammern werden nicht mitgeschrieben. Die einzige Ausnahme sind die eckigen Klammern der Array-Deklaration.

- Platzhalter werden in *kursiver Schrift* geschrieben. Sie müssen gegen eine gültige Variable oder Anweisung ersetzt werden.

- Mit einem senkrechten Strich getrennte Begriffe, z. B. `struct|union`, sind mit einem *oder* verknüpft. Nur einer der Begriffe kann verwendet werden.

- Drei aufeinanderfolgende Punkte `[...]` bedeuten, dass von dem davor stehenden Element beliebig viele Wiederholungen folgen können.

Basis-Ausführungszeichensatz

Großbuchstaben	`ABCDEFGHIJKLMNOPQRSTUVWXYZ`
Kleinbuchstaben	`abcdefghijklmnopqrstuvwxyz`
Ziffern	`0123456789`
Graphische Zeichen	`!"#%&'()*+,-./:;<=>?[\]^_ {|}~`
Steuerzeichen	Leerstelle, Horizontaler Tabulator, Vertikaler Tabulator, Seitenvorschub, Alarm, Rücktaste, Wagenrücklauf, Neue Zeile

In Zeichenketten können (abhängig von Betriebssystem, Entwicklungsumgebung und Compiler) auch andere Zeichen vorkommen.

Escape-Sequenzen

Sequenz	Entsprechung
\0	ASCII Null
\a	Alarm, Piepton (Bell)
\b	Rücktaste (Backspace)
\t	Horizontaler Tabulator
\n	Zeilenvorschub, Neue Zeile (New line)
\v	Vertikaler Tabulator
\f	Seitenvorschub (Form feed)
\r	Wagenrücklauf (Cursor-Rücklauf, Return)
\"	Anführungszeichen: "
\'	Hochkomma: '
\?	Fragezeichen: ?
\\	Rückstrich: \
\nn \0nn	Angabe eines Zeichens durch Oktalwert (n = Zahl zwischen 0 und 7)
\xnn	Angabe eines Zeichens durch Hexadezimalwert (n = 0, 1, 2, 3, 4, 5, 6, 7, 8, 9, A, B, C, D, E oder F)
\unnnn	Angabe eines Zeichens durch universellen Zeichennamen (UNC) (hexadezimaler Unicode-Wert) (n = 0, 1, 2, 3, 4, 5, 6, 7, 8, 9, A, B, C, D, E oder F)

Tastenkürzel für Sonderzeichen

Für die deutsche und schweizerische Macintosh-Tastaturbelegung.

Zeichen	Tastenkürzel
^	^ (gefolgt von Leertaste)
[	⌥ + 5
]	⌥ + 6
{	⌥ + 8
}	⌥ + 9
|	⌥ + 7
\	⌥ + ⇧ + 9
~	⌥ + N (gefolgt von Leertaste)

Digraph- und Trigraph-Folgen

Diesen Zeichenfolgen können Sie eventuell in altem C-Code begegnen. Sie wurden auf Systemen verwendet, auf denen die in der linken Spalte stehenden Zeichen nicht zur Verfügung standen. Dort wurden dann stattdessen die Zwei- oder Dreizeichenentsprechungen aus den rechten Spalten geschrieben.

Zeichen	Digraph	Trigraph
^		??=
[	<:	??(
]	:>	??)
{	<%	??<
}	>%	??>
|		??!
\		??/
~		??-
#	%:	??=

Reservierte Schlüsselwörter

auto	enum	restrict	unsigned
break	extern	return	void
case	float	short	volatile
char	for	signed	while
const	goto	sizeof	_Bool
continue	if	static	_Complex
default	inline	struct	_Imaginary
do	int	switch	
double	long	typedef	
else	register	union	

Größe der elementaren Datentypen*

Typ	Bereich	Byte	Art
_Bool	0 bis 1 (seit Standard C99)	1	Ganzzahl
[signed] char	-128 bis +127	1	Ganzzahl/ Zeichen
unsigned char	0 bis 255	1	Ganzzahl/ Zeichen
[signed] short [int]	-32.768 bis + 32.767	2	Ganzzahl
unsigned short [int]	0 bis 65.535	2	Ganzzahl
[signed] int	-2.147.483.648 bis +2.147.483.647	4	Ganzzahl
unsigned int	0 bis 4.294.967.295	4	Ganzzahl
[signed] long [int]	-2.147.483.648 bis +2.147.483.647	4	Ganzzahl
unsigned long [int]	0 bis 4.294.967.295	4	Ganzzahl

Typ	Bereich	Byte	Art
[signed] long long [int]	9,223e-18 bis 9,223e+18 (+/- 9,223 Trillionen)	8	Ganzzahl
unsigned long long [int]	0 bis 1,844e+19 (0 bis 18,44 Trillionen)	8	Ganzzahl
float	1,175e-38 bis 3,402e+38 Genauigkeit: 6 Kommastellen	4	Kommazahl
double	2,225e-308 bis 1,797e+308 Genauigkeit: 15 Kommastellen	8	Kommazahl
long double	3,362e-4932 bis 1,189e+4932 Genauigkeit: 19 Kommastellen	16	Kommazahl

* Bei folgender Konfiguration:
Betriebssystem Mac OS X 10.6, Compiler GCC 4.2, Macintosh mit Intel Core 2 Duo Prozessor

Schreibweise von Konstanten

Schreibweise	Bedeutung	Typ
42	Wert 42	int
052	Wert 42 in oktaler Schreibweise	int
0x2a 0x2A	Wert 42 in hexadezimaler Schreibweise	int
42u	Wert 42	unsigned int
42l 42L	Wert 42	long
42ul 42UL	Wert 42	unsigned long
42ll 42LL	Wert 42	long long
42ull 42ULL	Wert 42	unsigned long long
'*'	Zeichen * mit dem Wert 42	int (!)

Schreibweise	Bedeutung	Typ
`"abc"`	Zeichenkette	`char Array`
`42.0F` `42.0f`	Wert 42,0	`float`

`42.0`
`0.420e2`
`0.420e+2`
`.420e+2`
`4200e-2`
	Wert 42,0
	(e kann auch E geschrieben
	werden)
		`double`

`42.0L` `42.0l`	Wert 42,0	`long double`

U, u, L und l können auch mit Werten in oktaler und hexadezimaler Schreibweise verwendet werden, so ist `0x2aul` der Wert 42 in hexadezimaler Schreibweise im Typ `unsigned long`.

Flusskontrolle

Ein *Ausdruck* stellt eine *Anweisung* mit einem Rückgabewert dar.

Kommentare

`/* Kommentar`
`über mehrere`
`Zeilen */`

`// Einzeiliger Kommentar`

Anweisung
Anweisung;

Da Leerraum in C weitestgehend nicht berücksichtigt wird, kann der Code in den folgenden Tabellen auch auf mehr oder weniger Zeilen verteilt werden.

Block

``
{
    Anweisung;
    [Anweisung;]
    [...]
}
``

if (*Ausdruck* muss sich als wahr oder unwahr interpretieren lassen)
`if` (*Ausdruck*) *Anweisung* [`else` *Anweisung*]

``
if (Ausdruck)
{
    Anweisung;
    [Anweisung;]
    [...]
}
[else
{
    Anweisung;
    [Anweisung;]
    [...]
}]
``

``
if (Ausdruck) Anweisung;
[else if (Ausdruck) Anweisung;]
[...]
[else Anweisung;]
``

switch (*Ausdruck* muss einen ganzzahligen Wert ergeben)
`switch` (*Ausdruck*) *Anweisung*;

``
switch (Ausdruck)
{
    case Ausdruck: Anweisung; [break;]
    [...]
    [default: Anweisung;]
}
``

```
switch (Ausdruck)
{
    case Ausdruck:
    {
        Anweisung;
        [...]
        [break;]
    }
    [case Ausdruck:
    {
        Anweisung;
        [...]
        [break;]
    }]
    [...]
    [default:
    {
        Anweisung;
        [...]
    }]
}
```

do ... while (*Ausdruck* muss sich als wahr oder unwahr interpretieren lassen)

```
do Anweisung while (Ausdruck);
```

```
do
{
    Anweisung;
    [Anweisung;]
    [...]
} while (Ausdruck);
```

while (*Ausdruck* muss sich als wahr oder unwahr interpretieren lassen)

```
while (Ausdruck) Anweisung
```

```
while (Ausdruck)
{
    Anweisung;
    [Anweisung;]
    [...]
}
```

for (*Laufbedingung* muss sich als wahr oder unwahr interpretieren lassen)

for ([*Initialisierung*] ; [*Laufbedingung*] ; [*Modifikation*]) *Anweisung*;

for ([*Initialisierung*] ; [*Laufbedingung*] ; [*Modifikation*])
{
    Anweisung;
    [*Anweisung*;]
    [...]
}

---

continue (nur in Schleifen verwendbar)

continue;

---

break (nur in switch und Schleifen verwendbar)

break;

---

return

return [*Ausdruck*];

Deklarationen

Einfache Deklaration

typ name;

Array/Vektor (Eckige Klammern mitschreiben!)

typ name[*AnzahlElemente*] ;

Zeiger

*typ * name*;

Funktion

Deklaration/Prototyperstellung:

typ name (*paramDeklaration* [, ...]) ;

Definition:

typ name (*paramDeklaration* [, ...])
{
   Anweisung;
   [*Anweisung*;]
   [...]
}

Aufruf:
name (*Ausdruck* [, ...])

struct / union
Deklaration eines Struct- oder Union-Typs:
struct|union [*TypName*] {*elementDeklaration*; [...]};

struct|union [*TypName*]
{
   elementDeklaration;
   [...]
};

Deklaration von Struct- oder Union-Variablen bei Prototyperstellung:
struct|union [*TypName*] {*elementDeklaration*; [...]} *VariablenName* [, ...];

struct|union [*TypName*]
{
   elementDeklaration;
   [...]
} *VariablenName* [, ...];

Spätere Deklaration einer Struct- oder Union-Variablen:
struct|union *TypName VariablenName*;
Zugriff auf Element im Struct oder Union:
VariablenName . elementName
Zugriff auf Element über einen Zeiger auf ein Struct oder Union:
ZeigerName->elementName

Bitfeld (nur als Element in Struct- oder Union-Typ deklarierbar)
typ [*elementName*] : *breite*;

Aufzählung
Typ-Deklaration:
enum [*TypName*] {*ListeMitNamen*};
Deklaration einer Enum-Variablen:
enum *TypName VariablenName*;

typedef
typedef *alteTypdeklaration neuerTypname*;

Arithmetische Operatoren

Ope-rator	Name	Verknüp-fung	Wirkung
+	Addition	Binär	Addiert den Wert links und rechts von ihm. Sind beide Operanden Ganzzahlen, ist das Ergebnis ebenfalls eine Ganzzahl, sonst eine Kommazahl. Beispiel: x + y
-	Subtraktion	Binär	Subtrahiert den Wert rechts von ihm von dem Wert links von ihm. Sind beide Operanden Ganzzahlen, ist das Ergebnis ebenfalls eine Ganzzahl, sonst eine Kommazahl. Beispiel: x - y
*	Multiplikation	Binär	Multipliziert die Werte rechts und links von ihm. Sind beide Operanden Ganzzahlen, ist das Ergebnis ebenfalls eine Ganzzahl, sonst eine Kommazahl. Beispiel: x * y

Ope-rator	Name	Verknüp-fung	Wirkung
/	Division	Binär	Dividiert den Wert links von ihm durch den Wert rechts von ihm. Wenn beide Operanden ganzzahlige Werte sind, ist das Ergebnis ebenfalls eine Ganzzahl, der Teilungsrest wird verworfen. Ansonsten ist das Ergebnis eine Kommazahl. Beispiel: x / y
%	Modulo	Binär	Restdivision. Dividiert den Wert links von ihm durch den Wert rechts von ihm und liefert den nicht teilbaren Rest als ganzzahliges Ergebnis. Erfordert ganzzahlige Werte auf beiden Seiten. Beispiel: x % y
+	Pluszeichen	Unär	Optionale Kennzeichnung eines positiven Wertes. Steht links des Operanden. Beispiel: +x
-	Minuszeichen	Unär	Kennzeichnung eines negativen Wertes. Steht links des Operanden. Beispiel: -x
++	Inkrement	Unär	Erhöht den Wert des Operanden um 1, wie im Ausdruck x = x + 1. Steht ++ vor dem Operanden (Präfix), wird er um eins erhöht *bevor* er ausgewertet wird. Steht ++ nach dem Operanden (Postfix), wird der Wert um eins erhöht, *nachdem* er ausgewertet wurde. Beispiel: ++x oder x++
- -	Dekrement	Unär	Erniedrigt den Wert des Operanden um 1, wie im Ausdruck x = x - 1. Steht - - vor dem Operanden (Präfix), wird er um eins erniedrigt, *bevor* er ausgewertet wird. Steht - - nach dem Operanden (Postfix), wird der Wert um eins erniedrigt, *nachdem* er ausgewertet wurde. Beispiel: - -x oder x- -

Bit-Operatoren

Operator	Name	Verknüpfung	Wirkung
&	Bitweises UND	Binär	Ergibt 1, wenn Bit in beiden Operanden auf 1 steht, sonst 0. Beispiel: x & y
|	Bitweises ODER	Binär	Ergibt 1, wenn Bit in einem *oder* beiden Operanden auf 1 steht, sonst 0. Beispiel: x | y
^	Bitweises Exklusiv-ODER	Binär	Ergibt 1, wenn Bit in *einem* der beiden Operanden auf 1 steht, sonst 0. Beispiel: x | y
~	Bitweises NICHT	Unär	Ergibt 1, wenn Bit in dem Operanden auf 0 steht. und 0, wenn Bit in dem Operanden auf 1 steht. Beispiel: ~x
<<	Schieben nach links (Links-Shift)	Binär	Schiebt jedes Bit im linken Operanden um die Anzahl Schritte im rechten Operanden nach links. Beispiel: x << y
>>	Schieben nach rechts (Rechts-Shift)	Binär	Schiebt jedes Bit im linken Operanden um die Anzahl Schritte im rechten Operanden nach rechts. Beispiel: x >> y

Zuweisungsoperatoren

Operator	Name	Verknüpfung	Wirkung
=	Einfache Zuweisung	Binär	Weist den Wert des rechten Operanden dem linken Operanden zu. Der linke Operand muss ein Objekt kennzeichnen, welches einen Wert aufnehmen kann, zum Beispiel eine Variable. Beide Operanden müssen vom gleichen Typ sein, oder der rechte Operand muss sich durch implizite Typumwandlung in den Typ des linken Operanden umwandeln lassen. Beispiel: x = y
OP=	Kombinierte Zuweisung	Binär	*Zuweisung mit vorheriger Operation. OP ist ein Platzhalter für einen beliebigen binären arithmetischen Operator oder einen beliebigen binären Bit-Operator. Der rechte Operand wird vor der Zuweisung an den linken Operanden mit dem Operator OP behandelt. Beispiel: x += y Das entspricht dem Ausdruck: x = x + y*

Vergleichsoperatoren

Operator	Name	Verknüpfung	Wirkung (1 ist wahr, 0 ist unwahr)
==	gleich	Binär	Ergibt 1, wenn der linke und rechte Operand den gleichen Wert haben. Beispiel: x == y
!=	ungleich	Binär	Ergibt 1, wenn der linke und rechte Operand nicht den gleichen Wert haben. Beispiel: x != y
<	kleiner	Binär	Ergibt 1, wenn der linke Operand kleiner ist als der rechte. Beispiel: x < y
<=	kleiner oder gleich	Binär	Ergibt 1, wenn der linke Operand kleiner oder gleich groß ist wie der rechte. Beispiel: x <= y

Ope-rator	Name	Verknüp-fung	Wirkung (1 ist wahr, 0 ist unwahr)
>	größer	Binär	Ergibt 1, wenn der linke Operand größer ist als der rechte. Beispiel: x > y
>=	größer oder gleich	Binär	Ergibt 1, wenn der linke Operand größer oder gleich groß ist wie der rechte. Beispiel: x >= y

Logische Operatoren

Ope-rator	Name	Verknüp-fung	Wirkung (1 ist wahr, 0 ist unwahr)
&&	Logisches UND	Binär	Ergibt 1, wenn *beide* Operanden nicht gleich 0 sind. Beispiel: x && y
||	Logisches ODER	Binär	Ergibt 1, wenn einer *oder* beide Operanden nicht gleich 0 sind. Beispiel: x || y
!	Logisches NICHT	Unär	Ergibt 1, wenn der Operand 0 ist, ansonsten 0. Beispiel: !x

Speicher-Operatoren

Ope-rator	Name	Verknüp-fung	Wirkung (1 ist wahr, 0 ist unwahr)
[ ]	Subskript-Operator	Unär	Ergibt das Element eines Arrays mit dem in der Klammer stehenden Index. Steht nach einem Arraynamen. Beispiel: x[y]
&	Adressope-rator	Unär	Ergibt die Speicheradresse des Operanden. Steht vor dem Operanden. Beispiel: &x
*	Verweisope-rator	Unär	Ergibt den Wert, der an einer Speicheradresse gespeichert ist. Steht vor einem Operanden mit einer Speicheradresse. Beispiel: *x

Operator	Name	Verknüpfung	Wirkung (1 ist wahr, 0 ist unwahr)
.	Punktoperator	Binär	Links wird ein Struct oder Union erwartet und rechts ein Element davon. Ergibt den Wert dieses Elements. Beispiel: `x.y`
->	Pfeiloperator	Binär	Links wird ein Zeiger auf ein Struct oder Union erwartet und rechts ein Element davon. Ergibt den Wert dieses Elements. Beispiel: `x->y`

Sonstige Operatoren

Operator	Name	Verknüpfung	Wirkung (1 ist wahr, 0 ist unwahr)
(*typ*)	Explizite Typumwandlung	Unär	Steht vor dem Operanden. Ergibt den Wert des Operanden umgewandelt in den in der Klammer stehenden Typ. Beispiel: `(int)x`
(*typ*) {*Liste*}	Verbundliteral	Binär	Erzeugt ein unbenanntes Objekt vom Typ in der Klammer mit den Werten in der geschweiften Klammer. (Neuerung in C99) Beispiel: `(int []){1, 2, 3}`
( )	Funktionsklammer	Unär	Steht nach einem Funktionsnamen. Die Funktion wird dadurch mit den in der Klammer stehenden Argumenten aufgerufen. Beispiel: `func(x)`
sizeof	Größenermittlung in Byte	Unär	Ergibt die Speichergröße des folgenden Operanden in Byte. Beispiel: `sizeof x`
?:	Bedingte Bewertung	Ternär	Wenn der erste Operand nicht 0 ist, wird der zweite Operand zurückgegeben, ansonsten der dritte Operand. Beispiel: `x ? y : z`
,	Komma-Operator	Binär	Wertet zuerst den linken Operanden aus, dann den rechten. Das Ergebnis ist der Wert des rechten Operanden. Beispiel: `x,y`

Operatorrangfolge

Priorität	Operatoren	Auswertung
1	`() [] -> .` `Postfix: ++ --`	Von links

2	`Unäre Operatoren:`
	`! ~ + - * &`
	`Präfix: ++ --`
	`sizeof()`
		Von rechts

3	`(`*typecast*`)`	Von rechts
4	`* / %`	Von links
5	`+ -`	Von links
6	`<< >>`	Von links
7	`< <= > >=`	Von links
8	`== !=`	Von links
9	`&`	Von links
10	`^`	Von links
11	`|`	Von links
12	`&&`	Von links
13	`||`	Von links
14	`?:`	Von rechts
15	`= += -= *= /= %=` `&= ^= |= <<= >>=`	Von rechts
16	`,`	Von links

Wichtige Formatbeschreiber der Familie der printf-Funktionen

Siehe auch die man-Seite der Funktion printf in Sektion 3 (man 3 printf im Terminal eingeben oder man:printf.3 mit installiertem Bwana in der Adresszeile des Browsers.)

Einfache Syntax eines Formatbeschreibers:

%[Flags][Feldbreite][.Genauigkeit][Längenmodifizierer]Spezifizierer

Um das Prozentzeichen im Text auszugeben, muss es doppelt angegeben werden: %%

Spezifizierer

Spez.	Datentyp und Darstellung
s	Zeichenketten
c	Int (als Zeichen)
d, i	Int (als Zahl)
u	unsigned int (dezimal)
o	unsigned int (octal)
x	unsigned int (hexadezimal mit kleinen Buchstaben)
X	unsigned int (hexadezimal mit großen Buchstaben)
f	float, double (dezimal)
e	float, double (exponential mit e)
E	float, double (exponential mit E)
g	float, double (Komma- oder Exponentialdarstellung mit e, was kürzer ist)
G	float, double (Komma- oder Exponentialdarstellung mit E, was kürzer ist)

Längenmodifizierer

Mod.	Datentyp	Für Spezifizierer
hh	Char	d, i, o u, x, X
h	short	d, i, o u, x, X
l	long	d, i, o u, x, X
ll	long long	d, i, o u, x, X
L	long double	f, e, E, g, G

Feldbreite und Genauigkeit

Feldbreite und Genauigkeit sind entweder ganze Zahlen oder * für eine variable Feldbreite oder Genauigkeit. Wird * verwendet, muss dafür ein entsprechendes Argument im printf bereitgestellt werden, welches die Genauigkeit oder Feldbreite als Ganzzahl angibt.

Flags

Flag	Wirkung	Für Spezifizierer
#	Wert in alternativer Form anzeigen.	o, x, X, a, A, e, E, f, F, g, G
0	Links mit Nullen auffüllen, wird ignoriert bei gleichzeitiger Verwendung einer Genauigkeit.	d, i, o, u, x, X
-	Feld links ausrichten	Alle
' '	(Leerzeichen) Eine Leerstelle vor positiven Zahlen einfügen	a, A, d, e, E, f, F, g, G, i
+	Vorzeichen immer mit angeben	Alle
'	Tausendertrenner verwenden	d, u, i, f, F

Datum und Zeit im Struct tm

Feld	Bedeutung
int tm_sec	Anzahl Sekunden im Bereich von 0 bis 60 (60 für Schaltsekunde)
int tm_min	Anzahl Minuten im Bereich von 0 bis 59
int tm_hour	Anzahl Stunden im Bereich von 0 bis 23
int tm_mday	Tag des Monats im Bereich von 1 bis 31
int tm_mon	Monat des Jahres im Bereich von 0 bis 11 (zur Darstellung 1 addieren)
int tm_year	Jahr nach 1900 (also 1900 addieren, um das aktuelle Jahr zu erhalten)
int tm_wday	Wochentag im Bereich von 0 bis 7 (0 = Sonntag)
int tm_yday	Tag des Jahres im Bereich von 0 bis 365
int tm_isdst	Ist es Sommerzeit? Wenn ja 1, sonst 0.
char * tm_zone	Abgekürzter Zeitzonenname als Text
long tm_gmtoff	Unterschied zu UTC-Zeit in Sekunden

Sonstige nützliche Tabellen

Mac OS Roman Kodierung

DEZ	Zeichen	DEZ	Zeichen	DEZ	Zeichen	DEZ	Zeichen	DEZ	Zeichen	DEZ	Zeichen
0	(NUL)	44	,	88	X	132	Ñ	176	∞	220	‹
1	(SOH)	45	-	89	Y	133	Ö	177	±	221	›
2	(STX)	46	.	90	Z	134	Ü	178	≤	222	fi
3	(ETX)	47	/	91	[	135	á	179	≥	223	fl
4	(EOT)	48	0	92	\	136	à	180	¥	224	‡
5	(ENQ)	49	1	93	]	137	â	181	µ	225	·
6	(ACK)	50	2	94	^	138	ä	182	∂	226	‚
7	(BEL)	51	3	95	_	139	ã	183	Σ	227	„
8	(BS)	52	4	96	`	140	å	184	∏	228	‰
9	(HT)	53	5	97	a	141	ç	185	π	229	Â
10	(LF)	54	6	98	b	142	é	186	∫	230	Ê
11	(VT)	55	7	99	c	143	è	187	a	231	Á
12	(FF)	56	8	100	d	144	ê	188	o	232	Ë
13	(CR)	57	9	101	e	145	ë	189	Ω	233	È
14	(SO)	58	:	102	f	146	í	190	æ	234	Í
15	(SI)	59	;	103	g	147	ì	191	ø	235	Î
16	(DLE)	60	<	104	h	148	î	192	¿	236	Ï
17	(DC1)	61	=	105	i	149	ï	193	¡	237	Ì
18	(DC2)	62	>	106	j	150	ñ	194	¬	238	Ó
19	(DC3)	63	?	107	k	151	ó	195	√	239	Ô
20	(DC4)	64	@	108	l	152	ò	196	ƒ	240	
21	(NAK)	65	A	109	m	153	ô	197	≈	241	Ò
22	(SYN)	66	B	110	n	154	ö	198	Δ	242	Ú
23	(ETB)	67	C	111	o	155	õ	199	«	243	Û

DEZ	Zeichen	DEZ	Zeichen	DEZ	Zeichen	DEZ	Zeichen	DEZ	Zeichen	DEZ	Zeichen
24	(CAN)	68	D	112	p	156	ú	200	»	244	Ù
25	(EM)	69	E	113	q	157	ù	201	…	245	ı
26	(SUB)	70	F	114	r	158	û	202	NBSP	246	ˆ
27	(ESC)	71	G	115	s	159	ü	203	À	247	˜
28	(FS)	72	H	116	t	160	†	204	Ã	248	¯
29	(GS)	73	I	117	u	161	°	205	Õ	249	˘
30	(RS)	74	J	118	v	162	¢	206	Œ	250	˙
31	(US)	75	K	119	w	163	£	207	œ	251	°
32	(SP)	76	L	120	x	164	§	208	–	252	¸
33	!	77	M	121	y	165	•	209	—	253	˝
34	"	78	N	122	z	166	¶	210	"	254	˛
35	#	79	O	123	{	167	ß	211	"	255	ˇ
36	$	80	P	124	|	168	®	212	'		
37	%	81	Q	125	}	169	©	213	'		
38	&	82	R	126	~	170	™	214	÷		
39	'	83	S	127	DEL	171	´	215	◊		
40	(	84	T	128	Ä	172	¨	216	ÿ		
41	)	85	U	129	Å	173	≠	217	Ÿ		
42	*	86	V	130	Ç	174	Æ	218	/		
43	+	87	W	131	É	175	Ø	219	€		

Bedeutung der Abkürzungen in der MAC OS Roman-Tabelle:

(Weitere Informationen siehe http://de.wikipedia.org/wiki/Steuerzeichen)

ASCII	Kürzel	C	Englische Bedeutung	Deutsche Übersetzung
0	NUL	\0	NULL	Die »ASCII Null« z. B. aus einem char-Array
1	SOH		Start of Heading	Start der Überschrift
2	STX		Start of Text	Start des Textes
3	ETX		End of Text	Ende des Textes
4	EOT		End of Transmission	Ende der Übertragung
5	ENQ		Enquiry	Anfrage
6	ACK		Acknowledge	Bestätigung
7	BEL	\a	Bell	Glocke
8	BS	\b	Backspace	Rückschritt
9	HT	\t	Horizontal Tab	Horizontaler Tabulator (der »normale« Tabulator)
10	LF	\n	Line Feed	Zeilenvorschub (der Unix-Zeilenumbruch)
11	VT	\v	Vertical Tab	Vertikaler Tabulator
12	FF	\f	Form Feed	Seitenvorschub
13	CR	\r	Carriage Return	Wagenrücklauf (klassischer Mac-Zeilenumbruch)
14	SO		Shift Out	Dauerumschaltung ein
15	SI		Shift In	Dauerumschaltung aus
16	DLE		Data Link Escape	Datenverbindungs-Fluchtsymbol
17	DC1		Device Control 1	Gerätekontrollkode 1
18	DC2		Device Control 2	Gerätekontrollkode 2
19	DC3		Device Control 3	Gerätekontrollkode 3
20	DC4		Device Control 4	Gerätekontrollkode 4

21	**NAK**		Negative Acknowledge	Negative Bestätigung
22	**SYN**		Synchronous Idle	Synchronisierungssignal
23	**ETB**		End of Transmission Block	Ende des Übertragungsblocks
24	**CAN**		Cancel	Abbruch
25	**EM**		End of Medium	Ende des Mediums
26	**SUB**		Substitute	Ersetzen
27	**ESC**		Escape	Fluchtsymbol
28	**FS**		File Separator	Dateitrenner
29	**GS**		Group Separator	Gruppentrenner
30	**RS**		Record Separator	Datensatz-Trenner
31	**US**		Unit Separator	Einheiten-Trenner
32	**SP**		Space	Leerzeichen (Leerschritt auf der Tastatur)
127	**DEL**		Delete	Gelöscht
202	**NBSP**		Non-breaking space	Geschütztes Leerzeichen

ANSI Escape-Sequenzen

Escape-Sequenz	**Bedeutung**
Textattribute:	
\e[0m	Normale Anzeige
\e[1m	Fett
\e[4m	Unterstrichen
\e[5m	Blinken
\e[7m	Anzeige invertieren
\e[8m	Unsichtbar

Escape-Sequenz	Bedeutung
Textfarben:	
\e[30m	Schwarz
\e[31m	Rot
\e[32m	Grün
\e[33m	Gelb
\e[34m	Blau
\e[35m	Magenta
\e[36m	Cyan
\e[37m	Weiß
Hintergrundfarben:	
\e[40m	Schwarz
\e[41m	Rot
\e[42m	Grün
\e[43m	Gelb
\e[44m	Blau
\e[45m	Magenta
\e[46m	Cyan
\e[47m	Weiß

Mehrere Werte können auch mit Semikolon getrennt kombiniert werden.

So ergibt \e5;30;41m blinkenden schwarzen Text mit rotem Hintergrund.

B – Quellen

Die Links auf den folgenden Seiten finden Sie auch laufend aktualisiert und erweitert auf der Webseite: http://www.skripteditor.de.

Weiterführende Bücher

Objective-C und Cocoa

Amin Negm-Awad: *Objective-C und Cocoa - Band1: Grundlagen, 752 Seiten*
ISBN 13: 978-3-908497-82-0, SmartBooks: Pfäffikon 2008

Amin Negm-Awad, Christian Kienle: *Objective-C und Cocoa - Band 2: Fortgeschrittene*, 941 Seiten
ISBN-13: 978-3-908497-84-4, SmartBooks: Pfäffikon 2010

Wolfgang Reminder: *Spieleprogrammierung mit Cocoa und OpenGL*, 462 Seiten
ISBN-13: 978-3-908497-83-7, SmartBooks: Pfäffikon 2009

C

Weiterführende deutschsprachige Bücher, die ich empfehlen kann.

Leichte verständliche Beispiele zu den wichtigsten Funktionen der Standard C Library:
Helmut Erlenkötter, *C Bibliotheksfunktionen sicher anwenden*, 418 Seiten, Rowohlt: Reinbek 2003

Komplette Abhandlung der Sprache C und der Standard C Library. Gut zum Nachschlagen für den fortgeschrittenen Anwender, weniger gut zum Lernen:
Peter Prinz & Tony Crawford, *C in a Nutshell (Deutsche Ausgabe)*, 602 Seiten, O'Reilly: Köln 2006

Fortgeschrittenes Werk mit allen gängigen Algorithmen, wie zum Beispiel verketteten Listen, Stapeln, Tabellen, Bäumen, Sortier- und Suchalgorithmen und vielem mehr:
Kyle Loudon, *Algorithmen mit C*, 593 Seiten, O'Reilly: Köln 2000

Manche dieser Bücher sind eventuell nicht mehr im Handel erhältlich, aber günstig bei Ebay, Amazon oder booklooker.de gebraucht zu erhalten oder beim Verlag als E-Book erhältlich.

Werkzeuge

Die Links zum Handwerkszeug des C-Programmierers.

Lighweight IDE

http://ragnemalm.se/lightweight/

Xcode

Vorherige kostenlose Registrierung als Apple-Entwickler erforderlich:
http://developer.apple.com/programs/register/

Bwana

http://www.bruji.com/bwana/

GCC

Homepage des GCC-Compilers:
http://gcc.gnu.org/

Stand der C99 Unterstützung in GCC:
http://gcc.gnu.org/c99status.html

GCC-Dokumentation bei Apple:
http://developer.apple.com/mac/library/documentation/DeveloperTools/gcc-4.2.1/gccint/index.html

GDB

http://www.gnu.org/software/gdb/gdb.html

http://developer.apple.com/mac/library/documentation/Developer-Tools/gdb/gdb/gdb_toc.html

Übersicht über weitere Werkzeuge für Entwickler

Katalog von *Development* Tools bei Apple:
http://www.apple.com/downloads/macosx/development_tools/

Der täglich aktualisierte Katalog von macupdate.com mit Filterungsmöglichkeit für Developer-Werkzeuge:
http://www.macupdate.com/

Der Katalog von Versiontracker.com ist seit kurzem bei cnet untergekommen:
http://download.cnet.com/mac/developer-tools/

Informationen im Internet

Apple
Startseite für Macintosh-Entwickler bei Apple:
http://developer.apple.com/mac/

Mac OS X Reference Library:
http://developer.apple.com/mac/library/navigation/index.html

man-Seiten bei Apple zum Nachschlagen:
http://developer.apple.com/mac/library/documentation/Darwin/Reference/ManPages/

Darwin, der freie Unix-Kern von Mac OS X:
http://de.wikipedia.org/wiki/Darwin_(Betriebssystem)

Apples englischsprachige Mailinglisten für Entwickler:
http://lists.apple.com/mailman/listinfo

C
Standards:
http://www.open-std.org/jtc1/sc22/wg14/

Der Präprozessor:
http://de.wikipedia.org/wiki/C-Präprozessor

Standard C Library:
http://en.wikipedia.org/wiki/Standard_C_library
http://www.gnu.org/s/libc/manual/

Deutsche Foren
Für Fragen zu diesem Buch habe ich ein C-Forum auf meiner Programmier-Webseite eingerichtet:
http://www.skripteditor.de

C-Forum der C++-Community:
http://www.c-plusplus.de/forum/f10

Diverse Foren zur Programmierung auf dem Mac, mit C/C++ Abteilung:
http://www.osxentwicklerforum.de/

Anhang

Text User Interfaces (TUI)
ncurses (TUI)

Beachten Sie auch die man-Seite zu ncurses.

http://de.wikibooks.org/wiki/Ncurses

http://www.gnu.org/software/ncurses/

http://tldp.org/HOWTO/NCURSES-Programming-HOWTO/

Buch: Dan Gookin, *Programmer's Guide to nCurses,* 556 Seiten, Wiley: Indianapolis, USA, 2007

Grafische User Interfaces (GUI) für C
XForms

http://de.wikipedia.org/wiki/XForms_(Toolkit)

http://xforms-toolkit.org/

GTK+

http://de.wikipedia.org/wiki/GTK%2B

http://www.gtk.org/

http://library.gnome.org/devel/gtk-tutorial/stable/

Zahlreiche englische und auch deutsche Bücher zu diesem Thema

Allegro

Schwerpunkt von Allegro ist die Spieleprogrammierung

http://de.wikipedia.org/wiki/Allegro-Bibliothek

http://alleg.sourceforge.net/

Ausflüge in komplexe Spielwelten mit einfacher Grafik
Rogue

http://de.wikipedia.org/wiki/Roguelike

http://de.wikipedia.org/wiki/Rogue_(Computerspiel)

http://rogue.rogueforge.net/

Dwarf Fortress
http://de.wikipedia.org/wiki/Dwarf_Fortress

Spielerlebnis für Hartgesottene, sehr lesenswerter Artikel von Rainer Sigl in *Telepolis* zu Dwarf Fortress:
http://www.heise.de/tp/r4/artikel/27/27037/1.html

Homepage der Entwickler:
http://www.bay12games.com/dwarves/

Nethack
http://de.wikipedia.org/wiki/NetHack

Lesenswerter Artikel von Thomas Mayer in *Telepolis* zum 20-jährigen Jubiläum von Nethack:
http://www.heise.de/tp/r4/artikel/25/25591/1.html

http://www.nethack.org/

Trade Wars 2002
Handel und Eroberung in den unendlichen Weiten des Kosmos. Ein Urvater dieses Genres.
http://en.wikipedia.org/wiki/TradeWars_2002

C - Index

Anhänge

Symbole

^ 192
^= 178
- 174
-- 178
-= 178
-> 356
, ... 201
! 183
!= 158, 181
? 201
. ... 344
() 201
[] 201, 206
* 174, 201, 244
*/ 68
*= 165, 178
/ 174
/* 68
/= 178
& 192, 198, 201, 236
&& 150, 183
&= 178
% 165, 174
%= 178
+ 174
++ 178
+= 178
< 150, 181
<< 186
<<= 178
<= 181
= 176
== 145, 181
> 150, 181
>= 181
>> 186
>>= 178
| 192, 195
|= 178
|| 183
~ 192, 199, 377
\0 220
.bash_profile 327

A

Abbruch 156
Abbruchbedingung 313
Ada 52
Addition 85, 174
Adresse 236
Adressoperator 138, 201, 236, 239
Algorithmus 216
Anführungszeichen 64, 70
ANSI 19
ANSI Escape Sequences 365
Anweisungen 64
Apple 26, 36
argc 325
Argumente 301
    auf Kommandozeile 329
argv 325
Arithmetische Operatoren 174
Arrays 203, 287
    als Parameter 311
    dynamische 209
    Index 206
    Länge 216
    mehrdimensionale 229
    Schreibweise 263
    variabler Länge 209
    Zeiger 266, 268
ASCII 220
ASCII 0 219
Assembler 21
Assemblersprache 48
atoi 333
Aufzählung 371
Ausdruck 174
Ausführungszeichensatz 65, 66
Ausgabe
    in Datei 334
Ausgabefunktionen 123
Auskommentieren 70
Ausrichtung 130, 132
auto 317
Auto-Vervollständigung 396

B

B 19
Backslash 70
bash 327
    Konfiguration 327
bash Konfigurationsdatei 327
BBedit 45

Bedingte Bewertung 201
Benutzerordner 375, 377
Bezeichner 77, 79
Bibliotheken 48
    ctype.h 155
Binär 174
Binäre Bäume 315
Bit 99
Bitfelder 368
Bit-Maske 193
Bit-Operatoren 185
Bits ausschalten 192
Bits einschalten 195
Bits invertieren 199
Bitweises exklusives ODER 198
Bitweises NICHT 199
Bitweises ODER 195
Bitweises UND 192
Blinken 365
Blöcke 64
break 152, 169
Breakpoints 166, 398
BSD-Libraries 34
Bubblesort 216, 274
BUFSIZ 386
Build Status 395
Bwana 34
Bytes 99

C

C++ 20, 22, 52
C89 19
C90 19
C95 19
C99 19
Call by Reference 309
Call by Value 308
calloc 296, 388
case-Marke 152
Cast-Operator 119, 121, 252
C-Compiler 26
Cocoa 18, 22
Compiler 25, 41, 48, 55, 62
const 177, 318
continue 170
ctime 352

D

Darwin 21, 37
Dateibaum 359

Dateien 373
Dateiende 384
Datei erzeugen 374, 379
Dateinamen 375
Dateipfade 377
Dateistatus 375
Dateisystem 359
Dateizeiger 375, 380
Datentyp 76
    char 88
    double 112
    float 112
    int 77, 89
    long 89, 90
    long double 112
    long long 89
    short 89
    size_t 225
    vorzeichenbehaftet 92
Datum 351
Debugger 55, 166
de_DE 354
default-Marke 152
define 209
Deklaration 79
Dekrement-Operatoren 178
Dereferenzierung 246, 249
Dezimaltrennzeichen 114, 137
Division 174
Dokumentation 33, 34
do-while 156
Dreizeichenfolgen 18
Durchlaufende Schleife 158
Durchschnitt 214
Dynamische Bindung 23

E

Early Binding 22
Editor 25, 54
Eingabe 138
Eingabefunktionen 123
Eingabeüberprüfung 158
Ein- und Ausgabefunktionen 37
else 147
Emacs 25
Endlosschleife 156
enum 371
env 378
envp 325
EOF 384

Escape-Sequenzen 64, 71, 124
Escape-Zeichen... 70
exit... 333
exklusives ODER 191
export... 328
extern 316

F

Fakultät 313
Farbe.. 359, 365
fclose 374
Fehleranzeige 52
Fehlermeldung... 116, 252
Fehlermeldungen... 52
Feld... 203
Feldbreite...130, 132, 133
fgetc 383
fgets 224, 383, 385, 386
FILE.. 374
FILENAME_MAX 379
Flag... 132
Fließkommakonstanten.................................... 115
Fließkommatypen 112
Flusskontrolle... 143
fopen 373
        Modi.. 379
FOPEN_MAX... 379
for 163
Formatbeschreiber 83, 90, 108, 114, 125, 138,
300, 355
fprintf.. 374, 381
fputc 382
fputs..381
free 293, 344
Free Pascal 52
fscanf.. 374, 383
Funktionen 63, 279
        atoi.. 333
        calloc..296, 388
        ctime... 352
        Deklarationsteil.. 79
        exit... 333
        fclose... 374
        fgetc 383
        fgets 224, 383, 385, 386
        fopen 373
        fprintf.. 374, 381
        fputc 382
        fputs..381
        free 293

fscanf.. 374, 383
getenv 377
gets... 223
gtime 354
localtime 352
main 79, 323
malloc... 293, 388
printf 124
putchar 233
puts... 219
random 211
rekursive 313
round...121
scanf 138, 213
setlocale 137, 140, 354
sprintf... 300
srandom 211
strcat 228
strcpy...227
strcspn 226
strftime 354
strlen 225, 228
strtok...387
system 300
time 211, 351
tolower 155
toupper... 155
Funktionsaufrufe 64, 285
Funktionsblock 283
Funktionsdefinition... 283
Funktionsdeklaration............................... 280, 281
Funktionskopf.. 63, 283
Funktionsnamen... 286
Funktionsprototyp.....................................280, 283
Funktionsrumpf... 63
Funktionsspezifizierer....................................... 318
Fußgesteuerte Schleife 158

G

Ganzzahlen.. 63, 76
GCC...19, 32, 33, 41, 94
GDB.. 166
Genauigkeit 128, 130
getenv 377
gets... 223
Gleichheitsoperator.................................... 145, 183
Gleichheitszeichen 145, 176
Globale Variablen 298
GMT.. 354
GNU-C-Compiler 19

GNU-Software 33
goto.. 172
Greenwich Mean Time 354
Größer als 150
Grundrechenarten..................................... 85, 174
Gruppen- und Dateiliste.................................. 393
gtime 354
Gültigkeitsbereich 292, 309

H

Hack 125
Haltepunkt... 166
Header-Dateien 47, 62, 97
    eigene 319
Hilfeseiten.. 34
Hintergrundfarbe 365
HOME.. 326, 377

I

IDE 54
if.. 144
include 91
Index 207
Indirection Operator.. 244
Initialisierungsliste 205, 346
Inkrement-Operatoren 178
inline 318
Installation... 28, 29
Installations-DVD 26
int.. 63
Integer... 63
Intel-Prozessoren 44, 54
ISO.. 19

J

Jahr 353
Jahrestag.. 353
Java 22, 52

K

Kernighan, Brian 19
Klammern 175
Kleiner als 150
Kommandozeile.................................... 39, 41, 329
Kommandozeilenmodus 54
Komma-Operator...201
Kommazahlen 112
Kommentare 46, 62, 68
Kompilierungsstrategien...................................55

Konstanten 104, 114, 120
Konstanten, selbst definiert.............................177
Kontrollstrukturen 143, 156
    break.. 169
    continue 170
    do-while 156
    for 163
    goto 172
    if.. 144
    return 172
    switch 151
    while 159
Kopfgesteuerte Schleife................................... 159
Kopieren 227
K&R... 19
Kurzschlussauswertung 184

L

Längenmodifizierer....................................... 126
Late Binding... 23
Laufbedingung... 156
LC_NUMERIC 137, 140
LC_TIME 354
Leeranweisung 170
Leerzeichen 157
Leopard 23
Lesen 379, 383
Lesen und Schreiben 379
Leseposition 375
Lesezeichen 399
Library Calls...35
LightBugs.. 167, 168
Lightweight IDE 25, 30, 45, 51, 52, 66, 94, 168, 323
Linker... 48, 49
Linux 20, 37
Listen
    verkettete 359
Literal 70
Literale 104
localtime 352
Logische Bit-Operatoren 191
Logische Operatoren 183
Lokale Variablen.....................................292, 296

M

Mac OS 20
Mac OS Roman-Kodierung 66, 108
Mac OS X.. 23
main 63, 323

Makroname 212
Makros 90, 112
malloc 293, 344, 388
man-Seite.. 33
Maschinencode.. 44
Maschinensprache.. 26
math.h 176
Maximum 214
Menüsteuerung.. 149
Minimum 214
Minuten 353
Modulo 174
Modulo-Operator.. 165
Monat 353
Monatsnamen 354
Monatstag 353
Moria 125
Multiplikation 174

N

Nachkommastellen 128
Nachrichtenfenster.. 52
Namensparameter 308
nano 328
ncurses 365
Newline 70
NICHT-Operator 183
NOR 192
NULL 212, 257
NULL-Zeiger 257, 294

O

Objective-C 18, 20, 22, 52
Objective Pascal.. 52
Object Pascal.. 52
Objektcode 48
Objektorientierung...................................... 21, 22
ODER-Operator 183
Open Source-Lizenz.. 125
Operatoren 173
    Addition 174
    Adressoperator 138, 201, 236
    arithmetische 174
    Bedingte Bewertung...201
    Bit- 185
    bitweises exklusives ODER 192, 198
    bitweises NICHT 192, 199
    bitweises ODER 192, 195
    bitweises UND 192
    Cast- 201

Dekrement- 178
Division 174
Funktionsklammern...201
gleich 181
Gleichheit 145
größer als 150, 181
größer als oder gleich...181
Inkrement- 178
kleiner als 150, 181
kleiner als oder gleich 181
Kommaoperator 201
Logische 183
Logische Bit- 191
logisches NICHT 183
logisches ODER 183
logisches UND 183
Modulo 165, 174
Multiplikation 174
Multiplikationszuweisung 165
Pfeil.. 201, 356
Punkt.. 201, 344
sizeof 201, 216, 294
Sonstige...201
Speicherzugriffs-...201
Subskript.. 201, 206
Subtraktion 174
UND 150
ungleich 158, 181
Verbund-Literale...201
Vergleichs- 181
Verschiebe- 186
Verweisoperator 201, 244
Vorzeichen 174
Zuweisung 176
Operatorrangfolge.. 175

P

Parameter 301
    mit Arrays...311
    mit Zeigern.. 309
    variable Anzahl.. 306
    von main 324
Parameterdeklaration...301
Parametertyp...301
Pascal.. 25, 52
PATH.. 326
Perl-Bibliotheken.. 34
Pfade...377
Pfadlänge 379
Pfeil-Operator...201, 356

PHP 22
Pointer 235
Postfix-Notation 179
PowerPC-Prozessoren 44, 54
Präfix-Notation 179
Präprozessor 46, 49, 90
Präprozessoranweisungen 62, 67, 209
printf 35, 67, 73, 123, 124
Programm-Bundles 54
Projektordner 51, 392
Projektverwaltung 57
Projektvorlage 391
Prozentzeichen 124
Prozessor 44
Puffer 375, 386
Punkt-Operator 201, 344
putchar 233
puts 219
Python 22

Q

Quellcode 47
Quellzeichensatz 65
quit 168

R

Ragnemalm, Ingemar 25, 30, 59
random 211
Rechner 100, 188
Referenz 246
Referenzierung 246
Referenzparameter 309
register 177, 317
Rekursion 315
restrict 319
return 63, 172, 284, 286
Ritchie, Dennis 19
Rogue 125
Rückgabe
    von Zeigern 291, 293
Rückgabewert 128, 172, 181
    void 282, 286
runden 129

S

Safari 34
say 300
scanf 123, 138
Schachtelung 149
Schleifen 156, 208

do-while 156
for 163
while 159
Schleifenvariable 160
Schreiben 379
Schreibmodus 379
Schreibposition 375
Schreibrechte 377
Schriftgröße 54
Schrittweise Ausführung 166
Scope 292
seed 211
Sekunden 351, 353
Selbstzuweisung 86
Semikolon 64
setlocale 137, 140, 354
SHELL 326
Shell-Scripts 52
Shift-Operatoren 186
Sicherheitsrisiko 22, 151
signed 92
sizeof 201, 294, 342
size_t 225, 293
Snow Leopard 23
Sommerzeit 353
Sonderzeichen 66
Sonstige Operatoren 201
Sortieren 216, 274
Spaltenbreite 130
Speicheradresse 236
Speicher, Automatischer 344
Speicherklassenspezifizierer 316
Speicherleck 293
Speicherplatz reservieren 105
Speicherschutz 22
Speicherüberlauf 117, 224
Speicherverwaltung 293, 311
Speicherzugriffe 22
Speicherzugriffsoperatoren 201
Spezifizierer 125, 316
Spielfelder 359
Sprachausgabe 300
sprintf 300
srandom 211
Stack 344
Standard C Library 31, 34, 47, 62
    locale.h 137
    math.h 176, 211
    stddef.h 225
    stdio.h 123, 219, 223, 373
    stdlib.h 377

strings.h 225
time.h 211, 351
Standardeingang und -ausgang 52
Standardeinstellungen 55
Starke Typisierung...................................... 23
static 317
Statische Bindung...................................... 22
stdin.. 224
stdio.h 35, 123, 373
stdlib.h 211, 377
Step into...167
Step out 168
Step over 168
Steuerzeichen 109
Stop.. 168
strcat 228
strcpy..227
strcspn 226
strftime... 354
Strings 70, 218
strlen 225, 228
strtok 387
struct 336
Struktur.. 336
Stunden.. 353
Subskript-Operator 201, 206, 209
Subtraktion.. 174
Suchen....................................214, 226
switch 151
Symantec..45
system 300
Systemaufrufe 34, 300
Systemeinstellungen............................... 352

time.h 211, 351
time_t 351
tm 352
TMPDIR 326
Token...387
tolower 155
toupper 155
Trigraphe 18
TUI-Bibliothek.. 365
typedef 357
Typisierung, starke 76
Typ-Qualifizierer 177, 318
Typumwandlung.................... 115, 117, 251, 255
    explizite..120, 252
    implizite 116
    von Zeigern 251

U

Überkreuzbeziehungen................................ 339
Überschreiben.. 380
Uhrzeit..351
Umgebungsvariablen 325, 326, 377
Unär... 174
UND... 150
UND-Operator 183
Ungleichheitsoperator 158, 183
Union 366
Universal Binary 45, 54, 403
Universal Time Coordinated 354
Unix.. 19
Unix-Kern... 33
Unix-Programm 333
unsigned 92
UTC.. 354

V

Variablen...................................76, 78, 336
    deklarieren.. 76
    initialisieren...81
Variablennamen.......................................77
Vektor 203
Verbinden 228
Verbund-Literale.......................................201
Vergleichsoperatoren 181
Verkettete Listen 359
Verknüpfen 378
Verschiebeoperatoren 186, 189
Verweisoperator 201, 244, 249
Verzweigungen 144
Vim...25

T

Tabellenkalkulation 336, 382
Tabulator..71
Tcl/Tk-Bibliotheken 34
Terminal...............................25, 32, 33, 39, 41, 47
Ternär...201
Testlauf.. 56
Text 70
TextEdit.. 25, 40, 47
TextMate..45
Text User Interface 365
Textverarbeitung.. 40
Think C 45
Tiger 23
Tilde 42, 377
time 211, 351

void-Zeiger 255
volatile 177, 318
Vordergrundfarbe 365
Vorzeichen 136, 174

W

Wahrheitswert 182
Währungsrechner 161
Warnton 72
Webbrowser 34
Weltzeit
    Koordinierte 354
whereis 33
while 159
Wikibook 365
Wikipedia 37
Wilde Zeiger 254, 262
Windows 20
Wochentag 353
Wochentagsnamen 354
Wörter, reservierte 78
Wortgrenze 370
Wortgröße 342

X

Xcode 25, 26, 45, 51, 389
    Active Architecture 402
    Active Configuration 402
    Architektur ändern 403
    Bookmarks 399
    Breakpoint 405
    Breakpoints 398, 400
    Classes 400
    Code Sense 396
    Counterpart 400
    Datei hinzufügen 392
    Debug 402
    Debugger 405
    Detailansicht 394
    Dokumentation laden 397
    Editor 396
    Fensterteiler 400
    File History 399
    Focus ribbon 398
    Functions 399
    Gruppen- und Dateiliste 393
    Gutter 398
    Includes 400
    Konfiguration anlegen 403
    Konsole 401

    Navigationsleiste 399
    Overview-Menü 402
    Projektanlage 390
    Projektfenster 392
    Release 402
    Schnellhilfe 397
    Schreibschutz 400
    Target-Einstellungen 404
    Zeilennummern 398
XOR 192

Z

Zahlensysteme 104
Zählvariable 160, 161
Zeichencodierungen 219
Zeichenkette 263
    durchsuchen 387
Zeichenketten 64, 70, 73, 218
Zeichenkonstanten 109
Zeichensatz 64
Zeichensatz-Codierung 66
Zeiger 22, 235
    als Parameter 309
    Array-Name 260
    auf 2D-Arrays 268
    auf Array 266
    auf Zeiger 248
    NULL 257
    Typumwandlung 251
    void 255
    wilde 254, 262
Zeigerarithmetik 258
Zeiger-Array 270
Zeigerdeklaration 239
Zeigerkonstante 237
Zeigerschreibweise 262
Zeigervariablen 239
Zeilenkommentar 69
Zeilennummern 398
Zeilenumbruch 64, 71
Zeit 351
Zeitformatierung 354
Zeitzone 353
Zielpfad 43
Zielplattform 54
Zielprozessor 44
Zufallszahlen 211
Zurücksetzen 55
Zuweisungsoperatoren 81, 85, 145, 176
    zusammengesetzte 178